世界考古研究动态

（第一辑）

Current Trends in World Archaeology

Volume 1

来国龙　主编

西北大学文化遗产学院　编

科学出版社

北京

内 容 简 介

为增进国内考古界与世界考古学界的信息交流，推动中国世界考古相关学科的建设，西北大学文化遗产学院、中国–中亚人类与环境"一带一路"联合实验室合作编辑出版《世界考古研究动态》，刊载世界考古，包括文化遗产、科技考古、文字考古、艺术史等相关研究的论文和综述，另辟书评、专题讨论、经典论文翻译、文摘、通讯等专栏。

本书可供文物考古研究机构及高校考古、历史专业学生参考阅读。

图书在版编目（CIP）数据

世界考古研究动态. 第一辑 / 来国龙主编；西北大学文化遗产学院编. — 北京：科学出版社，2023.12
ISBN 978-7-03-076607-6

Ⅰ. ①世…　Ⅱ. ①来…　②西…　Ⅲ. ①考古学－研究　Ⅳ. ① K85

中国国家版本馆 CIP 数据核字（2023）第 193146 号

责任编辑：孙　莉 / 责任校对：邹慧卿
责任印制：肖　兴 / 封面设计：张　放

科 学 出 版 社 出版
北京东黄城根北街 16 号
邮政编码：100717
http://www.sciencep.com

北京汇瑞嘉合文化发展有限公司 印刷
科学出版社发行　各地新华书店经销

*

2023 年 12 月第 一 版　　　开本：787×1092　1/16
2023 年 12 月第一次印刷　　　印张：16 1/4
字数：385 000
定价：180.00 元
（如有印装质量问题，我社负责调换）

本刊得到中国－中亚人类与环境"一带一路"联合实验室，
文化遗产研究与保护技术教育部重点实验室资助

Sponsored by China-Central Asia "the Belt and Road" Joint Laboratory
on Human and Environment Research, Key Laboratory of Cultural
Heritage Research and Conservation

主　　编：来国龙（西湖大学 / 西北大学）

编　　委（以姓氏拼音为序）：

　　　　曹大志（北京大学）

　　　　李　涛（武汉大学）

　　　　马　健（西北大学）

　　　　秦小丽（复旦大学）

　　　　沈睿文（北京大学）

　　　　仝　涛（中国社会科学院考古研究所）

　　　　涂栋栋（上海科技大学）（常务）

　　　　温　睿（西北大学）

　　　　温成浩（中国社会科学院考古研究所）

　　　　张　莉（郑州大学）

　　　　张　萌（复旦大学）（常务）

　　　　张良仁（南京大学）

学术顾问（以姓氏拼音为序）：

　　　　陈　淳（复旦大学）

　　　　陈星灿（中国社会科学院考古研究所）

　　　　邓　聪（山东大学）

　　　　杜德兰 Alain Thote（法国高等研究实践学院）

　　　　吉　迪 Gideon Shelach-Lavi（以色列希伯来大学）

　　　　李　零（北京大学）

　　　　李水城（四川大学）

　　　　刘　莉（斯坦福大学）

　　　　罗　丰（西北大学）

　　　　罗　泰 Lothar von Falkenhausen（UCLA / 西北大学）

　　　　杨建华（吉林大学）

目　　录

异构 / 平序与社会复杂化研究

陈　淳

（复旦大学）

一、引　言

　　考古学的一项重要任务，就是要研究社会文化的演变，而这种演变轨迹普遍是从简单到复杂、从低级到高级的累进发展过程来观察和说明的。文化人类学从一开始就致力于构建这种一般进化的理论模型，而考古学则努力从物质遗存来重建史前期从平等主义社会向等级社会和阶级社会的演进轨迹。社会进步和复杂化一般从个人地位的分化和聚落形态的层级递进来进行观察。路易斯·摩尔根（L. H. Morgen）提出的蒙昧、野蛮和文明，以及埃尔曼·塞维斯（E. R. Service）提出的游群、部落、酋邦和国家的社会类型学，就是为文化进化构建的一般性阐释模型。于是，国家和文明起源成为考古学研究的一项战略性课题和这门学科探索的基石之一。

　　随着考古学理论的发展，学者们发现，社会演变和累进并不完全以阶梯状上升的等级序列为表现，社会的复杂化还表现在个人、团体、机构和网络的互动上。于是，越来越多的学者开始用异构 / 平序的概念来分析这种与等级有别的社会复杂机制，为研究社会变迁引入了一个崭新的视角和分析维度。

　　异构 / 平序（heterarchy）概念最初是由美国考古学家卡萝尔·克拉姆利（C. L. Crumley）引入考古学，将其定义为“彼此之间关系平等的诸多元素，具有以许多不同方式分出等级的潜质”。她指出，开发适合考古学研究的新维度，可以深入细致地观察人类活动模式在特征和结构上的变化与整合。社会结构的有些要素从属于其他要素，从而可以分出等级。但是，有些要素是无等级的，但是却有以不同方式排出阶序的潜质。她以计算机程序中采用的异构 / 平序概念为例加以说明，许多程序是平等的，可以互相利用作为子程序。如果从三维空间来描述，等级结构的诸多要素是以垂直关系分布的，而异构 / 平序的关系是横向并置的，强调各种要素之间联系的数量和种类，以及不同要素在不同情况下的重要性。她又以汽车制造为例，汽车制造厂的决策关系是等级的，但是汽车构件的生产则是异构 / 平序的，各个生产部门同等重要。她还举例指出，一个乡镇在行政管理上是等级制的，但是市场的运转则是异构／平序的 [①]。

后来受到行动者网络理论的启发，克拉姆利进一步优化了异构／平序的概念，将其定义为"其特征不是由层次，而是由节点、链接和网络组成的复杂系统"。她指出，生物物理学的复杂系统没有向上和向下，没有等级，没有步骤和阶段。她认为，考古学家在讨论研究对象的复杂性的时候，应该明白其意思是什么。引入异构／平序的概念，可以为考古学提供一个复杂化的操作概念和新的维度，并建立一个新的范式，以便反映考古学、历史学和民族志中所见的社会和政治组织的多样性。社会复杂化研究引入异构／平序概念，为我们提供了这样的认识，没有等级结构并不意味着某社会的组织结构并不复杂或是一种简单社会 [②]。同时，它也启示我们，社会复杂化也可以从其他关系来观察，这种关系可以分出等级，也可以没有等级，或者能根据不同情况划分等级（即在某种情况下看是有等级的，但是在另一种情况下是没有等级或是不同的等级）。平序／异构的两个关键要素，就是灵活可变的等级与横向的分化 [③]。

二、术语及构建

社会复杂化以纵向和横向的分化为特点，纵向就是等级分化，而横向一般指职业分化。比如美国考古学家兰德尔·麦奎尔（R. H. McGuire）将"复杂化"分解为"异质性"（heterogeneity）和"不平等"（inequality）两个概念，前者是指社会群体之间人口的构成和职业分化，后者是指一个社会内部获取资源的不同途径。这两个变量导致社会结构在横向和纵向的特化，它们之间的互动关系决定了某一社会的形态 [④]。而大多数社会复杂化研究都是以等级关系为尺度，比如新进化论的四种社会类型和与行政管辖相对应的聚落形态层级模型。

克拉姆利对社会复杂化的研究范式提出了自己的看法，她说与国家或复杂社会有关的聚落形态不是一种，而是好几种，社会和聚落的空间形态未必一致。在生物和社会结构中，有许多特征和关系都不是按照等级组织起来的，一片树林和一曲交响乐在本质上没有任何等级，但是各自都有不可否认的结构，构成了其要素之间关系的有序表现。复杂的人脑合理有序，但不是按等级构建的结构。克拉姆利进而强调，异构／平序可以被

---

① C. L. Crumley, "Three locational models: An epistemological assessment for anthropology and archaeology," in *Advances in Archaeological Method and Theory*, No. 2, ed. M. B. Schiffer (New York: Academic Press, 1979), 141-173.

② C. L. Crumley, "Notes on a new paradigm," in *Socializing Complexity, Structure, Interaction and Power in Archaeological Discourse*, eds. S. Kohring and S. Wynne-Jones (Oxford: Oxbow Books, 2007), 30-36.

③ J. C. White, "Incorporating Heterarchy into Theory on Socio-political Development: The Case from Southeast Asia," in *Heterarchy and the Analysis of Complex Societies*, eds. R. M. Ehrenreich, C. L. Crumley, and J. E. Levy (Arlington: Archaeological Papers of the American Anthropological Association, No. 6, 1995), 101-123.

④ R. H. McGuire, "Breaking down cultural complexity: Inequality and heterogeneity," in *Advances in Archaeological Method and Theory*, No. 6, ed. M. B. Schiffer (New York: Academic Press, 1983), 91-142.

定义为要素之间的关系，它们可以是无等级的，或它们有以多种不同方式分出等级的潜力。例如，权力可以是对等而非等级的。三个城市的规模可能相同，但它们的重要性来自不同的方面：一个是军事基地，一个是制造中心，而第三个是一所著名大学的所在地。同样地，一位精神领袖可能享有国际声誉，但在当地商界却没有影响力。还有，异构／平序的政府（比如玛雅城邦和春秋战国争霸的对等整体）可以随时间推移而变为等级的，反之亦然，并不需要用崩溃的过程来解释。虽然一个俱乐部里的成员之间是平等的，但是这些成员在各自工作岗位上的等级地位是有高低的。所以，异构／平序既是一种结构，又是一种处境。在社会权力关系中加入异构／平序的概念，提醒我们存在非等级的秩序，社会复杂性的要素无须分出彼此的等级①。

因此，"异构／平序"这个术语与"异质性"是有一定的区别的，前者包含有后者所没有的同质性要素以不同方式排序（异构）的要义。于是，在翻译"heterachy"这个术语时，遇到了没有中文词汇可以准确对译的麻烦。即它在考古学的讨论中，其内涵不仅可指异质性的不同要素，同时还可以指平列的同质性或等级性结构。因此，本文将这个词以异构／平序的中译对应，在讨论不同对象和具体问题时，可以在"异构"与"平序"之间互换。比如，在讨论新石器时代平等主义的聚落形态或群雄并立的对等政体时，用"平序"来形容它们的关系比较合适。而在讨论社会结构，比如族属、性别、年龄、世系、宗教团体为单位的迥异组织结构时，用"异构"来形容它们更加贴切②。

由于"异构／平序"被定义为能以不同方式分出等级的诸多平等要素，以及由节点、链接和网络组成的复杂系统，因此这个概念能够分析许多不同的社会构建形式。伊丽莎白·布伦菲尔（E. M. Brumfiel）总结了采用"异构／平序"概念分析的几种社会形态：①一批独立的同类或同质性要素，比如一批自主独立的工匠群体。②可同时参与许多不同无等级互动系统的诸多要素，比如能够平等获取各种资源的不同社群或个人。③同一要素在不同系统中处于不同的等级，比如同时为贵族和平民生产的陶工。④多个功能上无关、彼此平等互动的无等级系统，比如开发不同的生态位，以共生网络联系在一起的独立自治的社群。⑤多个平等互动的独立等级系统，比如玛雅城邦的对等政体、相互争霸的春秋战国，以及中世纪爱尔兰数百个面积不到一千平方千米的小型酋邦。布伦菲尔强调，异构／平序是指一种社会组织原理，就像亲属关系一样，其成员根据其背景而变换，并承担不同的角色。这个概念也不应取代游群—部落—酋邦—国家的进化模型；相反，应该用平序／异构来不同地看待这些社会的等级结构。在讨论国家与文明起源的问题上，平序／异构不仅能同社会等级共存，而且能强化不平等和支配的地位③。

---

① C. L. Crumley, "Heterarchy and the analysis of complex societies," in *Heterarchy and the Analysis of Complex Societies*, eds. R. M. Ehrenreich, C. L. Crumley and J. E. Levy (Arlington: Archaeological Papers of the American Anthropological Association, No. 6, 1995), 1-5.

② 科林·伦福儒、保罗·巴恩（著），陈淳（译）:《考古学：理论、方法与实践》，上海古籍出版社，2022 年，第 169-179 页。

③ E. M. Brumfiel, "Heterarchy and the analysis of complex societies: Comments," in *Heterarchy and the Analysis of Complex Societies*, eds. R. M. Ehrenreich, C. L. Crumley, and J. E. Levy (Arlington: Archaeological Papers of the American Anthropological Association, No. 6, 1995), 125-131.

三、案例分析

（一）平等社会

这一发展阶段包括游群和早期部落。在漫长的史前期，人类被认为处于自然状态的平等主义社会中。美国政治人类学家莫顿·弗里德（M. H. Fried）说过，社会的平等是不可能的。他对平等主义社会的定义是，任何年龄、性别的人都能胜任所有具有声望的职位，并指出平等主义社会的核心根本上是平等主义的经济[1]。埃尔曼·塞维斯指出，原始平等社会是以各种重要方式组织起来的，人们大部分生活是由准则、习惯、礼节、道德、角色等进行平衡调节的[2]。肯特·弗兰纳利（K. V. Flannery）和乔伊斯·马库斯（J. Marcus）指出，平等主义社会并非没有等级，而是在这种社会里，统治阶层是看不见的超自然存在，不承认活着的人能够超过其他人[3]。詹姆斯·弗兰纳根（J. G. Flanagan）指出，平等主义社会并不是我们想象的那种同质性简单社会。他们并非没有规则，而是必须实施维护平等规则的复杂性。这就是通过一些重叠和不一致的社会原则，来维持平等主义的社会关系[4]。

用异构/平序来分析平等主义社会需要修改时空概念。考古学习惯于从大尺度的时间框架来观察历史，从几百年和几千年的时间跨度了解社会变迁。把这样长时间尺度发生的事情压缩到一起，考古学家观察的几乎就是静态的社会。用异构/平序的概念来观察平等主义社会，需要了解在较短时间尺度中社会变迁的可能。即某一时间范围里看到的社会结构和另一时间里观察到的社会关系可能完全不同，但是这种不同的结构和关系都是同一社会系统的组成部分。因此，没有一种单一、渐进和包容性的结构可以始终形容整个社会系统的运转。社会系统中的所有成员根据不同条件下的可行的规则不断地聚合、离散和重新组合。考古材料其实是社会系统不断重组过程的残留物，考古学家的任务就是要把这种复杂的不同关系区分开来。

用异构/平序看待平等主义社会也需要改变过去习惯思维的空间概念，即把考古学文化或史前社群看作是有边界的实体。而异构/平序则将其视为一种错综复杂的网络系统，并不是可以分割和打包的东西。比如，美国考古学家雷亚·罗杰斯（R. Rogers）在对北卡罗来纳州亚德金（Yadkin）河谷上游70千米范围内的29个同时期伍德兰晚期聚落的研究中，显示了民族史记载和考古学对社会结构观察的明显不同。民族史上的这些

---

[1] M. H. Fried, *The Evolution of Political Society* (New York: Random House, 1967), 27, 33.

[2] 埃尔曼·塞维斯（著），龚辛、郭璐莎、陈力子（译）：《国家与文明的起源——文化演进的过程》，上海古籍出版社，2019年，第48页。

[3] K. V. Flannery and J. Marcus, *The Creation of Inequality* (Cambridge, MA: Harvard University Press, 2012), 59.

[4] J. G. Flanagan, "Hierarchy in simple egalitarian societies," *Annual Review of Anthropology* 3 (1989): 245-266.

族群聚落相距不过 30 英里 [①]，他们讲不同的语言，互不信任，因嫉妒和恐惧经常爆发冲突和战争。而考古学观察根本无法分辨当时探险者记载的这些族群边界，考古学定义的文化区也无法对应当时探险者的描述。考古材料没有显示铁板一块的文化边界，某种材料标示范围与其他材料显示的范围并不一致。考古材料中的形态差异往往不是种类上的区别，而是同类式样相对频率的不同。于是，没有一种办法可以同时将所有类型的材料纳入一种单一的结构之中。

为此，罗杰斯指出，族群或部落是一种嵌套的社会组织形式（nested social-organizations），以至于在民族史记载和考古记录之间无法找到明确的对应关系。他设法从经济和聚落形态，以及器物类型、房屋构造和墓葬来分析这些社会异构 / 平序的特点。根据考古学和民族史，这批人群的生计基础是园艺、狩猎和采集。聚落分布在亚德金河及其支流的冲积平原上，聚落大小和形态与冲积平原土地面积的分布和面积相关，于是人口从单一家户到大型聚落不等。由于土地肥力的耗竭，村落会周期性地被放弃，于是一些独立社群会通过各种社会关系整合到其他社群之中。

对石器材料的分析，表明原料分为本地石料和外来石料两种。对 29 个遗址的石器分析发现，对本地石料的获取并没有限制，获取外来石料也无障碍。虽然这些群体之间存在敌意和矛盾，但是并不存在对石器资源的垄断和通过贸易获得非本地石料的情况。对陶器的分析，显示了陶器特征在分布上没有不连续的现象。陶器组合之间的差异主要是不同特征组合相对频率的不同。在空间上看，具有高度相似陶器组合的遗址不一定是相邻的遗址，类似组合的情况几乎是随机分布的。墓葬性别分析表明，村落里女性骨骼特征比男性的异质性更大。由于文献记载这些是族外婚的母系社群，某族群可能由几个共居的世系组成，因此有可能是一种从舅居的婚后居住模式。

罗杰斯认为，亚德金河流域的伍德兰晚期社群是一种高度散中心的社会系统，所有个人和社群都有平等获取重要资源，如石料、耕地和狩猎采集资源的权利。没有集中和等级的权威来支配生存资源，而是保持平面的社会关系，通过结盟、联姻和实行高度的流动性来维持他们之间的关系。因此，从异构 / 平序的概念来观察平等主义部落的关键在于了解共存的要素和组织秩序是如何交织在一起的。将这种社会结构看作是散中心的社会网络，每个人都发挥着不同的作用 [②]。

（二）等级社会

这一发展阶段包括酋邦与国家。等级社会就是指社会成员地位的不平等。在平等社会中，每个人的地位未必完全平等，比如男女、长幼和个人能力的区别都会形成某种地位和声望的高低。但是，当个人的权力最终确立，并加以制度化，这就是社会等级的形

---

① 1 英里约合 1.609 千米。

② R. J. Rogers, "Tribes as heterarchy: A case study from the prehistoric southeastern United States," in *Heterarchy and the Analysis of Complex Societies*, eds. R. M. Ehrenreich, C. L. Crumley, and J. E. Levy (Arlington: Archaeological Papers of the American Anthropological Association, No. 6, 1995), 7-16.

成。随着社会的发展，这种等级会通过长子继承制而固定下来，成为领导权的制度化[①]。弗兰纳利和马库斯根据民族志证据指出，从不同世系平等向世袭等级社会的发展，在于某个世系说服其他世系，他们是村落神祇的后代，从而转变为首领世系[②]。

文化人类学家和考古学家借助进化论来研究社会的变迁，并且探讨促使社会等级化发展的动力。其中具有代表性的就是塞维斯提出的游群、部落、酋邦和国家四阶段模型。伦福儒和巴恩指出，这种社会进化观从未被用来了解多样性，并不注意某些社会的细节差别和内部变化。这种社会进化模式虽然仍然流行，但是还需要用不同方法来了解过去社会的多样性[③]。

社会进化论的缺点是仅从等级制的发展来看待社会复杂化。为了定义、建模和确定进化轨迹，学者们发表了汗牛充栋的文章来讨论这种线性发展的轨迹。但是，有学者指出，社会复杂化或复杂性可以从其他尺度上来观察和衡量。异构/平序概念就是重新审视社会复杂化的一个关键工具，它有助于我们摆脱将社会视为平等和不平等的二分法思考，帮助我们从时间和社会的不同尺度，以及从不同层次上来了解过去社会的复杂性，把无数相互关联的不同要素如器物、个人和社群互动看作是复杂的网络系统。复杂化作为思考生活如何运转和整合的概念工具，可以思考互动要素和规模之间的灵活移动，从个人与社群的接触到国家社会机构的运作[④]。

异构/平序常被看作是平等主义的同义词，与散中心的社会结构相伴。但实际上，异构/平序与等级并不矛盾，而且往往与等级制共存。这两个概念之间的紧密相连和彼此互动提供了对各种事件的洞见，异构/平序甚至可强化不平等和等级制的稳定性。下面我们从一些研究案例来解一下等级社会中异构/平序的表现形式。

（三）中世纪初的爱尔兰

美国考古学家伯纳德·韦尔斯（B. Wailes）在研究中世纪早期的爱尔兰社会时，利用考古证据和历史文献，提供了等级制与平序结构的洞见。考古证据表明，中世纪早期爱尔兰是一种农业社会，聚落形态以石砌环形山庄和修道院为特点。19世纪上半叶编绘的爱尔兰地图标出了3万个这样的遗址。经过考古发掘的遗址大约300个。这类石砌环形山庄直径约30米，围墙用石块干垒砌造。修道院也用同类方式营造，以十字架石板和圆塔为标志。修道院规模一般比农庄要大，最大的修道院面积可达17万平方米，在中世纪初可能发挥着乡镇和集市的功能。聚落形态从环形山庄很难看出等级，但是修

---

① 埃尔曼·塞维斯（著），龚辛、郭璐莎、陈力子（译）：《国家与文明的起源——文化演进的过程》，上海古籍出版社，2019年，第70-73页。

② K. Flannery and J. Marcus, *The Creation of Inequality* (Cambridge, MA: Harvard University Press, 2012), 198.

③ 科林·伦福儒、保罗·巴恩（著），陈淳（译）：《考古学：理论、方法与实践》，上海古籍出版社，2022年，第159页。

④ S. Wynne-Jones and S. Kohring, "Socialising complexity," in *Socializing Complexity, Structure, Interaction and Power in Archaeological Discourse*, eds. S. Kohring and S. Wynne-Jones (Oxford: Oxbow Books, 2007), 2-12.

道院从规模和数量上可以分出等级。这段时期为青铜时代后期和铁器时代早期，墓葬的随葬品很少，无法为社会分化提供满意的证据。器物分析表明存在日用品和奢侈品的手工业专门化，但是没有集中生产和标准化的迹象。舶来品很少，陶器也没有显示等级地位的差别。

中世纪早期爱尔兰的文献包括圣徒传、《圣经》评论、殉道书、文学、诗歌、家谱和修道院年鉴。其中比较重要的是法律文本，当时爱尔兰社会结构和运转的信息主要来自这些文本。从文献资料可知，当时的政体叫部落（tuatha），由各自的王（ri tuaithe）领导。从人类学角度看，这些王只是小酋长。这些小酋邦平均领地面积不超过 1000 平方千米。诸多小酋长服从一个大王，可以被视为最高酋长。中世纪早期的大王有 6～8 个，他们是中世纪初爱尔兰的主要政治角色。酋长以下有几个等级的贵族、平民和奴隶。神职人员和律师、诗人、工匠属于其他等级系列。

中世纪早期的爱尔兰显然属于复杂社会，其政体属于酋邦而不是国家，因为没有集中的官僚体制。爱尔兰复杂社会存在纵向的等级制和几个平序的等级制。纵向等级是王、贵族、平民、奴隶。平序的等级包括教会神职人员、诗人、律师和各种专职工匠，等级地位用荣誉价（honor-price）标示，但是不同等级的级别数量有所不同。在平序的等级中，最高等级的大王和大主教地位相当。因为修道院是由当地王室和贵族所建，他们往往是由争夺王位出局的王室世系所建，所以主教的地位也是世袭的。法律文本表明，专职工匠的级别在酋长之下，但是级别较高的工匠与其赞助对象地位相当，他们并不依附于特定的王或酋长。

这个案例表明，等级社会的结构是复杂的。然而，单凭考古证据如聚落形态只能看出单一的等级变化，无法区分文献中记载的不同群体之间的那些平序等级，器物分析也无法确认文献中专职工匠等级的存在[①]。

（四）玛雅低地

对玛雅低地经济的研究历来以等级或垂直模式为主，强调贵族对经济的控制地位。丹尼尔·波特（D. R. Potter）和埃莉诺·金（E. M. King）从异构／平序的视角，为玛雅低地的社会经济提供了一幅复杂的图像。他们从玛雅低地的生态环境出发，将这片区域形容为"斑块状"或"镶嵌式"的资源结构，生产方式表现为顺应地形、土地肥力和土壤水源的非随机分布。从玛雅人群的文化生态学看，聚落形态上很少有聚集的倾向，而是一种空间分散的社群结构。由于聚落和资源的这种散布特点，重要手工业生产地点的分布与资源分布相关。由于玛雅贵族的权力似乎来自文化中的其他方面如意识形态，所以经济控制对于维持贵族等级地位并不重要。玛雅低地的经济生产分析主要针对陶器和石器。

[①] B. A. Wailes, "A Case study of heterarchy in complex societies: Early Medieval Island and its archaeological implication," in *Heterarchy and the Analysis of Complex Societies*, eds. R. M. Ehrenreich, C. L. Crumley, and J. E. Levy (Arlington: Archaeological Papers of the American Anthropological Association, No. 6, 1995), 55-69.

　　玛雅低地的陶器生产有两条平行的系统，一是普通的实用陶器，二是为贵族生产的奢侈品。对实用陶器的成分和产地分析表明，西部玛雅中心帕伦克的陶器主要是由50千米范围内一系列小村落生产的，陶器分布也没有显示出任何的集中化或市场交易迹象。另一个玛雅中心城市蒂卡尔也是如此，陶器的屬和料分析表明，该城市的实用陶器是由周边卫星聚落生产的。对这两个玛雅中心的陶器分析表明，这些中心城市是陶器的消费者而非再分配者。制陶社群专门生产相同式样的陶器，并在社群的层面进行交换。这种交流是水平而不是垂直的，并不取决于社群之间的等级关系。贵族使用的显赫陶器是在城市中心生产的，由贵族资助甚至贵族个人也参与了制作过程。这些陶器常常是彩绘和模制的，通过装饰风格的分析，可以分辨出个别的工匠和流派。这些华丽的陶器主要用于国家之间高层互访的礼物和婚丧嫁娶。因此，玛雅低地陶器生产属于两个不同的系统，民用的实用陶器由位于陶土产地附近的村落或个人生产，以平等的方式交换。另一种是少量奢侈品陶器，至少部分是由贵族本人生产，主要进行远距离的交换。

　　玛雅低地的石器生产也显示和陶器类似的情况，即石器强化生产的证据不在大的城市中心，而是位于原料产地附近的小聚落。如果这些城市遗址是经济生产中心，那么我们应该期望那里会发现大量的废弃物和石器加工残留物。然而，情况正好相反。比如，蒂卡尔 5D-2 纪念建筑群出土了 50 多万件人工制品，石器的密度仅为每立方米 2 件。科潘遗址出土的石器密度远高于蒂卡尔，但是石器材料主要出自科潘地区一个最低等级的村落，每立方米含 3500 件石制品。伯利兹北部的科尔哈（Colha）遗址是迄今为止最著名的石器地点，是中美洲最引人注目的石器强化生产地。从古典期开始，石器生产延续了一千多年。其废片超过了玛雅低地最大的遗址，也超过了特奥蒂瓦坎著名的黑曜石作坊。然而，科尔哈从规模而言只是一般性遗址，但是石器生产规模远远超出了本地居民的需要。对该遗址的生产背景、集中度、规模和强度的仔细观察表明，石器制作是由松散分布在整个社区的个人或家户从事的，这意味着生产和分配都不是由贵族控制的。

　　玛雅低地的陶器和石器生产和交换是在两个彼此交叉的系统里进行，一是因地而宜的实用器生产，由原料产地附近的社群自主进行生产，并自由和平等地交换和流通；二是集中管理和控制的奢侈品生产，由依附于贵族的专职工匠生产。因此，从日用品生产来说，这种模式是平序的，而从奢侈品来说其组织和分配是有等级的。这两个经济生产子系统独立运转，一个是自组织系统，另一个是集中管理的系统。为此，波特和金指出，异构／平序方法不仅能整合之前看来相互矛盾的各种材料，而且能为玛雅国家的性质和发展提供深入的洞见 [①]。

（五）亚洲内陆的游牧者

　　流行的文化进化论将国家定义为超越血缘关系建立起来的社会政权 [②]。国家的概

---

①　D. R. Potter and E. M. King, "A heterarchical approach to lowland Maya sociaoeconomics," in *Heterarchy and the Analysis of Complex Societies*, eds. R. M. Ehrenreich, C. L. Crumley, and J. E. Levy (Arlington: Archaeological Papers of the American Anthropological Association, No. 6, 1995), 17-32.

②　M. H. Fried, *The Evolution of Political Society: An Essay in Political Anthropology* (New York: Random House, 1967), 229.

念普遍与权力的集中与社会等级制的确立有关，比如迈克尔·曼恩（M. Mann）就将国家形容为对社会关系诸多方面的集中化、制度化和领土化管理[①]。戴维·斯尼思（D. Sneath）对亚洲内陆的游牧社会提出了一种散中心和无首领国家的解读。斯尼思回顾了一些传统观点，比如认为游牧是一种简单的经济形式，限制了社会和政治的复杂性。游牧者大抵是平等主义社会，是以家户为主的再分配机制。游牧的生活方式给财富的世代积累造成了障碍。因此，游牧民族无法出现国家特征的那种较广泛的财产关系。游牧经济对于人和物的权利要求比较弱，解决争端的机制也不复杂。流动性可以避免冲突和压迫的麻烦，消除了对"首领"职位的需要，抑制了中央集权和阶级分层的政治机制。于是，游牧部落基本上是以亲属社会的分节部落组织起来的。比如，罗伊·埃伦（R. Ellen）指出，没有一种社会形式是所有游牧民族所共有的。社会组织通常是男系、分节和无首领的，它的关键在世系和典型的部落性[②]。

　　20世纪70年代，这种理想的分节、平等的游牧社会类型开始在理论和经验上受到批评。比如特拉尔·阿萨德（T. Asad）1970年对卡巴比士（Kababish）阿拉伯人的研究表明，这些游牧者有明确的等级和世袭的统治者。阿萨德认为，牧民并非独立的社会系统，而是作为较广泛的"整体系统"一部分而生活的，包括农业、牧业和城市[③]。根据文献和民族志资料，斯尼思将欧亚草原的复杂社会形容为氏族组成的亲属社会，一种没有中央当局的政体，是无首领的国家。12世纪穿越俄罗斯南部草原的犹太探险者把那里的库曼人形容为部落。他们没有国王，只有亲王和贵族家庭。1640年9月20日，在西蒙古举行了一次大型集会。参加会议的是欧亚大陆东部草原上最有权势的领主以及其他约20名高级贵族，他们开会组建一个新的"国家"，并制定法律。尽管他们用"国家"这个词来描述，但是这个政体不是传统意义上的帝国，也不像一个中央集权的国家，该联盟的领土甚至是不连续的。它没有资本、没有中心、没有主权。它只是一个由独立贵族和他们的臣民组成的散中心和无首领"国家"。

　　这个游牧"国家"的组织形式在其制定的法典《蒙古-卫拉特》中保存下来，这个法典里提到了法院、法官、征兵和官员的等级制度。贵族内部有别，有一系列次要等级。高级贵族统治着最大的行政区划：乌鲁斯（the ulus），这些领地又被划分给几千户规模的小贵族。这些贵族在自己的领地内征税、征兵、执法。在他们下面有一系列分等级的官员，代表他们的领主管理普通民众。这些人被分为10户一组，有一个领导。臣民又被分为三个等级，即"优秀""中等""低等"，而奴隶则有单独的法律地位。

　　清朝时期，蒙古政体分为"旗"的行政单位，由世袭领主或寺庙管辖，并作为小型的政治经济实体运转。牧户在一年中带着他们的牲畜转场，牧场的使用由地方官员管理。大多数"旗"的牲畜为贵族或寺庙所拥有，并由其臣民为他们放牧。多数普通臣民

---

①　M. Mann, *The Source of Social Power: Volume One. A history of power from the beginning to A.D. 1760* (Cambridge: Cambridge University Press, 1986), 26.

②　R. Ellen, "Modes of subsistence: Hunting and gathering to agriculture and pastoralism," in *Companion Encyclopaedia of Anthropology*, ed. T. Ingold (London: Routledge, 1994), 197-225.

③　T. Asad, *The Kababish Arabs: Power, Authority, and Consent in a Nomadic Tribe* (New York: Praeger, 1970).

也有自己的牲畜，较富裕的家庭有时拥有较多的牲畜；但贫穷牧民只有很少的牲畜，或者根本没有牲畜，不得不为富裕家庭打工为生。

过去，人们习惯于将草原游牧者的"简单"社会与农业和城市国家的"复杂"社会进行比较，但是对历史材料进行评估之后发现情况并非如此。游牧社会也有丰富的复杂性，具有特殊的等级系统，而且有集权国家所没有的复杂的平序结构。这种社会的权力机制并非高度集中和呈严格等级分布的，而是在无数地点、实践和个人之间分配的。在这种散中心的社会里，几乎所有的国家权力运作都局限于当地的层面，几乎不受任何集中官僚权力的影响，斯尼思称之为"无首领国家"，是官僚制度的一种变体[①]。

四、启　示

虽然考古学研究的对象是静态的物质遗存，但是它的目的是要了解器物背后的社会形态和人类行为。所以，考古学要做到透物见人，就必须掌握科学的观察、比较和推理的能力。考古学需要各种尺度或维度（dimension）来观察和分析研究对象的特定方面或属性，最常用的维度是式样、时间和空间[②]。器物类型学被用来处理人工制品的式样，分辨其时间和空间的分布范围。而根据"相似即相近"原理构建的考古学文化被用来对应族群的单位。同理，从器物和聚落所见的地位和等级差异被用来构建史前社会从平等向等级社会的变迁。不同的衡量尺度或维度对于不同问题的敏感度是不同的，为了更好了解过去人类社会文化的发展过程，考古学应该不断开发和采用新的维度。比如某些典型器物对时间很敏感，适合做断代的"标准化石"，但是对族属和身份并不敏感。还有，等级适合观察社会地位纵向的分化，但是对社会团体和成员之间错综复杂的平等或网络关系并不敏感。

异构/平序概念为考古学提供了一种新视角，观察不同规模、群体和权威形式之间的摆动。它改变了过去社会文化变迁累进发展的规律性倾向，认为社会是无序、动态、受环境影响、行为较难预测和状态可以完全改变的系统[③]。这使得在系统论里引入了扰沌（panarchy）概念或复原力理论（resilience theory），这种理论认为系统变迁既非连续和渐进，也非混乱无序，而是偶发的。把社会文化变迁看作是地理、时间和社会结构在不同尺度上运转的各种因素的产物[④]。

参考异构/平序的概念，下面对考古学文化、等级社会和手工业专门化几个问题进行尝试性的探讨，看看它能为我们的具体分析带来哪些新的思考。

---

①　D. Sneath, "The decentralised state: Nomads, complexity and sociotechnical systems in Inner Asia," in *Socializing Complexity, Structure, Interaction and Power in Archaeological Discourse*, eds. S. Kohring and S. Wynne-Jones (Oxford: Oxbow Books, 2007), 228-244.

②　A. C. Spaulding, "The dimension of archaeology," in *Essays in the Science of Culture*, eds. G. E. Dole and Carneiro (New York: Crowell, 1960), 437-456.

③　C. L. Crumley, "Notes on a new paradigm," in *Socialising Complexity: Structure, Interaction and Power in Archaeological Discourse*, eds. S. Knohring and S. Wynne-Jones (Oxford: Oxbow Books, 2007), 30-36.

④　C. L. Redman, "Resilience theory in archaeology," *American Anthropologist* 107.1 (2005): 70-77.

（一）考古学文化

考古学文化是文化历史考古学的关键概念，最初由柴尔德在 1925 年出版的《欧洲文明的曙光》中采用，将考古材料按时空组织起来，为史前考古学提供了一个新的范式。在用考古学文化来分析考古材料时，柴尔德认为它们应该是被同一个社群在同一时间里使用的。他说："文化是一种社会遗产；它对应于享有共同传统、共同生活机构以及共同生活方式的一个社群。这群人可以顺理成章地被称为某'人群'，于是考古学家就能够将一种文化对应于该人群。如果用族群来形容这群人，那么我们可以这样说，史前考古学完全有望建立起一部欧洲的民族史。"①

然而，柴尔德也认识到同一文化的拥有者未必是同一人群，它也不是一个政治上的国家。他说，当苏美尔分裂为多个相互敌对的独立城邦时，考古学家只能分辨出一个苏美尔文化。于是他认为，将考古学文化与所知的族群和语言群相对应是一个推测性和十分危险的做法②。考古学文化在社会学上的对应者只能由"人群"这样一个不承担任何义务的词汇来指代③。

在同时具有民族史和历史文献的证据时，将考古学文化与族群相对应，凸显了两者难以契合的困惑。罗杰斯在对北卡罗来纳州亚德金河谷上游 29 个伍德兰晚期的聚落研究表明，考古学定义的文化区根本无法对应当时探险者描述的族群边界。这项研究也和伊恩·霍德（I. Hodder）在东非肯尼亚巴林戈湖地区民族考古学的观察结果相一致。霍德对不同部落妇女耳环的研究，发现了一种标志部落边界的分布形态，但是分析其他物质材料如陶器或工具，则会得出与耳环完全不同的分布形态。因此，伦福儒和巴恩指出，事情并不那么简单，考古学家将考古学组合归入地区性的"文化"之中，就能认为这种考古学文化就代表了一个社会单位④。

为此，英国考古学家希安·琼斯指出，虽然考古学文化的分类并未被全部放弃，但是对它们进行时空分布的描述不再被认为能够胜任考古学的阐释工作，其本身也不再是考古学研究的目的。学者们认识到，象征族属的物品可能只是物质文化中的一小部分，而其他东西为多个社群所共有。这种族属的象征物品也会依不同族群而异。因此，琼斯强调，物质文化并非族属边界的反映。文化一直积极地被社会所构建，其意义并非固定不变，而会被持续复制和改造⑤。

从考古学文化的静态分析转向社会文化变迁的研究，需要改变分析的维度，以便观察那些对文化变迁更加敏感的变量。三个有用的维度就是功能、系统和过程。就功能分

---

① V. G. Childe, "Races, peoples and cultures in prehistoric Europe," *History* 18 (1933): 198-199.

② V. G. Childe, *The Aryans* (London: Kegan Paul, 1926).

③ 戈登·柴尔德（著），方辉、方堃杨（译）：《历史的重建：考古材料的阐释》，上海三联书店，2008 年，第 12-13、28 页。

④ 科林·伦福儒、保罗·巴恩（著），陈淳（译）：《考古学：理论、方法与实践》，上海古籍出版社，2015 年，第 165 页。

⑤ 希安·琼斯（著），陈淳、沈辛成（译）：《族属的考古》，上海古籍出版社，2017 年，第 36、37、161 页。

析的维度来看，考古遗存作为人类文化的产物，在原来的活体社会中分别是在经济、技术、宗教、政治或社会组织等领域发挥作用的，它们的特点和组成是人类对各种生态、社会和文化因素广泛适应的结果。发掘出土的文物不只反映了制造它的技术，还反映了这件文物使用的社会价值。所以，考古学家研究的这些物质遗存在一定程度上是制造和使用它们社会形态的一种反映，它们之间必定存在功能上的联系，需要我们去探究。系统论的维度是将物质文化放到它们活的有机系统中去思考和分析，了解它们之间的互动和影响。然后将物质文化放到历时变化的过程中去反省，了解社会文化变迁的过程和原因。观察文化发展过程需要更短更细的时间尺度。过程论分析对于类型学和放射性碳断代有了更高的要求，以便从宏观的时空观察转向更加微观的过程分析。

　　本文介绍生态位分析观察社会文化适应与共生的民族志案例，为考古学文化分析提供一种有用的思考与分析方法。挪威民族学家弗雷德里克·巴斯（F. Barth），在对巴基斯坦北部斯瓦特（Swat）地区的民族学研究中，发现定居的帕坦族（Pathan）农民、古加尔（Gujars）游牧者和兼营农业和畜牧业的科希斯坦人（Kohistanis）以不同的生存方式适应他们所处的环境，同时依赖其他族群的存在和互动（图一）。各族群只是利用整个环境里的一部分，而将其余的大部分留给其他群体利用。他得出了四个具有启发意义的结论：①族群分布不是由自然区所决定，而是由该群体以其特定的经济和政治组织所能利用的具体生态位的分布所决定；②不同族群开拓不同的生态位，并会建立起共生的经济关系；③当不同族群开拓相同的生态位，军事上较强大的族群通常会取代较弱的族

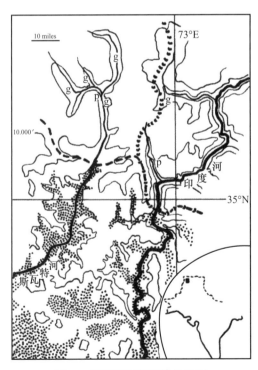

图一　巴基斯坦斯瓦特州地图

麻点区：帕坦人的耕地　虚线：帕坦人和科希斯坦人的地区分界　点线：古加尔人利用地区的界线
（虚线和点线在东南方向重合）　p：偏远的帕坦人社区　g：偏远的转场古加尔人社区
（古加尔游牧民在地图的中部和北部山区度过夏季，在地图的最南端地区过冬。右下是草图的位置）

群；④当不同的族群开拓相同的生态位，其中较弱的族群能更好地利用边缘环境，这些族群可能会在一个地区彼此共生 [①]。生态位概念为考古学家提供了一个新的视野，它表明史前人群的分布很可能也是以各种生态位的适应而彼此共存，不同族群和文化之间的边界很可能是重叠和镶嵌的一种状态。

（二）等级社会

等级社会如酋邦和国家的异构 / 平序特点一般需要有文献记载的帮助，单凭物质文化只能看出等级而难以区分异构 / 平序。比如苏美尔和古典玛雅从物质文化上观察，只能被看作是同一种文化。古典玛雅只是在象形文字被破译之后才被了解是由诸多对立的城市国家组成。从苏格兰中世纪早期的案例来看，社会内部平序的等级也无法从物质遗存来区分。因此，等级社会的异构 / 平序的复杂性比较适合文字记载初期的上古社会，比如我国夏商周的分析。

等级社会的异构 / 平序研究可以分为两个层面，一是社会内部平行的等级制，二是对等政体的互动。社会内部的平序结构包括爱尔兰中世纪初酋长、主教、诗人、律师和工匠之间平行的等级，草原帝国各游牧部落贵族之间的平序等级结构。对印度孔雀王朝等级制的研究发现存在多重平序的等级制：国王和宫廷统治着首都，而农村则由寺庙管理，僧侣协调和管理国家的农村劳力和剩余产品，并建立起佛教的教会产业。这里的考古调查并没有发现一般国家具有的那种四个层级的聚落形态，而是一种非世俗的佛教寺庙等级 [②]。

对等政体互动（peer polity interaction）的概念由科林·伦福儒提出，意在研究政治制度的发展和社会复杂化过程。对等政体不是强调等级社会之间的支配和从属关系，而是在一个地理区域内独立和自治政治单位之间全方位的互动（模仿、竞争、战争、贸易和信息交流）。伦福儒初步设想的对等政体是指比较进步的等级社会如酋邦和国家，它们在某个区域内各自占有一片自治的领土，其行政中心共同构成了我们通常称为文明的特征。这些政体具有非常相似的政治体制、共同的度量衡系统、相同的文字系统、基本相同的宗教信仰、相同的语言，通常是考古学家指称的相同"文化"。作为独立政治单位的国家之间的互动往往是激烈的结盟与竞争。

伦福儒指出，某区域的社会发展可以从对等政体的互动来分析。一方面，某地区先进政体的发展会带动周边简单社会的复杂化，产生所谓的次生国家；另一方面，某个强权政体能够在竞争和冲突中征服弱小政体，最后形成一个民族国家或帝国。他还强调，对等政体的互动主要不是物质商品交换方面的互动，而是信息交流的互动，而结盟和战

① F. Barth, "Ecologic relationships of ethnic groups in Swat, North Pakistan," *American Anthropologist* 58 (1956): 1079-1089.

② C. Scarre, ed., *The Human Past: World Prehistory and the Development of Human Societies* (London: Thames & Hudson, 4th ed., 2018), 543.

争是对等政体互动的常见形式①。

对等政体互动的平序分析能为我们研究复杂社会的演变提供新的洞见。比如，良渚文化遗址的分布从出土材料来看似乎存在几个显赫的贵族中心，如余杭良渚遗址群、昆山赵陵山、苏州张陵山、武进寺墩、上海青浦福泉山等。这些大小不同的中心有可能是长江下游新石器时期晚期一批规模不同和互动的对等政体，而不是像集权政体那样从属或臣服于最大中心的等级聚落。

三代考古也能作如是观。张光直指出，夏崛起于晋南，商的发展自东向西，周则自西向东。虽然这三个政体在朝代上承前启后，但是从各自发展来看并不同源。商是夏的列国，周是商的列国之一。朝代的更替只不过是三个政体之间势力强弱的浮沉而已②。三代政体在基本文化特征上具有共性，如相同的生活方式、相近的葬俗和大同小异的器物类型。他认为三代的族属即使不是同一族群，也是同一类民族③。这比较符合对等政体互动的特点，也即张光直所说的，夏商周代表了互相对立的政治集团。它们彼此之间的横的关系，才是了解中国古代国家形成的关键④。

根据张光直的分析，殷商的王权也是一种平序的等级制。政权在一个子姓的世系手里，此外王族还有十个地位不等的天干群，彼此结合分为 A 组和 B 组，这些世系构成了王族内部的外婚群，其中等级地位最高的是甲、乙、丁三个世系。王位继承不能在同一天干群内传递，兄终弟及在同组传递，父传子辈则为异组传递⑤。春秋战国也是典型的对等政体，如果没有文献记载，我们很难单从物质文化上分辨出诸侯各国的争霸过程。而秦扫六合也是对等政体互动的结果。

（三）手工业专门化

手工业专门化是社会复杂化研究的一个重要方面，因为它能够显示贵族和统治阶层对劳力和资源的控制。同时，显赫物品能够表示社会等级的分化。然而，实用品生产是另外一个系统，它满足的是民众日常生活的需要。在市场的刺激下，它的发展会显示另一种复杂化过程。加拿大考古学家布赖恩·海登提出了实用技术（practical technology）和显赫技术（prestige technology）的两分法，将实用技术定义为解决生存与基本舒适等现实问题的技术，而显赫技术则是为了炫耀财富、成功和权力。他认为，显赫技术是社会等级的基础，没有它们，等级制度将不可维持。但是显赫物品和实用物品之间会发生转化，有些显赫物品的廉价化会变成实用物品，而以前的显赫物品会被其他物品所

① C. Renfrew, "Introduction: peer polity interaction and socio-political change," in *Peer Polity Interaction and Socio-Political Change*, eds. C. Renfrew and J. F. Cherry (Cambridge: Cambridge University Press, 1986), 1-18.

② 张光直：《三代的年代关系》，《青铜挥麈》，上海文艺出版社，2000 年，第 17 页。

③ 张光直：《夏商周三代都制与三代文化异同》，《中国青铜时代》（二集），生活·读书·新知三联书店，1990 年，第 15-38 页。

④ 张光直：《文字史料中的三代关系》，《青铜挥麈》，上海文艺出版社，2000 年，第 16-17 页。

⑤ 张光直：《殷商王制六法则》，《青铜挥麈》，上海文艺出版社，2000 年，第 96-98 页。

取代①。

布鲁斯·特里格用最省力原则（least effort）来区分实用消费和显赫消费之间的区别。最省力原则作为人类的一种决策行为规律，是说在考虑解决手头需要时和未来可能的问题时，人类一般会力求将必需的花费降到最低。无论是古代的狩猎采集者、农人还是现代的规划决策者，都是设法节省开支，以求利益的最大化。但是，最省力原则不适合早期文明的复杂社会。早期文明充斥着权力的物质表现，统治者通过非实用目的而消耗他们所控制的人力和资源。于是，对能量的显赫消费被视为权力的象征②。

学术界普遍将经济复杂性与社会等级相联系，这种关系有如下设想：复杂经济的运行需要等级制度加以控制和协调；如果没有贵族阶层为专职工匠提供资助，全职手工业就不会发生；除非政治等级制建立在某种形式的经济控制之上，否则它就无法维持。但是，许多案例表明手工业专门化与社会等级未必有密切的对应关系。比如，上面提及玛雅低地的贵族并不控制陶器和石器的加工和分配。同样，公元前2000～前1000年的泰国早期青铜器生产是在矿源附近的村落里进行的，并表现出专门化的迹象，但是并没有贵族控制生产和交换的证据③。罗伯特·埃伦赖希（R. M. Ehrenreich）对英格兰韦塞克斯专业手工业从青铜时代的等级制向铁器时代的平序特点转变，提出了几点有趣的结论：①青铜时代无铅青铜铸造需要较高的专业水平，破损的青铜器只能重铸，因此青铜加工只限于专职工匠。铁器时代的铁器加工水平较低，不受先进技术的制约。任何能够锻铁的人都可以成为一个成功的铁匠。铁器工具易于修理，也是工艺专业水平较低的原因。②青铜时代的手工业生产是有等级的，铁器时代的工匠社群则像是一种独立的平序组织。③史前韦塞克斯金属加工的转变与青铜时代的等级社会向铁器时代的平序社会转变同步。由于跨海峡交流的减少和社会的不稳定，金属加工行业变得分散、独立和自力更生④。

在手工业专门化的研究中，克拉姆利给异构／平序所定义的"不是由层次，而是由节点、链接和网络组成的复杂系统"的陈述特别适合我国各类瓷窑业和窑址的研究。在我国瓷窑业的研究中，工匠、专业生产家户、分散作坊、集中作坊和官营作坊可以被看作窑业生产的不同节点、链接和网络。虽然这些窑址之间可能存在某种等级，但是许多窑址彼此独立，相互之间是平行的关系。工匠能够以不同身份参与其中，在不同的窑址

---

① B. Hayden, "Practical and Prestige Technologies: The Evolution of Material Systems," *Journal of Archaeological Method and Theory* 5.1 (1998): 1-55.

② B. G. Trigger, "Monumental architecture: a thermodynamic explanation of symbolic behavior," *World Archaeology* 22.2 (1990): 119-132.

③ J. C. White, "Incorporating Heterarchy into Theory on Socio-political Development: The Case from Southeast Asia," in *Heterarchy and the Analysis of Complex Societies*, eds. R. M. Ehrenreich, C. L. Crumley, and J. E. Levy (Arlington: Archaeological Papers of the American Anthropological Association, No. 6, 1995), 101-123.

④ R. M. Ehrenreich, "Early metalworking: a heterarchical analysis of industrial organization," in *Heterarchy and the Analysis of Complex Societies*, eds. R. M. Ehrenreich, C. L. Crumley, and J. E. Levy (Arlington: Archaeological Papers of the American Anthropological Association, No. 6, 1995), 33-39.

里所做的工作和地位也不一定相同。可能除了御窑之外，官窑与民窑的区别也不如分类和想象得那么等级明显或非此即彼，无论是工匠还是产品都可能在两者之间移动。我们还可以借用伦福儒"对等政体互动"的概念来观察各地窑业的关系，将它们的发展过程看作是彼此之间技术、信息和人员的互动。郭璐莎根据五项标准——政府参与、技术保密程度、成本投入、市场需求和自然资源，对瓷窑址做了等级分类，即御窑、中央官窑、地方官窑、生产贡瓷的民窑和普通民窑[①]。如果从平序和网络的视角来深入观察这些窑址，可以更细致地观察各种要素在窑业等级与平序之间的移动。这种网络和动态的关系造成了各地窑业发展、产品特点以及它们之间的相互关系。

五、小　　结

社会复杂化研究是考古学的一项重要任务，这项研究长期以来几乎都是从单一结构来研究的，这就是不平等和等级演变的模型。比如，从器物的精致程度来分辨个人的地位和等级，从聚落的层级来判断管辖等级的分化。然而，许多复杂结构并不是按等级组织起来的，自然界共生的不同物种、人类大脑甚至电脑零件都是以异构 / 平序的复杂网络组成。因此，异构 / 平序的概念能为社会复杂化分析提供一个新的维度。在社会演进中，等级的发展与异构 / 平序的发展同步，两者之间并非彼此排斥，而是相互交织的。对等政体之间的联姻、结盟和对抗也是等级社会发展的重要特点，后者对于社会复杂化的进程同样重要。而对于游牧社会，散中心的亲属制度和分节部落是社会结构的主要特点。这就是在中东国家营救人质经常只能求助于部族首领和地方长老，中央政府往往爱莫能助的原因。

为此，许多学者呼吁文明与国家起源的研究要从进化论思想、区分社会类型、寻找主动力、构建线性变迁路径的原有框架，转向社会各种要素的从属关系和互动网络的分析。这需要我们摆脱根深蒂固的考古学文化概念的束缚，学会从多尺度进行概念的重建，并需要对时间尺度做更细致的控制以便能够观察社会和文化的变迁[②]。

---

① 郭璐莎:《中国古代窑业分类初探》,《南方文物》2018 年第 2 期，第 217-224 页。

② G. M. Feinman and J. E. Neitzel, "Excising culture history from contemporary archaeology," *Journal of Anthropological Archaeology* 60 (2020): 1-13.

改革开放以来欧美考古学理论的译介

——一个可行的教学框架

张 萌

（复旦大学文物与博物馆学系）

改革开放以来，欧美的考古学理论被系统地译介到国内，对于推动中国考古学与国际的接轨起了重要的推动作用，堪称中国考古学的第二次"西学东渐"。早在 20 世纪 90 年代，中国历史博物馆（现中国国家博物馆）考古部和中国社会科学院考古研究所分别主编译文集《当代国外考古学理论与方法》[①]和《考古学的历史·理论·实践》[②]。两书序言的作者——分别是俞伟超和任式楠两位先生——都直言了译介欧美考古学理论的重要性。近 30 年已经过去，又有不少译介的作品问世，包括一些经典教材也翻译成中文，甚至有"外国考古学研究译丛"获得了国家社科基金重大项目资助。与翻译大潮相比，国内高校目前开设以欧美考古学理论和考古学史为主要阅读资料的课程并不多，也缺乏对已翻译出版的著作与论文的系统梳理。本文正是试图弥补这个缺环，以课程大纲评述的形式展示出考古学理论和方法论的基本脉络，助力教学的开展。为了便于读者参阅，参考文献写出了原文和译文出处。

教材是学生接触学科整体发展状况的基础。科林·伦福儒（A. Colin Renfrew）与保罗·巴恩（Paul Bahn）的教材是目前国内所能看到的最好的概览资料，可谓兼容并包[③]，本书最新版第八版也已付梓。除此之外，读者可以参考罗伯特·沙雷尔（Robert Sharer）与温迪·阿什莫尔（Wendy Ashmore）的教材《考古学：发现我们的过去》[④]，本书是以作者开展的科潘玛雅考古项目为主干组织起来，很适合学生与考古一线的学者阅读。布赖恩·费根（Brain Fagan）的《考古学入门》也已翻译成中文[⑤]。马修·约翰逊（Matthew

---

① 中国历史博物馆考古部编：《当代国外考古学理论与方法》，三秦出版社，1991 年。

② 中国社会科学院考古研究所编：《考古学的历史·理论·实践》，中州古籍出版社，1996 年。

③ C. Renfrew and P. Bahn, *Archaeology: Theories, Methods, and Practice*, 6th ed. (London: Thames and Hudson, 2021). 译文：科林·伦福儒、保罗·巴恩：《考古学：理论、方法与实践》，上海古籍出版社，2015 年第六版，2022 年第八版。

④ R. Sharer and W. Ashmore, *Archaeology: Discovering Our Past*, 3rd ed. (New York: McGraw-Hill Companies, 2002). 译文：罗伯特·沙雷尔、温迪·阿什莫尔：《考古学：发现我们的过去》，上海人民出版社，2009 年。

⑤ B. M. Fagan, *Archaeology: A Brief Introduction*, 11th ed. (New York: Pearson, 2011). 译文：布赖恩·费根：《考古学入门》，北京联合出版公司，2018 年。

Johnson）的《考古学理论导论》^① 提供了一个无与伦比的考古学理论述评，在最新版中有诸多修订，比如增加了"物质转向"一章，也分别论述了文化进化论、达尔文进化论与考古学之间的关系 ^②。在整个课程的学习中，会给我们提供取之不尽的养料。

一、考古学思想史的框架

考古学史在一定意义上可以理解为考古学思想的历史，布鲁斯·特里格（Bruce Trigger）的名著《考古学思想史》展示出了从考古学诞生之初一直到近些年来理论的历史，采用"内"和"外"的视角审视了考古学理论与方法及其与社会思潮变迁之间的关联，对于我们评估中国考古学理论所在的位置和发展路径提供了借鉴^③。除了这个思想史的框架外，罗伯特·邓内尔（Robert Dunnell）论述了考古学兼具科学、社会科学和常识的属性，也在试图给考古学一个合适的定位^④。考古学的发展史正是在三者之中碰撞的历史，三重视角也约束了随意性质的解释，为考古学作为一门学科奠定了知识基础。考古学家的个人经历也可以为考察考古学思想的变迁提供更为丰富的资料与直接的视角^⑤。另外，也可以从中译本即将问世的《考古学理论手册》一书中了解更为复杂的范式划分和重要专题的讨论^⑥。

（一）文化历史考古学

文化历史考古学可以称为考古学研究史中第一个成熟的范式。按照邓内尔的说法，此范式依赖的知识来自常识。时间、空间、文化特征三者结合形成了文化谱系^⑦。数据绝大部分涉及底层理论，侧重的是从数据之中识别出模式，而在推理到人类行为的时候，容易将之等同于带有共同心理模板的人群。其实，发明、传播和迁移的关系十分复

---

① M. Johnson, *Archaeological Theory: An Introduction*, 1st ed. (London: Blackwell Publishing, 1999). 译文：马修·约翰逊：《考古学理论导论》，岳麓书社，2005 年。

② M. Johnson, *Archaeological Theory: An Introduction*, 3rd ed. (London: John Wiley & Sons, 2020). 中译本即将由上海古籍出版社出版。

③ B. G. Trigger, *A History of Archaeological Thought*, 2nd ed. (Cambridge: Cambridge University Press, 2006), 372-382. 译文：布鲁斯·特里格：《考古学思想史》（第二版），中国人民大学出版社，第 282-290 页。

④ R. C. Dunnell, "Science, social science, and common sense: The agonizing dilemma of modern archaeology," *Journal of Anthropological Research* 38 (1982): 1-25.

⑤ 李水城、温成浩编：《穿越古今：海外考古大家访谈》，上海古籍出版社，2020 年。

⑥ R. A. Bentley, H. D. G. Maschner, and C. Chippindale, eds., *Handbook of Archaeological Theories* (Lanham, MD: AltaMira Press, 2008).

⑦ R. C. Dunnell, "Science, social science, and common sense: The agonizing dilemma of modern archaeology," *Journal of Anthropological Research* 38 (1982):1-25.

杂，在思考文化变迁的问题上需要进行思辨性的考察①。韦伯斯特对文化历史考古学做了个回顾性述评②，而作为直接的参与者和建构者戈登·柴尔德带着迷茫写下了当代考古学致力的研究方向——建立可靠的推理研究文化过程及文化变异与变迁背后的动力③。在欧洲与柴尔德同时代的大师格雷厄姆·克拉克（Graham Clark）则采取了混合古经济学、古环境学等早期交叉学科色彩的研究策略，构建古人的社会生活图景④；戈登·威利将朱利安·斯图尔德（Julian Steward）的文化生态学与维鲁河谷的调查结合起来，开创了聚落考古的研究方法，共同拉开了 20 世纪后期学科大综合的序幕⑤。美洲的文化历史考古学在《文化历史的兴起与衰落》中得到了完整的综述⑥，它所秉持的分类深受生物分类的影响，也试图和印第安人的民族志谱系的研究方法结合在一起。与欧洲的研究方法不同，美国学界认识到了"文化的模型"，即相同的文化可以为多个族群所共有，而同一族群可有不同的文化⑦。此认识既为在大西洋两侧过程考古学不同的侧重埋下了伏笔，也直接导致了后来过程与后过程之争在旧大陆和新大陆不同的表现形式。

（二）过程考古学

20 世纪 60 年代是欧美学术思潮风起云涌的时代，考古学也发生了深刻的变化——不再执着于物的文化史，而转向了通过物质遗存研究人类行为，并具备了"批判的自我

---

①　B. G. Trigger, *Beyond History: The Methods of Prehistory* (New York: Holt, Rinehart and Winston, 1968). Chapter 4: "Culture Change." 译文：布鲁斯·特里格：《论文化的起源、传播与迁移》，《文物季刊》1994 年第 1 期，第 81-94 页，本书部分章节的译文见"理寓物内"公众号。

②　G. Webster, "Cultural history: A culture-historical approach," in *Handbook of Archaeological Theories*, ed. R. A. Bentley, H. D. G. Maschner, and C. Chippindale (Lanham, MD: AltaMira Press, 2008), 11-27. 译文：加里·韦伯斯特：《文化历史考古学述评》，《南方文物》2012 年第 2 期，第 53-61 页。

③　V. G. Childe, "Valediction," *University of London Institute of Archaeology Bulletin,* 1 (1958): 1-8. 译文：V. 戈登·柴尔德：《告别辞》，"理寓物内"公众号。

④　J. G. D. Clark, "Economic Approach to Prehistory," (Albert Reckitt Archaeological Lecture), *Proceedings of the British Academy* 39 (1953): 215-238. 译文：格雷厄姆·克拉克：《史前考古学的经济学方法》，《当代国外考古学理论与方法》，第 13-32 页；J. G. D. Clark, *Archaeology and Society* (London: Methuen, 1939). 译文为来自 1969 年版的第一章：格雷厄姆·克拉克：《考古学、考古学家与史前史》，《当代国外考古学理论与方法》，第 83-95 页。

⑤　G. R. Willey, *Prehistoric Settlement Patterns in the Virú Valley, Perú* (Bureau of American Ethnology, Bulletin 155, Washington, 1953). 译文：戈登·威利：《聚落与历史重建》，上海古籍出版社，2018 年；G. Daniel and C. Chippindale, eds., *The Pastmasters: Eleven Modern Pioneers of Archaeology* (London: Thames and Hudson, 1989), 100-113. 译文：戈登·威利：《戈登·威利自传》，《南方文物》2019 年第 3 期，第 249-255 页。

⑥　R. L. Lyman, M. J. O'Brien, and R.C. Dunnell, *The Rise and Fall of Culture History* (Boston: Springer, 1997).

⑦　N. M. Stone and K. Paddayya, eds., *Teaching Archaeology: Lewis R. Binford in the Classroom* (New Delhi: Aryan Books International, 2020).

意识"①。虽然韦伯斯特将之视为一条"捷径"②，但"更科学、更人类学"目标促使考古学部分脱离了过度依赖常识进行归纳性推理的困境，而具备了科学推理的结构③。路易斯·宾福德（Lewis Binford）作为20世纪后半期最主要的考古学家，时代精神、个人魅力与人才培养促成了他的成就④。20世纪60年代是"过程考古学"理论的起步期⑤，虽批评与赞誉不绝于耳，但至少构建了新的研究目标和研究策略，"以问题为中心"取代了"以材料为中心"，并于20世纪70年代转入了以民族考古学为代表的"中程理论"时代。肯特·弗兰纳利（Kent Flannery）是美国新考古学运动的第二面旗帜，与宾福德不同，他更侧重于田野考古本身，也更侧重于个别地区文化变迁的研究。他善于用小说来表现理论的争鸣⑥，推动了理论在北美的普及，此文风影响了罗伯特·凯利（Robert Kelly）⑦和蒂莫西·波克泰（Timothy Pauketat）⑧。在大洋彼岸，戴维·克拉克（David Clarke）⑨和科林·伦福儒⑩也以另一种姿态展示了类似于过程考古学的形态⑪。这股潮

---

① D. Clarke, "Archaeology: The loss of innocence," *Antiquity* 47.185 (1973): 6-18. 译文：戴维·克拉克：《考古学纯洁性的丧失》，《当代国外考古学理论与方法》，第130-151页。

② G. Webster, "Cultural history: A culture-historical approach," in *Handbook of Archaeological Theories*, ed. R. A. Bentley, H. D. G. Maschner, and C. Chippindale (Lanham, MD: AltaMira Press, 2008), 11-27. 译文：加里·韦伯斯特：《文化历史考古学述评》，《南方文物》2012年第2期，第53-61页。

③ R. C. Dunnell, "Science, social science, and common sense: The agonizing dilemma of modern archaeology," *Journal of Anthropological Research* 38 (1982): 1-25.

④ R. L. Kelly, "Binford versus Childe: What makes an archaeologist influential?" *Journal of Anthropological Archaeology* 38 (2015): 67-71. 译文：罗伯特·凯利：《宾福德与柴尔德：什么造就了考古学家的影响力？》，《南方文物》2016年第3期，第266-270页。

⑤ L. R. Binford, "Archeological perspectives," in *New Perspectives in Archeology* (Chicago: Aldine Publ. Co., 1968), 5-32. 译文：路易斯·宾福德：《论新考古学》，《东南文化》1992年第1期，第41-46页。本论文集是美国新考古学运动的经典之作。

⑥ K. V. Flannery, ed., *The Early Mesoamerican Village* (London and New York: Academic Press, 1976). K. V. Flannery, "The Golden Marshalltown: A Parable for the Archeology of the 1980s," *American Anthropologist* 84.2 (1982): 265-278. 译文：肯特·V. 弗兰纳里：《金手铲：八十年代考古学的寓言（上＋下）》，《江汉考古》1999年第3期，第88-94页；2003年第1期，第89-95+84页。

⑦ R. L. Kelly, "Prelude: Searching for home in the modern landscape of archaeology," in *Processual Archaeology: Exploring Analytical Strategies, Frames of Reference, and Cultural Process*, ed. A. L. Johnson (Westport, Connecticut, and London: Praeger, 2004), 1-10.

⑧ T. R. Pauketat, *Chiefdoms and Other Archaeological Delusions* (Lanham State: AltaMira Press, 2007).

⑨ D. L. Clarke, *Analytical Archaeology* (London: Methuen, 1968).

⑩ A. C. Renfrew, *The Emergency of Civilisation: The Cyclades and the Aegean in the Third Millenium B.C.* (London: Methuen, 1972).

⑪ S. Shennan, "Archaeology as archaeology or as anthropology? Clarke's analytical archaeology and the Binford's 'New perspectives in archaeology' 21 years on," *Antiquity* 63.241 (1989): 831-835. 译文：斯蒂芬·申南：《考古学是人类学还是考古学？——21年来的克拉克"分析考古学"和宾福德"考古学新观察"》，《考古学的历史·理论·实践》，第78-85页。

流也席卷了欧洲大陆 [①]。在考古学理论发展的途中，宾福德 [②] 与安贝儿·约翰逊（Amber Johnson） [③] 都对过程考古学进行了回顾与展望。值得注意的是，过程考古学的发展极大刺激了学科交叉，促使科学技术在考古学中普遍应用 [④]。

（三）后过程考古学

考古材料与文化的多样性注定无法被顺从地安置进系统过程考古构建的系统之中——"更科学"所强调的通则和研究策略一直也无法触及个体能动性的本质，"更人类学"刺激了考古学家对人类行为、文化与历史更为多元的诉求——预示着考古学作为科学体系危机的爆发。特里格对过程考古学的理论方法进行了全面反思 [⑤]。宾福德意识到谢菲尔德会议（1973 年）隐含着哲学的暗流，最终曾是英伦过程考古核心成员的伊恩·霍德（Ian Hodder，曾是戴维·克拉克的学生）扛起了"更人文、更历史学"的大旗，考古学理论越来越多元 [⑥]，并愈来愈哲学化 [⑦]。霍德出版的一系列书籍，系统阐述了如何看待考古学中的类比 [⑧]、如何开展对过去的"阅读" [⑨] 和如何把真正的过程揭示出

[①]　P. Bogucki, "Theoretical directions in European archaeology," *American Antiquity* 50.4 (1985): 780-788. 译文：彼得·博古斯基：《欧洲考古学的理论趋向》，《当代国外考古学理论与方法》，第 395-404 页。

[②]　L. R. Binford, "The 'New Archaeology,' then and now," in *Archaeological thought in America*, ed. C. C. Lamberg-Karlovsky (Cambridge: Cambridge University Press, 1989), 50-62.

[③]　A. L. Johnson, "The goals of processual archaeology," in *Processual Archaeology: Exploring Analytical Strategies, Frames of Reference, and Cultural Process*, ed. A. L. Johnson (Westport, Connecticut, and London: Praeger, 2004), 11-27.

[④]　D. L. Hardesty, "The use of general ecological principles in archaeology," *Advances in Archaeological Method and Theory* 3 (1980): 157-187. 译文：唐纳德·哈德斯第：《普通生态学原理在考古学中的应用》，《当代国外考古学理论与方法》，第 273-302 页。

[⑤]　B. Trigger, "Archaeology at the crossroads: What's new?" *Annual Review of Anthropology* 13 (1984): 274-300. 译文：布鲁斯·特里格：《十字路口的考古学：新在哪里》，《南方文物》2006 年第 3 期，第 114-122 页。

[⑥]　I. Hodder, "Postprocessual archaeology," *Advances in Archaeological Method and Theory* 8 (1985): 1-26. 译文：伊恩·霍德：《后过程的考古学》，《当代国外考古学理论与方法》，第 367-394 页。

[⑦]　R. Preucel, "The philosophy of archaeology," in *Processual and Postprocessual Archaeologies: Multiple Ways of Knowing the Past*, ed. R. Preucel (Center for Archaeological Investigations, Southern Illinois University at Carbondale, Occasional Paper No. 10), 1-29. 译文：罗伯特·普鲁塞尔：《考古学理论与哲学》，《考古学的历史·理论·实践》，第 189-206 页。

[⑧]　I. Hodder, *The Present Past: An Introduction to Anthropology for Archaeologists* (London: B. T. Batsford, 1982). 译文：伊恩·霍德：《现在的过去：给考古学家的人类学指南》，北京大学出版社，2020 年。

[⑨]　I. Hodder and S. Hutson, *Reading the Past: Current Approaches to Interpretation in Archaeology*, 3rd ed. (Cambridge: Cambridge University Press, 2003). 译文：伊恩·霍德：《阅读过去：考古学阐释的当代取向》，北京大学出版社，2020 年。

来①，并在进入新千年后把研究投入到纠缠理论中，对物与人之间的关系进行了更为细致的研究②。与此同时，邓内尔③对横切三系统的风格与形制进行演化考古建构，而弗兰纳利与马库斯（Joyce Marcus）夫妇④和伦福儒⑤则在过程考古范式内发展认知考古的方法论，都是对宾福德"作为人类学的考古学"⑥发表以来的扩展与反思，标志着过程考古大潮流内部的分道扬镳。与在方法论主导却后被以后过程之名理论挂帅的西北欧形成对比的是，北美形成了"过程＋"（processual-plus）主导的研究策略⑦，倡导在科学框架内恰当使用与后过程考古相关的概念，如"能动性""惯习""实践"⑧。

二、从理论到方法论

　　新考古学运动最大的突破出现在方法论上，尤其在于以研究问题为导向、以科学逻辑为路径的研究设计，并倡导立场的中立和理论与方法的分离。20 世纪 60 年代的宣言最终被卷入了亨普尔逻辑实证主义的旋涡，秉持了不切实际的假设 – 演绎法⑨，而

---

① I. Hodder, *The Archaeological Process: An Introduction* (London: Wiley-Blackwell, 1999).

② I. Hodder, *Entangled: An Archaeology of the Relationships between Humans and Things* (London: Blackwell Publishing, 2012); I. Hodder, *Where Are We Heading? The Evolution of Humans and Things* (New Haven, CT: Yale University Press, 2018). 译文：伊恩·霍德：《纠缠小史——人与物的演化》，文汇出版社，2022 年。

③ R. C. Dunnell, "Evolutionary theory and archaeology," *Advances in Archaeological Method and Theory* 3 (1980): 35-99. 译文：罗伯特·丹内尔：《进化论与考古学》，《当代国外考古学理论与方法》，第 303-322 页。

④ K. V. Flannery and J. Marcus, "Cognitive archaeology," *Cambridge Archaeological Journal* 3.2 (1993): 260-267. 译文：肯特·弗兰纳利、乔伊斯·马库斯：《认知考古学》，《南方文物》2011 年第 1 期，第 175-181 页。

⑤ C. Renfrew and E. B. W. Zubrow, eds., *The Ancient Mind: Elements of Cognitive Archaeology.* (Cambridge: Cambridge University Press, 1994).

⑥ L. R. Binford, "Archaeology as anthropology," *American Antiquity* 28.2 (1962): 217-225. 译文：路易斯·宾福德：《作为人类学的考古学》，《当代国外考古学理论与方法》，第 43-55 页。

⑦ M. Hegmon, "Setting theoretical egos aside: Issues and theory in North american Archaeology," *American Antiquity* 68.2 (2003): 213-243.

⑧ 曹斌编译，林永昌审校：《考古学：实践和能动性理论》，上海古籍出版社，2021 年。本书收录了 9 篇译文，付罗文（Rowan Flad）为本译文集做了序。

⑨ C. Renfrew, "Explanation revisited," in *Theory and Explanation in Archaeology: The Southampton Conference*, ed. C. Renfrew, M. J. Rowlands, and B. A. Segraves (New York: Academic Press, 1982), 5-24. 译文：科林·伦福儒：《对考古学解释的反思》，《当代国外考古学理论与方法》，第 323-343 页；P. J. Watson, "Archaeological theory: 1985," in *American Archaeology Past and Future*, ed. D. Meltzer, D. Fowler, and J. Sabloff (Washington: Smithsonian Institution Press, 1986), 5-24. 译文：帕蒂·J. 沃森：《新考古学之后——考古学的解释：1985》，《东南文化》1992 年第 1 期，第 47-53 页；P. J. Watson, S. A. LeBlanc, and C. L. Redman, *Explanation in Archeology* (New York: Columbia University Press, 1971).

彼时之宾福德已经斥之为"废话与考古学"，远离了他认为的毫无意义的科学哲学的争论[1]，经历教职的不稳定过渡后加盟新墨西哥大学，将阿拉斯加努那缪特因纽特人的民族考古研究发展成"中程理论"（Middle-Range Theory），与同事和学生进行理论建构（theory building）[2]，前承类比推理的现实主义研究[3]，后继全球狩猎采集者的参考框架（frames of reference）[4]，后者可视为"作为人类学的考古学"一文的千里伏线，贯穿了宾福德的学术生涯。这一时期的论述主要集中在了他的第二本个人论文集《从事考古》（*Working at Archaeology*）[5]。他提出的系统论研究方法尤其得到了弗兰纳利的发展，将其广泛应用于中美洲，尤其是瓦哈卡河谷（Valle de Oaxaca）从农业起源到文明起源的一系列研究之中[6]，并充分考虑到了认知（意识形态）系统在文化运行与演进中的位置和所起的作用[7]，其他学者也对考古学中的系统论思想进行了梳理[8]。针对静态－动态（statics-dynamics）行为推理问题，以迈克尔·希弗（Michael Schiffer）为代表的"行为考古学"也登上了历史舞台，既与宾福德为代表的民族考古学争芳斗艳，也与戴维·克拉克的沉积理论遥相呼应[9]，构建起考古遗址形成过程的基础理

[1]　L. R. Binford, *In Pursuit of the Past: Decoding the Archaeological Record* (New York: Thames and Hudson, 1983). 译文：路易斯·宾福德：《追寻人类的过去：解释考古材料》，生活·读书·新知三联书店，2009 年。

[2]　L. R. Binford, ed., *For Theory Building in Archaeology: Essays on Faunal Remains, Aquatic Resources, Spatial Analysis, and Systemic Modeling* (New York, San Francisco, London: Academic Press, 1977).

[3]　L. R. Binford, "Smudge pits and hide smoking: The use of analogy in archaeological reasoning," *American Antiquity* 32.1 (1967): 1-12.

[4]　L. R. Binford, *Constructing Frames of Reference: An Analytical Method for Archaeological Theory Building Using Hunter-Gatherer and Environmental Data Sets* (Berkeley: University of California Press, 2001).

[5]　L. R. Binford, *Working at Archaeology* (New York: Academic Press, 1982).

[6]　K. V. Flannery, ed., *Guilá Naquitz: Archaic Foraging and Early Agriculture in Oaxaca, Mexico* (Orlando: Academic Press, 1986). 译文：肯特·弗兰纳利主编：《圭拉那魁兹：墨西哥瓦哈卡的古代期觅食与早期农业》，上海古籍出版社，2019 年。

[7]　K. V. Flannery, "Archaeological systems theory and early Mesoamerica," in *Anthropological Archaeology in the America*, ed. B. J. Meggers (Anthropological Society of Washington, USA: American Anthropological Association, 1968), 67-87. 译文：肯特·弗兰纳利：《考古学的系统论和早期中美洲》，《南方文物》2018 年第 4 期，第 241-248 页；K. V. Flannery and J. Marcus, "Cognitive archaeology," *Cambridge Archaeological Journal* 3.2 (1993): 260-267. 译文：肯特·弗兰纳利、乔伊斯·马库斯：《认知考古学》，《南方文物》2011 年第 1 期，第 175-181 页。

[8]　如 F. T. Plog, "Systems theory in archeological research," *Annual Review of Anthropology* 4 (1975): 207-224. 译文：弗雷德·普洛格：《考古学中的系统论》，《南方文物》2006 年第 4 期，第 85-92 页。

[9]　D. L. Clarke, *Analytical Archaeology* (London: Methuen, 1968); D. Clarke, "Archaeology: The loss of innocence," *Antiquity* 47.185 (1968): 6-18. 译文：戴维·克拉克：《考古学纯洁性的丧失》，《当代国外考古学理论与方法》，第 130-151 页；K. V. Flannery, "Archaeological systems theory and early Mesoamerica," in *Anthropological Archaeology in the America*, ed. B. J. Meggers (Anthropological Society of Washington, USA: American Anthropological Association, 1968), 67-87. 译文：肯特·弗兰纳利：《考古学的系统论和早期中美洲》，《南方文物》2018 年第 4 期，第 241-248 页。

论 ①，在北美西南部得到了广泛的应用 ②，并进入了中国考古学的实践 ③。

考古学的研究策略本质在于如何建立可靠的论证去回答关于人类行为或人类史的问题，宾福德撰写的《考古学研究设计的思考》为此问题指出了一条可行的道路，也成为当代考古学课题设计的标准，至今是北美许多大学"论文开题报告"课程最重要的参考文献 ④。此文倡导的假说 - 检验（hypothesis-testing）方法是过程考古学的核心策略。陈胜前撰写的两篇论文《考古学研究的问题来自哪里？》④ 与《考古推理的结构》⑤ 分别为宾福德《考古学的研究问题来自哪里？》（Where do research problems come from）⑥ 和《对考古研究设计的思考》（A consideration of archaeological research design）⑦ 的呼应，针对中国研究现状提供了自己的认识，并最终形成了《考古学研究指要》一书 ⑧。其作品《史前的现代化：中国农业起源过程的文化生态考察》⑨ 是过程考古学在中国整体地理范围内的最早实践，虽没有严格按照原博士论文布局，但彰显了"以问题为中心"的研究导向，系统探索了在农业起源的背景下人类行为多样性与物质文化差异与变迁之间的关联，建构了在科学范畴内可供批判的论证框架。

需要注意的是，《美国科学院院刊》⑩ 和《美洲古物》⑪ 相继刊发了基思·金提（Keith Kintigh）等 15 位考古学家联合署名的论文，总结了当今考古学面临的巨大挑

---

①　M. B. Schiffer, "Toward the identification of formation processes," *American Antiquity* 48.4 (1983): 675-706. 译文：迈克尔·希弗：《关于遗址形成过程研究》，《南方文物》2015 年第 2 期，第 182-192 页；M. B. Schiffer, *Formation Processes of the Archaeological Record* (Albuquerque: University of the New Mexico Press, 1987).

②　M. C. Nelson and G. Schachner, "Understanding abandonments in the North American Southwest," *Journal of Archaeological Research* 10.2 (2002): 167-206. 译文：马格雷特·纳尔逊、格雷格森·沙克纳：《北美西南部废弃行为研究》，《南方文物》2011 年第 4 期，第 150-156 页。

③　李彬森、陈胜前：《考古材料的真实性问题：废弃过程理论研究及其启示》，《东南文化》2020 年第 1 期，第 30-38 页。

④　L. R. Binford, "A consideration of archaeological research design," *American Antiquity* 29.4 (1964): 425-441.

④　陈胜前：《考古学研究的问题来自哪里？》，《南方文物》2013 年第 2 期，第 94-100+112 页。

⑤　陈胜前：《考古推理的结构》，《考古》2007 年第 10 期，第 42-51 页。

⑥　L. R. Binford, "Where do research problems come from?" *American Antiquity* 66.4 (2001): 669-678.

⑦　L. R. Binford, "A consideration of archaeological research design," *American Antiquity* 29.4 (1964): 425-441.

⑧　陈胜前：《考古学研究指要》，中国人民大学出版社，2022 年。

⑨　陈胜前：《史前的现代化：中国农业起源过程的文化生态考察》，科学出版社，2013 年。

⑩　K. W. Kintigh, J. H. Altschul, M. C. Beaudry, R. D. Drennan, A. Kinzig, T. A. Kohler, ... M. A. Zeder, "Grand challenges for archaeology," *Proceedings of the National Academy of Sciences* 111 (2014): 879-880.

⑪　K. W. Kintigh, J. H. Altschul, M. C. Beaudry, R. D. Drennan, A. Kinzig, T. A. Kohler, ... M. A. Zeder, "Grand challenges for archaeology," *American Antiquity* 79.1 (2014): 5-24.

战，分为以下五个大主题：①涌现、社群与复杂性；②恢复力、持久性、转型与崩溃；③迁移、流动性与移民；④认知、行为与身份；⑤人类－环境互动，再细分为25 项。这些问题具有很强的科学性与历史性，为我们思考考古学的未来走向提供了重要文本。

三、专 题 研 究

考古学理论与方法论建设最终落地在如何解决具体问题上，而不是空谈。理论为我们提供审视考古材料的视角与立场，而方法论则提供了透物见人的路径与策略。以目前翻译的论述为主线，本文将从对考古材料的研究和对人类社会演进的研究两个角度来介绍欧美考古研究的进展。考古材料的研究主要集中在对遗物和遗迹的研究上，而人类社会演进的研究主要集中于对各种社会类型的研究上。在讨论完这类研究之后，回到认识论意义上讨论考古学知识体系的构成与认识。

（一）考古材料研究

1. 器物形制研究

不论从发掘到展览的实践还是具体的研究设计，甚至考古学大问题与学术史的梳理，分类贯穿着研究者学术生涯——这并非心血来潮，而是由研究对象本身的性质所决定，也可以说，分类是研究者重新发现和解读对象的过程。对考古遗存的系统性分类，在研究目的的指引下形成了考古学研究基石之一的类型学。在考古学研究问题和推理的演进中，类型学从最早的由蒙特留斯系统化的方法[1]，由皮特里（Flinders Petrie）、基德（Alfred Kidder）等人在田野中的应用，再到柴尔德对考古学文化的研究[2]；在 20 世纪60 年代“更科学、更人类学”的过程考古学的碰撞中“重新发现”类型学背后隐含的预设，在旧石器时代考古学中表现得最为明显[3]，围绕“莫斯特难题”逐渐揭示出遗存

---

[1]　O. Montelius, *Die typologische Methode: Die älteren Kulturperioden im Orient und in Europa*. Vol. 1 (Stockholm, Selbstverlag, 1903). 译文：奥斯卡·蒙德留斯：《先史考古学方法论》，商务印书馆，2019年（据 1935 年译本修订）。

[2]　V. G. Childe, *The Dawn of European Civilization* (London: Kegan Paul, 1925). 译文：戈登·柴尔德：《欧洲文明的曙光》，上海三联书店；V. G. Childe, *The Danube in Prehistory* (London: Oxford University Press, 1929).

[3]　F. Bordes, "Reflections on typology and techniques in the Palaeolithic," *Arctic Anthropology* 6.1 (1969): 1-29. 译文：弗朗索瓦·博尔德：《旧石器类型学和工艺技术》，《文物季刊》1992 年第 2 期，第 83-93 页；A. Jelinek, "Form, function, and style in lithic analysis," in *Cultural Change and Continuity: Essays in Honor of James Bennett Griffin*, ed. C. E. Cleland (New York: Academic Press, 1976), 19-33. 译文：亚瑟·杰利内克：《石器分析的式样、功能与形制》，《文物季刊》1995 年第 3 期，第 88-95 页。

组合多样性的诸多因素，如原料、使用阶段、可用资源的种类与分布、季节性[1]，也刺激了操作链和技术组织等概念在石器研究中的普及[2]。20 世纪 40 年代以来关于类型学的争论开始白热化，福特－斯波尔丁争论（Ford-Spaulding Debate）[3]正式揭开了"类型学大辩论"（The Typological Debate）的大幕[4]，众多著名考古学家相继登场[5]，延续功能与风格之争，最终走向了生态学（以弗兰纳利为代表）与演化论（以邓内尔为代表）的两大方向。在"更人文、更历史学"的后过程考古学中，物的能动性被发掘出来[6]，与人的能动性与社会实践纠缠在一起[7]，形成了另一幅多彩的人类日常生活史。

---

[1]　L. R. Binford, "Interassemblage variability: The Mousterian and the 'functional argument,'" in *The Explanation of Culture Change: Models in Prehistory*, ed. C. Renfrew (London: Duckworth, 1973), 227-254; H. L. Dibble, "The interpretation of Middle Paleolithic scraper morphology," *American Antiquity* 52.1 (1987): 109-117; S. L. Kuhn, *Mousterian Lithic Technology* (Princeton: Princeton University Press, 1995).

[2]　F. Sellet, "Chaine operatoire: The concept and its applications," *Lithic Technology* 18.1/2 (1993): 106-112. 译文：弗雷德里克·塞勒特：《操作链：概念及其应用》，《文物季刊》2022 年第 2 期，第 86-91 页。

[3]　J. O. Brew, *Archaeology of Alkali Ridge, southeastern Utah* (Papers of the Peabody Museum of American Archaeology and Ethnology 21. Cambridge: Harvard University Press, 1946); J. A. Ford, "On the concept of types: The type concept revisited," *American Anthropologist* 56.1 (1954): 42-53; A. C. Spaulding, "Statistical techniques for the discovery of artifact types," *American Antiquity* 18 (1953): 305-313.

[4]　详见：W. Y. Adams and E. W. Adams, *Archaeological Typology and Practical Reality: A Dialectical Approach to Artifact Classification and Sorting* (Cambridge: Cambridge University Press, 1991). W. Y. Adams, "Archaeological classification: Theory versus practice," *Antiquity* 61 (1988): 40-56. 译文：威廉·亚当斯：《考古学分类的理论与实践》，《南方文物》2012 年第 4 期，第 39-48 页。

[5]　如 L. R. Binford, "Archaeological systematics and the study of culture process," *American Antiquity* 31.2 (1965): 203-210. 译文为：路易斯·宾福德：《考古学的系统论与文化进程的研究》，《国外当代考古学理论与方法》，第 56-66 页。需要注意的是，systematics 是系统分类的意思，见陈胜前未刊译稿；L. R. Binford, *An Archaeological Perspective* (New York: Seminar Press, 1972). K. C. Chang, *Rethinking Archaeology* (New York: Random House, 1967). 张光直：《考古学：关于其若干基本概念和理论的思考》，辽宁教育出版社，2002 年；D. Clarke, *Analytical Archaeology* (London: Methuen, 1968). 另外，以下三篇以"类型学讨论三题"被摘译，发表于《南方文物》2012 年第 4 期，第 49-54 页：D. W. Read, "Some Comments on Typologies in Archaeology and an Outline of a Methodology," *American Antiquity* 39.2 (1974): 216-242. 译文：《考古类型学点评》；R. A. Watson, "Limitations on archaeological typologies and on models of social systems," in *The Explanation of Cultural Change: Models in Prehistory*, ed. C. Renfrew (London: Duckworth, 1973), 209-211. 译文：《考古类型学的局限性》；P. J. Watson, S. A. LeBlanc, and C. L. Redman, *Archeological Explanation: The Scientific Method in Archeology* (New York: Columbia University Press, 1984). 126-134. 译文：《分类与类型学》。

[6]　C. Knappett and L. Malafouris, eds., *Material Agency: Towards a Non-Anthropocentric Approach* (London: Springer, 2008).

[7]　M.-A. Dobres and J. Robb, eds., *Agency in Archaeology* (London: Routledge, 2000). I. Hodder, *Entangled: An Archaeology of the Relationships between Humans and Things* (London: Blackwell Publishing, 2012).

2. 器物功能研究

　　新考古学运动刺激了陶器研究的理论与方法创新，在保罗·马丁的支持下①，威廉·朗埃克（William Longacre）和詹姆斯·希尔（James Hill）在卡特牧场普韦布洛（Carter Ranch Pueblo）展开新考古学实践，之后分别发表了《作为人类学的考古学：一项个案研究》②和《布罗肯·K. 普韦布洛：美西南史前社会组织》③，代表着陶器研究进入了过程考古和文化解释阶段。朗埃克的社会重建推理受到批评后，与其导师宾福德相似，也转入了民族考古学研究，前往菲律宾卡林阿地区观察制陶行为④。由于陶器的标准化与陶器生产的专业化直接相关，考察社会组织方式的研究转向了陶器的标准化⑤，对器物的测量和数据统计成为了考古学研究标准程序中的一部分⑥。陶器研究包括起

①　P. S. Martin, "The revolution in archaeology," *American Antiquity* 36.1 (1971): 1-8. 译文：保罗·马丁：《考古学革命》，《当代国外考古学理论与方法》，第 115-129 页；L. G. Straus, "A life in the pits: Reflections on a half-century of doing Stone Age archeology," *Quaternary International* 515 (2019): 4-11. 译文：劳伦斯·盖伊·斯特劳斯：《田野考古学家的一生：石器时代考古学研究的半世纪回顾》，待刊。

②　W. A. Longacre, *Archaeology as Anthropology: A Case Study* (Tucson: The University of Arizona Press, 1970).

③　J. H. Hill, *Broken K Pueblo: Prehistoric Social Organization in the American Southwest* (Tucson: The University of Arizona Press, 1970).

④　W. A. Longacre, "Ceramic ethnoarchaeology: An introduction," in *Ceramic Ethnoarchaeology*, ed. W. A. Longacre (Tucson: The University of Arizona Press, 1991), 1-10. 译文：威廉·朗艾克：《陶器民族考古学导论》，《考古学的历史·理论·实践》，第 323-332 页；W. A. Longacre, "Pottery use-life among the Kalinga, Northern Luzon, the Philippines," in *Decoding Prehistoric Ceramics*, ed. B. A. Nelson (Carbondale: Southern Illinois University Press 1985), 334-346. 译文：威廉·朗艾克：《菲律宾吕宋岛北部卡林阿地区陶器的使用寿命》，《考古学的历史·理论·实践》，第 333-341 页；W. A. Longacre, K. L. Kvamme, and M. Kobayashi, "Southwestern pottery standardization: An ethnoarchaeological view from the Philippines," *The Kiva* 53 (1988): 101-112. 译文：威廉·朗艾克、肯尼斯·克瓦莫、马萨希：《西南方陶器的标准化：来自菲律宾的一种民族考古学观点》，《考古学的历史·理论·实践》，第 342-356 页；M. T. Stark, "Social dimensions of technical choice in Kalinga ceramic traditions," in *Material Meanings: Critical Approaches to the Interpretation of Material Culture*, ed. E. Chilton (Salt Lake City: University of Utah Press, 1999), 24-43. 译文：米莉亚姆·T. 斯塔克：《菲律宾卡林阿地区陶器制作传统中的社会因素》，《南方文物》2011 年第 3 期，第 117-127 页。

⑤　W. A. Longacre, K. L. Kvamme, and M. Kobayashi, "Southwestern pottery standardization: An ethnoarchaeological view from the Philippines," *The Kiva* 53 (1988): 101-112. 译文：威廉·朗艾克、肯尼斯·克瓦莫、马萨希：《西南方陶器的标准化：来自菲律宾的一种民族考古学观点》，《考古学的历史·理论·实践》，第 342-356 页。P. M. Rice, "Evolution of Specialized Pottery Production: A Trial Model [and Comments and Reply]," *Current Anthropology* 22.3 (1981): 219-240. 译文：普卢登丝·赖斯：《陶器生产专业化演变：一个尝试性模型》，《南方文物》2014 年第 1 期，第 171-180 页。

⑥　V. Roux, "Ceramic standardization and intensity of production: Quantifying degrees of specialization," *American Antiquity* 68 (2003): 768-782. 译文：瓦伦丁·卢克斯：《陶器生产的标准化和强度：专业化程度的量化》，《南方文物》2011 年第 3 期，第 166-177 页。

源① 和分化 / 特殊化② 两组问题，对应了觅食向食物生产的过渡（农业起源）与社会复杂化（文明起源）两大主题，所涉及的理论和方法包括文化生态学③、能动性与社会实践理论④、民族考古学⑤，以及物理学中的热力学和动力学模型⑥。宾福德⑦ 提及的三个子

---

① J. Brown, "The beginnings of pottery as an economic process," in *What's New? A Closer Look at the Process of Innovation*, ed. S. E. van der Leeuw and R. Torrence (London: Unwin Hyman, 1989), 203-224. 译文：杰姆斯·布朗：《作为经济过程的陶器起源》，《南方文物》2011 年第 1 期，177-184+173；P. M. Rice, "On the origins of pottery," *Journal of Archaeological Method and Theory* 6.1 (1999): 1-54. 译文：普鲁登斯·莱斯：《陶器的起源》，《南方文物》2017 年第 3 期，第 241-261 页。

② C. L. Costin, "Craft specialization: Issues in defining, documenting, and explaining the organization of production," *Archaeological Method and Theory* 3 (1991): 1-56. 译文：凯西·科斯汀：《手工业专门化：生产组织的定义、论证及阐释》，《南方文物》2016 年第 2 期，第 240-254 页；T. R. Pauketat and T. E. Emerson, "The ideology of authority and the power of the pot," *American Anthropologist* 93.4 (1991): 919-941. 译文：蒂莫西·波克泰、托马斯·埃莫森：《权威的意识形态与陶器的权力》，《南方文物》2017 年第 1 期，第 245-252 页。

③ F. R. Matson, "Ceramic ecology: An approach to the study of the early cultures in the near east," in *Ceramics and Man*, ed. F. R. Matson (Chicago: Aldine, 1965), 202-217. 译文：弗雷德里克·马特森：《陶器生态学：近东早期文化研究的一种途径》，《南方文物》2012 年第 1 期，第 184-190 页。

④ T. R. Pauketat and T. E. Emerson, "The ideology of authority and the power of the pot," *American Anthropologist* 93.4 (1991): 919-941. 译文：蒂莫西·波克泰、托马斯·埃莫森：《权威的意识形态与陶器的权力》，《南方文物》2017 年第 1 期，第 245-252 页。

⑤ W. A. Longacre, "Ceramic ethnoarchaeology: An introduction," in *Ceramic Ethnoarchaeology*, ed. W. A. Longacre (Tucson: The University of Arizona Press, 1991), 1-10. 译文：威廉·朗艾克：《陶器民族考古学导论》，《考古学的历史·理论·实践》，第 323-332 页；W. A. Longacre, "Pottery use-life among the Kalinga, Northern Luzon, the Philippines," in *Decoding Prehistoric Ceramics*, ed. B. A. Nelson (Carbondale: Southern Illinois University Press, 1985), 334-346. 译文：威廉·朗艾克：《菲律宾吕宋岛北部卡林阿地区陶器的使用寿命》，《考古学的历史·理论·实践》，第 333-341 页；W. A. Longacre, K. L. Kvamme, and M. Kobayashi, "Southwestern pottery standardization: an ethnoarchaeological view from the Philippines," *The Kiva* 53 (1988): 101-112. 译文：威廉·朗艾克、肯尼斯·克瓦莫、马萨希：《西南方陶器的标准化：来自菲律宾的一种民族考古学观点》，《考古学的历史·理论·实践》，第 342-356 页；M. T. Stark, "Social dimensions of technical choice in Kalinga ceramic traditions," in *Material Meanings: Critical Approaches to the Interpretation of Material Culture*, ed. E. Chilton (Salt Lake City: University of Utah Press, 1999), 24-43. 译文：米莉亚姆·T. 斯塔克：《菲律宾卡林阿地区陶器制作传统中的社会因素》，《南方文物》2011 年第 3 期，第 117-127 页。

⑥ D. A. Spratt, "The analysis of innovation processes," *Journal of Archaeological Science* 9.1 (1982): 79-94. 译文：斯普拉特：《发明过程分析》，《南方文物》2013 年第 4 期，第 133-140 页。

⑦ L. R. Binford, "Archaeology as anthropology," *American Antiquity* 28.2 (1962): 217-225. 译文：路易斯·宾福德：《作为人类学的考古学》，《当代国外考古学理论与方法》，第 43-55 页。

系统——技术规范[①]、社会技术[②]和意识技术[③]——也可以在译文中找到对应的阅读。石器研究的框架在奥德尔的书中表现得最清楚，从 33 个问题的解答中系统论述了如何通过石制品分析破译史前人类的技术与行为[④]。陶器研究的理论与方法已有中文著作面世，综述了当前欧美学界最主要的观点[⑤]。

3. 聚落研究

自戈登·威利（Gordon Willey）受朱利安·斯图尔特的"文化生态学"启发，开展维鲁河谷的调查以来[⑥]，聚落考古的成功更多代表了方法论的突破，翻开了用田野考古手段调查社会复杂化的新篇章[⑦]。他的足迹跨越整个美洲大陆，也对玛雅低地地区进行了聚落考古研究[⑧]。包括张光直在内的研究者在聚落形态研究方面也贡献良多[⑨]，也有学者

---

① F. R. Matson, "Ceramic ecology: An approach to the study of the early cultures in the near east," in *Ceramics and Man*, ed. F. R. Matson (Chicago: Aldine, 1965), 202-217. 译文：弗雷德里克·马特森：《陶器生态学：近东早期文化研究的一种途径》，《南方文物》2012 年第 1 期，第 184-190 页；P. M. Rice, "On the origins of pottery," *Journal of Archaeological Method and Theory* 6.1 (1999): 1-54. 译文：普鲁登斯·莱斯：《陶器的起源》，《南方文物》2017 年第 3 期，第 241-261 页。

② P. M. Rice, "Evolution of specialized pottery production: A trial model [and comments and Reply]." *Current Anthropology* 22.3 (1981): 219-240. 译文：普卢登丝·赖斯：《陶器生产专业化演变：一个尝试性模型》，《南方文物》2014 年第 1 期，第 171-180 页。

③ T. R. Pauketat and T. E. Emerson, "The ideology of authority and the power of the pot," *American Anthropologist* 93.4 (1991): 919-941. 译文：蒂莫西·波克泰、托马斯·埃莫森：《权威的意识形态与陶器的权力》，《南方文物》2017 年第 1 期，第 245-252 页。

④ G. H. Odell, *Lithic Analysis* (Springer, 2014). 乔治·奥德尔：《石制品分析：破译史前人类的技术与行为》，生活·读书·新知三联书店，2015 年。

⑤ 秦小丽、张萌编著：《陶器研究的理论与方法》，复旦大学出版社，2022 年。

⑥ G. R. Willey, *Prehistoric Settlement Patterns in the Virú Valley, Perú* (Bureau of American Ethnology, Bulletin 155, Washington, 1953). 译文：戈登·威利：《聚落与历史重建》，上海古籍出版社，2018 年。

⑦ 见 B. G. Trigger, *A History of Archaeological Thought*, 2nd ed. (Cambridge: Cambridge University Press, 2006), 372-382. 译文：布鲁斯·特里格：《考古学思想史》（第二版），中国人民大学出版社，第 282-290 页。

⑧ G. Daniel and C. Chippindale, eds., *The Pastmasters: Eleven Modern Pioneers of Archaeology* (London: Thames and Hudson, 1989), 100-113. 译文：戈登·威利：《戈登·威利自传》，《南方文物》2019 年第 3 期，第 249-255 页；G. R. Willey, "Settlement pattern studies and evidences for intensive agriculture in the Maya Lowlands," in *Archaeological Thought in America*, ed. C. C. Lamberg-Karlovsky (Cambridge: Cambridge University Press, 1989), 167-182. 译文：戈登·威利：《玛雅低地的聚落形态》，《南方文物》2007 年第 3 期，第 99-106 页。

⑨ K. C. Chang, *Rethinking Archaeology* (New York: Random House, 1967). 张光直：《考古学：关于其若干基本概念和理论的思考》，辽宁教育出版社，2002 年；I. Rouse, "Settlement patterns in archaeology," in *Man, Settlement and Urbanism*, ed. P. J. Ucko, R. Tringham, and G. W. Dimbeley (London: Duckworth, 1967), 95-107. 译文：欧文·劳斯：《考古学中的聚落形态》，《南方文物》2007 年第 3 期，第 94-98 页。

进行了细致的区域综述①。同时，在格雷厄姆·克拉克和新考古学运动的双重启发下，欧洲也兴起了"古经济学派"（Palaeoeconomy School），也发展出了遗址域的研究方法②，同时代美洲也开展了类似的实践③。另外，对纪念性建筑背后的人类行为解释也成为研究的一个主题④，与社会考古和认知考古遥相呼应⑤。聚落研究需要考察人地关系，与环境考古有天然的联系，这方面的理论与实践已有充分的译介和探索⑥。

4. 墓葬研究

墓葬是主要的考古遗迹之一，对应着活人所建构的死人的世界，是"意识技术子系统"的一部分⑦。研究方法与器物、居址类似，在其研究早期也秉持了文化规范的观念，在以克罗伯⑧为代表的人类学家和考古学家的研究中得到了充分的体现。宾福德从三个

---

① M. L. Galaty, "European regional studies: A coming of age?" *Journal of Archaeological Research* 13.4 (2005): 291-336. 译文：迈克尔·加拉蒂：《欧洲区域聚落形态研究》，《南方文物》2010年第2期，第113-123+145页；S. A. Kowalewski, "Regional settlement pattern studies," *Journal of Archaeological Research* 16.3 (2008): 225-285. 译文：史蒂芬·科瓦勒斯基：《区域聚落形态研究》，《南方文物》2009年第4期，第150-164+172页。

② E. S. Higgs and C. Vita-Finzi, "Prehistoric economies: A territorial approach," in *Papers in Economic Prehistory*, ed. E. S. Higgs (Cambridge: Cambridge University Press, 1972), 27-36. 译文：希格斯、维太－费森：《史前经济：一种领地研究法》，《当代国外考古学理论与方法》，第96-114页；D. C. Roper, "The method and theory of site Catchment analysis: A review," *Advances in Archaeological Method and Theory* 2 (1979): 119-140. 译文：多纳·罗珀：《论遗址区域分析的方法与理论》，《当代国外考古学理论与方法》，第239-257页。

③ K. V. Flannery, "Empirical determination of site Catchments in Oaxaca and Tehuacan," in *The Early Mesoamerican Village*, ed. K. V. Flannery (New York: Academic Press, 1972), Chapter 4. 译文：肯特·弗兰纳利：《瓦哈卡及特华坎谷地的遗址资源域分析》，《东方考古》（第8集），科学出版社，2011年，第395-405页。

④ B. G. Trigger, "Monumental architecture: A thermodynamic explanation of symbolic behavior," *World Archaeology* 22.2 (1999): 119-132. 译文：布鲁斯·特里格：《纪念性建筑：象征性行为之热动力学解释》，《南方文物》2013年第2期，第158-163页。

⑤ K. V. Flannery and J. Marcus, "Cognitive archaeology," *Cambridge Archaeological Journal* 3.2 (1993): 260-267. 译文：肯特·弗兰纳利、乔伊斯·马库斯：《认知考古学》，《南方文物》2011年第1期，第175-181页。

⑥ J. G. Evans, *An Introduction to Environmental Archaeology* (London: Paul Elek, 1978). 译文：约翰·G. 埃文斯：《环境考古学导论》，《内蒙古文物考古》1994-1996年3期连载。方辉主编：《聚落与环境考古学理论与实践》，山东大学出版社，2007年。

⑦ 见 L. R. Binford, "Archaeology as anthropology," *American Antiquity* 28.2 (1962): 217-225. 译文：路易斯·宾福德：《作为人类学的考古学》，《当代国外考古学理论与方法》，第43-55页。

⑧ A. L. Kroeber, "Disposal of the dead," *American Anthropologist* 29.3 (1927): 308-315.

角度系统批判了这个观点,重申多样性必须在文化系统自身的组织属性上进行考察①。类似的思想在美国西南部得到了实践,帕特丽夏·克朗(Patricia Crown)和费什(S. Fish)考察了霍霍坎从前古典到古典过渡过程中社会复杂化的加剧,重点考察了社会成员的社会性别和地位(尤其是女性)②。在新世纪,社会生物考古学(social bioarchaeology)发展起来,成为社会考古学的组成部分③。目前对墓葬研究的译文还很少,以后需要加强。

(二)人类社会演进

1. 社会考古

人的社会性决定了社会是人类行为系统的主要考察目标,伦福儒与巴恩的经典教材也将社会考古学放到了第二部分的第一个章节。"社会"一词在考古学文献中最早明显见于格雷厄姆·克拉克的著作《考古学与社会》④和柴尔德的论述,并在新考古学运动中以"社会考古学"的姿态登上了历史舞台,将文化变迁与社会进化作为了一个重要主题⑤;并在后过程考古运动中占了一席之地⑥。社会考古在中程社会研究中位置显赫⑦,

---

① Lewis R. Binford, *Mortuary Practices: Their Study and their Potential* (Memoirs of the Society for American Archaeology, No. 25, Approaches to the Social Dimensions of Mortuary Practices, 1971), 6-29.

② P. Crown and S. Fish, "Gender and status in the Hohokam Pre-Classic to Classic transition," *American Anthropologist* 98 (1969): 803-817.

③ M. K. Zuckerman and G. J. Armelagos, "The origins of biocultural dimensions in bioarchaeology," in *Social Bioarchaeology*, ed. Agarwal, S. C., and Glencross, B. A. (London: John Wiley and Sons, 2011), 15-43.

④ J. G. D. Clark, *Archaeology and Society* (London: Methuen, 1939).

⑤ J. Marcus, "The Archaeological Evidence for Social Evolution," *Annual Review of Anthropology* 37 (2008): 251-266. 译文:乔伊斯·马库斯:《社会进化的考古学证据》,《南方文物》2009 年第 2 期, 第 115-121 页;C. L. Redman, M. J. Berman, E. V. Curtin, W. T. Langhorne Jr., N. M. Versaggi, and J. C. Wanser, eds., *Social Archeology: Beyond Subsistence and Dating* (Academic Press, 1978). 译 文:查尔斯·雷德曼、爱德华·克丁、尼娜·万沙格尔、杰弗里·万沙:《社会考古学——从过去看未来》,《当代国外考古学理论与方法》, 第 258-272 页;C. Renfrew, ed. *The Explanation of Cultural Change: Models in Prehistory* (London: Gerald Duckworth, 1973); C. Renfrew, ed., *Approaches to Social Archaeology* (Edinburgh: Edinburgh University Press, 1984).

⑥ L. Meskell and R. W. Preucel, eds., *A Companion to Social Archaeology* (Oxford: Blackwell, 2004).

⑦ 伊恩·霍德:《恰塔胡由克(Çatal höyük)的社会变化:一个 9000 年前的土耳其小镇》,《南方文物》2012 年第 3 期, 第 22-26 页;琳·麦斯凯尔(Lynn Meskell):《恰塔胡由克(Çatal höyük)的雕塑世界:物质性、流动性和实践》,《南方文物》2012 年第 3 期, 第 21-24 页;C. E. Peterson and G. Shelach, "Jiangzhai: Social and economic organization of a Middle Neolithic Chinese village," *Journal of Anthropological Archaeology* 31.3 (2012): 265-301. 译文:克里斯琴·彼得森、吉迪恩·谢拉克:《姜寨:中国一座新石器中期村落的社会与经济结构》,《南方文物》2015 年第 4 期, 第 250-265 页。

主要关注社会组织的差异与变迁，并在旧石器时代考古中展开了为数不多的尝试[①]。

2. 觅食社会

狩猎采集是人类历史中主要、最原始的生存方式，觅食社会是研究一切社会变化的原点。路易斯·宾福德[②]与罗伯特·凯利[③]以文化生态学作为理论基础，揭示了狩猎采集者多元化的生活方式以及与所处环境之间的复杂关联，并在多部论著中努力建构"更科学、更人类学"的考古推理的参考框架[④]，其他人类学的考古学者（anthropological archaeologists）也在建立可靠的考古推理，如狩猎采集者的时间预算与技术之间的关系[⑤]、最早的技术与人类起源之间的关联[⑥]。旧石器时代晚期经历了觅食社会革命性的快速的文化系统变迁[⑦]，创造了绚丽多彩的便携艺术和岩石艺术[⑧]。然而，我们对人类生活的各个方面还知之甚少，但可以通过操作链的研究，结合民族考古学的类比探索

[①] C. Gamble, *The Palaeolithic Societies of Europe* (Cambridge: Cambridge University Press, 1999). 译文：克里夫·甘博：《欧洲旧石器时代社会》，上海古籍出版社，2020 年；M. Zhang, *Late Pleistocene and Early Holocene Microblade-based Industries in Northeastern Asia: A Macroecological Approach to Foraging Societies* (Oxford: British Archaeological Reports, 2021).

[②] L. R. Binford, *Constructing Frames of Reference: An Analytical Method for Archaeological Theory Building Using Hunter-Gatherer and Environmental Data Sets* (Berkeley: University of California Press, 2001).

[③] R. L. Kelly, *The Lifeways of Hunter-Gatherers: The Foraging Spectrum*, 3rd ed. (Cambridge: Cambridge University Press, 2013).

[④] 如 L. R. Binford, *Nunamiut Ethnoarchaeology* (New York, San Francisco, London: Academic Press, Inc., 1978); L. R. Binford, *Bones: Ancient Men and Modern Myths* (New York: Academic Press, 1981); R. L. Kelly, "The three sides of a biface," *American Antiquity* 53.4 (1988): 717-734; R. L. Kelly, "Mobility/ sedentism: Concepts, archaeological measures, and effects," *Annual Review of Anthropology* 21.1 (1992): 43-66; R. L. Kelly, *The Lifeways of Hunter-Gatherers: The Foraging Spectrum*, 3rd ed. (Cambridge: Cambridge University Press, 2013).

[⑤] R. Torrence, "Time budgeting and hunter-gatherer technology," in *Hunter-Gatherer Economy in Prehistory: A European Perspective*, ed. G. Bailey (Cambridge: Cambridge University Press, 1983). 译文：罗宾·托伦斯：《时间预算与狩猎采集技术》，《南方文物》2010 年第 1 期，第 147-153+126 页。

[⑥] N. Toth, "The first technology," *Scientific American* 256.4 (1987): 112-121. 译文：尼古拉斯·托斯：《最早的技术》，《国外当代考古学理论与方法》，第 415-424 页。

[⑦] O. Bar-Yosef, "The Upper Paleolithic revolution," *Annual Review of Anthropology* 31 (2002): 363-393. 译文：奥法·巴尔－约瑟夫：《旧石器时代晚期革命》，《南方文物》2016 年第 1 期，第 247-254 页；A. Gilman, "Explaining the Upper Paleolithic transition," in *Marxist Perspectives in Archaeology*, ed. M. Spriggs, (Cambridge: Cambridge University Press, 1984), 115-126.

[⑧] A. Leroi-Gourhan, "The evolution of paleolithic Art," *Scientific American* 218.2 (1968): 58-70. 译文：安德烈·勒鲁瓦－古朗：《旧石器时代艺术的进化》，陈胜前未刊稿；S. J. Mithen, "Ecological interpretations of Palaeolithic art," *Proceedings of the Prehistoric Society* 57.1 (1991): 103-114. 译文：米申：《旧石器时代艺术的生态学解释》，《文物季刊》1995 年第 4 期，第 82-94 页。

史前狩猎采集者的生活[1]，也可以运用遗址开发域和资源域研究法去发现史前觅食社会根据自身所处资源状况做出的生计策略[2]。随着更新世的结束和全新世的到来，人类面临着崭新的挑战，典型的中石器时代在某些地区较为明确，如以水生资源利用为显著特征的欧洲北部、多样化开发当地资源的北美古代期（地中海沿岸亦如此）[3]。中石器的适应方式最终随着系统状态的变迁而走向终结，以食物生产为根基的社会形态最终在全球大部分地区确立，开启了国家与文明的进程。

3. 农业起源

　　自宾福德挑战布雷伍德的"核心区起源论"[4]，提出农业的边缘起源假说以来[5]，这个议题成为考古学界持续争论的焦点之一，引发了"广谱革命"[6]的提出，以及人口

---

[1]　米歇尔·余莲（Julien 2002）：《旧石器时代社会的民族学研究试探——以潘色旺遗址的营地为例》，《华夏考古》2002 年第 3 期，第 89-98 页；克洛迪娜·卡蓝（Karlin 2002）：《从燧石打制技术问题的分析导向对社会问题的探讨——以潘色旺遗址营地中的燧石打制为例》，《华夏考古》2002 年第 3 期，第 100-109 页。

[2]　G. N. Bailey and I. Davidson, "Site exploitation territories and topography: Two case studies from Paleolithic Spain," *Journal of Archaeological Science* 10.2 (1983): 87-115. 译文：贝利、戴维森：《遗址开发域和地形的关系——来自西班牙的两个旧石器时代研究案例》，《东方考古》（第 8 集），科学出版社，2011 年，第 373-394 页。

[3]　D. L. Clarke, "Mesolithic Europe: The economic basis," in *Problems in Economic and Social Archaeology*, ed. G. de Giberne Sieveking, I. H. Longworth, and K. E. Wilson (London: Duckworth, 1976), 449-481. 译文：戴维·克拉克：《欧洲中石器时代的经济基础》，《南京博物院院刊集刊》（14），文物出版社，第 11-28 页；B. Hayden, "Research and development in the Stone Ages: Technological transitions among hunter-gatherers," *Current Anthropology* 22.5 (1981): 519-548. 译文：布赖恩·海登：《石器时代的研究与进展：狩猎采集群的技术转变》，《南方文物》2010 年第 3 期，第 135-145 页；T. D. Price, "The European Mesolithic," *American Antiquity* 48.4 (1983): 761-778. 译文：道格拉斯·普赖斯：《欧洲的中石器时代》，《南方文物》2010 年第 4 期，第 159-164 页。

[4]　R. J. Braidwood, "The agricultural revolution," *Scientific American* 203 (1960): 130-141. 译文：罗伯特·布雷伍德：《农业革命》，《农业考古》1993 年第 1 期，第 11-15 页；R. J. Braidwood, *Prehistoric Men*, 6th ed. Popular Series, Anthropology No. 37 (Chicago: Chicago Natural History Museum, 1963).

[5]　L. R. Binford, "Post-Pleistocene adaptation," in *New Perspectives in Archeology*, ed. S. R. Binford and L. R. Binford (Chicago: Aldine Publ. Co., 1968), 313-341. 译文：路易斯·宾福德：《后更新世的适应》，《农业考古》1993 年第 3 期，第 16-29 页。

[6]　K. V. Flannery, "Origins and ecological effects of early domestication in Iran and the Near East," in *The Domestication and Exploitation of Plants and Animals*, ed. P. J. Ucko and G. W. Dimbleby (London: Gerald Duckworth, 1969), 73-100.

压力①、社会关系②、共同演化③、宴飨④等学说的论战。除了农业起源的问题之外，农业的"不起源"和"低水平食物生产"也成为了重要的研究课题⑤，"中石器"的概念重新浮出水面，以距今万年左右对水生资源利用的形式与农业起源以及觅食向食物生产的过渡这些宏大主题连接在一起。黎凡特地区是全世界对农业起源研究最为细致和系统的地区，这一研究把该地区与整个西亚（与北非）和欧洲的农业生活方式的形成结合在一起讨论，呈现出了多种理论和方法的碰撞、科学与人文的交织⑥。晚更新世来的

---

① M. N. Cohen, "Population pressure and the origins of agriculture: An archaeological example from the Coast of Peru," in *Population, Ecology, and Social Evolution*, ed. S. Polgar (Berlin and Boston: De Gruyter Mouton, 1975), 79-122. 译文：马克·科恩：《人口压力与农业起源》，《农业考古》1990 年第 2 期，第 53-60 页；M. N. Cohen, *The Food Crisis in Prehistory: Overpopulation and the Origins of Agriculture* (New Haven, CT: Yale University Press, 1977).

② B. Bender, "Gatherer-hunter to farmer: A social perspective," *World Archaeology* 10.2 (1978): 204-222.

③ D. Rindos, "Symbiosis, instability, and the origins and spread of agriculture: A new model [and comments and reply]," *Current Anthropology* 21.6 (1980): 751-772. D. Rindos, *The Origins of Agriculture: An Evolutionary Perspective* (New York: Academic Press, 1984).

④ B. Hayden, "Nimrods, piscators, pluckers, and planters: The emergence of food production," *Journal of Anthropological archaeology* 9.1 (1990): 31-69；B. Hayden, "The proof is in the pudding: Feasting and the origins of domestication," *Current Anthropology* 50.5 (2009): 597-601. 译文：布莱恩·海登：《事实胜于雄辩：宴飨与驯化之起源》，《南方文物》2016 年第 4 期，第 239-242 页。

⑤ B. D. Smith, "Low-level food production," *Journal of Archaeological Research* 9.1 (2001): 1-43. 译文：布鲁斯·史密斯：《低水平食物生产》，《南方文物》2013 年第 3 期，第 151-165 页；陈胜前：《史前的现代化：中国农业起源过程的文化生态考察》，科学出版社，2013 年。

⑥ 如 O. Bar-Yosef, "The Natufian culture in the Levant, threshold to the origins of agriculture," *Evolutionary Anthropology: Issues, News, and Reviews* 6.5 (1998): 159-177. 译文：巴－约瑟夫：《黎凡特的纳吐夫文化——农业起源的开端》，《南方文物》2014 年第 1 期，第 181-194 页；L. R. Binford, "Time as a clue to cause?" *Proceedings of the British Academy* 101 (1999): 1-35; L. R. Binford, *Constructing Frames of Reference: An Analytical Method for Archaeological Theory Building Using Hunter-Gatherer and Environmental Data Sets* (Berkeley: University of California Press, 2001); I. Hodder, *The Domestication of Europe: Structure and Contingency in Neolithic Societies* (London: Blackwell, 1990); J. Robb, "Material culture, landscapes of action, and emergent causation: A new model for the origins of the European Neolithic," *Current Anthropology* 54.6 (2013): 657-683; K. I. Wright, "Ground-stone tools and hunter-gatherer subsistence in Southwest Asia: Implications for the transition to farming," *American Antiquity* 59.2 (1994): 238-263. 译文：凯瑟琳·莱特：《西南亚磨制石器工具与狩猎采集者的生存：向农业过渡的含义》，《南方文物》2009 年第 1 期，第 126-134 页；M. A. Zeder, "The Neolithic macro-(r)evolution: Macroevolutionary theory and the study of culture change," *Journal of Archaeological Research* 17.1 (2009): 1-63.

生计变迁和地区差异已经有相当充分的研究①，对人类生活方式的影响同样不容小觑②。与农业起源相关的驯化研究也得到了长足发展③。

4. 文明起源

　　文明起源是地球上拥有主流话语权的社会自身的追问，不可避免地带有优越感，并与文化进化论的古典创建联系起来④。从最早摩尔根所归纳的"蒙昧－野蛮－文明"单线框架⑤到柴尔德凯歌高奏的"城市革命"⑥，文明起源都带有自发论和进步论的论

---

① 如 K. V. Flannery, "The ecology of early food production in Mesopotamia: Prehistoric farmers and herders exploited a series of adjacent but contrasting climatic zones," *Science* 147.3663 (1965): 1247-1256. 译文：肯特·弗兰纳利：《美索不达米亚早期食物生产的生态学——史前农人与牧人开发一系列位置相邻却差异显著的气候区》，《南方文物》2008 年第 4 期，第 135-141 页；L. Liu, S. Bestel, J. Shi, Y. Song, and X. Chen, "Paleolithic human exploitation of plant foods during the last glacial maximum in North China," *PNAS* 110.14 (2013): 5380-5385. 译文：刘莉、希恩·贝斯泰尔、石金鸣、宋艳花、陈星灿：《中国北方地区旧石器时代末次盛冰期人类对植物性食物的利用》，《南方文物》2017 年第 4 期，第 236-248 页；R. Matheny and D. Gurr, "Variation in prehistoric agricultural systems of the New World," *Annual Review of Anthropology* 12 (1983): 79-103. 译文：马瑟利、盖洛：《美洲大陆史前农业系统的变化》，《农业考古》1988 年第 1 期，第 125-135 页。

② P. E. L. Smith, *Food Production and its Consequences*. 2nd ed. (Hooksett, NH: Cummings Publishing Company, 1976). 译文：菲利普·史密斯：《农业起源与人类历史——食物生产及其对人类的影响》，《农业考古》1989-1990 年 4 期刊发。J. Diamond, "The worst mistake in the history of the human race," *Discover* (May 1987): 64-66. 译文：贾里德·戴蒙德：《人类历史上最大的失误》，《考古学的历史·理论·实践》，第 315-322 页；J. Diamond, *Guns, Germs, and Steel: The Fates of Human Societies* (New York: W. W. Norton and Company, 2005). 译文：贾雷德·戴蒙德：《枪炮、病菌与钢铁：人类社会的命运》，上海译文出版社，2006 年；K. I. Wright, "The emergence of cooking in western Asia," *Archaeology International* 8.1 (2004-2005): 33-37. 译文：凯瑟琳·怀特：《炊煮活动在西南亚的出现》，《南方文物》2010 年第 1 期，第 154-157+12 页；M. N. Cohen, "Paleopathology and the interpretation of economic change in prehistory," in *Archaeological Thought in America*, ed. C. C. Lamberg-Karlovsky (Cambridge: Cambridge University Press, 1989), 117-132. 译文：马克·科恩：《古病理学和史前经济的变化》，《考古学的历史·理论·实践》，第 217-235 页。

③ M. A. Zeder, "Pathways to animal domestication," in *Biodiversity in Agriculture: Domestication, Evolution, and Sustainability*, ed. A. B. Damania, C. O. Qualset, P. E. McGuire, P. Gepts, R. L. Bettinger, S. B. Brush, and T. R. Famula (Cambridge: Cambridge University Press, 2012), 227-259. 译文：梅琳达·泽德：《动物驯化途径》，《南方文物》2022 年第 6 期，第 180-192 页。

④ 罗伯特·L. 卡内罗（Robert L. Carneiro）：《文化进化论的古典创建》，《史林》2004 年第 1 期，第 1-12 页。

⑤ L. H. Morgan, *Ancient Society* (New York: World, 1878). 译文：路易斯·亨利·摩尔根：《古代社会》，商务印书馆，1977 年。

⑥ V. G. Childe, "The urban revolution," *Town Planning Review* 21 (1950): 3-17. 译文：戈登·柴尔德：《城市革命》，《当代国外考古学理论与方法》，第 1-12 页。

调①。随着文化生态学和新进化论的兴起,怀特的学生萨林斯②、塞维斯③、宾福德④都提出了文明起源和社会复杂化的解释框架，超越了之前对文明标准的讨论⑤。按照社会类型的演进，人类社会经历了游群、部落、酋邦和国家的四个阶段⑥。酋邦作为平等社会和明确的不平等社会（国家）之间的社会类型，在学术界产生了激烈的争论⑦，集体型酋邦与个体型酋邦的分类对后来政治经济组织的团体（corporate）和网络（network）策略产生了深远影响⑧［也对应着科林·伦福儒⑨的"团体导向的"（group-oriented）和"个体倾向的"（individualizing）酋邦类型］⑩。从社会类型学向领导权研究的转向，与人类

①　见 R. L. Carneiro, "A theory of the origin of the state," *Science* 169.3947 (1970): 733-738. 罗伯特·卡内罗：《国家起源的理论》，《南方文物》2007 年第 1 期，第 98-104 页。

②　M. D. Sahlins, *Social Stratification in Polynesia* (Seattle: University of Washington Press, 1958); M. D. Sahlins, "Poor man, rich man, big-man, chief: Political types in Melanesia and Polynesia," *Comparative Studies in Society and History* 5.3 (1963): 285-303.

③　E. R. Service, *Origins of the State and Civilization: The Process of Cultural Evolution* (New York: Norton, 1975). 译文：埃尔曼·塞维斯：《国家与文明的起源——文化演化的进程》，上海古籍出版社，2019 年。

④　L. R. Binford, *In Pursuit of the Past: Decoding the Archaeological Record* (New York: Thames and Hudson, 1983). 路易斯·宾福德：《追寻人类的过去：解释考古材料》，生活·读书·新知三联书店，2009 年，第三部分。

⑤　R. M. Adams, "Some hypotheses on the development of early Civilizations," *American Antiquity* 21.3 (1956): 227-232. 译文：罗伯特·亚当斯：《关于早期文明发展的一些假说》，《当代国外考古学理论与方法》，第 33-42 页。

⑥　E. R. Service, *Origins of the State and Civilization: The Process of Cultural Evolution* (New York: Norton, 1975). 译文：埃尔曼·塞维斯：《国家与文明的起源——文化演化的进程》，上海古籍出版社，2019 年。

⑦　T. K. Earle, "Chiefdoms in archaeological and ethnohistorical perspective," *Annual Review of Anthropology* 16 (1987): 279-308. 译文：蒂莫西·厄尔：《考古学与民族学视野中的酋邦》，《南方文物》2009 年第 3 期，第 135-143 页；T. K. Earle, "The evolution of chiefdoms," in *Chiefdoms: Power, Economy, and Ideology*, ed. T. K. Earle (Cambridge: Cambridge University Press, 1991), 1-15. 译文：蒂莫西·厄尔：《酋邦的演化》，《南方文物》2007 年第 4 期，第 144-149 页。

⑧　R. E. Blanton, G. M. Feinman, S. A. Kowalewski, and P. N. Peregrine, "A Dual-Processual theory for the evolution of mesoamerican Civilization," *Current Anthropology* 37.1 (1996): 1-14.

⑨　C. Renfrew, "Beyond a subsistence economy: The evolution of social organization in prehistoric Europe," in *Reconstructing Complex Societies: An Archaeological Colloquium*, ed. C. B. Moore (Ann Arbor, MI: Bulletin of the American Schools of Oriental Research 20, Supplementary Studies, 1974), 69-95.

⑩　也见 G. M. Feinman, "Comparative frames for the diachronic analysis of complex societies: New steps," in *The Comparative Archaeology of Complex Societies*, ed. M. E. Smith (Cambridge: Cambridge University Press, 2012), 21-43. 译文：加里·费曼：《比较框架下的复杂社会历时性分析——未来的举措》，《东方考古》（第 15 集），科学出版社，2019 年，第 1-12 页；G. M. Feinman, "The emergence of social complexity: Why more than population size matters," in *Cooperation and Collective Action*, ed. D. M. Carballo (Boulder: University Press of Colorado, 2013), 35-56. 译文：加里·费曼：《社会复杂化的出现——不仅仅和人口规模有关》，《东方考古》（第 14 集），科学出版社，2018 年，第 1-14 页。

学和考古学从 20 世纪 60 年代以来对通则的关注转向 20 世纪 80 年代以来对多样性的探寻有直接关系，也与更为深入的跨学科研究紧密相连——复杂性（complexity）与规模（scale）[①] 成为了当代科学的研究主题，合作与竞争共存的人类社会的演化也成为了人类学界的重点关注领域。正如万事万物有始有终，与起源相对的崩溃一直也是人类史和考古学的研究对象，并取得丰硕的研究成果 [②]。文明起源的问题需要在跨文化的比较研究中进行 [③]，而且可以与社会治理等问题结合起来考虑 [④]。

5. 历史考古研究

历史考古的讨论暂且限制在对中国三代考古相关联的研究中，主要为受过国外（尤其欧美）教育的学者，如张光直 [⑤]、罗泰 [⑥]、刘莉 [⑦]、李峰 [⑧]、来国龙 [⑨]、文德安 [⑩]、雷哈

[①] G. West, *Scale: The Universal Laws of Growth, Innovation, Sustainability, and the Pace of Life in Organisms, Cities, Economies, and Companies* (Penguin Press, 2017). 译文：杰弗里·韦斯特：《规模——复杂世界的简单法则》，中信出版社，2018 年。

[②] J. A. Tainter, *The Collapse of Complex Societies* (Cambridge: Cambridge University Press, 1990). 译文：约瑟夫·泰恩特：《复杂社会的崩溃》，海南出版社，2010 年；J. Diamond, *Collapse: How Societies Choose to Fail or Succeed* (Penguin Books, 2005). 译文：贾雷德·戴蒙德：《崩溃：社会如何选择成败兴亡》，上海译文出版社。

[③] B. Trigger, *Understanding Early Civilizations: A Comparative Study* (New York: Cambridge University Press, 2003). 译文：布鲁斯·崔格尔：《理解早期文明：比较研究》，北京大学出版社，2014 年。

[④] 加里·费曼（Gary Feinman）：《前现代治理的比较研究：从分类转向关系和网络》，《中国社会科学》2023 年第 6 期，第 166-184 页。

[⑤] 张光直的书翻译很多，如 K. C. Chang, *Shang Civilization* (Yale University Press, 1980). 译文：张光直：《商文明》，辽宁教育出版社，2002 年；K. C. Chang, *Art, Myth, and Ritual: The Path to Political Authority in Ancient China* (Cambridge, MA: Harvard University Press, 1983). 译文：张光直：《美术、神话与祭祀》，辽宁教育出版社，2002 年。

[⑥] L. von Falkenhausen, *Chinese Society in the Age of Confucius (1000-250 BC): The Archaeological Evidence* (Los Angeles: The Cotsen Institute of Archaeology Press, 2006). 译文：罗泰：《宗子维城：从考古材料的角度看公元前 1000 至前 250 年的中国社会》，上海古籍出版社，2017 年。

[⑦] L. Liu, *The Chinese Neolithic: Trajectories to Early States* (Cambridge: Cambridge University Press, 2005). 译文：刘莉：《中国新石器时代——迈向早期国家之路》，文物出版社，2007 年。

[⑧] F. Li, *Landscape and Power in Early China: The Crisis and Fall of the Western Zhou 1045-771 BC.* (Cambridge: Cambridge University Press, 2006). 译文：李峰：《西周的灭亡：中国早期国家的地理和政治危机》，上海古籍出版社，2007 年。F. Li, *Bureaucracy and the State in Early China: Governing the Western Zhou* (Cambridge: Cambridge University Press, 2008). 译文：李峰：《西周的政体：中国早期的官僚制度和国家》，生活·读书·新知三联书店，2010 年。

[⑨] G. Lai, *Excavating the Afterlife: The Archaeology of Early Chinese Religion* (Seattle: University of Washington Press, 2015).

[⑩] A. P. Underhill, *Craft Production and Social Change in Northern China* (Dordrecht: Kluwer Academic Publishers, 2002).

特①、江雨德②、吉迪③、李旻④等。阅读中可以更侧重考察他们如何处理考古材料与文献之间的关系，如何进行偏向人类学的推理，这些论著可以和偏向史料学的考古研究形成对照。

在经历了考古遗存和人类社会演进的探索之后，考古学理论与方法的阅读可以进入到考古学的基础概念——文化，以及考古学的认识论。随着人类学和考古学理论的演进，学界从更为科学的方向（如生态观）⑤转向更为社会和人文的方向（传统与身份）⑥，景观考古也随着后现代和后过程运动成为了考古学研究的一部分⑦。考古学也越来越具有哲学的意味，也要求考古学者结合科学与想象来对考古材料进行更有建设性意义的阐释，科学与历史学都有帮助我们理解文化变迁的合理性，我们需要本体论的唯物主义和

①　K. Reinhart, "Ritual feasting and empowerment at Yanshi Shangcheng," *Journal of Anthropological Archaeology* 39 (2015): 76-109. 译文：卡炊卡·雷哈特：《偃师商城的仪式宴飨与权力获得》，《南方文物》2018 年第 3 期，第 260-265 页；2018 年第 4 期，第 249-254 页；2019 年第 1 期，第 222-232 页；2019 年第 6 期，第 235-253 页。

②　如 Y. Jaffe, R. Campbell, and G. Shelach-Lavi, "Shimao and the Rise of States in China: Archaeology, historiography, and myth," *Current Anthropology* 63.1 (2022): 95-117.

③　G. Shelach, *Prehistoric Societies on the Northern Frontiers of China: Archaeological Perspectives on Identity Formation and Economic Change During the First Millennium BCE* (London: Routledge, 2009). 译文：吉迪：《中国北方边疆地区的史前社会：公元前一千年间身份标识的形成与经济转变的考古学观察》，中国社会科学出版社，2012 年。

④　李旻：《重返夏墟：社会记忆与经典的发生》，《考古学报》2017 年第 3 期，第 287-316 页；M. Li, *Social Memory and State Formation in Early China* (Cambridge: Cambridge University Press, 2009).

⑤　J. H. Steward, "Cultural ecology," in *International Encyclopedia of the Social Sciences* Vol. 4, ed. D. L. Sills. Third Avenue (New York: The Macmillan Company and the Free Press, 1968). 译文：朱利安·H. 斯图尔特：《文化生态学》，《南方文物》2007 年第 2 期，第 107-112 页；P. J. Watson, S. A. LeBlanc, and C. L. Redman, *Explanation in Archeology* (New York: Columbia University Press, 1971). 译文：沃森、勒布朗、雷德曼：《文化的生态观》（译自 88-107 页），《南方文物》2015 年第 1 期，第 191-196 页。

⑥　L. E. Mengoni, "Identity formation in a border area: The cemeteries of Baoxing, western Sichuan (third century BCE-second century CE)," *Journal of Social Archaeology* 10 (2010): 198-229. 译文：路易莎·门格尼：《边界地区身份认同的形成——川西雅安市宝兴县公元前 3 世纪至公元 2 世纪的墓地》，《南方文物》2019 年第 1 期，第 213-221 页；M. T. Stark, "Social dimensions of technical choice in Kalinga ceramic traditions," in *Material Meanings: Critical Approaches to the Interpretation of Material Culture*, ed. E. Chilton (Salt Lake City: University of Utah Press, 1999), 24-43. 译文：米莉亚姆·T. 斯塔克：《菲律宾卡林阿地区陶器制作传统中的社会因素》，《南方文物》2011 年第 3 期，第 117-127 页。

⑦　P. B. Clarkson, "Archaeological imaginations, contextualization of images," in *Reader in Archaeological Theory*, ed. D. S. Whitley (London: Routledge, 1998), 119-129. 译文：波希丝·克拉克森：《考古学之想象：图像的情景化》，《南方文物》2012 年第 3 期，第 185-188+195 页；J. Thomas, "Archaeologies of place and landscape," in *Archaeological Theory Today*, ed. I. Hodder (Cambridge: Polity Press, 2001), 165-186. 译文：朱利安·托马斯：《地方和景观考古》，《南方文物》2015 年第 1 期，第 197-206 页。

认识论的现实主义的世界观 [①]。

四、结　　论

从上文可以明晰地看出，目前的译文（包括论文与著作）基本涵盖了考古学理论教学所涉及的各个方面。研究者在所处的年代尽其所能做出了严格的翻译，虽然有些早期译文目前看来有些理解上的偏差，但由于基本都能找到原文献，对于想深入理解原文作者的思想的读者而言也有迹可循。但也要注意到，无论是与海量的原文文献相比，还是与其他人文社科的翻译相比，目前考古界的翻译数量还相当少，真正有体系的翻译就更少了。每个专题的经典文献都很多，都需要系统翻译。考古学理论和方法的文献绝大部分都很艰深，十分需要对此领域有相当程度了解的人来翻译和校对，来保证译文质量。同时，刊发译文的刊物目前还不多，除了之前的《农业考古》和《文物季刊》外，《南方文物》2007 年以来的"域外视野"栏目对当代考古学理论与方法的引入起到了重要的推动作用。除了建议刊物刊发译文外，本文还建议世界考古的翻译应与理论齐头并进，对于从以理论为主的译介向以方法论为主的译介的转型意义重大，通过展示个案研究来真正了解国际同行是如何开展具体研究的，这对于学习如何用理论指导实践、如何充分理解当代考古学理论与方法具有更为实际的意义。

附记：本研究得到上海市哲学社会科学规划课题（批准号：2020BLS002）和国家社会科学基金重大项目（项目编号 21&ZD234）的支持。为了节省版面，一般省略译者和校对者名字。

---

① 　B. G. Trigger, "Archaeology and epistemology: Dialoguing across the Darwinian Chasm," *American Journal of Archaeology* 102.1 (1998): 1-34. 译文：布鲁斯·特里格：《考古学与认识论：跨越进化论隔阂的对话》，《南方文物》2012 年第 2 期，第 180-200+202 页。

南岛语族起源与扩散考古研究综述与思考

焦天龙

（香港故宫文化博物馆）

南岛语族的起源和扩散是过去一个世纪以来太平洋考古学的重大学术问题之一。由于涉及的地域和范围相当庞大，除了考古学之外，历史语言学、遗传学和人类学（民族学）都在从不同的角度来探讨这一课题。各个学科探讨的角度不同，所使用的方法和技术也有差异。尽管在很多细节问题上仍然存在很多争论，但在起源问题上，各学科却是殊途同归。绝大多数学者都认为，南岛语族最终的故乡是在台湾、福建、广东和浙江一带的中国东南沿海地区。

从理论的角度讲，历史语言学、考古学、民族学和遗传学所研究的结果是可以互相参照的。一个语言的最初传播和扩散必须有人群的扩散和迁徙做基础，而人群在迁徙过程中，又必然会把自己的文化传播开来。人群的移动本身就是人类基因的传播。在理想的状态下，语言、文化和基因所反映的人群的迁徙路线应该是一致的；但是，在漫长的历史过程中，由于复杂的时间、空间和历史背景因素的干扰，族群语言、文化和基因在扩散过程中又是在不断变化的。因此，追溯一个族群的起源和扩散往往又是非常复杂的工程，有关南岛语族起源的研究也不例外。

一、历史语言学对南岛语族起源的研究

南岛语系与世界其他语系相比，有很多独特之处，这也使得对其发源地的研究独具特色。澳大利亚国立大学的语言学教授 Andrew Pawley 指出，与世界其他语系相比，南岛语系有下述七大特点[①]：

（1）包含的语言特别多，超过 1000 多种语言。在世界目前已知的所有语系中，只有非洲的尼日尔 – 刚果（Niger-Congo）语系可以与其抗衡。

（2）分布的区域特别大。从经度的跨度看，南岛语系西至马达加斯加（Madagascar），东至复活节岛（Easter Island），占地球的热带和亚热带地区的三分之二；而从纬度的跨度上，南岛语系南北纵跨 70°，从北纬 25° 的台湾，一直分布到南纬 48° 的新西兰南端。

---

① A. K. Pawley, "Chasing rainbows: Implications of the rapid dispersal of Austronesian languages for subgrouping and reconstruction," in *Selected Papers from the Eighth International Conference on Austronesian Linguistics*, ed. E. Zeitoun and P. J-k Li (Taipei: Symposium Series of the Institute of Linguistics, Academia Sinica, 1999), 95-138.

在这一点上，只有在哥伦布发现新大陆以后的印欧语系的分布可以与其相比。

（3）是唯一的一个主要在岛屿上使用的语系。在某些情况下，语言或语群之间相隔数百甚至数千千米的海域。

（4）说南岛语的人群是首次殖民地球上很多地区的族群，这些地区主要指马达加斯加岛和东太平洋地区的绝大部分岛屿。这些岛屿的殖民历史很短，基本上发生在过去的3500年内。在波利尼西亚部分岛屿，殖民史只有800～1200年的时间。

（5）在东南亚岛屿和太平洋地区，考古学所发现的新石器时代的文化特征及其传入和扩散的方向，与语言学独立推论出来的结果非常吻合。而考古学所提供的年代可以弥补语言学在研究南岛语系扩散时间上的不足。

（6）语群树图的分支层次分明，而学者在南岛语系的主要语群分类上的观点又高度一致，这是在其他语系研究中所罕见的。

（7）在重建古南岛语的过程中，由于各类独立的证人材料丰富，再加上相当部分语群在区域上分布分散，形成其他语系所缺乏的有利条件。在某些阶段，我们可以重建数千个古南岛语系词汇，包括物质文化、社会组织和自然环境方面的词汇。

历史语言学研究某一个语系的发源地的方法主要有两种：其一，语系的分群（subgrouping）和语群的层位关系的确定；其二，词汇统计年代学研究（lexical statistics）。从宏观上讲，这两种方法都是比较研究法（comparative method）。在这两种方法中，分群研究是探讨南岛语族起源的主要方法，也是取得成果最大的一种方法。

历史语言学家对南岛语系起源的研究早在19世纪60年代就已开始，但基本结论框架是在19世纪60～80年代形成的，后来的研究只是在一些枝节问题上进一步丰富而已。目前语言学界在原南岛语发源地这一问题上的看法基本上是一致的，即台湾少数民族所说的语言是南岛语系中最古老的语群。目前研究南岛语系的学者所广泛接受的是夏威夷大学教授Robert Blust于1977年所提出的模式。这一模式将台湾少数民族的语言作为原南岛语系的第一层次的分支，原南岛语最先分裂为泰雅语群、邹语群、排湾语群、马来亚波利尼西亚（语）群。后来，Blust又将台湾的南岛语群扩展到九个，并列南岛语系的第一层分支。这意味着台湾是南岛语系的发源地，或至少是发源地的一部分[①]。

问题的关键是南岛语系是否曾经是福建沿海地区史前先民的语言，这也关系到南岛语系是否只发源于台湾一个孤岛。由于自秦汉以来的长达两千多年的汉化过程，再加上历史时期多次的从北方南下的移民的影响，福建沿海地区目前已经没有说南岛语系的人群。无论福建沿海史前先民的语言是否是南岛语系，都已经完全被汉藏语系所取代。由于缺乏直接证据，长期以来，语言学界一直不敢把南岛语系的分布圈划到福建东南沿海。

---

① R. Blust, "The Proto-Austronesian pronouns and Austronesian subgrouping," *Working Papers in Linguistics, University of Hawaii*, 9.2 (1977): 1-15; R. Blust, "The prehistory of the Austronesian-speaking people: A view from language," *Journal of World Prehistory* 9 (1995): 453-510; R. Blust, "Subgrouping, circularity and extinction: Some issues in Austronesian comparative linguistics," in *Selected Papers from the Eighth International Conference on Austronesian Linguistics*, ed. E. Zeitoun and P. J-k Li (Taipei: Symposium Series of the Institute of Linguistics, Academia Sinica, 1999), 31-39.

中国语言学家在这一问题上的有关研究值得关注。邓晓华等的研究表明，在当今的闽南方言中，存在着相当数量的南岛语系的词汇，并进而推论南岛语是福建史前和上古时代先民的语言。虽然历经两千多年的汉化，南岛语系的因素并没有完全消失殆尽。很多南岛语词汇已经融入闽南方言中，成为闽南语中的"南岛语底层"。邓晓华和王士元曾联合著文，挑战有关学者关于南岛语系单向由台湾向太平洋地区扩散的说法，认为南岛语在东南沿海形成以后，至少有两个扩散方向：其一是由东南沿海经云南和东南亚岛屿，然后再到台湾；其二是由东南沿海直接传到台湾。目前分布在中国西南地区的壮侗语言与南岛语的关系远比与汉藏语系的关系更密切，应该是由南岛语中分化出来的。壮侗语的先民就是从东南沿海迁徙而来的南岛语移民[①]。容观琼先生早些时候也提出，包括现在生活在海南岛上的黎族语言的壮侗语言都是南岛语系的一部分[②]。根据这一观点，南岛语在中国大陆从来就没有完全消失过，至今仍然存在。

二、遗传学的研究

在对南岛语族起源和扩散的研究的各个学科中，遗传学的进展最为曲折，先后涌现出的观点也最复杂。很多结论针锋相对，让非遗传学专业的学者往往不知所从。从1998年第一篇关于太平洋和亚洲人口基因的比较研究文章发表以来，已有近20篇文章介绍各种不同的研究结果。不过，在经过20多年的争论以后，尽管共识仍没有达成，但主流观点渐渐浮出水面，即南岛语族的祖先基因是在台湾和相邻的东亚大陆地区[③]。这一观点与历史语言学和考古学所得出的结论是完全一致的。

从理论上讲，基因应该是最能直接反映族群血亲关系的指标，也应该是追溯人群移动的最有效的方法。但是，由于古代基因难求，目前遗传学界主要依靠的材料是当代人类的基因，并根据基因变异的原理来反推古代人群之间的关系。这种方法往往受制于以下几种因素：①创始人群的大小；②基因漂移（drift）和选择（selection）；③后期移民的影响，包括近现代移民的影响。

对南岛语族研究而言，后期移民的因素非常复杂。为了排除这些干扰因素，遗传学界主要依靠分析由母系遗传的线粒体 DNA（mtDNA）和由父系遗传的 Y 染色体（Y chromosome）。尽管如此，由于研究者采样范围的差异和所比较的线粒体 DNA 中单倍体的不同，得出的结论往往大相径庭。从总体上讲，所有的遗传学家都同意南岛语族的祖先基因是在东南亚和东亚一带，但争论的焦点是台湾与东南大陆是否是最早的发源

---

① 邓晓华、王士元：《壮侗语族语言的数理分类及其时间深度》，《中国语文》2007 年第 6 期，第 536-548 页。

② 容观琼：《关于黎族早期历史问题的研究》，《广东民族研究论丛》（第八辑），广东人民出版社，1995 年。

③ M. Kayser, "The human genetic history of Oceania: Near and remote views of dispersal," *Currently Biology* 20.4 (2010): R194-201. doi: 10.1016/j.cub.2009.12.004. J. Friedlaender, et al., "The genetic structure of Pacific islanders" *Public Library of Science Genetics*. 4.1 (2008): e19.

地。以 Stephen Oppenheimer 和 Martin Richards 为代表的少数遗传学者认为，波利尼西亚人的最早的线粒体 DNA 不是在台湾，而是在印度尼西亚和美兰尼西亚一带[1]。根据这一观察，这部分学者进而推论南岛语族不是发源于台湾，而是起源于美兰尼西亚一带。

但是，这一观点在过去的十余年中受到了严重冲击。下面四项独立进行的研究项目，基本上推翻了上述少数学者的论点，重新确定了中国台湾和东南大陆地区是南岛语族线粒体 DNA 的发源地。

第一项研究发表于 2005 年。Jean Trejaut 等在台湾中部和东部九个少数民族中选择了 640 个个体进行研究。根据对这些个体标本中线粒体 DNA 单倍体的分析，作者以单倍体 B4a1a 为示踪指标，发现这类单倍体广泛分布于台湾少数民族、美兰尼西亚人和波利尼西亚人中。由于这类单倍体在台湾出现的时间最早，因此台湾应该是其发源地[2]。

第二项研究发表于 2008 年，是由 Jonathan Friedlaender 所率领的国际团队所进行的。他们在太平洋地区的 41 个族群中的 952 个个体进行了研究。作者不同意大多数研究者以某个或数个单倍体为示踪指标的做法，而是分析了 687 类基因指标，既包括线粒体 DNA，也包含 Y 染色体。分析结果显示，波利尼西亚人和密克罗尼西亚人与东亚，尤其是台湾少数民族的基因联系最密切，而与美兰尼西亚人关系甚远[3]。这一结果不仅表明台湾和相邻的东亚大陆地区是南岛语族的基因发源地，而且支持南岛语族在近大洋洲一带迁徙速度很快的观点。

第三项研究发表于 2014 年，是由德国的 Max Planck 进化人类学研究所的 Albert Min-shan Ko 团队进行的。这项研究最具说服力。他们分析的是位于福建闽江口外马祖群岛的亮岛上的人骨所提取的距今约 8000 年的 DNA。他们以单倍体 E 为示踪指标，其结果清楚地表明，至少是生活在东南亚群岛和近大洋洲地区的南岛语族的基因发源地就在今天福建东南沿海[4]。

第四项研究发表于 2020 年 5 月 14 日的《科学》(Science) 杂志上，是由中国科学院古脊椎动物与古人类研究所的付巧妹团队进行的研究。他们成功地在福建的奇和洞、昙石山和溪头遗址的史前人骨中提取了 DNA，其结果更进一步证明了福建地区的新石器时代的人群是西太平洋地区各岛屿上的南岛语族的祖先[5]。

---

[1]　S. Oppenheimer and M. Richards, "Polynesians: devolved Taiwanese rice farmers or Wallacean maritime traders with fishing, foraging and horticultural skills?" in *Examining the Farming/Language Dispersal hypothesis*, ed. Peter Bellwood & Collin Renfrew (London: McDonald Institute for Archaeological Research, 2002), 287-298.

[2]　Trejaut, et al., "Traces of archair mitochondrial lineages persist in Austronesian-speaking Formosan populations." *Public Library of Science Biology* 3.8 (2005): e247.

[3]　J. Friedlaender, et al., "The genetic structure of Pacific islanders," *Public Library of Science Genetics* 4.1 (2008): e19.

[4]　A. M. Ko, et al., "Early Austronesians: Into and out of Taiwan," *The American Journal of Human Genetics* 94 (2014): 426-436.

[5]　M. A. Yang, et al., "Ancient DNA indicates human population shifts and admixture in northern and southern China," *Science* 369.6501 (2020): 282-288. doi: 10.1126/science.aba0909.

三、考古学对南岛语族起源研究

考古学界对南岛语族起源的研究，首先是由太平洋考古学界开始的。最初的研究集中在波利尼西亚地区，主要是探索波利尼西亚人的起源。随着学科的发展和材料的积累，其研究的重点渐渐向西转移，其中对拉皮塔文化起源的研究是最关键的一个环节。

拉皮塔文化（Lapita culture）或"拉皮塔文化丛"（Lapita Cultural Complex）是分布于美拉尼西亚和波利尼西亚西部地区的一个考古学文化，其年代约为公元前 1600/1500～公元前 500 年。目前太平洋考古学界一般认为，拉皮塔文化是南岛语族在大洋洲地区最早的祖先文化，是后来波利尼西亚文化的直接祖先。因此，拉皮塔文化的来源问题便直接关系到原南岛语族的起源和扩散。这一问题也是中国东南沿海考古与太平洋考古学最重要的结合点。

拉皮塔遗址位于新喀里多尼亚（New Caledonia）的 Kone 半岛。该遗址是由美国加州大学伯克利分校（University of California at Berkeley）的 E. W. Gifford 教授于 1952 年首先发现并发掘，出土了一批极具特色的陶器（Gifford and Shutler 1956）。在此之前，类似的陶器曾多次在波利尼西亚西部的一些岛屿上被发现，但因无法确定其年代，并没有引起学术界的重视。Gifford 在拉皮塔的发掘不仅发现了大量的陶器，而且他请 ^{14}C 测年技术的发明者、芝加哥大学的 Willard Libby 教授利用这一初被应用的新技术进行了测年。与陶器共存的木炭标本的年代为距今 2800 年 ±350 年和 2435 年 ±400 年，远远超出了已知的波利尼西亚文化的年代。拉皮塔遗址出土的具有独特风格的陶器和随后测定的一系列 ^{14}C 年代，使学者们认识到这是早于已知的波利尼西亚文化的一种遗存。Gifford 第一次对拉皮塔式的陶器的分布进行了总结，并提出这一分布区已突破了人类学界传统上所划分的波利尼西亚和美兰拉尼西亚的界限[①]。

这一发现是太平洋地区史前考古学的重大突破，并极大地推动了对波利尼西亚文化起源的研究。新西兰奥克兰大学（University of Auckland）的 Jack Golson 在汤加（Tonga）、萨摩亚（Samoa）和新喀里多尼亚进行了长达六年的发掘以后，于 1961 年提出，拉皮塔式的陶器所代表的是波利尼西亚和美拉尼西亚文化的共同祖先文化[②]。Golson 和他的研究生们随后对拉皮塔陶器的时空分布进行了考古调查和发掘。在总结这些新材料的基础上，Golson 于 1971 年提出了"拉皮塔陶器系列"（Lapita Ceramic Series）的概念[③]。

Golson 等的研究虽然加深了学术界对拉皮塔陶器的认识，但并没有解决如何全面界定拉皮塔文化的问题。Golson 意识到，为了研究拉皮塔文化时空分布和历史含义，必须对和陶器共存的其他遗物如石锛和贝器进行系统研究。这一问题成为 20 世纪 70 年代拉皮塔研究的中心议题。受当时西方考古学新思潮的影响，许多学者开始注重对拉皮

[①]　P. V. Kirch, *The Lapita People: Ancestors of the Oceanic World* (Cambridge: Blackwell, 1997).

[②]　J. Golson, "Report on New Zealand, Western Polynesia, New Caledonia, and Fiji," *Asian Perspectives* 5 (1961): 166-180.

[③]　J. Golson, "Lapita Ware and its transformations," *Pacific Anthropological Records* 12 (1971): 67-76.

塔陶器制作和使用的文化背景进行研究。1971 年，Roger Green 和 Douglas Yen 在其主持的"东南所罗门群岛项目"（Southeast Solomon Islands Project）中，在该地区发现了许多拉皮塔文化的遗址，将拉皮塔陶器的分布范围扩大到了 Santa Cruz 群岛地区[①]。在总结新材料的基础上，Green 于 1979 年将以拉皮塔为代表的遗存命名为"拉皮塔文化丛（Lapita Cultural Complex）"，并第一次对拉皮塔文化的石器、贝器、聚落结构、经济形态和区域交流进行了界定[②]。

　　自 20 世纪 80 年代以来，拉皮塔文化的研究进入了一个新阶段。由于发掘的遗址增多，可比较的材料大大增加，研究的区域向西扩展到了俾斯麦群岛地区（Bismarck Archipelago）[③]。同时，早期发现的遗址再次被发掘。Sand 等自 1995 年以来对拉皮塔遗址进行了多次发掘，大大丰富了 Gifford 于 1952 年发掘的材料[④]。这些新材料促进了对拉皮塔文化分区和分期的研究。多学科合作的国际研究项目的开展使研究的课题多样化、细致化，传统的研究课题如陶器的研究等不断走向深入[⑤]。同时提出了一系列新的问题，其中拉皮塔文化与南岛语族的关系、拉皮塔文化对大洋洲生态景观的影响、文化分区及区域间的交流形态和拉皮塔文化的起源等，成为这一时期的主要议题。

四、拉皮塔文化的分布、年代与特征

　　拉皮塔文化首先是由一个具有鲜明特征的陶器群来界定的。陶器均用泥条盘筑或泥饼贴筑而成，然后再用拍子加工器壁，器内往往有拍打的痕迹。绝大部分陶器夹砂，器表颜色以红褐或褐色为主。经测定，陶器的烧成火候一般在 500～600℃，最高温度没有超过 800℃。考古发掘至今仍没有发现陶窑。根据波利尼西亚民族志的材料，多数学者认为，拉皮塔的陶器是露天烧成的。由于烧成火候不均，造成器表的颜色也是不均匀的。

　　拉皮塔文化的陶器器类有罐、豆、盘、器座和碗等，可分为素面陶和带纹饰的陶器两类。纹饰多施于豆、折肩罐、折肩碗、平底盘和器座等器类上。素面陶器多为形体较大的罐和各种类型的碗（图一）。Kirch 等认为，素面陶器和饰纹陶器的功能应该是有区别的。大型的素面陶罐是储藏器具，而饰纹陶器大多是盛食器。较为独特的是，拉皮塔

---

①　R. C. Green, "Sites with Lapita Pottery: Importing and voyaging," *Mankind* 9 (1974): 253-259; R. C. Green, "Lapita sites in the Santa Cruz group," In *Southeast Solomon Islands Cultural History: A Preliminary Survey*, ed. R. C. Green and M. M. Cresswell (Wellington: The Royal Society of New Zealand, 1976), 245-265.

②　R. C. Green, "Lapita," in *The Prehistory of Polynesia*, ed. J. Jennings (Cambridge: Harvard University, 1979), 27-60.

③　P. V. Kirch, *The Lapita People: Ancestors of the Oceanic World* (Cambridge: Balckwell, 1997); P. V. Kirch, *Lapita and Its Transformations in Near Oceania: Archaeological Investigations in the Mussau Islands, Papua New Guinea, 1985-88* (Berkeley: Archaeological Research Facility, University of California, 2001).

④　C. Sand, *Archaeology of the Origins: New Caledonia's Lapita* (Service des Musees et du Patrimoine, 1999).

⑤　G. Summerhayes, *Lapita Interaction* (Canberra: The Australian National University, 2000).

文化的所有陶器均非炊器,器表不见烧烤烟痕,器内亦没有食垢遗痕。考古材料表明,拉皮塔文化的居民是用地灶(earth oven)和石烹法(heating stones)来烧煮食物的[1]。在拉皮塔文化的许多遗址中都发现了地灶,这种灶是在地上挖一浅坑,内堆石块,先用椰子果皮烧热石块,然后再将食物放入灶中并将灶用椰子树叶和土盖住,这样经过一定时间后,食物就被焖熟了。

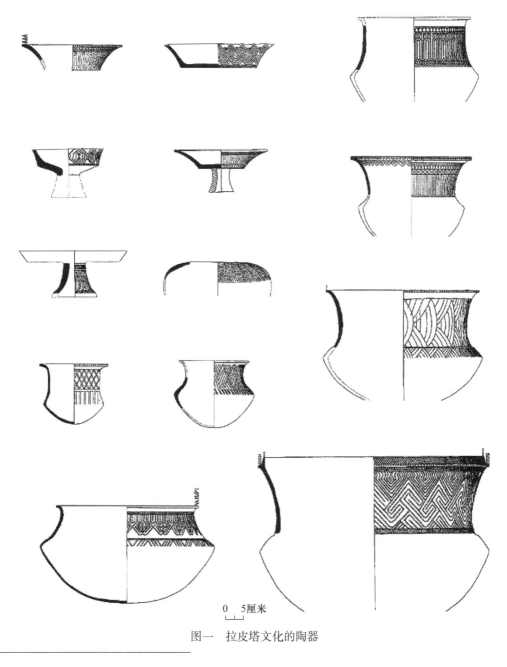

0　5厘米

图一　拉皮塔文化的陶器

① P. V. Kirch, *The Lapita People: Ancestors of the Oceanic World* (Cambridge: Blackwell, 1997); G. Summerhayes, *Lapita Interaction* (Canberra: The Australian National University, 2000).

虽然在大多数遗址中，带纹饰的陶器不足总数的 10%，但这些陶器却是拉皮塔文化的代表性特征。其中饰压印纹的陶器最具特色。在装饰风格方面，拉皮塔文化的代表性主体花纹是格式化的齿状压印纹（dentate stamps）和刻划纹。齿状压印纹包括直线、弧线和圆圈等，由齿状纹所组成的人面形和几何形的装饰主题，多见于陶器的外表，但少数亦施于器内。这类纹饰经 Sidney Mead[1]、Roger Green[2]、Nancy Sharp[3] 等学者的研究，极大地推动了学术界对拉皮塔文化的认识。Mead 用结构研究法将纹饰解析为设计元素（design element）、母题（motif）、变异主题（alloforms）、区域标志（zone markers）和设计区间（design fields）等方面，进而发现拉皮塔的陶器装饰是有一套构图法则的（design grammar）。Mead 的这一理论经 Green 等的推广，已被学术界广泛接受。据 Green 的统计，拉皮塔陶器的装饰母题约有 130 个（图二）。在不同的地区和遗址中，装饰主题母题的种类是有区别的，这是拉皮塔文化分区和分期研究的基础材料之一。Green 在将拉皮塔陶器的装饰主题与民族志所记载的美拉尼西亚和波利尼西亚人的文身和树皮布纹样进行比较后，认为相当一部分陶器压印纹是模仿文身和树皮布装饰花纹的。Kirch 认为，饰人面纹的陶器应该是文身的延伸，因为人面纹只发现于豆和桶状器座上，这些陶器只发现于房子周围，可能与当时人的祖先崇拜有关，应是仪式用具[4]。Yvonne Marshall 根据民族志的材料，认为拉皮塔文化的陶器制作是有性别分工的，带纹饰陶器由男性来制造，而素面陶当是女性的产品[5]。

拉皮塔文化的其他特征还包括：聚落多位于海岸边的沙滩台地或紧邻海岸的小岛上；石器有石锛、黑曜石和燧石刮削器、石凿、网坠、灶石（oven stone）等，其中石锛多为长条梯形，无段（图三）；用海贝壳制成的装饰品和工具种类有刮削器、凿、鱼钩、针、锥子、环、镯子、珠子等。其经济形态以海洋捕捞为主，遗址中往往出土大量的鱼骨和贝壳；家养动物有猪、狗和鸡等；从事园圃种植业，种植薯芋、芋头、香蕉、面包果、椰子等。比较语言学的研究表明，当时或许种植水稻，但考古发掘迄今尚未发现稻作的遗存。对石器原料和陶器的夹砂所进行的地球化学分析表明，拉皮塔文化不同地区之间的交流是相当频繁的，其交流的物品包括黑曜石、燧石、陶器、特殊海贝装饰品以及灶石等[6]。

---

① S. M. Mead, L. Birks, H. Birks, and E. Shaw, *The Lapita Pottery Style of Fiji and Its Associations* (Polynesian Society Memoir, No. 38. Wellington, 1975).

② R. Green, "Lapita design analysis: The Mead system and its use, a potted history," in *Lapita Design, Form and Composition*, ed. M. Spriggs (Occasional Papers in Prehistory No.19. Canberra: Department of Prehistory, Australian National University, 1990), 33-52.

③ N. Sharp, "Style and substance: A reconsideration of the Lapita decorative system," in *Archaeology of the Lapita Cultural Complex: A Critical Review*, ed. P. V. Kirch and T. L. Hunt (Thomas Burke Memorial Washington State Museum Research Report, No.5 Seattle, 1988), 61-82.

④ P. V. Kirch, *The Lapita People: Ancestors of the Oceanic World* (Cambridge: Blackwell, 1997).

⑤ Y. Marshall, "Who made the Lapita pots? A case study in gender archaeology," *Journal of the Polynesian Society* 94 (1985): 205-234.

⑥ P. V. Kirch, *The Lapita People: Ancestors of the Oceanic World* (Cambridge: Blackwell, 1997).

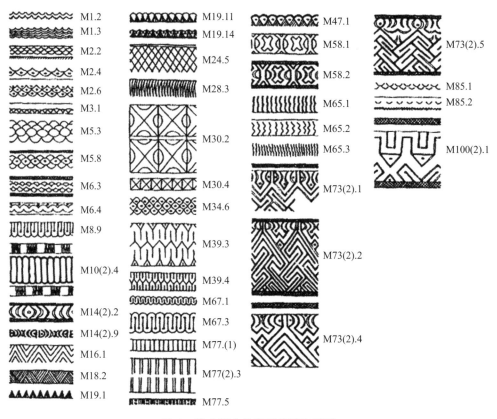

图二　拉皮塔文化陶器的装饰母题

拉皮塔的分布范围东西长达 4300 千米，西自巴布亚－新几内亚的 Mussau 岛，东到萨摩亚。根据对陶器和聚落形态的研究，学术界一般将拉皮塔文化分成四个亚区：远西部拉皮塔（Far Western Lapita），主要指俾斯麦群岛地区（Bismarck Archipelago）；西部拉皮塔（Western Lapita），含所罗门群岛及邻近地区（the Solomons），东部拉皮塔（Eastern Lapita），主要指斐济、汤加和萨摩亚一带（Fiji, Tonga, Samoa region），以及南部拉皮塔（Southern Lapita）。

在不同的区域中，拉皮塔文化的陶器和聚落形态既有相似之处，并也表现出一定的差异。就聚落形态而言，绝大部分拉皮塔文化的遗址都紧邻海滩，高出现在海平面 2～4 米，但其西部地区多以干栏式建筑为主，东部地区的房屋则多为地面建筑。Kirch 认为，造成这一差异的主要原因在于，西部地区在拉皮塔文化的居民到来之前早已有人居住，拉皮塔人为了躲避战争和霍乱只好临海而居；到了东部地区，这些岛屿在拉皮塔人到来之前，从未有人踏足过，拉皮塔人便可以安心地居住在地面上了。陶器的差别也是相当大的，西部地区的饰人面纹的陶器在比例上远远高于东部地区，某些器形如器座等也不见于东部地区（图四）[1]。

---

①　P. V. Kirch, *The Lapita People: Ancestors of the Oceanic World* (Cambridge: Blackwell, 1997).

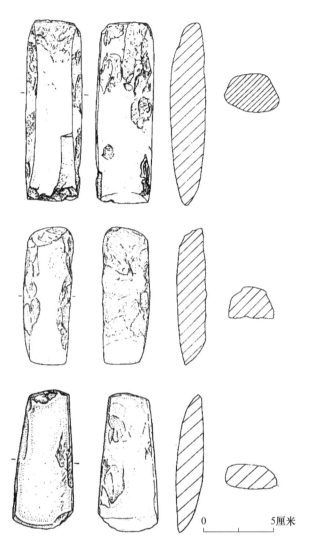

图三　拉皮塔文化的石锛

拉皮塔文化的石锛（Niuatoputapu 遗址，萨摩亚。据 Kirch 1988 改绘）

　　已经公布的有关拉皮塔文化的 ^{14}C 数据已达 200 多个 [①]。根据这些数据，可知拉皮塔文化的绝对年代约在公元前 1600/1500～前 500 年。已知最早的拉皮塔文化的遗址于公元前 1550～前 1400 年，出现于俾斯麦群岛附近。较具代表性的遗址是位于 Mussau 岛上的 Talepakemalai 遗址。此遗址在 1985～1988 年期间，由 Patrick Kirch 等进行了一定

　　① 　M. Spriggs, "The Lapita Cultural Complex: Origins, distributions, contemporaries and successors," *Journal of Pacific History* 19 (1984): 202-223; M. Spriggs, "Dating Lapita: Another view," in *Lapita Design, Form and Composition*, ed. M. Spriggs (Occasional Papers in Prehistory No.19. Canberra: Department of Prehistory, Australian National University, 1990), 83-122.

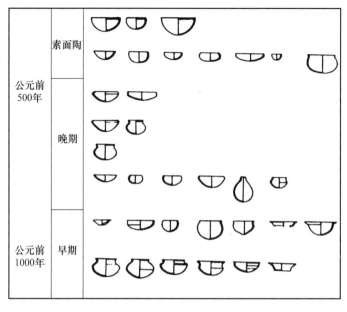

东部拉皮塔文化主要陶器群分期（根据Green 1979改绘）

西部拉皮塔文化主要陶器群分期（根据Green 1990改绘）

图四　拉皮塔文化陶器的分区特征

规模的发掘[①]。拉皮塔文化的居民在俾斯麦群岛地区活动了 200～300 年后，便开始向东部和南部扩散。现有的考古材料表明，至迟在公元前 1200 年左右，拉皮塔文化便出现在所罗门群岛的东部地区圣克鲁斯（Santa Cruz）一带。大约就在同时，拉皮塔文化的居民便穿过了圣克鲁斯和斐济之间的 800 多千米的海域，到达了波利尼西亚西部的汤加（Tonga）和萨摩亚一带，这也是人类第一次涉足这些岛屿。这表明，拉皮塔人一旦离开了俾斯麦群岛以后，其扩散的速度是相当快的。在向东开辟新殖民地的同时，有一部分

---

① P. V. Kirch, *Lapita and Its Transformations in Near Oceania: Archaeological Investigations in the Mussau Islands, Papua New Guinea, 1985-88* (Berkeley: Archaeological Research Facility, University of California, 2001).

拉皮塔人向南航行，至迟于公元前 1000 年左右发现并殖民了新喀里多尼亚岛。在拉皮塔人达到的地方，总有一部分人留下来繁衍后代。如果以 20 年作为一代人的话，那么拉皮塔人用了 15～20 代人的时间就完成了跨越 4500 千米的大移民，平均每代人向东或向南扩张 225～300 千米。这一速度是相当惊人的！

那么，是什么因素驱使拉皮塔人不断地向外扩散呢？考古材料不可能对这一问题提供肯定性的答案，但这并不妨碍学者们对此进行推测。民族志学家 Ward Goodenough 认为，南岛语族向太平洋地区的扩散是为了寻求更好的贸易资源[①]。Kirch 认为，贸易需求不大适合解释拉皮塔文化的扩张，因为大洋洲东部的可贸易的资源是相当缺乏的。他认为，南岛语族人实行财产嫡长子继承制，这可能驱使非嫡长子的家庭不断向外寻求新土地，从而造成了拉皮塔文化的快速扩散[②]。

五、拉皮塔文化的起源

拉皮塔文化既然是大洋洲最早的南岛语族文化，那么其来源便直接关系到南岛语族的最终发源地问题。Gifford 在 1956 年定义拉皮塔的特征时，曾指出其陶器特征和印度尼西亚东部的某些新石器时代的陶器有相似之处。由于缺乏考古发掘材料和测年数据，这一问题直到 20 世纪 80 年代中期以前一直无法进行深入探讨。

从 1985 年开始，Jim Allen 发起组织了有 15 个考古队参与的"拉皮塔故乡工程"，参与者包括澳大利亚、新西兰、美国和巴布亚新几内亚等国家的学者。这一工程在俾斯麦群岛一带进行了为期 5 年多的考古发掘。由于有多学科的学者参与，这一工程所取得的成果是多方面的。但以此为起点，关于拉皮塔文化的起源，太平洋考古学界形成了尖锐对立的两派意见。第一种意见是外来论，主张拉皮塔文化起源于包括中国台湾和菲律宾在内的东南亚群岛，或被形象地称为"通向波利尼西亚的高速火车"理论（Express Train to Polynesia）[③]。这种外来论是太平洋考古学界的传统观点，其代表性的学者是 Peter Bellwood。Bellwood 认为，拉皮塔文化是侵入美拉尼西亚地区的一个外来文化，是拉皮塔人首次将制陶术带入这一地区。他认为，拉皮塔文化的起源地应该是在东南亚群岛，而台湾和中国大陆东南沿海一带是其最早的发源地[④]。持类似观点的学者还有 Kirch 和 Spriggs，他们都认为拉皮塔的发源地是在东南亚岛屿上。

Bellwood 和 Kirch 等认为，菲律宾新石器时代的陶豆、碗以及饰红陶衣和刻划纹的

①　W. Goodenough, "Ban Chiang in world ethnological perspective," in *Ban Chiang: Discovery of a Lost Bronze Age*, ed. J. C. White (Philadelphia: The University Museum, 1982), 52-53.

②　P. V. Kirch, *The Lapita People: Ancestors of the Oceanic World* (Cambridge: Blackwell, 1997).

③　J. Diamond, "Express train to Polynesia," *Nature* 336 (1988): 307-308.

④　P. Bellwood, "Austronesian prehistory in Southeast Asia: Homeland, expansion and Transformation," in *The Austronesians: Historical and Comparative Perspectives*, eds. P. Bellwood, J. Fox, and D. Tryon (Canberra: Australian National University, 1995), 96-111; P. Bellwood, *Prehistory of the Indo-Malaysian Archipelago*, revised edition (Honolulu: University of Hawai'i Press, 1997).

作风,可能就是拉皮塔文化陶器群的前身[1]。印度尼西亚有关的考古材料较少。不过,已知的材料却表明,这里的新石器时代的文化与拉皮塔的关系是相当密切的。Geoff Irwin和 Peter Bellwood 对位于印度尼西亚塔劳岛（Talaud Island）的 Uattamdi 岩厦遗址的发掘,发现了与拉皮塔非常相似的陶器群和贝珠、贝镯、贝刀、贝刮削器等。陶器形态几乎与 Mussau 岛的拉皮塔文化遗址 Talepakemalai 一致,只是不见齿状压印纹[2]。海贝的 ^{14}C 测年为距今 3440 年 ± 100 年,这一年代与拉皮塔的早期相当。位于苏拉威西岛的 Karama 河谷的 Kalampang 遗址,出土的陶器在装饰手法上与拉皮塔文化极其相似[3]。另外,Peter Bellwood 在 Minshasa 岛和 Talaud 岛上所发现的距今 4500 年左右的新石器时代遗址,也出土了饰红陶衣的侈沿罐和碗,与拉皮塔的有关器形很接近[4]。这些材料表明,拉皮塔文化的文化特征是可以在东南亚岛屿的新石器时代文化中找到其渊源的。Kirch 认为,拉皮塔人的祖先在扩散到俾斯麦群岛以前,已经在东南亚岛屿上发展出了与拉皮塔文化相近的制陶、制贝工艺和建造干栏式建筑的技术,其经济形态也与拉皮塔相似。不过,拉皮塔陶器独具特色的格式化的齿状纹却是在俾斯麦群岛发展出来的[5]。

与此相反,以 Jim Allen 为代表的一批学者主张"美兰尼西亚本土起源"论（Indigenous Melanesian Origins）[6]。Allen 认为拉皮塔文化的主体部分是俾斯麦群岛本地起源的。根据"拉皮塔故乡工程"的发现,俾斯麦群岛在 3 万年前就有人居住,拉皮塔文化的许多特征都可以找到本地的渊源。不过,他也承认在拉皮塔文化的发展过程中,受到了许多外来因素的影响,其中制陶术可能由外部传入。另一部分本土起源论者则进一步发展了 Allen 的理论,否认拉皮塔文化受到了任何外来影响,认为拉皮塔文化的所有特征均是在俾斯麦群岛一带起源的[7]。

本土起源论的最大缺点之一就是无法解释比较语言学对南岛语系的研究成果。如上所述,历史语言学的研究明确表明台湾和邻近的中国东南大陆是南岛语族的发祥地,既

---

[1]　P. Bellwood, *Prehistory of the Indo-Malaysian Archipelago*, revised edition (Honolulu: University of Hawai'i Press, 1997); P. V. Kirch, *The Lapita People: Ancestors of the Oceanic World* (Cambridge: Blackwell, 1997).

[2]　P. Bellwood, "New discoveries in Southeast Asia relevant for Melanesian (especially Lapita) prehistory," in *Poterie Lapita et Peuplement, Actes du Colloqe LAPITA*, ed. J. C. Galipaud (Noumea: ORSTOM, 1992), 49-66.

[3]　H. R. van Heekeren, *The Stone Age of Indonesia* (The Hague, 1972).

[4]　P. Bellwood, "Archaeological research in Minahasa and the Talaud Islands, northeastern Indonesia," *Asian Perspectives* 19 (1976): 240-288.

[5]　P. V. Kirch, *The Lapita People: Ancestors of the Oceanic World* (Cambridge: Blackwell, 1997).

[6]　J. Allen, "In search of the Lapita homeland," *Journal of Pacific History* 19 (1984): 186-201; J. Allen, "The pre-Austronesian settlements of island Melanesia: Implications for Lapita Archaeology," in *Prehistoric Settlement of the Pacific*, ed. W. Goodenough (Philadelphia: American Philosophical Society, 1986), 11-27.

[7]　J. P. White, J. Allen, and J. Specht, "Peopling the Pacific: The Lapita Homeland Project," *Australian Natural History* 22 (1988): 410-416.

然拉皮塔文化是南岛语族文化的一部分，那就不能否认其主体部分是来自于南岛语族更早的故乡东南亚岛屿以至于中国大陆东南沿海和台湾一带。但是，考古学文化和族群毕竟不是两个可以简单等同的概念。拉皮塔文化只是考古学家构建的一个实体，其在俾斯麦群岛一带的发展，必然受到了当地原有文化的影响。因此，以 Roger Green 等为代表的考古学者，主张以动态的观点来研究拉皮塔文化的起源和发展。Green 提出了一个"三 I"理论（Intrusion/Innovation/Integration），即"侵入—更新—融合"①。这一理论首先强调拉皮塔文化的许多方面是由外来的文化和人群侵入俾斯麦群岛所形成的，这些外来的文化与当地的原居民的文化发生了融合，并促使这些文化进行了更新。这一动态的理论已被越来越多的学者所接受。

六、中国东南沿海与南岛语族考古学

澳大利亚国立大学教授 Peter Bellwood 提出的下述南岛语族的起源和扩散模式，代表了西方学者的一般观点。Bellwood 将南岛语族从大陆东南沿海向台湾的移民作为其向太平洋扩散的第一个阶段，发生于距今 6000～5000 年。第二阶段大约开始于距今 4500 年，南岛语族从台湾向菲律宾和印度尼西亚扩散，并最终殖民太平洋岛屿。在向太平洋地区不断地扩散过程中，南岛语族的体质和文化都在不断发生变化。在东南亚岛屿和西太平洋地区，南岛语族与这些地区早期的居民发生了融合，在有些地方可能完全取代了原居民。在东太平洋地区，南岛语族的后裔波利尼西亚人首次发现并殖民了所有能够居住的岛屿。Bellwood 由此提出了"南岛语族考古学"（Austronesian Archaeology）的概念，并将中国东南沿海地区纳入这一学科的研究区域②。

在南岛语族考古学的体系中，东南沿海地区的新石器时代文化是探索南岛语族发源的关键。如果要了解南岛语族的祖先文化是如何发生和发展的，必须首先对东南沿海地区的考古研究的历史和现状做一个简单的梳理。在此基础上，我们才能更好地参与南岛语族考古学的研究。

东南沿海地区的考古研究始于 20 世纪 30 年代。早期的工作主要是以学者或传教士个人探险的形式来进行的。林惠祥、郑德坤和饶宗颐分别在福建和广东进行过考古调查和发掘。意大利的传教士麦兆良（Fr Rafael Maglioni）神父也在广东的海陆丰一带采集了一些史前遗物。这些活动都是开创性的，其获取的材料在很长时间内是探讨东南沿海

---

① R. Green, "The Lapita Cultural Complex: Current evidence and proposed models," in *Indo-Pacific Prehistory 1990: Proceedings of the 14th Congress of the Indo-Pacific Prehistory Association*, ed. P. Bellwood (Canberra: Indo-Pacific Prehistory Association, 1991), 295-305.

② P. Bellwood, "Austronesian prehistory in Southeast Asia: homeland, expansion and Transformation," in *The Austronesians: historical and comparative perspectives*, ed. P. Bellwood, J. Fox, and D. Tryon (Canberra: Australian National University, 1995), 96-111; P. Bellwood, *Prehistory of the Indo-Malaysian Archipelago*, revised edition (Honolulu: University of Hawai'i Press, 1997); P. Bellwood, "Formosan prehistory and Austronesian dispersal," in *Austronesian Taiwan*, ed. David Blundell (Berkeley: The Regents of the University of California, 2000), 337-365.

考古学文化的基础。林惠祥先生根据有段石锛的材料，介绍并参与了国际学术界当时所关心的有段石锛向太平洋地区传播的问题。不过，这些材料是零星的，无法构建东南沿海地区的史前文化序列。较为系统的和规模较大的考古调查和发掘还是在 20 世纪 50 年代以后。经过 70 多年的探索，考古学界已积累了一定的田野资料，并对这一地区新石器时代文化的分布和分期已有了一个初步的了解①。

在东南沿海地区的史前文化中，河姆渡文化是分布于宁绍平原和浙东沿海的一个新石器时代的文化，距今 7000～5000 年。居民以稻作和渔猎为生，并从事海洋捕捞。该文化以独特的陶器、石器和骨器为特征。考古学者根据陶器和石器类型学的研究，发现河姆渡文化的晚期文化（距今 6000～5000 年）沿海岸向南扩张。目前已确认的最南的河姆渡文化遗址是浙江象山县的塔山遗址。据报道，位于瓯江流域的乐清县的白石杨柳滩遗址也出土了河姆渡文化的石器，表明河姆渡文化的居民向南有可能已到达了浙江和福建交界的沿海地区②。

中国考古学界所观察到的这一现象对于探索原南岛语族的起源和扩散的原因具有重大的意义。其实，早在这一发现之前，国际学术界的有识之士就已对河姆渡文化对研究原南岛语族的起源的重要性进行了预测。Bellwood 早在 1995 年就提出，河姆渡文化发达的稻作农业和制陶技术，对后来的原南岛语族文化的发源影响重大。在后来的一系列著述中，Bellwood 更进一步指出，河姆渡文化是原南岛语族文化稻作经济的来源，稻作农业的发展以及由此引起的人口的增长是原南岛语族的祖先从大陆向海洋扩散的根本原因③。张光直和 Ward Goodenough 也认为，河姆渡文化对后来福建和台湾的新石器时代文化影响重大。受考古材料的限制，张光直等谨慎地指出，福建和台湾新石器时代文化是否是杭州湾地区的新石器时代居民南迁的结果或只是接受了该地区的影响尚不清楚，不过他们同时也指出，相当数量的人群从杭州湾南迁的可能性是很大的④。因此，探讨河姆渡文化的扩散对于探索闽台地区的新石器时代文化和原南岛语族的起源具有重大的意义。

从浙江南部瓯江流域到广东东北部的韩江流域的沿海地区，目前所知的新石器时代

①　T. Jiao, *The Neolithic of Southeast China* (New York: Cambria Press, 2007).

②　王海明：《浙江南部先秦文化遗存浅析》，《纪念浙江省文物考古研究所建所二十周年论文集》，西泠印社，1999 年。

③　P. Bellwood, "Austronesian prehistory in Southeast Asia: Homeland, expansion and transformation," in *The Austronesians: Historical and Comparative Perspectives*, ed. P. Bellwood, J. Fox, and D. Tryon (Canberra: Australian National University, 1995), 96-111; P. Bellwood, "Southeast China and the Prehistory of the Austronesians," in *Lost Maritime Cultures: China and the Pacific*, ed. T. Jiao (Bishop Museum Press, 2007), 36-53.

④　K. C. Chang and W. H. Goodenough, "Archaeology of southeastern China and its bearing on the Austronesian homeland," in *Prehistoric Settlement of the Pacific*, ed. W. H. Goodenough (Philadelphia: American Philosophical Society, 1996), 28-35.

文化可以分成早、中、晚三个阶段[①]。以位于福建平潭县的壳丘头遗址命名的壳丘头文化（距今 6500～5500 年）在探讨南岛语族的扩散问题上，备受学术界关注。壳丘头遗址以包含大量的海生贝壳和鹿类骨骼为特征，表明当时人谋生的主要手段是海洋捕捞和狩猎。壳丘头文化的起源与河姆渡晚期文化向南的扩张是否有关是一个非常值得探讨的问题。从出土器物的类型角度进行比较，我曾经提出壳丘头文化很可能源自南下的河姆渡文化[②]。壳丘头的石锛形态、陶器的特征和玉玦的形状，都与晚期的河姆渡文化有很强的相似性，而其年代（距今 6000～5000 年）正处于河姆渡文化的晚期。如前所述，河姆渡文化的南界已经到了浙江南部的温州地区。依其成熟的航海技术，进一步沿海南下到达闽江口一带是不足为怪的。不过，由于目前从瓯江到闽江一带的考古材料仍然是空白，我们的这一假说仍需更多的发现来证实。

中期的新石器时代文化以闽东沿海的昙石山文化和闽南的大帽山文化为代表，时间为距今 5000～4300 年。海洋捕捞和狩猎仍是主要的经济形态，但陶器群发生了较大的变化，新的器类和彩陶出现。

晚期的新石器时代文化以距今 4300～3500 年的黄瓜山文化为代表，其分布范围包括浙江南部的瓯江流域和福建沿海。韩江流域则有以虎头铺遗址和后山遗址为代表的遗存，与黄瓜山文化差别较大。这类遗存是否分布到了闽南地区，目前还不清楚。

上述这些新石器时代文化便是我们探索南岛语族的祖先在东南沿海地区起源和扩散的重点。这些文化的发生和发展变化过程，反映的当是南岛语族在大陆沿海地区的变化过程。但是，东南沿海地区的南岛语族考古并不仅限于新石器时代考古。随着青铜时代的开始，这一区域的文化格局也发生了重大变化，内陆地区和沿海地区的联系明显加强。这是南岛语族文化在东南沿海的大变化时期，也是族群和社会的大变革时期。随着秦汉帝国对东南沿海地区的兼并，这一地区的南岛语族才开始了漫长的中原化过程。

七、"台湾海峡考古学"与南岛语族的形成和扩散

在 20 世纪 80 年代末期，执教于哈佛大学的张光直先生先后发表了两篇论述南岛语族起源与台湾海峡考古的文章，在学术界产生了深远影响。第一篇是 1987 年发表于《南方民族考古》创刊号的《中国东南海岸考古与南岛语族起源问题》[③]，第二篇则是发表于《考古》1989 年第 6 期的《新石器时代的台湾海峡》[④]。在这两篇文章中，张光直先生提出了"台湾海峡考古学"的区域考古学概念，强调"两岸的考古学尤其是史前考古

[①] 林公务：《福建境内史前文化的基本特点及区系类型》，《福建历史文化与博物馆学研究》，福建教育出版社，1993 年；T. Jiao, *The Neolithic of Southeast China* (New York: Cambria Press, 2007).

[②] 焦天龙、范雪春、罗莱：《壳丘头遗址与台湾海峡早期新石器时代文化》，《福建文博》2009 年第 2 期。

[③] 张光直：《中国东南海岸考古与南岛语族起源问题》，《南方民族考古》（第 1 期），四川大学出版社，1987 年。

[④] 张光直：《新石器时代的台湾海峡》，《考古》1989 年第 6 期。

是一个有机体"，而这个有机体是南岛语族祖先文化的重要组成部分。1995 年，张光直先生又以英文再次论述台湾海峡考古在南岛语族起源研究中的重要意义[①]。张先生指出，已有的考古材料表明，作为一个区域，台湾海峡两岸自史前时代到历史时代的社会和文化进程一直是分不开的。正因为如此，海峡两岸的考古学文化也具有非常独特的区域性。同时，这一区域又是与中国考古学和东南亚、太平洋考古学的很多重大学术问题息息相关。其中新石器时代的台湾海峡两岸的互动因为与南岛语族的起源有关，尤其备受国际学术界的关注。鉴于当时海峡两岸考古学的现状，张光直先生特别指出未来的台湾海峡考古学尤其是东南海岸的考古应该是跨学科、跨区域和跨国界的。在当时有限的考古材料和两岸特殊的政治气氛下，张光直先生的这一提法是具有胆识的，也是非常具有前瞻性的。

自 20 世纪 80 年代末期以来，两岸的考古学研究都取得了重大进展。非常遗憾的是，由于种种原因，两岸考古学界对张先生所倡导的"台湾海峡考古学"这一概念一直反应不够积极。2008 年笔者应臧振华先生之邀，在台湾"中研院"历史语言研究所演讲时，曾呼吁学者们重新思考张光直先生的"台湾海峡考古学"概念。令人欣慰的是，在 2010 年 12 月召开的"东亚考古学的再思：张光直先生逝世十周年学术研讨会"上，李恝悌先生以"二十一世纪研究台湾海峡考古学的契机"为题，再次探讨张光直先生于 20 世纪 80 年代末期提出的对台湾海峡考古学的三个期望，即研究课题要跨学科、跨区域、跨国界。李恝悌先生特别使用了"台湾海峡考古学"这一概念，并以台南科学园区的考古新发现和新研究为基础，进一步总结了这一地区考古学最近取得的新进展，并对未来的研究方向进行了展望。

由于历史原因，两岸的考古学界从一开始就是隔离的，在研究方法和探索的问题上有很大不同，造成了学术传统的差异。这一局面尽管在过去的 20 年间得到了一定的改善，但两岸学者的合作研究仍然不够深入，在研究方法和研究理念上仍然有较大差异。

台湾海峡两岸的考古学者都特别注重两岸考古学文化的关系问题，以及这一区域在南岛语族形成和扩散中的重要地位。早期林惠祥先生开创了这方面的研究，而后期的研究因为大陆学者长期以来无法直接接触台湾的考古材料，研究一直不够深入。张光直先生在 20 世纪 80 年代以后，为促进两岸考古界对这些问题的深入探讨，做出了巨大贡献。但是，长期以来，学术界关心的重点是大陆对台湾的影响和传播，而且主要关注两个问题：

其一，大垒坑文化的起源。几乎所有学者都认为大垒坑文化的源头在大陆东南沿海，但具体地点有争议。以张光直为代表的大多数学者认为，大垒坑文化的特征与同时期的福建和广东沿海的新石器时代文化非常相似，表明台湾的这一史前文化变革应是在大陆东南沿海的不断影响下产生的，而大陆向台湾的迁移可能是最主要的因素。张光直认为大垒坑文化的发源地应该在闽江口到韩江口的福建和广东东端的海岸一带[②]。但是，

① K. C. Chang, "Taiwan Strait archaeology and proto-Austronesian," in *Austronesian Studies Relating to Taiwan* (Taipei: Academia Sinica, 1995), 161-183.

② 张光直：《中国东南海岸考古与南岛语族起源问题》，《南方民族考古》（第 1 辑），四川大学出版社，1987 年；张光直：《新石器时代的台湾海峡》，《考古》1989 年第 6 期。

由于台湾海峡两岸这一时期的考古材料相当零碎，给系统研究带来了很多困难。最近，臧振华先生提出了另外一种观点，认为大坌坑文化可能是发源于珠江三角洲一带[1]。笔者认为，从文化特征上比较，大坌坑文化与珠江三角洲的同时期或更早的新石器时代文化差异巨大，两地似乎不存在文化的传承关系。目前考古材料虽然仍难以确切地表明大坌坑文化的发源地，但从总体上讲，大坌坑文化与福建同时期的新石器时代文化有更多的相似性，联系也最密切。所以，无论从地理位置上，还是从文化的相似性上，寻找大坌坑发源地的最有希望的地区还是在福建沿海和邻近地带。

其二，台湾新石器时代中期文化变化的原因。争论的焦点在于大陆因素为主，还是本岛因素为主。

这两个问题其实就是探索和研究南岛语族起源和形成过程的关键问题。目前的考古学材料仍然不足以解决学术界对上述问题的争论。值得注意的是，台湾海峡两岸的史前文化和社会之所以有很多相似之处，应该是双向互动使之然，这或许是未来两岸考古学界应该积极探索的问题。

---

[1]　C-H. Tsang, "Recent discoveries at a Tapenkeng culture site in Taiwan: Implications for the problem of Austronesian origins," in *The Peopling of East Asia*, ed. L. Sagart, R. Blench, and A. Mazas (London: Routledge, 2005); 臧振华：《从台湾南科大坌坑文化遗址的新发现检讨南岛语族的起源地问题》，《浙江省文物考古研究所学刊》（第八辑），科学出版社，2006年。

Ancient Egypt and Early China: State, Society, and Culture

By Anthony J. Barbieri-Low Seattle: The University of Washington Press, 2021

张瀚墨

（中国人民大学国学院）

2015 年夏，从洛杉矶罗泰先生处得知本书作者李安敦（Anthony Barbieri-Low）教授得到 Andrew W. Mellon 基金会资助进入加利福尼亚大学洛杉矶分校（UCLA）进修古埃及学的消息。不几年便见到李安敦教授这本比较早期中国和古代埃及的国家、社会及文化的大作出版。鉴于将古代埃及和早期中国社会文化做直接比较的著述之稀有，便知此书足以体现李安敦教授无畏治学之勇气及其用力之勤奋和进修效果之显著，故在此特向读者朋友介绍此书。

李安敦将此书献给布鲁斯·特里格（Bruce Trigger，1937~2006）。特里格教授乃毕生坚持以比较研究之法治考古史学之集大成者。除了特里格，李安敦教授还在书中的致谢（acknowledgments）部分向对此书的研究内容、方法以及缘起直接或间接作出贡献的学者、学术机构以及资助单位和基金致敬，并在中国和埃及的简要历史年表（Chronology of China, Chronology of Egypt）之后的导言（introduction）部分详细介绍了比较研究方法的目的、方法、问题，通过与时下方兴未艾、风头正健的早期中国与古代希腊、罗马的比较研究对比，强调进一步推进早期中国与古代埃及比较研究发展的必要性和紧迫性，从而证明本书所代表的早期中国和古代埃及帝国社会与文化之比较研究来得既合理又适时，也显示出作者以此书为先锋进一步拓宽早期中国与古代埃及之比较研究的广度和深度所具备的学术眼光和勇气。李安敦教授对比较研究的一般方法以及书中所作的关于早期中国和古代埃及之政治、社会和文化比较研究之必要性和重要性的相关论述，后面还会进一步涉及。

除了正文主要章节，本书还包括一个简要概括其主要章节内容以及研究展望的简短后记（epilogue），书中出现的中文以及埃及文人名、地名、术语等的汇编，分章注释汇总，引用书目和索引等辅助性信息。本书的主要章节包括七个部分，从七个不同方面将新王国时期（公元前 1548～前 1086 年）的埃及和西汉（公元前 202～公元 8 年）和新莽（8～23 年）时期的中国进行了比较（有章节涉及埃及的中王国时期，即公元前2040～前 1656 年），分别为第一章对古代中国和埃及文明展开的地理空间即尼罗河和黄河流域地理景观的对比，第二章对古代埃及和早期中国的外交层面的对比，第三章对作为改革者的古代埃及帝国皇帝阿肯那特恩（Akhenaten）和取代汉朝的新朝皇帝王莽的对比，第四章对两个帝国法律准则和司法行政的对比，第五章对两大帝国生人和死界的材料中所体现的书吏文化的对比，第六章与玛丽莎·史蒂文斯（Marissa A. Stevens）合写的对墓葬偶人所反映出来的两个文化中对来世生活模式想象的对比，第七章对两个文化中有关死后升天的想象中博弈游戏描述的对比。下面首先对这七章内容逐一进行介绍。

在第一章的开始，李安敦援引德国学者卡尔·魏特夫（Karl Wittfogel，1896～1988）关于"水利文明"（hydraulic civilizations）的理论，为其介绍尼罗河对于古代埃及和黄河对于古代中国在文明演化中的重要性来作铺垫。当然，魏特夫将治水看作国家产生的原动力（primary mover）的观点，已被围绕该议题而积累起来的研究成果，尤其是关于世界早期帝国的考古发现证明有误，但李安敦在指出水利工程与其说是国家产生的原动力，还不如说是国家产生之后的产物这一点之后，仍然认为魏特夫突出水利在早期帝国中的重要性值得引起我们的重视，认为在古代埃及和早期中国比较研究的语境下，大江大河、水利工程和国家的形成与发展之间的关系非常密切。在对比孕育古代埃及文明的尼罗河和孕育古代中国文明的黄河的基础上，李安敦指出，与古代中国人所面临的黄河相比，古埃及的尼罗河要温驯得多，所造成的破坏要小得多；在生业方面，古代埃及人对尼罗河的依赖要大得多，相对而言，古代中国人在接受黄河馈赠的好处的同时，所承受河患所带来的危险要比古代埃及人大得多；或许正因如此，古代埃及人不像古代中国人在治河患、修水利、兴农业方面那样有经验、技术那样发达；而古代中国人口的众多、国家权力的集中以及行政的高效也正与它处理河患的能力、手段和成绩相匹配。尽管如此，无论从政治还是从宗教礼仪的角度，这两条大河都同样深深地影响了各自所孕育的文明，无论是黄河还是尼罗河，其洪水泛滥都与各自所属文明的兴衰紧密结合在一起。从这个角度来看，李安敦认为，魏特夫将围绕治水而发展起来的国家管理能力看成是国家权力集中的衡量标准这一观点是有其合理之处的。

第二章集中从外交层面比较了相隔一千多年的古埃及新王国和西汉王朝是如何处理与其他帝国和政权的关系的。李安敦认为，外交是新王国时期的埃及和西汉王朝在满足了各自作为帝国开边扩地的要求之后，实现对新归顺的属国加以控制、与邻国建立稳定关系、避免与他国发生直接军事对抗的有效手段。他在文中区分了新王国时期的埃及和西汉帝国与其强邻（如巴比伦帝国之于埃及，匈奴帝国之于西汉）以及二者与其属国之间关系的不同之处，重点检视了新王国时期的埃及帝国和西汉帝国各自与其邻国的通信和使节外交、联姻外交以及以获取资源为导向的资源外交等外交模式。通过比较，李安敦发现新王国时期的埃及和西汉帝国的外交实践表现出若干相似之处，有些地方（比如外交信件的格式等）甚至惊人地相似。比如，像前面已经提到的那样，二者处理与被殖民和被同化政权之间的关系时，均会根据实际情况采取不同的应对策略：有的被纳入帝国的直接管辖和控制，有的则作为属国受类似于都护治所一类的政治军事机构监督。不仅如此，无论是新王国时期的埃及帝国还是西汉帝国，都要求其属国将王储送到帝国都城充当人质，要求属国定期进贡，尽管会允许这些属国享有一定程度的自制。另外，这两大帝国的属国，都在帝国处理与其强邻关系时起到了缓冲地带的作用；而大国之间开展外交的目的，除了避免它们之间直接的碰撞和冲突，也是为了从彼此间取得必要的资源。两大帝国处理与其强邻的外交关系时，均采用亲属称谓来定义和描述彼此的关系，不但通过统治者直接的书信往来和互派使节进行沟通，而且往往通过联姻手段将用以描述双方关系的亲属称谓落到实处，并且会通过联姻外交、赠送嫁妆等手段实现大国之间更大规模的物品交换。当然，新王国时期的埃及帝国和西汉帝国在开展联姻外交时，在新娘的嫁娶方向上并不相同：西汉帝国总是嫁出自己的公主，而埃及帝国则总是娶入他国的公主。这当然与两大帝国不同的婚姻和亲属模式有关：汉帝国通过嫁出公主，将强邻与自己的关系定义成甥舅关系，而新王国时期的埃及帝国则认为嫁出自己的公主是有损于帝国声誉的丢脸的事。不过，总的来说，这两大帝国在处理与邻国的外交关系时所表现出的相似性是主要的，而形成这种相似性的主要原因，在李安敦看来，是与两大帝国同处于相似的原始帝国（proto-empire）社会经济发展阶段分不开的。

在第三章中，李安敦通过对比作为帝国衰落时期改革者形象的埃及第十八王朝皇帝阿肯那特恩和夺取西汉政权的新朝皇帝王莽所进行的改革内容、政策创新以及最终的命运，揭示了改革对于解决早期帝国衰落时期盘根错节的社会、政治、经济问题的局限和无奈。在李安敦看来，尽管阿肯那特恩经常被比作先知和预言家而王莽则被看成是政治阴谋家和篡位的野心家，但二人都试图对当时承平日久的帝国进行激进改革。从二人夺取权力之前与权力中心的关系来看，他们都是皇亲国戚，而且其崛起都与一个对皇权影响巨大的老妇人有关。二者的改革措施都反映出他们对某种信念（无论对典籍还是对宗教）的狂热，对旧有秩序的蔑视与毁坏，以及对新秩序的执着与强力实施。不仅如此，由于二者在激烈的改革过程中的"过度改革"触动了多方的既得利益，二者的改革均遭到多方反对，再加上自然灾害等的袭扰，他们的改革均遭废止，成果被遗弃，连带他们本人也在死后遭到诋毁、谴责，甚至是被有意地遗忘。在对两位改革家的人生、行为以及影响进行描述时，李安敦使用了两种不同性质的材料：对阿肯那特恩的描述使用的多为保留至今的建筑、碑文、石刻等考古、文字和图像资料，而对王莽的描述，则几乎完全依赖《汉书·王莽传》以及《汉书·食货志》里的记载。从具体内容的展开来看，本章将重点放在二人对旧秩序的去神圣化，对新秩序的执着实施和刻意神圣化，改革的失败，以及二人死后所遭到的诋毁和抹杀等方面。在依据这些材料而展开的描述中，李安敦不但概括了阿肯那特恩和王莽的相似之处，而且也指出了二者之间所存在的某些细节的不同，比如，在经济方面，王莽将通过改变币制等手段从贵族和平民手中聚敛来的财富更多地浪费在无用的战争上而不是国家的大型建设中，阿肯那特恩则主要从寺庙中取得财富并将其用于国家的大型建设工程中；在个人权威的树立方面，王莽在自比为古代圣者周公的同时，仍承认自己是人，而阿肯那特恩则不同，他将自己神化成神圣权威的媒介和唯一后代；从二人死后所遭对待的方式来看，尽管目的在于警戒世人，但王莽在《汉书》中有传，其一生的主要经历和政治活动均被记载下来，而阿肯那特恩，无论从文字还是形象来看，完全从他所生活过的社会的历史和文化记忆中被抹去了。综合本章内容，从对阿肯那特恩和王莽进行比较的意义方面来看，李安敦认为，阿肯那特恩和王莽的失败告诉我们，对于那些发展较为成熟的早期帝国体制来说，从内部进行改革是行不通的；外敌入侵、内部动乱、自然灾害等人为的或者自然的暴力形式，恐怕是彻底扫清前朝余孽、除旧布新的唯一途径。

第四章通过对新王国时期埃及帝国和秦汉帝国法律准则和司法行政进行比较并总结二者之间结构性的异同，来考察两大帝国所奉行的核心价值及其对各自社会的控制程度。具体来说，这一章围绕对古埃及新王国时期和秦汉帝国的司法准则、司法机构，以及现存材料所显示的不同类型的案例（在此重点考察了与国家信仰与合法性相关的财产侵害案、普通抢劫案、乱伦通奸案和遗嘱纠纷案）进行比较。李安敦发现，从法律准则的角度来看，古代埃及和早期中华帝国都宣称并强调君权神授模式下君主通过神授的权力战胜世间混乱与暴力以建立起秩序井然的社会，维持人间正义。这套话语也不仅仅局限于古代埃及和早期中国，古代两河流域的帝国，比如汉谟拉比时代的巴比伦，也有类似话语和修辞。因此，国君通过神授权力来维持正义、整治不法之徒以保护其人民这样的宣传，就被看成是古代帝国在法制原则方面的一个结构性相似之处。古代埃及和早期中国法制方面的另一个结构性相似之处体现在对皇家财产——比如皇家陵墓和祖庙——造成侵犯和破坏的罪犯所作的量刑和处罚上。无论在新王国时期的埃及还是秦汉帝国，这样的犯罪都绝对不会被当成普通的盗窃或破坏来处理，而是会因其亵渎皇权和神灵（与君权神授有关）往往被处以极刑，在古代埃及会被钉死在木桩上，在秦汉帝国还会导致整个家族遭到剪除。另外，在司法程序的实践层面，古代埃及和早期中国也存在结构性的相似点：二者都使用酷刑逼供，而且往往通过这种手段逼罪犯招供；被告招供似乎对两大帝国的司法系统都是必要的，即使在有足够的证人和证据能够证明是非曲直的情况下也是如此。当然，无论在古代埃及还是在秦汉帝国，只有国家相关机构才有权力实施这种惩罚性暴力，国家是对待罪犯的唯一而且拥有绝对权力的合法暴力机器。除了相似性，古代埃及和秦汉帝国的司法也存在不同之处。就现存证据来看，中国古代的司法从程序等实践层面来说一般是拒绝神力的直接参与的，而在古代埃及不是这样；在古代埃及，任何法庭陈述都离不开在神灵或者接受了神授权力的君主面前的咒誓；不仅如此，神灵还可以通过神谕等方式绕开法庭系统直接断案。另外，从整个司法系统的运作来看，古代中国的司法显示出先发制人式（proactive）的预防性特点，通过法律条文和监察活动的效用力求防患于未然；而古代埃及的司法实践则更多地表现出应激性（reactive）的特点，只有原告将被告告官才有可能启动司法程序。而且，整体看来，古代埃及的司法体系中，地方社群在案件处理的过程中发挥了很大作用，大部分案件都可以通过地方贤达在乡村等地方社群得到解决，因而不需要国家暴力机器的直接干预；但在秦汉帝国，国家司法机关包揽一切，案件无论大小，都被看作是对以皇帝为代表的国家秩序的破坏，因此都由国家相关部门负责处理，地方社群被排除在司法行政之外。像偷窃、强奸、通奸之类在古代埃及还构不成犯罪的行为，在秦汉帝国则均由国家司法机关出面严加处理；这也体现了秦汉帝国中社会实施控制的广度和深度。

第五章依据保存下来的文字、图像以及与书吏相关的物质文化等材料对古代埃及和早期中国的书吏文化进行了对比。从书写物质文化、书吏培训、古埃及和早期中国书吏传记对比、书吏自我身份认同的自觉，以及两个文明丧葬文化中所体现出来的对书吏来世生活的对比等方面展开，本章从书写的主体书吏的角度等各方面对定义这两大帝国形成与发展的最重要的特性之一的书写文化进行了考察。李安敦的研究发现，从书写的物质表现来看，中华早期帝国和古代埃及的书吏对自己群体身份的认知和表达表现出惊人的一致。尽管他们所使用的书写材料存在差异，但这些材料组合起来就能代表古代埃及和早期中国书吏身份，而且这套组合也很快被各自的社会精英借用，成为折射其文化与世俗权威的符号。就书吏的培训而言，古代埃及和中华早期帝国的书吏经历了类似的训练过程：在受雇成为正式的书吏之前，他们接受的都是从字表开始、逐渐过渡到蒙书、又从蒙书进一步到范文这样由浅入深、从简至繁的长时间训练。而且，从李安敦所对比的两名书吏——汉代的师饶和新王国时期埃及的肯赫克普希夫（Qenherkhepshef）的传记来看，我们发现二者均出身于较低的社会阶层，但他们都能利用其作为书吏的特殊身份，凭借其学识技能建立起自己较有影响力的关系网，并以此跻身于超越自己原有社会阶层的权力关系网中。就书吏的群体身份认同来看，古代埃及和早期中国的书吏们都深信他们属于各自社会的特权阶层，而且他们还将这一观念通过培训书吏的教材代代相传；他们不仅凭其技能传递了代表古代智慧的书写文化，而且他们当中有的还自己进行创作，认为可以通过书写的方式达到使自己名声不朽的目的。值得指出的是，古代埃及和早期中国的书吏将其书写文化投射到来世的方法也表现出惊人的相似性，他们似乎都喜欢将能体现自己技能的工具和产品随葬，包括书写工具和写就的文本，而且往往将最能代表其训练和身份的课本一起随葬。当然，古代埃及和早期中国的书吏文化也存在不同之处。比如，尽管书写在两个文明中均占有重要地位，但由于早期中国国家"先发制人"的官僚行政与中央集权的程度要甚于古代埃及，所以官方书写文化在早期中国的影响要比在古代埃及的影响深远得多；相对而言，古代埃及更注重以图像和器物为代表的口头形式和视觉展现。早期中国的书吏则几乎从不使用自己的图像，而是通过文本、姓名、图章、日记，甚至工作文档等手段来代表自己；而古代埃及的书吏则会在墓中同时使用文字、图像、木乃伊等来表达自己的社会和文化身份。另外，在早期中国，国君和贵族的随葬文本有别于书吏的随葬文本，但古代埃及的大臣和将军，尽管从未从事过书吏的工作，也愿意将自己想象并描述成书吏来表示他们是永恒智慧和行政的代表。

第六章通过对比中王国时期的古代埃及和汉代中国墓葬所埋偶人的功能、生产、消费、物质性、尺寸规模等方面的分析，试图超越以往将其解释成对生者的替代和模仿的简单理解，重点揭示它们所包含价值的原有层次及其思想和礼仪方面的表达。本章从归纳古代埃及和早期中国墓葬传统的起源和演化开始，逐一分析了两大帝国墓葬中偶人的功能、生产与消费的社会情境、物质性，以及包括视觉、文字、规模等要素在内的观感效果，将两个文明的墓葬偶人放在人与物的可能指称与含义、文字及二维图像等构成的复杂关系网络之中，考察偶人在两个文明中对生者过渡到来世之想象的共同表达中的作用，以及各自文化所体现的不同的侧重和艺术特质。李安敦和玛丽莎·史蒂文斯发现，在中王国时期的埃及和汉代的中国，其墓葬偶人的使用范围、功能以及使用者的阶层和地位都表现出明显的相似性；二者对于来世灵魂的存在以及供养的想象也很相似；随葬偶人的出现，表现了来世乃是生者生活延续的观念，因此生者须供养死者，乃至甚于供养生者，表达的乃是不但希望在来世能够保住死者生前的社会地位，甚至希望能够比他们生前的生活有所改善和提升的意愿。另外，随葬偶人在两个文明中都有在生者所提供的实际供奉中断的情况下，确保死者灵魂的需要得到满足的功用。当然，偶人的使用和特点在两个文明中也展现出各自不同的特点，这些不同往往由两个文明不同的环境条件以及对人和空间的不同理解所致。比如说，去往来世的路上，古代埃及人使用的交通工具是船，而在汉代人的想象中就是马车；古代埃及人将偶人置于棺顶或者靠近棺材旁边，而汉代人则把他们放置在想象的模仿生者的生活空间；古代埃及人通过绘画等手段形象地表现死者容貌，而汉代人则往往通过在墓中为死者留出空位，而不是对死者容貌进行描画的方式表现死者的存在。除此之外，古代埃及和汉代中国对表现偶人的现实主义层面和使用偶人的功能主义层面上的理解也各有不同，尽管两个文明在使用偶人的时候都强调其效用，而不仅仅是简单地替代和模仿。此外，李安敦和玛丽莎·史蒂文斯还指出，古代埃及和汉代中国使用偶人的历史发展轨迹也存在不同。在古代埃及，伴随着文字以及壁画等二维艺术在墓葬艺术中地位的提高，偶人的使用迅速成为历史；而在汉代中国，使用偶人这一做法则延续了好几个世纪，不但成为丧葬文化的一个传统得到了加强，而且其功能和使用的多样性也得到了扩展和延伸。

　　第七章是第五、第六章的延续，讨论的也是古代埃及和早期中国人对死后世界的想象，主要集中于二者对灵魂和死后天堂观念的考察与对比。本章在介绍了古代埃及的灵魂观念和埃及人向往死后进入的"苇泽"（Marsh of Reeds）天堂之后，又介绍了作为与之相对的早期中国对灵魂和来生观念的理解以及作为西极天堂的昆仑山和统治昆仑山的西王母；之后就是本章标题所重点突出的共见于古代埃及和早期中国的那种通过棋戏进入天堂的思维，以及二者的天堂观念对于后世思想的影响。李安敦认为，现有关于古代埃及和早期中国死后天堂观念的文字或图像材料告诉我们，天堂在两个文明中指的都是某种或在天上或在地下、通常遥不可及、只为虔敬守道的贤者预备、唯有通过秘仪法式才能接近的存在。而且，两个文明均视天堂为真实存在之乡，这里富足而神奇，禽兽繁多，植被丰饶；人之所欲，食色欢愉，尽得满足；且在那里因与仙人共居，人们不但不死，还分有仙人之能力，甚至强于生者；总之，一旦死后进入这样的天堂，就会远离危险，超越生死之限，永受福佑。而进入这样的天堂的方法和手段，古代埃及和早期中国的材料也给出了相似的答案——如本章标题所示，"游戏赚得天国路"（Gaming the Way to Paradise）——早期中国依靠六博棋、古代埃及依靠塞尼特棋（senet）为死者赢得进入天国的通行证。尽管二者相隔万里千年，但这两种棋戏在形式、目标和象征意义等方面表现出惊人的相似性，通过掷色子或扔木棍的方式与神灵沟通以决定自己的命运，即可赚得来生进入天堂的门票。这样的棋戏，李安敦称之为"（决定）来生之戏"（games of afterlife）或者"（决定）命运之戏"（games of fate），无论在古代埃及还是早期中国，表达的都是保证死者能够顺利进入来世天堂的想象和期望；而这些想象和期望，在李安敦看来，分别直接或间接地影响了后来佛教的净土、古希腊的极乐世界（Elysian Fields）以及基督教的天国等观念，成为古代埃及和早期中国天堂观念馈赠给后世的遗产。

　　综上七章所对比的内容，我们发现李安敦教授以实际行动践行了他在本书导言部分开始时所说的比较研究的目标，即通过比较研究打破学科壁垒，开拓新视野，推进新发现，介绍新知识，通过比较研究去中心化，杜绝狭隘主义，防止故步自封。李安敦所采用的比较方法，主要是布鲁斯·特里格教授在《理解早期文明》（*Understanding Early*

Civilizations）一书中所用的方法，列出古代埃及和早期中国两大文明之间诸多方面的异与同。不过，李安敦教授并不是对他在研究中所发现的两大文明的异之处作简单的罗列，而是几乎总能在具体的行文中，通过小标题的精心设置，将所比较的内容尽量安排得错落有致，衔接自然，非常方便读者的阅读和理解。更重要的是，李安敦教授作为早期中国研究的专家，能够通过在 UCLA 的学习，克服比较研究中最难的在另一研究领域（这里是埃及学）开展研究所要求的语言训练等困难，做到了对所比较的两个文化都具有相当了解，因而对各章中所涉及的两大文明对比的内容，均能熟练地使用，如信手拈来，在这两个较少有人进行比较研究的领域里，既让从事早期中国研究（尤其是致力于汉代研究）的学者了解到古代埃及（尤其是新王国时期的埃及）的相关知识，也让致力于埃及学研究的学者了解到早期中国研究领域的一些重要成果，因此对双方来说均为相得益彰之事。从世界史教学的实践来看，这本书应该也是对古代埃及和早期中国研究领域感兴趣的学生的有益读物，因此是值得向大家推荐的。

　　从以上这些方面来看，我们可以说，李安敦教授对古代埃及和早期中国所作的比较研究，达到了其预期目标。不过，如果我们从更高处着眼追问，这项研究能否帮助我们解答早期中国或者古代埃及研究领域的任何具体问题，我们则难以在其中进行圈点。如果我们承认比较本身就是我们认识事物获取知识的重要方式、并因此而强调比较研究的必要性，那么，从获取知识的角度，对任何事物进行比较都是正当的，将古代埃及和早期中国进行比较也是如此。从这个角度来说，比较什么不是问题，以何种方式进行比较、即进行平行比较还是结构性比较也不是问题，问题在于我们是否会满足于这样的比较。很明显，如果我们从解决具体问题的角度出发来看待这样的比较研究，那么最终的比较成果难免会打些折扣。这也是需要提醒读者朋友在看待李安敦教授的这项研究成果时应该注意的一点。

　　最后需要指出的是，华盛顿大学出版社是一家声誉很好的美国大学出版社，以编辑作风优良严谨著称；尽管如此，千虑难免一失，书中小错笔误，在所难免；为省却读者阅读中的麻烦，今将显眼几处挑出来，罗列如下：

　　第 51 页第 3 段第 7 行，"Maodun"（冒顿）应遵从学界共识改为"Modu"；出现在第 238 页的中文人名及词语汇编中的"Maodun"也应作如是修改；

　　第 81 页第 2 段第 10 行，"golden horse"实际为《汉书》原文"金马"之英译，但"金马"之"金"，所指未必是黄金，或为青铜，或为黑铁，既然不能确定，不如仍按"金"字泛指金属的本义，将其译成"horse made of metal"；

　　第 82 页第 1 段第 3 行，"was far more costly that the prior method"中的"that"乃"than"的笔误；

　　第 97 页第 3 段第 1 行，文中说王莽即位的时间为"January of 9 CE"，应该是对"始建国元年正月"的误解（按《汉书·王莽传》，王莽以前一年的"十二月朔癸酉为建国元年正月之朔"），可译成"the first month of the Jianguo or shijian guo era（8-13 CE）"；

　　第 101 页第 2 段第 2-4 行，"Some of his policies, such as the emulation of the ancient 'well-field' system of land allotment, were so impractical they could never have been implemented"一句，"so impractical"之后漏掉了"that"；

　　第 110 页倒数第 2 段倒数第 2 行，书中认为王莽即皇帝位日期为"January 15, 9

CE",按《汉书·王莽传》,莽即皇帝位时间为建国元年戊辰,准确地说,应为"the wuchen day, the first month of the Jianguo or shijian guo era";

第 118 页倒数第 1 段第 4 行,"vizier"(高官)实为古埃及象形文字转译而来,其后注音(*t3.tj*)应从第 120 页第 2 段第 1 行 "vizier" 之后前移至此;

第 129 页倒数第 3 段第 2 行,"Fengzhi shi"(封诊式)应为"Fengzhen shi";

第 138 页倒数第 3 段倒数第 3 行,"The written from" 应该为 "The written form";

第 205 页第 2 段第 8~9 行,"Models and figurines also served as a type of insurance policy in both Egypt in China" 中 "in both Egypt in China" 应改为 "in both Egypt and China" 或者 "both in Egypt and in China";

另外,正文之后所附中文人名与词语汇编部分亦有零星笔误,如第 239 页 "Wang Mang Jiumiao 王莽九" 遗漏 "庙" 字等,在此不再一一列举。

从关帝庙出土骨器探究商代经济[*]

侯彦峰　江雨德　李志鹏　张　艳　李素婷　何毓灵（撰）

张　莉¹　叶　琪²（译）

（1. 郑州大学历史学院；2. 江西吉安市文物保护与考古研究院）

一、引　言

　　关于生产活动的研究长期以来是揭示古代政治经济情况的有效方式。相关研究经历了从早期新进化论指引下的将专业化生产与"国家"进行联系[1]，到最近关于早期复杂社会多样化经济供给方式的演变[2]，而其中大部分的工作着眼于贵族相关的生产活动。虽然关于古代经济的考古学理论在生产之外还包括分配和消费的相关内容，但在实际工作中同时包含这三者的综合性研究（尤其是贵族人群之外的研究对象）却相对

---

　　*　本文英文题目为 "The Guandimiao Bone Assemblage (and What it Says about the Shang economy)"，刊发于 *Asian Perspectives*，第 57 卷，2018 年。由该文作者授权翻译，译文完成于 2020 年。

　　①　Elizabeth M. Brumfiel and Timothy K. Earle, "Speciation, exchange, and complex societies: An introduction," in *Specialization, Exchange, and Complex Societies*, ed. E. M. Brumfiel and T. K. Earle (Cambridge: Cambridge University Press, 1987), 1-9; C. Costin, "Craft specialization: Issues in defining, documenting, and explaining the organization of production," in *Archaeological Method and Theory*, vol. 3, ed. M. B. Schiffer (Tucson: University of Arizona Press, 1991), 1-56; Prudence M. Rice, "Evolution of specialized pottery production: A trial model," *Current Anthropology* 22 (1981): 219-240.

　　②　Rowan Flad, "Rethinking the context of production through the archaeological study of ancient salt production in the Sichuan Basin, China," in *Rethinking Craft Specialization in Complex Societies: Archaeological Analyses of the Social Meaning of Production*, ed. Z. Hruby and R. Flad (Arlington, VA: Archaeological Papers of the American Anthropological Association, 2007), 108-128; Takeshi Inomata, "The power and ideology of artistic creation: Elite craft specialists in class Maya society," *Current Anthropology* 42 (2001): 321-349; Carla Sinopoli, *The Political Economy of Craft Production: Crafting Empire in South India* (Cambridge: Cambridge University Press, 2003).

不足 [1]。早期复杂政体中平民和乡村社会的消费、生产和分配的相关研究至今十分稀少，而这些内容对于更全面了解古代经济十分重要。如果经济可以被视为多方向的网络连接，那么很明显只研究一种类型的交互、中心节点和流通方向是不够的，而以安阳殷墟为中心的商代研究就恰好存在这种问题，即目前对商代政治经济的探讨仅局限于对都邑的制铜作坊等与贵族相关的手工业生产的研究 [2]。基于这些片面的研究，商朝的经济模式被定义为"供奉"或者"贵族再分配" [3]。然而，这种论述并非建立在系统实证研究的坚实基础之上，而是更多来自于带有贵族偏见的文献以及以贵族为中心的考古发现。也正是如此，在关帝庙这种小村庄里不仅发现有用于供给区域消费的制陶作坊，还同时见有来自于遥远都邑的大型制骨作坊的骨器产品，这是具有重要意义的。本研究通过对关帝庙遗址出土骨器的分析，揭示了贵族以外人群的生产、分配和消费情况。

　　西方考古研究长期以来认为，商代的经济主要集中在与贵族相关的供给，以及贵族内部的再分配 [4]；中国学界相关的探讨一般认为，商代乡村级别的遗址仅仅是农业村庄或者自给自足的平等群体 [5]。与这些认知形成鲜明对比的是，关帝庙遗址及其出土的骨器组合表明商代晚期中国北方地区经济一体化达到了前所未有的程度。

　　关帝庙遗址位于河南省荥阳市，为配合南水北调中线工程的建设，2006 年 7 月至

---

[1]　Alan Greene and Ian Lindsay, "Mobility, territorial commitments, and political organization among Late Bronze Age polities in Southern Caucasia," *Archeological Papers of the American Anthropological Association* 22 (2012): 54-71.

[2]　Roderick Campbell, Zhipeng Li, Yuling He, and Yuan Jing, "Consumption, exchange and production at the Great Settlement Shang: Bone-working at Tiesanlu, Anyang." *Antiquity* 85 (2011): 1279-1297; Yung-ti Li. "The Anyang bronze foundries: Archaeological remains, casting technology and production remains." Ph. D. diss. Anthropology Department, Harvard University, 2003; Ann Underhill and Fang Hui, "Early state economic systems in China," in *Archaeological Perspectives on Political Economics*, ed. G. Feinman and L. Nicholas (Salt Lake City: University of Utah Press, 2004), 129-144.

[3]　K. C. Chang, *Shang Civilization* (New Haven, CT: Yale University Press, 1980); K. C. Chang, "Ancient China and its anthropological significance," in *Archaeological Though in America*, ed. C. C. Lamberg-Karlovsky (Cambridge: Cambridge University Press, 1989), 155-166; Gideon Shelach-Lavi, *The Archaeology of Early China: From Prehistory to the Han Dynasty* (Cambridge: Cambridge University Press, 2015); Ann Underhill and Fang Hui, "Early state economic systems in China," in *Archaeological Perspectives on Political Economics*, ed. G. Feinman and L. Nicholas (Salt Lake City: University of Utah Press, 2004), 129-144; 杨升南、马季凡:《商代经济与科技：商代史（卷6）》，中国社会科学出版社，2010 年。

[4]　K. C. Chang, "Ancient trade as economics or as ecology," in *Ancient Civilization and Trade*, ed. J. Sabloff and C. C. Lamberg-Karlovsky (Albuquerque: SAR, University of New Mexico Press, 1975), 211-224; K. C. Chang, *Shang Civilization* (New Haven, CT: Yale University Press, 1980); K. C. Chang, "Ancient China and its anthropological significance," in *Archaeological Though in America*, ed. C. C. Lamberg-Karlovsky (Cambridge: Cambridge University Press, 1989), 155-166; Gideon Shelach-Lavi, *The Archaeology of Early China: From Prehistory to the Han Dynasty* (Cambridge University Press, 2015).

[5]　杨升南、马季凡:《商代经济与科技：商代史（卷6）》，中国社会科学出版社，2010 年；中国社会科学院考古研究所:《中国考古学：夏商卷》，中国社会科学出版社，2003 年。

2008 年 8 月，河南省文物考古研究所对关帝庙遗址进行了连续的大规模发掘。在该遗址发现仰韶文化晚期、商代、西周、东周、汉代、唐代、宋代、清代等时期的文化遗存，其中最重要的是关帝庙遗址发现了一座近乎完整的商代晚期村落（表一）[①]。关帝庙遗址被评选为 2007 年全国十大考古发现之一，和中国社会科学院评选的中国六大考古新发现之一。虽然关帝庙遗址在殷墟时期属于村落级别的低等级聚落，但其所在的郑州地区曾先后是二里冈时期郑州商城（公元前 1600～前 1400 年）和小双桥－洹北时期（公元前 1400～前 1250 年）小双桥遗址这两处超大中心聚落的所在地。晚商时期，郑州地区似乎已经失去了大都市的地位，但可能仍属于以安阳为中心的大邑商延伸的腹地，其具体性质或是商王领地的边缘地区，或（更可能的）是臣服于商王的地方贵族的领地[②]。

表一　关帝庙遗址相关考古学文化及朝代时间表

时代	时间
仰韶	公元前 5000～前 3000 年
商	公元前 1250～前 1050 年
西周	公元前 1050～前 771 年
东周	公元前 771～前 221 年
汉	公元前 206～公元 220 年
唐	公元 618～907 年
宋	公元 960～1279 年
清	公元 1644～1912 年

关帝庙遗址最重要的发现之一就是 23 座升焰窑，这些窑址的发现也证明了当时关帝庙遗址是专门的陶器生产区[③]。关帝庙遗址在商代的使用时间不到 150 年（也就是殷墟一期到三期，绝对年代为公元前 1250～前 1100 年），发现了 22 座半地穴式房址，以

[①]　河南省文物考古研究所：《河南荥阳市关帝庙遗址商代晚期遗存发掘简报》，《考古》2008 年第 7 期，第 32-46 页；河南省文物考古研究所：《河南荥阳市关帝庙遗址考古发现与认识》，《华夏考古》2009 年第 3 期。

[②]　Roderick Campbell, "Towards a networks and boundaries approach to early complex polities: The late Shang case," *Current Anthropology* 50.6 (2009): 821-848; Roderick Campbell, *Archaeology of the Chinese Bronze Age: From Erlitou to Anyang* (Los Angeles: Cotsen Institute of Archaeology Press, 2014); Roderick Campbell, *Violence, Kinship and the Early Chinese State: The Shang and their World* (Cambridge: Cambridge University Press, 2018).

[③]　河南省文物考古研究所：《河南荥阳市关帝庙遗址商代晚期遗存发掘简报》，《考古》2008 年第 7 期，第 32-46 页；河南省文物考古研究所：《河南荥阳市关帝庙遗址考古发现与认识》，《华夏考古》2009 年第 3 期；Li Suting, Roderick Campbell, and Hou Yanfeng, "Guandimiao: A Shang village and its significance," *Antiquity* 92 (2018): 1511-1529.

及 269 座墓葬。如此看来，关帝庙在晚商时期的人口数不会超过 100 人 [1]。这期间，房屋的数量和窑址的数量相匹配，这表明每一个家庭单位都可能拥有自己的窑。相较于其非常有限的人口数量，关帝庙的陶器生产规模远超聚落本身所需陶器数量，这表明关帝庙是专门从事陶器生产的遗址。关帝庙与安阳殷墟出土的陶器存在着较大差异，再结合关帝庙与安阳之间的距离来看，关帝庙生产的陶器应该不是供给大邑商的，而更可能用于地区性消费。如果真是如此，那么商代农村的经济则比我们以前认为的更加专业化和一体化。其生产模式目前还未有定论，或许与统一管理、集中再分配式的经济结构相关联，或许用于供给当地市场，抑或涉及专业的商人。

　　关帝庙遗址发掘出土的骨器组合非常重要，反映出的商代经济方面的学术价值不亚于该遗址的陶窑发现。我们将修复后的骨器按照专业化程度、技术水平、劳动力水平分成了四组 [2]：①由非熟练劳动力按需生产的临时工具类骨器；②当地生产的，几乎没有运用任何专业化工具制作、低级到中等的技术水平、劳动力低的骨器（可能由半专业化的工匠制作）；③由当地制骨专家投入一定劳动力、运用专业的制造工具制作的卜骨；④来自于其他遗址的、由熟练的专业制骨人员按照标准化的生产步骤，有选择性地运用专业工具和高质量的骨质材料、投入大量劳动力制造的高水平产品（表二）。其中，第四类骨器与安阳铁三路大型制骨作坊生产的骨器几乎是完全相同的 [3]。

表二　关帝庙骨器分组情况

组	特征	可鉴定标本数 / 最小数值	改造程度	特殊工具	骨器种类	材料
1	临时工具类骨器	14（8.6%）/14（12.1%）	几乎没有	无	骨锥 / 穿孔器	种类很多
2	低技术 / 低水平劳动力	52（32.1%）/43（37.1%）	很少	部分钻孔	骨锥 / 骨笄 / 骨匕 / 骨刀 / 骨匕	种类较多
3	中等技术 / 高水平劳动力	68（42%）/32（27.6%）	部分	凿	卜骨	特定的
4	高技术 / 高水平劳动力	28（17.3）/27（23.3%）	多	锯、钻孔	骨簪、骨镞	特定的
总数		162（100%）/116（100.1%）				

注：最小数值在四舍五入后高于 100%

二、关帝庙出土骨器

　　关帝庙制骨的原材料基本来自于动物相关的经济活动。虽然四分之三左右的关帝庙遗址被完整揭露（面积超过 2 万平方米），然而出土的动物考古类遗存总体很贫瘠，大

---

[1] Li Suting, Roderick Campbell, and Hou Yanfeng, "Guandimiao: A Shang village and its significance," *Antiquity* 92 (2018): 1511-1529.

[2] Alice Choyke, "The manufacturing continuum," *Anthropozooalogica* 25-26 (1997): 65-72.

[3] Roderick Campbell, Zhipeng Li, Yuling He, and Yuan Jing, "Consumption, exchange and production at the Great Settlement Shang: Bone-working at Tiesanlu, Anyang," *Antiquity* 85 (2011): 1279-1297.

致是安阳孝民屯同等规模的居住区所见动物骨骼总数的十分之一[①]。见于关帝庙的动物种属中，鹿和其他野生动物骨骼较为少见的，而牛骨的数量相对较多（表三）。考虑到传统观点认为牛的使用和贵族的礼仪活动相关，关帝庙的这一现象非常惊人[②]。无论这一现象背后的原因如何，至少从商代骨器制造的角度来看，丰富的牛骨发现意味着关帝庙村民并不缺乏优质的制骨原料。

表三　关帝庙骨器原料的动物种类

种类	可鉴定标本数	最小个体数
牛	1629（37.96%）	31（18.90%）
猪	1281（29.85%）	62（37.80%）
狗	1144（26.66%）	54（32.93%）
绵羊/山羊	159（3.71%）	8（4.88%）
鹿	71（1.65%）	3（1.83%）
兔	5（0.12%）	5（3.05%）
马	2（0.05%）	1（0.61%）
总数	4291（100%）	164（100%）

注：该数据是根据初步的鉴定分析所得出的，可能会与最终的报告略有不同

（一）第一组：临时工具类骨器

关帝庙出土的临时工具类骨器多为骨锥或骨类穿孔器。这一组骨器的主要特征是几乎没有进行任何加工，原料选择多样化，技术和劳动力水平低，缺乏生产它们所需的专业工具（表二）。

骨器原料本身的形态影响着生产。比如，骨类穿孔器可以由任何具有尖端的天然的或者破碎的骨质材料制成。这类骨器的制作比较简单，不需要太高的技术。

临时工具类骨器还有一个重要的特征便是选料宽泛、多样化很高，这主要是由日用类器物的本质所决定：什么能用，就用什么（图一）。鹿角原料（3件）被反复使用，这可能是因为在关帝庙鹿角是一种罕见的制骨材料。鹿角十分坚硬，适合制作大型骨锥；而关帝庙的鹿角却并未见到进一步加工痕迹，表明关帝庙的制骨水平较低。

图二的4件骨器可以作为关帝庙的日常骨器代表。A是一件骨锥，它是由狗的尺骨制作而成，该器物唯一加工过的地方就是将其末端打磨成了尖头（图二，A）。B是由

[①]　Li Suting, Roderick Campbell, and Hou Yanfeng, "Guandimiao: A Shang village and its significance," *Antiquity* 92 (2018): 1511-1529.

[②]　Roderick Campbell, Zhipeng Li, Yuling He, and Yuan Jing, "Consumption, exchange and production at the Great Settlement Shang: Bone-working at Tiesanlu, Anyang," *Antiquity* 85 (2011): 1279-1297；李志鹏、何毓灵、江雨德：《殷墟晚商制骨作坊与制骨手工业的研究回顾与再探讨》，《三代考古（四）》，科学出版社，2011 年，第 471-486 页；Jing Yuan and Rowan Flad, "New Zooarchaeological evidence for changes in Shang dynasty animal sacrifice," *Journal of Anthropological Archaeology* 24 (2005): 252-270.

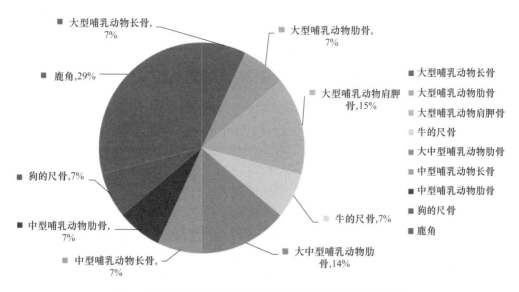

图一 临时工具类骨器原材料使用情况（经鉴定的样本数）

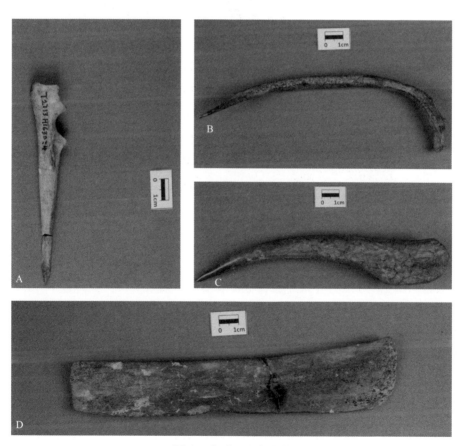

图二 临时工具类骨器

A. 狗尺骨制成的骨锥（HXYGT2713H1630：4） B. 中型哺乳动物肋骨制成的骨锥（HXYGT4112H1090：3）
C. 鹿角制成的骨锥（HXYGT3412H307：3） D. 大型哺乳动物肩胛骨制成的骨刀（HXYGT4112H125）

中型哺乳动物的肋骨制作而成的一件骨锥，它的加工和 A 一样，把骨料末端打磨成了尖头（图二，B）。与 A、B 两件器物不同，C 是利用鹿角本身的尖头部分将其制作成骨锥，其制作方法是将鹿角砍下来后形成了类似于手柄的形状（图二，C；图三，A）。图二的 D 骨器可能是将卜骨重新利用、改制而成的两件骨匕之一。D 是由大型哺乳动物的肩胛骨制作而成的，器体上没有锯痕但是有被凿的痕迹，因此，该器物应该是用凿子凿制成形，然后再将表面打磨光滑（图三，C）；而凿子本身就是关帝庙制造卜骨时的常用工具。这一器物制作看起来好像十分花费劳动力，但如果我们对其原有的形态功能推定正确的话，这件器物制作时只需要把和卜骨功能相关的部分分割下来即可，之后再对边缘进行打磨。

图三　临时工具类骨器的部分细节

A. 骨锥的手柄上的劈切面　B.鹿角制成的骨锥经过打磨的自然尖端（HXYGT3412H307∶3）
C.用肩胛骨制成的骨刀的凿痕（HXYGT3216H125）

在关帝庙出土的 116 件（最小骨器数）骨器中，临时工具类骨器有 14 件（表四）。考虑到制作日用骨类穿孔器唯一的标准便是对适当形状的原材料进行加工和打磨，这一器物在关帝庙的出现不大可能来自于交换，而是关帝庙本地制造的，由于临时工具类骨器加工程序少，几乎没有对原材料切割这一步骤，因此很难找到制作骨器的余料。正是由于如此，我们在识别这一组骨器器物时可能存在偏差。

表四　日常骨器种类

器物种类	可鉴定标本数	最小数值
骨匕	2	2
骨锥	9	9

续表

器物种类	可鉴定标本数	最小数值
骨镰 / 骨锯?	1	1
边角料	1	0
种类不明	2	2
总数	14	14

注：一块大型的鹿角很有可能也是其他某类骨器的原材料（边角料），但可见使用痕迹（未知种类的器物），在可鉴定标本数中只统计一次

（二）第二组：低技术、低劳动力水平的非专业化生产的骨器

第二组骨器与临时工具类骨器的最大区别在于，它们需要的劳动力、技术要稍高于第一组，或是使用了更加专业的制造工具。这一组骨器有穿孔器、骨刀、匕形骨器和骨匕（表五）。制作痕迹除了劈裂、切割、打磨之外还发现少量经过钻孔的骨器（占到30%）。总的来说，这一组骨器的特征是有进行少量的加工、可见一定的生产技术和劳动力投入。虽然该组骨器原材料的种类不似第一组临时工具类骨器那么宽泛和多样化，但是它在原材料的选择上（多为肋骨）也是挑选容易加工且与所要制作的骨器形状相接近的（图四）[①]。因此，薄而平的骨板、骨刀，和一些穿孔器的骨料为大型或者中型的哺乳动物肋骨，其他一些小的穿孔器则是从中型哺乳动物的长骨上切割下来的，骨匕多是来自于牛下颚骨。

表五　第二组骨器种类

器物种类	经鉴定的样本数目	最小数值
匕形骨器	22	20
刀型骨器	8	7
骨匕	2	2
小型骨锥 / 骨针	8	8
骨类边角料	4	0
种类不明	8	6
总数	52	43

图四、图五是第二组骨器的代表性器物。器物 A 是一件由大型或大中型哺乳动物的肋骨所制成的细小的穿孔器（图五，A），该穿孔器是从一整片骨头上被分割下来后，再将其中的一端打磨成尖头（图六，B）。器物 B 是由大型哺乳动物的肋骨制成的骨刀（图五，B），其制作不需要对原始骨料做出太大的改变。该件器物未见直线加工痕和锯

---

① Alice Choyke, "Hidden agendas: Ancient raw material choice for worked osseous objects in Central Europe and beyond," in *From these Bare Bones: Raw Materials and Study of Worked Osseous Objects*, ed. A. Choyke and S. O'Connor (Oxford: Oxbow Books, 2013), 1-11.

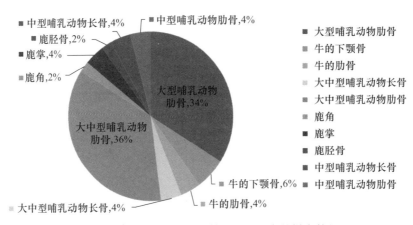

图四　第二组骨器原材料情况（经鉴定的样本数）

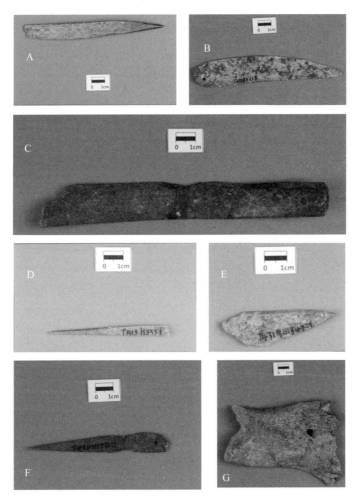

图五　第二组骨器

A. 大中型哺乳动物制成的骨穿孔器（HXYGT3918H738：1）　B. 大型哺乳动物制成的钻孔骨刀（HXYGT3318F1：3）
C. 大型哺乳动物制成的钻孔骨匕（T4111H1061：1）　D. 骨锥碎片（T3113H353：1）　E. 大型哺乳动物制成的尖头
骨器（T4319H1347：1）　F. 中型哺乳动物肋骨制成的骨穿孔器（HXYGT4211H127：1）
G. 牛的下颚骨制成的骨匕（HXYGT3114H421：1）

痕，因此其主要加工方式是分割和打磨。此外，该器物上有钻孔并且边缘光滑呈弯曲状，表明其生产过程有一定的劳动力投入。器物 C 是一件由大型哺乳动物的肋骨制作而成的骨匕（图五，C）。该器物采用了先划后断、钻孔、部分打磨的加工方法（图六，D），其生产不需要投入太多劳动力。除了钻孔以外，其他的制作工序都不需要特殊工具。骨料末端可见整齐地先划后断的加工技术，再加上穿孔工艺的使用，表明这件器物在制作水平和制作工艺上超过了第一组临时工具类骨器中的同类器。

　　器物 D 和 E（图五，D、E）是利用破碎骨片制作的器物。从形状和大小来看，器物 D 可能是骨针或小型骨锥。该器物的一边窄于另外一边，并且往前延伸的地方逐渐变尖。器物 E 的形状与吉他拨片相似，可能是用来雕刻陶器的工具。器物 F（图五，F）是由中型哺乳动物的碎片制作而成的小型穿孔器，制作该器物的需要从原材料上切割出所需要的形状（假设它不是从生产剩余的骨料中选择的），判定这件器物不属于临时器标准的在于手柄上平整的钻孔。器物 G（图五，G）是一件破损的由牛的下颚骨制作而成的骨匕，通过砍剁的方式成型而未见用锯痕迹（图六，A），该件器物未见其他加工。

　　如上所述，图六更加清楚地反映了第二组骨器的典型制作工艺：分割的方式主要是通过砍（图六，A）或先划后断（图六，D），而不是锯；器物的尖部多经过细致打磨（图六，B）；部分器物还会采用钻孔工艺（图六，C）。总而言之，这些观察结果表明，第一组的临时骨器任何人都会制作，而第二组骨器至少是掌握钻孔技术、拥有打磨工具

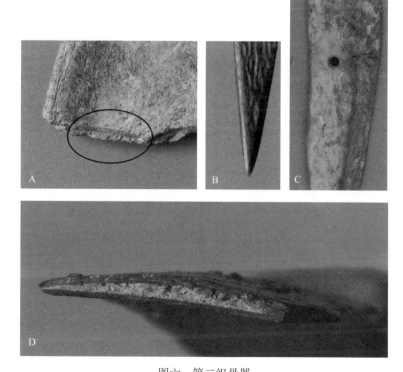

图六　第二组骨器
A. 砍痕（HXYGT3114H421：1）　B. 尖头部分（HXYGT3918：1）　C. 钻孔（T3213H297：2）
D. 划断和折断后的肋骨（HXYGT4019H1000：1）

并懂得打磨技术的工人才能制作。尽管如此，第二组骨器在工具、技术、劳动力和选材方面要求依然不高，这表明该组骨器不大可能来自于长距离交换贸易的结果。事实上，在关帝庙遗址出土了大量的牛骨，这些牛骨几乎提供了制作这些骨器的所有原材料，因此，没有必要再去寻找其他大型哺乳动物的肋骨。骨刀和骨匕的生产可能与陶器制作有关，而第二组少量的边角料表明这些器物至少有一部分是当地生产的。虽然在动物考古材料中可见使用牛长骨的情况，但是这一类需要耗费大量时间且不易加工的材料应该不是在关帝庙遗址本身进行的。

（三）第三组：中等技术、高水平劳动力的专业化骨器

关帝庙的第三组骨器主要是卜骨，卜骨作为一种专业化的骨器种类，需要中等技术以及高水平的劳动力投入。卜骨的数量占了关帝庙遗址可恢复骨器总数量的28%左右（最小值32件）。与低技术的临时工具相比，卜骨需要的技术水平、劳动力水平更高（尤其是考虑到肩胛骨本身的特质）（图七），涉及使用特殊的原材料、特定的骨器加工技术，以及凿子这种专门的制作工具（表六）。凿子主要是在所需要的地方刻出凹槽后灼烧施卜。关帝庙遗址出土的卜骨的凹槽都是由凿子凿出来的，而并未使用通过钻孔技术（某些商代晚期卜骨的凹槽是通过钻孔实现的）。因此，凿子应该是关帝庙卜骨加工的主要工具。图八中的器物 B 和器物 D 以及图九是由牛的肩胛骨制作而成的卜骨，其肩胛冈、部分关节面以及外侧缘都被切除，使得卜骨表面变得平整。在避免不需要的破裂的前提下将多余的部分去除，这种工作需要较高的技术，而且想要卜骨表面平整则需要繁琐且仔细地凿、削和打磨。

表六　关帝庙卜骨的生产和使用

制骨材料	经鉴定的样本总数	使用过的	未使用过的	加工痕迹
大型哺乳动物肩胛骨（包括牛）	39	33	6	39 件有凿痕，3 件有锯痕
大中型哺乳动物	2	2	0	均有凿痕
龟腹甲	11	11	0	均有凿痕
龟甲	9	5	4	7 件有凿痕
大型哺乳动物盆骨（包括马和牛）	7	4	3	均有凿痕
总数	68	55	13	16 件有凿痕，3 件有锯痕
百分比	100%	81%	19%	97% 有凿痕，4% 有锯痕

注：3 件哺乳动物肩胛骨可能有锯痕，但可能是周代的产品；其中 1 件应是卜骨制作中产生的边角料

图八的原材料虽然有破损，但是相对来说还算完整的，在关帝庙的卜骨和卜甲中具有代表性。卜甲 A 是由半个龟壳制成的，在其内侧可以看到八个凿出来的明显凹槽以及灼烧痕迹；卜甲的表面没有发现直边和用锯痕迹，意味着该器物不是锯切的。牛肩胛骨制成的卜骨也没有发现直线痕和锯痕（图八，B～D），表明这些卜骨在被巧妙分割后进行了打磨，而非是被锯切（图八，C），之后在其表面又被仔细地打凿出 8 个凹面

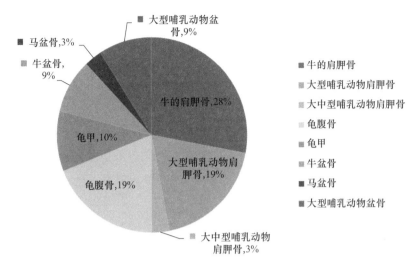

图七　第三组骨器原材料使用情况（最小数值）

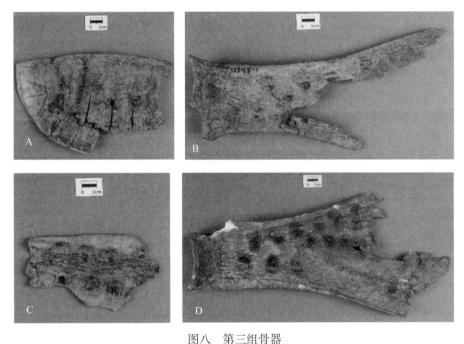

图八　第三组骨器
A. 龟骨（HXYGT4414H1342：13b）　B. 牛肩胛骨（HXYGT351J7：i）
C. 大型哺乳动物肩胛骨（HXYGT3114H421）　D. 牛肩胛骨（HXYGT3220H577：1）

并灼烧占卜。图八中 B 件胛骨整片背侧先取下来，然后用凿子进行形状加工后再打磨。图八中 D 件卜骨看起来比 B 件更加精致，其关节处、肩胛冈和外侧缘都被整齐地去除，表面再被打磨平滑。相比凿削而言，使用锯进行加工能更便捷地去除多余部分，但仔细观察后不难发现这些卜骨都是用凿子凿出来的（图九）。

　　第三组所投入的劳动力（尤其是对肩胛骨的加工）和生产所需要的专业技能和工具（凿子）较之于第一组、第二组有所提高，但我们认为第三组骨器应该还是关帝庙本

图九　牛肩胛骨制成的卜骨上的凿痕
（HXYGT3220H577：1）

图一〇　龟甲制成的卜骨的半成品

地的产品。其中一个证据是关帝庙出土的卜骨缺少锯痕，而是否使用锯子加工是较之于安阳产品的重要差别。半成品的发现进一步证明了卜骨和卜甲是本土生产的器物；例如，图一〇中的龟骨不见内侧关联部分，可能已经被人工刻意切除，但是还没有凿出占卜用的凹槽，应为卜甲的半成品。能够证明第三组器物是本土生产的还有以下几点：部分已经制作好的卜骨（19%）没有使用的痕迹；卜骨的最小数量（16）与牛的最小数量（31）之间存在密切的关系，这表明了关帝庙出土的卜骨骨料获取比较容易，大部分是来自当地的牛。可以使用的骨料也相当广泛，除了肩胛骨外，盆骨也可以用来制作卜骨。总而言之，改由本土的贞人利用当地原材料，再通过专门的制作技术和工具加工成形卜骨。

关帝庙与商代其他地区出土卜骨的比较研究将单独成文发表，但是就本文而言，前面的论证已足以说明关帝庙熟练、专业和耗费人工的加工方式与安阳地区卜骨的生产方式是不同的，并且它还与当地其他骨器的生产方式存在差别。

（四）第四组：高技术水平、高水平劳动力以及高度专业化的骨器

关帝庙出土的第四组骨器的主要特征是对原始骨料的彻底改造、标准化的生产步骤、高水平制作技术和劳动力投入、青铜锯的普遍使用以及特定骨器原料的选择（图一一）。在第四组的 27 件骨器中（占最小个体数的 23.3%）几乎都是发簪，但是也有 2 件骨镞（表七）。

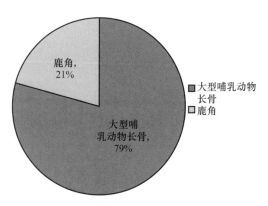

图一一　第四组骨器原材料情况
（经鉴定的样本数目）

表七　第四组骨器种类

种类	数量	最小个体数
骨簪	25	25
骨锥	2	2
骨质印纹工具	1	0
总数	28	27

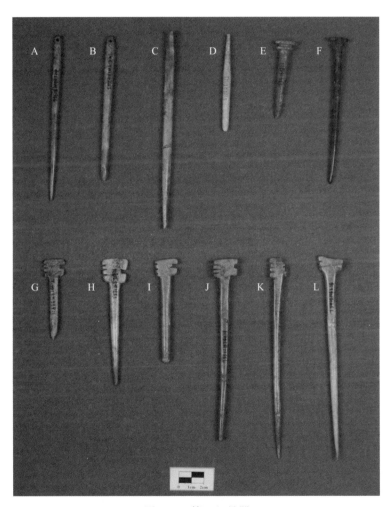

图一二　第四组骨器

A. 头部钻孔的骨簪（HXYGT3618H904：4）　B. 穿孔骨簪（HXYGT44141342：3）　C. 素面骨簪
［（HXYGT3313H10（2）：1］　D. 圆柱形骨锥（HXYGT35519H477：1）　E. 头部装饰的骨簪
［HXYGT3416（2）：1］　F. 头部装饰的骨簪（HXYGT3413H7：1）　G. 刻有抽象鸟纹的骨簪
（HXYGT4019H999：1）　H. 刻有抽象鸟纹的骨簪（HXYGT3718J29：1）　I. 刻有抽象鸟纹的骨簪
（HXYGT4018H994：1）　J. 刻有抽象鸟纹的骨簪（HXYGT3312H352：1）　K. 刻有抽象鸟纹的骨簪
［HXYGT4111H1059（3）：2］　L. 刻有抽象鸟纹的骨簪（HXYGT3416H62：6）

　　仔细观察可以发现，第四组骨器与其他三组骨器之间存在着明显的差异。首先，第
四组骨器使用的是高质量且需要耗费大量劳动力的骨料，比如大型哺乳动物的长骨和鹿

角。虽然鹿角可以从当地获取，但是，如前文所述，当地产品中的鹿角基本未经加工；而关帝庙不见加工牛长骨的废料更是说明了当地不存在高级别的骨料加工。在没有锯子的情况下，切断长骨末端，然后再进一步切割骨头，整个工序会十分费力；随后如果将这些骨料加工成骨匕、骨镞、骨针或骨锥，难度则更大。以上这些生产步骤会留下很多的边角料和废料，其数量通常是骨器成品数量的几倍。而在关帝庙遗址仅出土了一件或为平整锯痕的骨器残片，但可能是晚期产品扰入的结果。其次，第四组骨器在技术水平、标准化程度以及所耗费的劳动力上存在着明显特质。如图一二中的骨器与安阳发掘出土的骨器几乎一样，但却同关帝庙出土的前三类骨器显著不同。最后，第四组骨器大部分都可见金属工具留下的锯痕；而关帝庙本地生产的骨器见到的加工方式则是粗略地劈砍、凿刻和打磨。

图一二中的前两件器物（图一二，A、B），是由大型哺乳动物长骨制成的有装饰骨簪，其加工工序包括切割、锉磨和抛光，然后在一端为了套笄帽钻孔。器物 C 是一件普通的骨簪（图一二，C），也是由大型哺乳动物的长骨制成的，经过了锯切、锉磨和抛光后成形。器物 D 是由鹿角制成的圆柱形骨镞（图一二，D）。图上第一排的最后两件骨器是有装饰头的骨簪（图一二，E、F），该器物包括头部在内，多处可见直线条纹，表明其制作过程中使用了锯子（见图一三，A）。图片最后一行的骨簪都使用了相同的制作工艺，都是由大型哺乳动物的长骨制成，并且运用了锯切（图一二，G~L）。从直线切口和留在骨头上的线条可以看出，它们首先将需要的部分切割下来，然后用锯

图一三　关帝庙出土的带有加工痕迹的骨器

A. 头部下端有锯痕的骨簪（HXYGT3413H7∶1）　B. 有锯切痕迹的抽象纹饰骨簪（HXYGT4111H1059）
C. 破损骨簪表面的锯痕（HXYGT3416H62∶6）　D. 经过抛光的骨簪在靠近头部的一端可见挫痕
〔HXYGT4111H1059（3）∶2〕

切割成大致的形状（图一三，B、C）[①]，之后再使用锋利的工具锉，而该工具很可能也是青铜锯；虽然经过了抛光，但仍然可以在一些骨簪表面看到锯齿痕（图一三，D）。

骨簪长度的差异可能在于其破损和重复利用的程度不同。骨簪出土时可见非对称但仍然光滑的尖端（图一二的 G 和 J 是特别明显的例子），不排除其成品的最初长度是一致的。该组骨器的长度、样式、生产步骤、制作痕迹、材料选择及制作的标准化，以及这些骨器所需的劳动力和技术使得第四组与其他三类骨器可以进行明显的区别（表二）。

（五）第四组骨器的来源

我们根据不同骨料的选择、骨器的加工工艺、器物加工痕迹、技术水平以及劳动力水平，将关帝庙出土的骨器划分了四组，并为该划分方式提供了足够的数据支持（表二）。从表二中的数据很明显可以发现，虽然关帝庙大部分本地制造的骨器属于低技能、低水平劳动力类型，但很大一部分（23%）我们认为是由非本地的专业工匠制作的，这一部分骨器属于高技能、高水平劳动力的类型。我们认为第四组骨器不是在关帝庙本地生产的原因如下：首先，牛肢骨是制作骨簪的必需品，但在关帝庙却没有发现加工牛肢骨的余料，原料和半成品[②]。其次，第四组骨器中有两类骨器使用了专业化的工具，可见密集型的劳动力和技术，而这一生产模式与其他几组骨器器类明显不同；换句话说，如果关帝庙出土的骨匕、骨锥和骨刀同制作骨簪和骨镞的是同一批工匠，那他们为什么不使用相同的工具、技术和材料？

此外，同一时期的骨器组合可用于对比，能够清楚展示当骨器在专业化的大型骨器作坊中生产时，骨锥、骨匕，甚至是卜骨的形态。下文，我们将系统比较关帝庙骨器与来自安阳铁三路骨器的异同[③]。

三、材料的制备

关帝庙出土骨器和安阳铁三路出土骨器的差别可追溯至材料的制备阶段，也就是将骨料切割加工的最初阶段（图一四）。关帝庙使用的肋骨骨料有的是经过仔细先划后折断，这样可以防止不必要的碎裂（图一四，D、E），有的则是砍断的（图一四，A），这一制备方法有可能产生粗糙的边缘。与此形成对比的是，铁三路使用的肋骨原料几乎都

[①]　Roderick Campbell, Zhipeng Li, Yuling He, and Yuan Jing, "Consumption, exchange and production at the Great Settlement Shang: Bone-working at Tiesanlu, Anyang," *Antiquity* 85 (2011): 1279-1297.

[②]　Roderick Campbell, Zhipeng Li, Yuling He, and Yuan Jing, "Consumption, exchange and production at the Great Settlement Shang: Bone-working at Tiesanlu, Anyang," *Antiquity* 85 (2011): 1279-1297; 李志鹏、何毓灵、江雨德：《殷墟晚商制骨作坊与制骨手工业的研究回顾与再探讨》，《三代考古（四）》，科学出版社，2011 年，第 471-486 页。

[③]　Roderick Campbell, Zhipeng Li, Yuling He, and Yuan Jing, "Consumption, exchange and production at the Great Settlement Shang: Bone-working at Tiesanlu, Anyang," *Antiquity* 85 (2011): 1279-1297; 中国社会科学院考古研究所：《安阳殷墟铁三路制骨作坊遗址发掘简报》，《考古》2015 年第 8 期，第 37-62 页。

经过锯切割（图一四，F）。相比而言，铁三路的骨料制备方式更有效率，同时也可以通过更少的劳动投入就能实现。将鹿角器进行比较也可以得出相同的结果：关帝庙的鹿角是被砍成形的（图一四，B、C），而铁三路的鹿角则被整齐地锯成小块（图一四，G）。与砍断相比，锯切的方式可以有效控制加工后的形状。铁三路和关帝庙出土的下颌骨也存在类似差异：图五 G 中由下颌骨制成的骨比是被切砍成形的（可参见图六，A），而铁三路的下颌骨则被整齐地锯开（图一四，H）。这些例子清楚地表明，从骨料制备的第一步开始，关帝庙和铁三路的骨器加工程序和工具就存在根本的区别。换句话说，在制备骨料时，用锯切割比砍断、先划后折断这些方法更加优越，而关帝庙本地的骨器生产却没有使用青铜锯，这可能是由于关帝庙根本没有青铜锯（遗址出土铜器仅有两把刀和两个镞而已）[1]。

图一四　关帝庙（图左 A-E）与安阳铁三路（图右侧 F-H）骨料比较

A. 末端被砍后的肋骨（HXYGT3315H11：4）　B. 有砍痕的鹿角（HXYGT3612H927：1）　C. 鹿角（HXYGT3612H927：1）　D、E. 末端有划痕和折痕的肋骨（HXYGT4019H1000：1）　F. 有锯痕的肋骨废品（ATST5：4902H7）　G. 被锯的鹿角（ATST5）　H. 被锯的牛下颚骨半成品（ATST5：3570H21）

　　如上所述，关帝庙的绝大多数（97%）卜骨、卜甲都是在没有锯的情况下制造的。这表明，即使是当地由专业制骨工匠生产的高技术、高水平劳动力投入的骨器，也缺乏商代大型都邑中使用的最先进的制作工具。图一五比较了铁三路出土的肩胛骨制成的卜骨与关帝庙的肩胛骨制成的卜骨的关节端。我们可以明显看出，虽然这两地的卜骨都将突出的部分去除，但铁三路卜骨的直边、直角和小型切痕都是锯出来的（图一五，A）；关帝庙的肩胛骨在不导致骨头破裂的同时，小心去除了骨头的突起部分，但是却

　　①　河南省文物考古研究所：《河南荥阳市关帝庙遗址商代晚期遗存发掘简报》，《考古》2008 年第 7 期，第 32-46 页；河南省文物考古研究所：《河南荥阳市关帝庙遗址考古发现与认识》，《华夏考古》2009 年第 3 期；Li Suting, Roderick Campbell, and Hou Yanfeng, "Guandimiao: A Shang village and its significance," *Antiquity* 92 (2018): 1511-1529.

未见完全笔直的边缘或直角。在这种情况下，与铁三路的锯切方法相比，关帝庙去除骨头突起部分的方法更费力，并且即使经过后期打磨，其成品依然不光滑（图一五，C）。将背侧进行比较，能够更清楚地看到它们的区别：铁三路骨器平滑的表面、直角和锯痕都证明了铁三路使用了金属锯这一加工工具（图一五，B），而关帝庙骨器（图一五，D）边缘不是完整的直线，其用凿子进行加工处理的方式无法生成完整光滑的表面。虽然使用青铜锯无疑效率更高（并且成品更加规则），但是关帝庙本地的骨器制造者并没有使用锯子，很可能是因为他们没有锯子；相反，他们不得不花费更多的劳力，生产了较之于殷墟产品表面粗糙且不整齐的卜骨。

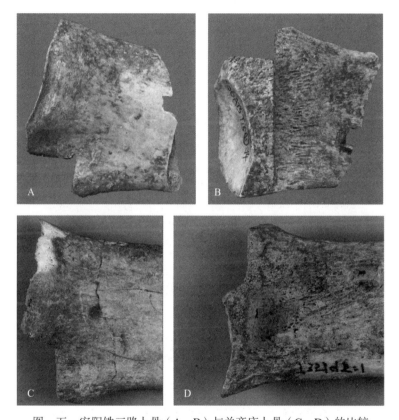

图一五　安阳铁三路卜骨（A、B）与关帝庙卜骨（C、D）的比较

四、专业化与非专业化骨器生产的比较：骨锥与骨匕

通过对这两个地点出土的骨锥和骨匕的比较可以进一步表明，关帝庙的低技术水平、低劳动力投入的骨器产品的生产方式，与铁三路大型专业化制骨作坊生产的骨器存在本质上区别。虽然和关帝庙一样，铁三路的骨匕大部分都是由动物肋骨制成的（但是铁三路使用了铜锯加工），但不同的是铁三路还使用大型哺乳动物的肢骨，如肱骨和股骨作为骨匕的原材料。这类骨头制作出的骨匕会更加坚固，但需要投入更加密集的劳动进行加工处理。将关帝庙的骨匕（图五，C）与铁三路的骨匕（图一六，A）进行比较

后发现，前者基本上是一个几乎没有加工的肋骨，而后者是对大型哺乳动物的长骨进行了精细锯切，其锯痕在半成品骨匕的边缘清晰可见。

此外，铁三路生产的骨锥反映出更加明显的区别。与关帝庙出土的临时骨器不同，铁三路制骨作坊生产的骨锥主要是由鹿角制成，这种骨料特别适合冲击类功用，世界范围内的骨锥和骨镞生产普遍倾向于采用鹿角[①]。这些鹿角经过了大幅度加工：从鹿角架上切下一块合适的鹿角后，将其锯成长而尖的矩形棱柱形状（图一六，B）；然后使用有齿的工具以对角线运动的方式使边缘平滑，而该工具最可能是青铜锯（图一六，C）。对比后可以发现，铁三路的骨锥比关帝庙的由狗的尺骨或中型哺乳动物的肋骨制成的骨锥更坚固，较之于关帝庙，由鹿角制成的同类器更轻便易用。这再一次说明，两地生产的骨器存在本质区别。铁三路骨器制作的整个生产过程的特点是高品质骨料、高水平劳动力投入，以及无处不在的金属锯的使用。从最初的制备原料到切割成形，再到对边缘的打磨和最后的抛光（就那些经过抛光的骨器而言），都表明铁三路的骨器生产技术要优于关帝庙[②]。

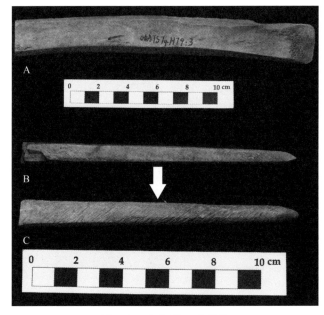

图一六　安阳铁三路骨器

A. 大型哺乳动物长骨制成的骨刀的半成品（ATST4H79：3）
B. 用锯预切成型的鹿角骨锥（ATST3H79：7-4）　C. 带有锯切痕的鹿角骨锥成品（ATST4H79：5-4）

---

①　Arthur MacGregor, *Bone, Antler, Ivory and Horn. The Technology of Skeletals Material Since the Roman Period* (London: Croom Helm, 1985); Arthur G. MacGregor and J. D. Currey, "Mechanical properties as conditioning factors in the bone and antler industry of the 3rd to 13th century AD," *Journal of Archaeological Science* 10 (1983): 71-77.

②　Roderick Campbell, Zhipeng Li, Yuling He, and Yuan Jing, "Consumption, exchange and production at the Great Settlement Shang: Bone-working at Tiesanlu, Anyang," *Antiquity* 85 (2011): 1279-1297.

关帝庙的第四组骨器与另外三组骨器存在着较大差异，而与铁三路骨器产品有着相似之处：该组骨器是由大型哺乳动物的长骨或鹿角制成，完全是由原始骨料加工而成的，并且在留有工具痕迹的骨器上可见锯切的条纹或锯切后所留下的对角线打磨痕迹，而所有这些特征都与铁三路出土的骨器特征相同。除了生产方法，这些见于关帝庙的骨簪和骨镞，与铁三路的同类器在形式和风格上几乎没有区别。

这一对比使我们进一步认识到，关帝庙出土的骨簪和骨镞不仅非关帝庙本地产品，而且几乎可以肯定它们是来自于安阳的制骨作坊，也许就是铁三路的产品[①]。关帝庙一件风格抽象的骨簪为其第四组骨器的具体产地提供了强有力的证据（图一二，底部），这是一种在安阳铁三路大量生产的器物，其基本生产步骤如图一七所示[②]：首先用锯除去大的哺乳动物肢骨（最常见的是牛的掌跖骨）的关节末端（步骤1），再将得到的骨干锯成最终骨簪产品所需要最大长度和宽度的长条（步骤2）；然后用锯勾勒加工出基本形状（步骤3）；随后用锯子在头部进行纹饰加工，并通过锯的对角线运动去除多余的边缘（步骤4）；最后将该骨簪打磨抛光，该步骤可见于铁三路出土的一件使用残破的成品（步骤5）（图一七顶部，最右边的骨簪）。除了最后一步，其他各步骤都使用了锯，即便器物进行了抛光处理，但仍可见来自第3和第4步骤的锯痕。

从铁三路出土的半成品骨簪上更容易观察到生产加工时留下的痕迹（图一七；图一八，A、B），这些半成品不存在因为长期使用而造成的损耗和折断，能够帮助我们更加清楚地认识到图一九和图一二中骨簪的最初形状。在图一八中，仍然可以在骨簪头部及头部和主干的交叉处见到用锯勾勒出骨簪基本形状的痕迹。图一七底部的大部分废弃品以及最上面一排的器物中（尤其是图一七顶端最右侧的那件使用过的骨簪表面切口）都明显可见加工生产所留下的痕迹。就设计层面而言，一个经过精心锯切的骨簪，其头部的矩形部分应该是一个直角并有完美的直边，图一八A中的半成品最接近这一理想状态。但事实上，即使是在铁三路出土的使用过的骨簪（图一九，B）也通常达不到这种理想状态，这表明这些骨簪是以简单且快速的方式制造而成的，并且出现不理想的角度或非直线边缘，可能是它们是被丢弃成为废弃品的原因。

在图一八中可以最清楚地看到加工制作的过程。用锯切割四下后将骨料大致切成矩形，然后在簪头部的一侧锯出三个平行切口，这一工序的操作是统一的，以达到在骨簪头部做出装饰的目的；然后在另一侧加工出两个平行的锯痕，并将中部做出空缺，可能是为了表现出一个鸟头部和脚部。骨簪头部表面上的线条深浅不一样，有的线条仅仅在器物表面留下了浅浅的痕迹而未进行进一步加工细化，而抽象设计的"头部"和"脚部"的断裂边缘也呈现出参差不齐的状态。以上特征表明骨簪的加工缺乏进一步精细加工的工序。事实上，许多使用过的骨簪表面加工痕迹都表明，虽然这些器物经过了抛光处理，但也只是相对快速且粗略地完成。将这些证据与图一八A和B中来自铁三路大型制骨作坊的半成品骨簪综合考察，可知这些骨簪的生产加工模式为专业化批量生产。

---

① 李志鹏、何毓灵、江雨德：《殷墟晚商制骨作坊与制骨手工业的研究回顾与再探讨》，《三代考古（四）》，科学出版社，2011年，第471-486页。

② Roderick Campbell, Zhipeng Li, Yuling He, and Yuan Jing, "Consumption, exchange and production at the Great Settlement Shang: Bone-working at Tiesanlu, Anyang," *Antiquity* 85 (2011): 1289, fig. 8.

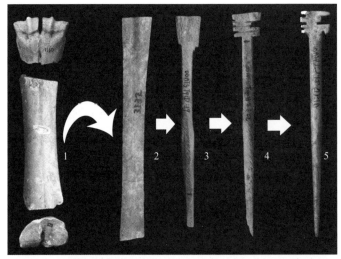

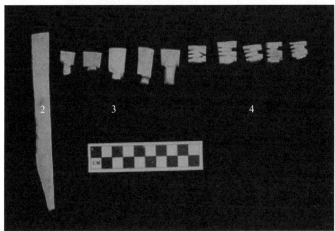

图一七　铁三路骨簪的基本生产顺序

步骤1~5（上排）；铁三路出土的抽象类装饰设计头部各加工工序的废料2~4（下排）

［顶部最右侧（第5步）那件使用过的骨簪有损坏，白色部分为修复处；

这件骨簪展现了步骤3中骨器的器身和头部在加工后的形态］

如图一七所示，铁三路大量的废弃品和边角料表明这种骨簪在铁三路的生产规模巨大。总体估算，铁三路的大型制骨作坊生产的骨簪总量或达到百万件，相关研究表明该制骨作坊的产品专业化程度高，并且劳动力和生产流程的分工明确①。这些大规模生产的骨簪，使用了大量原材料，采用了专业生产工具，经历了标准化生产步骤，在高效率的生产条件下被制作成型；而这些特性在骨簪成品上留下了十分明显的痕迹，这些痕迹即便是在长期使用磨损和破裂后都仍可见。以上所有现象明显可见于图一八C和D中的关

---

① Roderick Campbell, Zhipeng Li, Yuling He, and Yuan Jing, "Consumption, exchange and production at the Great Settlement Shang: Bone-working at Tiesanlu, Anyang," *Antiquity* 85 (2011): 1279-1297; 李志鹏、何毓灵、江雨德：《殷墟晚商制骨作坊与制骨手工业的研究回顾与再探讨》，《三代考古（四）》，科学出版社，2011年，第471-486页。

帝庙骨簪：器物上有清晰锯切痕迹，器物头部被过度切割，抽象设计的"头部"和"脚部"划分的空间不均匀，制作快速而潦草，锯切后的表面线条深浅不一，并且在抛光后仍留有锯痕。该骨簪不仅在风格、器物上的加工痕迹和生产步骤上与铁三路的骨簪产品相同，而且在相关制作方式上也一致，为大规模生产的产物。

　　将关帝庙和铁三路出土的使用过的、头部具有抽象式装饰设计的骨簪进行比较，可以清楚地观察到它们有着相同的形态和风格（图一九）。除了个别特殊的生产失误以及因为使用造成的磨损和破损的骨簪所见到的偶发差别，其他的骨簪都有着相同的形式和风格；而未破损或未在破损后再次加工的骨簪中，也可以观察到其长度的标准化。实际上，如果放在相同的拍照底板上，或者将两地的骨簪混合在一起、并将器物上的编号去除，那么关帝庙和铁三路的本类骨簪将难以区分。

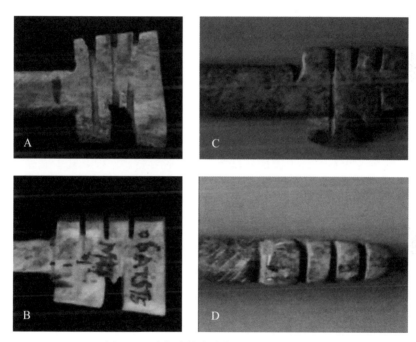

图一八　头部有抽象类装饰的骨簪间比较
左. 安阳铁三路骨簪的半成品 ATST4H88：2（A）和 ATST5M10：1（B）
右. 关帝庙出土的使用过的骨簪 HXYGT4111H1059（3）：2（C.正面）（D.侧面）

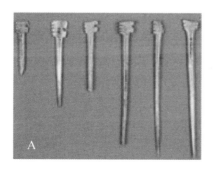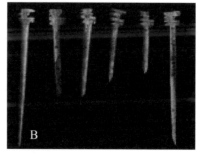

图一九　抽象装饰骨簪的比较
A.关帝庙骨簪　B.安阳铁三路骨簪

五、结　　论

　　关帝庙出土的骨器组合具有特殊的经济层面的研究价值。第一组骨器为临时工具类，其生产由彼时的需要或者可获得骨料的本身形状所决定。第二组呈现出相对较低的生产工艺和劳动力投入，可能是关帝庙或者周边聚落半专业化工匠的产品。卜骨（第三组）则是另一种情况，是高度专业化生产的结果，加工过程小心仔细，使用了不见于关帝庙其他骨器的工具。关帝庙卜骨和殷墟出土的非王室、未着卜辞的同类器物存在差别，关帝庙的卜骨很可能是该遗址本地专业生产者的产品。

　　关帝庙出土的第四组骨器反映出广泛的经济网络联系。该组骨器在原材料选择、生产步骤、加工后痕迹以及技术水平、劳动力水平和标准化程度等方面，完全区别于其他三组。第四组器物（占了关帝庙出土骨器的四分之一以上）并非在关帝庙本地生产的。这种生产地存在区别的证据是非常充分的：关帝庙的工匠同样需要将大型哺乳动物的长骨和鹿角预切成型，并像安阳一样将这些原材料塑造成形后再打磨，如果关帝庙存在青铜锯，那为什么关帝庙生产的器物缺乏青铜锯生产应该留下的特殊痕迹？此外，铁三路遗址的研究发现表明，使用大量哺乳动物肢骨制作骨器会留下相当多的边角料，其中最多的是牛的跖骨的关节末端，这也是牛的骨骼中最容易保存的部分。在安阳铁三路遗址中出土了34吨制骨余料，其中包括数百个半成品废弃物，但仅有几十件完工的骨器[1]。而在关帝庙大小相当的发掘区域见有类似数量的使用过的骨器，但只有少数几个临时骨器的碎片，且不见半成品。显然，关帝庙并没有正式的、专业化的大规模骨器生产作坊。第四组骨器的生产地并非关帝庙的另一个证据是，在关帝庙几乎未见大型哺乳动物长骨的边角料，唯一的一件大型哺乳动物长骨碎片很可能是后期地层扰入的。

　　如果关帝庙的骨簪和骨镞不是本地制造的，那么它们又是在哪里生产的呢？骨簪上的装饰为我们提供了答案的线索。如上所述，它们不仅与大邑商的大型制骨作坊（例如铁三路）生产的骨器风格相似，而且可见大规模生产模式相关的明显标志。到目前为止，安阳以外的其他地区未见晚商时期的大型制骨作坊（包括晚商时期最著名的二级中心——大兴庄），这一事实进一步说明了这些骨簪是来自安阳的（这一观察来自于江雨德正在进行的大兴庄制骨材料和骨器成品的研究）。关帝庙所见的有抽象装饰的骨簪的生产过程中会产生大量边角料，而在殷墟之外不见任何边角料大规模出土的现象，这和调查发掘中的偶然性应该无关。

　　安阳制骨作坊的规模和风格能够提供进一步的证据。安阳地区生产的骨簪很可能达到数百万之巨，如此高的产量是殷墟彼时所需数量的3～4倍，在这种情况下，多余骨

① 　Roderick Campbell, Zhipeng Li, Yuling He, and Yuan Jing, "Consumption, exchange and production at the Great Settlement Shang: Bone-working at Tiesanlu, Anyang," *Antiquity* 85 (2011): 1279-1297.

簪的去向就值得我们思考了 [1]。关帝庙骨器的发现为我们提供了部分答案：多出当地使用需求的骨簪被广泛而长距离地交换，甚至能够交换到像关帝庙这种距离安阳约 200 千米小村庄。安阳采用集中式的制骨模式，很可能是因为这种生产模式能够在有效使用大量牛骨和鹿角资源、青铜工具的前提下，调动熟练工匠、以高效率的规模化生产进行经济活动。

虽然关帝庙晚商时期的陶窑和陶器生产废弃物的集中化情况表明该区域的经济专业化程度显著，但出土的骨器情况则显示出该遗址超出预期的、与殷墟"大邑商"的经济网络融合程度。在卜骨之外，占到三分之一比例的骨器明显是大规模专业化生产的骨器产品。这些骨器在关帝庙遗址广泛分布，被发现于房屋地面、井内或类似垃圾堆的情景单元，表明这些骨器的废弃是偶然的，甚至在很大程度上是无意的。此外，即使是关帝庙发现的最短的骨簪也见有修复和再利用的痕迹，表明该遗址的骨器不会被轻易丢弃。如是，那么关帝庙出土的 84 件非卜骨类骨器很可能只是关帝庙几代的村民使用骨器中的很小的一部分。考虑到关帝庙面积较小及其人口数量，尽管关帝庙出土骨器的绝对数量比安阳地区骨器的绝对数量少，和骨器相关的交换规模很可能相当显著 [2]，并且很可能存在定期的、非偶发性的交换，甚至有可能存在贸易行为 [3]。要想更进一步了解这种交换的本质和商代的经济，有待于未来的进一步研究，但目前我们可以确知的是：晚商时期，中原地区内部的经济专业化程度和地区间的整合程度远远超过了先前的预期。

致谢：本翻译是"国家社科基金兰台学术计划"（20@WTC007）、河南省哲学社会科学规划项目（2021WT28）、河南省高等学校青年骨干教师培养计划（2020GGJS022）、河南省首批线下一流课程"阅读与写作"建设项目、郑州大学重点项目（XKZDJC202006）的阶段性成果。

---

[1] Roderick Campbell, Zhipeng Li, Yuling He, and Yuan Jing, "Consumption, exchange and production at the Great Settlement Shang: Bone-working at Tiesanlu, Anyang," *Antiquity* 85 (2011): 1279-1297; 李志鹏、何毓灵、江雨德：《殷墟晚商制骨作坊与制骨手工业的研究回顾与再探讨》，《三代考古（四）》，科学出版社，2011 年，第 471-486 页。

[2] Li Suting, Roderick Campbell, and Hou Yanfeng, "Guandimiao: A Shang village and its significance," *Antiquity* 92 (2018): 1511-1529.

[3] Colin Renfrew, "Trade as action at a distance: Questions of integration and commination," in *Ancient Civilization and Trade*, ed. J. Sabloff and C. C. Lamberg-Karlovsky (Albuquerque: SAR, University of New Mexico Press, 1975), 3-60.

扣岑所藏中国铜镜的技术分析[*]

David Scott（撰）

李建深（译）

（香港浸会大学历史系）

> 练形神冶
> 莹质良工
> 如珠出匣
> 似月停空
> 当眉写翠
> 对脸传红
> 绮窗绣幌
> 俱含影中

这段铭文来自扣岑收藏的编号为 O-0363 的隋或初唐的铜镜（见第一辑：图版 83），内容并非泛泛之言，夸夸其谈。此镜做工上乘、材质亮泽，用铜锡铅三元合金铸制，合金比例正好（70% 铜、25% 锡、4% 铅），映出镜像光艳明丽。此镜铸成之期，大约为 7 世纪初，其时铜镜已在中国流行达 2700 年之久。不同文化、不同时期、不同地域皆铸造铜镜，而铜镜之生产一直延续至 18 世纪。

据现存记载，北宋末年已有学者研究中国铜镜。宋徽宗诏命一批学者，以王黼为首，编纂记录皇室古物收藏《宣和博古图》[①]。该书收录近 900 件器物，其中便有 100 多面铜镜。自此之后，中日古物学者皆细细研究铜镜，从而访寻古史古物。自 20 世纪以来，科学记录的考古发现大大丰富了这类研究。

---

[*] 本文译自 David A. Scott, "The Technical analysis of Chinese Mirrors," in *The Lloyd Cotsen Study Collection of Chinese Bronze Mirrors. Volume II: Studies*, ed. Lothar von Falkenhausen (Los Angeles: UCLA Cotsen Institute of Archaeological Press, 2011), 198-233. 文中反复提到的"第一辑"是指 Suzanne E. Cahill, *The Lloyd Cotsen Study Collection of Chinese Bronze Mirrors. Volume I: Catalogue*, ed. Lothar von Falkenhausen (Los Angeles: UCLA Cotsen Institute of Archaeological Press, 2009). 本文的翻译得到此书编者的授权。

[①] Diane M. O'Donoghue, "Reflection and Reception: The Origins of the Mirror in Bronze Age China," *Bulletin of the Museum of Far Eastern Antiquities* 62 (1990): 27.

　　西方科学家对中日铜镜的兴趣，乃由 19 世纪之人研究所谓"魔镜"而来[1]。强光映照之下（以日光较佳），魔镜上打磨光滑的表面能折射图案影像，但此图像却是"无中生有"，来源不明，因为打磨之镜面上平滑非常，毫无差异，照理不能映出任何图像。1870～1875 年，几篇讨论此现象的论文发表在科学杂志《自然》上。1877 年，有一黄铜匠人揭示在大力压印的黄铜制品上，若从无压印的那一面打磨，它就能映照出背面压印的影像，可惜他的证据无人问津。一百多年过后，争论仍纷扰不休，尤其是中国铜镜乃为铸制而非压制，黄铜匠人的证据无从说起[2]。2006 年，Berry 将理论推进一步，认为这是由聚焦前射线偏差（pre-focal ray deviation）现象所致。对浮雕 / 凹凸物高低落差功能之拉普拉斯分析法（Laplacian analysis），可解释此影像强弱度。若图案影像有阶位落差，此理论可预测其特有视觉作用，佐以观察所得证明之。每一阶位之影像，在低位处均有亮线，在高位处均有暗线。以拉普拉斯的光学分析法解释魔镜的成像，影像之阶位大约 400 微米高，侧面修平约 0.5 毫米，这些全为肉眼所不能见，但却足以让镜面投射有图案的影像，这些视觉效果则可能是由铸制或接续而来的打磨加工致使差异产生的[3]。

　　当时中国以外的学者研究中国铜镜，主要从考古和艺术史出发，这类研究可见梅原末治[4]、卡尔伯克[5]、高本汉[6]、Collins[7]，及 Koop[8]。其中的一些铜镜，今日看来则是赝品或复制品[9]。当然，收藏家要当心所收铜镜的真伪问题[10]。今天的铜镜仍然真假掺杂，这篇

---

[1]　David Brewster, "Account of a Curious Chinese Mirror, Which Reflects from Its Polished Face the Figures Embossed Upon Its Back," in *The London and Edinburgh Philosophical Magazine and Journal of Science*, ser. 3.1 (1832): 438-441; William E. Ayrton and John Perry, "The Magic Mirrors of Japan," *Proceedings of the Royal Society of London* 28 (1878-79): 127-148. A. Bertin and J. Duboscq, "Production artificielle des miroirs magiques," *Annales de Chimie et de Physique*, ser. 5, 20 (1880): 143-144.

[2]　陈玉云、黄允兰、杨永宁、陈皓：《模拟"黑漆古"铜镜试验研究》，《考古》1987 年第 2 期，第 175-178 页；G. Saints and M. G. Tomlin. "Magic Mirrors of the Orient," *Journal of Optical Technology* 66 (1996): 758-763.

[3]　Michael V. Berry, "Oriental Magic Mirrors and the Laplacian Image," *European Journal of Physics* 27 (2006): 109-118.

[4]　梅原末治：《洛阳金村古墓聚英》，小林出版部，1943 年。

[5]　Orvar Karlbeck, "Notes on Some Early Chinese Bronze Mirrors," *The China Journal of Science and Arts* 4 (1926): 5-9.

[6]　Bernhard Karlgren, "Huai and Han," *Bulletin of the Museum of Far Eastern Antiquities* 13 (1941): 1-126.

[7]　William F. Collins, "The Mirror-Black and 'Quicksilver' Patinas of Certain Chinese Bronzes," *Journal of the Royal Anthropological Institute* 64 (1934): 69-79.

[8]　Albert Koop, *Early Chinese Bronzes* (London: Heinemann, 1924).

[9]　Guolong Lai, "The Date of the TLV Mirrors from the Xiongnu Tombs," *The Silk Road* 4 (2006): 37-44.

[10]　W. Perceval Yetts, "Problems of Chinese Bronzes," *Journal of the Royal Central Asian Society* 18.3 (1931): 1-4; Milan Rupert and Oliver J. Todd, *Chinese Bronze Mirrors: A Study Based on the Todd Collection of 1000 Mirrors Found in the Five Northern Provinces of Suiyuan, Shensi, Shansi, Honan and Hopei, China* (Peiping: San Yu Press, 1935); Anneliese G. Bulling and Isabella Drew, "The Dating of Chinese Bronze Mirrors," *Archives of the Chinese Art Society of America* 25 (1971-72): 36-57; Toru Nakano, "Ancient Chinese Bronze Mirrors," in *Bronze Mirrors from Ancient China: Donald H. Graham Jr. Collection*, ed. Toru Nakano (Hong Kong: Orientations Publishers, 1994).

论文就以扣岑藏品中约 95 面铜镜来探讨真伪问题。过去诸多关于中国铜镜研究的文章已提供了技术检测以探明铜镜的合金成分、锈色、锈蚀、铸制、成形等问题。本人对扣岑藏镜的技术研究结果详列于下，希能提供更多佐证。

一、早期铜镜

青海贵南县于 1977 年出土现今已知最早的铜镜，断代约为公元前 2000 年[1]。早期铜镜较为小巧，直径 4～8 厘米，厚 1～3 毫米。梅建军在其文章中讨论过一些出土于新疆的青铜时代文化遗址的铜镜[2]。譬如一面出于新疆哈密天山北路墓群的铸制铜镜[3]，年代为公元前 1900～前 1100 年，直径 5.6 厘米，厚度较薄，只有 2～3 毫米。另一面出于哈密五堡墓群，公元前 1400～前 1000 年，直径为 5 毫米[4]。

扣岑藏镜中最早的一面（O-0803；见第一辑：图版 2），直径 11.4 厘米，厚 2 毫米，相信出于齐家文化，年代为公元前 2100～前 1700 年，中国青铜时代那时刚刚起始。Fitzgerald-Huber 的研究认为齐家与欧亚草原同期文化互有关联[5]，譬如安德罗诺沃（Andronovo）文化。扣岑藏镜上的星形设计，可与安德罗诺沃文化的设计元素互为比较。于新疆发现的几面带柄铜镜也揭示出这些文化关联，因为带柄铜镜从公元前第一千纪后，在欧亚大陆的中部与西部越来越普遍，且与游牧民族拉上关系[6]。扣岑藏镜中也有一面后期的带柄铜镜（O-0885；见第一辑：图版 61），形制上与草原北部的青铜制品有关。不过在中国其余各地，带柄铜镜直到宋代才出现。

安德罗诺沃文化，有时唤作辛塔什塔 - 彼得罗夫卡（Sintashta-Petrovka）文化圈，其代表的文化属于生活在公元前 2300～前 1000 年西伯利亚西部草原的人群。他们与新疆的天山北路文化有关联，说明中国的青铜技术可能受到安德罗诺沃文化东渐的影响[7]。

---

[1]　Zhu Shoukang and He Tangkun, "Studies of Ancient Chinese Mirrors and Other Bronze Artefacts," in *Metal Plating and Patination*, ed. Susan LaNiece and Paul T. Craddock (Oxford: Butterworth-Heinemann, 1993), 51.

[2]　Jianjun Mei, *Copper and Bronze Metallurgy in Late Prehistoric Xinjiang: Its Cultural Context and Relationship with Neighbouring Regions* (BAR International Series, v. 865. Oxford: Archeopress, 2000).

[3]　Jianjun Mei, *Copper and Bronze Metallurgy in Late Prehistoric Xinjiang: Its Cultural Context and Relationship with Neighbouring Regions* (BAR International Series, v. 865. Oxford: Archeopress, 2000), 图 2.10。

[4]　Jianjun Mei, *Copper and Bronze Metallurgy in Late Prehistoric Xinjiang: Its Cultural Context and Relationship with Neighbouring Regions* (BAR International Series, v. 865. Oxford: Archeopress, 2000), 图 2.11。

[5]　Louisa G. Fitzgerald-Huber, "Qijia and Erlitou: The Question of Contacts with Distant Cultures," *Early China* 20 (1995): 17-67.

[6]　Esther Jacobsen, *The Art of the Scythians* (Leiden: Brill, 1995), 182.

[7]　Jianjun Mei, *Copper and Bronze Metallurgy in Late Prehistoric Xinjiang: Its Cultural Context and Relationship with Neighbouring Regions* (BAR International Series, v. 865. Oxford: Archeopress, 2000), 72.

石范与砷铜的使用，广泛见于公元前第二千纪的欧亚草原上，也见于新疆、甘肃走廊及邻近地区的早期金属冶炼技术之中。

　　尽管新疆早期有使用砷铜与铜砷铅的三元合金，但另有证据指出新疆的铜镜已用上铜锡铅的三元合金，这与后期中国的铜镜成分相似。哈密地区有两面铜镜就以锡青铜铸成，含22%～23% 的锡[①]，暗示镜匠已经有意识选择特定的合金生产铜镜，合金成分已超出制作其他产品的恒常比值。超低的铅成分是扣岑藏镜的齐家铜镜与新疆铜镜的重要相似特点。编号 O-0803 的铜镜含 75.2% 铜、18.6% 锡、0.3% 铅，表明高锡无铅合金已在使用。近镜沿有两个小孔，可能用来装置手柄，这特点在早期铜镜上经常见到，如新疆吐鲁番艾丁湖的铜镜，又如乌鲁木齐板房沟的铜镜[②]。镜沿上的单孔或双孔在后期的中国铜镜上迅速消失，取而代之的是在镜中心的纽与用来穿绳悬挂的纽孔，纽部在此早期文化中已相当普遍，之后则延续千年，使用不辍。

　　尽管有可能使用过石范技术，但工匠于制作环绕镜沿的同心圆带时遇上不少难题，因为在石头上划制圆形并不容易，但在陶泥上则大有可为。这与该地已知的铸铜技术暗暗吻合，后来就是陶范技术大行其道。

二、成 分 分 析

　　本次研究中扣岑藏镜的成分分析数据已详列于文后的附录中。过去诸多研究显示中国铜镜乃由铜锡铅的三元合金主导。但对于微量元素分析，或铅同位素分析则关注较少。部分原因是难以对整面铜镜采样，因为藏家不会容许这种有损这些珍贵文物的分析法。所以，无损分析法——X 射线荧光分析（X-ray fluorescence analysis, XRF），则可用以采集元素数据，但这技术有先天限制，即只能用于器物表面之分析，不能有效探测内部微量元素诸如镍、锑、铁、锌、银、锰、钴等。但是，我们却能采得成分趋势、时间推移的宏观数据。

　　中国铜镜合金成分的理想数值是 26% 锡、3% 铅、71% 铜，其余各种元素则在 10% 左右浮动。较早和较晚期的铜镜可能有较多差异，正如上述齐家铜镜所示。扣岑藏品中有一面商代铜镜（O-0427；见第一辑：图版 3 ），由低锡含铅青铜与少量砷制成。分析为：75.3% 铜、11.2% 铅、1.4% 银、3.7% 锡、7.1% 砷。含砷合金之铅比锡多，这较为反常，因为有着如斯成分的锡，合金颜色偏于黄灰，并无泛白。陕西汉中的商代铜器中有一圆碟形器，合金成分有 18% 锡，但不同种类的诸多铜器则含较高成分的铅[③]。这面

　　① 　Jianjun Mei, *Copper and Bronze Metallurgy in Late Prehistoric Xinjiang: Its Cultural Context and Relationship with Neighbouring Regions* (BAR International Series, v. 865. Oxford: Archeopress, 2000), 35.

　　② 　图版见于 Jianjun Mei, *Copper and Bronze Metallurgy in Late Prehistoric Xinjiang: Its Cultural Context and Relationship with Neighbouring Regions* (BAR International Series, v. 865. Oxford: Archeopress, 2000), 图 3.14。

　　③ 　Mei Jianjun, Chen Kunlong, and Cao Wei, "Scientific Examination of Shang Dynasty Bronzes from Hanzhong, Shaanxi Province, China," *Journal of Archaeological Science* 36 (2009): 1881-1891.

铜镜符合商代铜器的正常值，但迥异于后期制品。至于战国时代的铜镜，铅含量则一直较低，只有 3%～5%。

扣岑藏品中有一面特别的青铜时代晚期铜镜（O-0201；见第一辑：图版 57），所含铅也较锡为多，成分约为 60% 铜、14% 锡、19% 铅，使其置于低锡高铅合金之列。形制上，此镜属于中国北方边境的文化区，可能代表此地从青铜时代早期一直延伸下来的传统。

由于与游牧部落的频繁接触，新疆、甘肃、青海等地的青铜铸制多见有外来影响。此有一例，年代大大晚于上述例子，此镜出于青海省（图一），确切发现地不明，但与其他物件相比可断代为 6 世纪（Roy，私下交流，2010），冶金学上证为非中国制品。显微组织分析（图二）所示为 beta 相淬火青铜。青铜在铜锡二元合金的 beta 相范围内要在 600～700℃淬火，尤其是含 21%～22% 锡而无铅的青铜[1]。我们现有数据表明此镜是唯一在中国境内发现的 beta 相淬火青铜，因此它必定是舶来品。

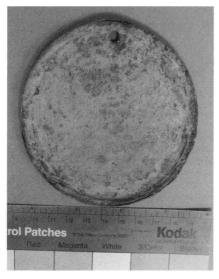

图一　青海铜镜

（年代为 6 世纪。合金成分为 21% 锡、79% 铜、无铅。图片感谢 TK Asian Antiquities 与研究主任 Melanie Roy）

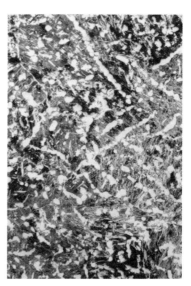

图二　6 世纪的青海铜镜之显微照片

［显示在基体中些微锈蚀 beta 相中的岛状 alpha 相，说明此镜在约 650℃时淬火。中国铜镜不会淬火；故此镜乃舶来品。以三氯化铁乙醇溶液（alcoholic ferric chloride）腐蚀。放大 450 倍］

成分直接关乎显微组织。在低锡青铜中，最常见的是 alpha 相，可以吸纳 5%～14% 的锡，这要看铸制与冷却的条件怎样，还有（alpha+delta）共析相，这是蓝灰色的组合体，性质偏脆易碎[2]。若共析相数量上升，所生结构会脆硬易碎，所以那些在早期中国

---

[1]　David Scott, *Metallography and Microstructure of Ancient and Historic Metals* (Malibu: J. Paul Getty Museum, 1991).

[2]　David Scott, *Metallography and Microstructure of Ancient and Historic Metals* (Malibu: J. Paul Getty Museum, 1991).

较常使用的高锡青铜，含 21%～28% 锡，一掉下地就碎开来。低锡与高锡合金常常分开来，理由是它们的金相组织大有分别[①]。低锡青铜多含有 alpha 晶粒，内填（alpha+delta）共析体，这是因为当其从介乎液相与固相的高温区冷却时，多数是 alpha 相。共析相由较高温的固态相分解而来，冷却时会分解成两种不同的相。这叫作共析变态，以区别于共晶，共晶是由液态于较高温时转为两种相分解而来的。锡青铜的共析变态通常致使较高温的 alpha 固溶体变为混合体，混合了 alpha 相，当中充填（alpha+delta）共析体。若青铜缓慢冷却，较高温的 alpha 区可吸纳较多的锡，所以较少共析相出现。alpha 相可吸纳约 14% 的锡，但在正常铸铜环境下，即使青铜只含 5%～8% 的锡，共析相仍然存在。在铸制条件中，这些合金通常会出现树枝状偏析。图三很好地展示了树枝状铸态，在很多青铜制品上的已打磨或自然蚀刻的平面上，用手持放大镜就能看出来。树枝状体看似雪片状晶体，常常与铸制固态交错一起。另一方面，高锡青铜则从较高温的 beta 相区域冷却下来。树枝状偏析通常不会出现在这类合金中，因为这类合金从较高温的 beta 或 gamma 状相变成固态，致使其成形为晶粒而非树枝状体。少了树枝状偏析，却带来巨大便利，因为这可产生一种合金，有着细致均匀分布的基体，而基体中均匀分布的就是（alpha+delta）相的共析体，当中填塞着细小铅球粒，因为铅在室温的青铜基体中是不会溶解的。

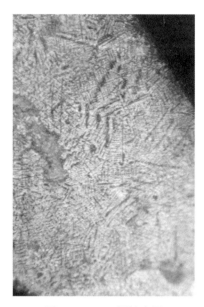

图三　O-0648 铜镜表层
展示铸制结构的树状组织，可能是自然锈蚀过程的结果。其树枝形状表示这是低锡合金，由 XRF 分析所证实
（作者自拍显微照片）

我们可以图二所示青海铜镜的显微组织与扣岑所藏唐代高锡铜镜的作比较。另一样本（O-0134；见第一辑：图版 100）年代为 18 世纪，合金为铜锡铅，凝成固体前是在铜锡系统的等温下，低于 520℃ 而冷却的。换句话说，这是在较随意的条件下铸制的，并没从较高温迅速冷却而来。

此镜（图四）的显微组织代表了中国高锡含铅青铜镜形态的原型，它由细密交错的魏氏沉淀（alpha+delta）共析体组成，而其又从高温 beta 固相分解而来。当 beta 相冷却时，就会分裂成细密混合体 alpha+（alpha+delta），它们在早前形成的晶粒的某些平面上结晶；这一过程就会产生细密交错的沉淀物，叫作魏氏沉淀（Widmanstätten precipitation）。很有可能中国的铜镜在范中快速冷却，但我们从其结构组织中得知它们并非淬火产物。魏氏沉淀确保铅球粒可均匀细密散布开来，铜镜表面经打磨后就变得很光滑。某种程度上来说，这是自然的结晶现象，伴随中国铜镜铸制时所用的分解工艺，在合金的铸制与冷却时就会出现。铜匠如有此手艺就会铸出高质量的青铜，高质量就是要将孔隙减至最少，并且确保交错相体的细密结构。

[①]　Donald Hanson and William T. Pell-Walpole, *Chill-cast Tin Bronzes* (London: Edward Arnold, 1951).

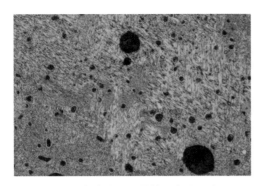

图四　唐代镜显微结构的腐蚀照片

［展示（alpha+delta）共析相的魏氏沉淀，散布着细小的铅球粒，以及两个大孔隙。放大 450 倍。以三氯化铁乙醇溶液腐蚀］

战国时代的铜镜在中国南方非常普遍，到了汉代，铜镜就遍布全国了[1]。宋代以后，铜镜的成分与设计大大改变，后来青铜被黄铜取代，黄铜就是铜与锌的合金[2]；再后来到了清代中叶就是玻璃镜的天下。在这数千年间，技术与合金组成经历诸多改变发展，但铸镜的基本概念却没有改变，即铜镜要有一个可照像的镜面，以及要有装饰图案的镜背。

要铸成较薄的镜体就有限制，起始所用的材料一定要够纯净，工匠一定要在此下苦功；因为材料若不纯净，铸镜表面会不完美或有缺陷，就会在打磨时破坏照像的镜面。在扣岑藏镜中，用 XRF 光谱仪测出最常见的微量元素就是砷，砷在数面铜镜中呈现为微量杂质。齐思（Chase）等人检测史密森尼学会属下弗利尔美术馆（the Freer Gallery of Art, Smithsonian Institution）所藏东周铜器，大部分均含有砷，就此可知砷于青铜合金上之普遍，已为一种重要的微量元素[3]。其实，砷是很有用的，不仅有助于形成铜镜的白色表面，而且还可用作脱氧剂，提升铸成品的坚固度。但在世界其他地区的青铜时代，合金铸制中并不一定需要砷。想必中国铜匠要么能用上自然界中含砷的铜矿石，要么故意把砷矿石掺入冶炼之中。除了那件商代的样本 O-0427（见第一辑：图版 3），我们已测到有 7.1% 的砷之外，扣岑藏品中含大量砷的铜镜仅有几面，2 面为战国时代，编号 O-0424 与 O-0360（见第一辑：图版 5，8），分别含有 5.9%～6% 的砷；还有一面前已述及，是来自北方区域的青铜时代晚期样本，编号 O-0201（见第一辑，图版 57），含 6.9% 砷。这些百分比代表极重分量的砷。在后期的青铜技术中，砷不再那么常用。可能是冶炼铜矿石时所用矿料种类有所不同，又或是铜匠主动改变金属原料与使用方法所致。

在西汉时期的记载中，铜矿石的纯度有三个词去形容：三炼、九炼、百炼。这三个词可理解为精炼三次、九次、一百次[4]。以火法精炼熔铜，诸如硫、铁、砷、锑等杂质可依次除去，剩下非常纯净的铜用来铸制高质量的镜。铜之后可与铅和锡作合金，使其

---

①　Ju-Hsi Chou, "Introduction," in *Circles of Reflection: The Carter Collection of Chinese Bronze Mirrors*, ed. Chou Ju-Hsi (Cleveland: Cleveland Museum of Art, 2000), 1-15.

②　Rose Kerr, *Later Chinese Bronzes* (Victoria and Albert Museum Far Eastern Series. London: Oxford University Press, 1990).

③　W. Thomas Chase III, I. Linus Barnes, and Earl C. Joel, "Appendix 4: Lead Isotope Ratios," in *Eastern Zhou Ritual Bronzes from the Arthur M. Sackler Collections. Ancient Chinese Bronzes from the Arthur M. Sackler Collections*, v. 3, by Jenny F. So (New York: Abrams, 1995), 489-491.

④　Zhu Shoukang and He Tangkun, "Studies of Ancient Chinese Mirrors and Other Bronze Artefacts," in *Metal Plating and Patination*, ed. Susan LaNiece and Paul T. Craddock (Oxford: Butterworth-Heinemann, 1993), 52.

易于铸制。经打磨后的合金则泛着银白色。此合金制作过程可见于扣岑藏镜中一面三国时期的铜镜（O-0133，见第一辑：图版 74）铭文上："吾作明镜，幽涑三商。"实际上，无损 XRF 法揭示此镜中的铜、铅、锡经过细心挑选，细致精炼，铸成的镜完美无瑕，铸铜过程中产生的浮渣与夹杂物一概不见。XRF 检测出仅有的微量元素为砷、镍、银，不过它们的量不足以降低铸镜的高端品质。

中国青铜时代的大部分时间里，从公元前 2000～前 770 年，用来铸镜的青铜合金可以在成分上大大不同，这可包括含锡 22%～27% 的高锡青铜，也可包括技术上的低锡青铜，含锡只有 5%～14%，我们已讨论过这类例子。同类青铜成分基本也用于铜器与铜饰件上。此类低锡铜镜色泽偏黄，并不泛白，因为把锡加进铜里可以令纯铜如鲑鱼般的红色变为金黄色；只有添加锡，且通常加至 20%～28%，才可使合金转为银白色或灰白色。

到了周代晚期，特别是自公元前 400 年以后，高锡青铜又加以铅的合金才变得极为普遍。直到 alpha 相黄铜镜（含有约 20% 锌）在宋代出现以后，才打破其霸主地位。有些清代镜所含之锌可远高于此，逾 40%，使其置于铜锌合金体系中 beta 相黄铜类别，意味其合金是两种相的混合体，在 alpha 相基体中包含 beta 相晶粒。英国的维多利亚与阿尔伯特博物馆中就有一面 beta 相黄铜镜[1]。

三、含锌较重之镜

古代铜镜合金中锌之含量可以被很好地利用作为时代标杆，以确定铜镜最早使用年份，用此来测定中国铜镜生产中锌的最早使用日期。克里斯特曼（Christman）曾分析过卡特（Carter）藏镜，锌之用于铜镜最早可溯至唐代晚期，约为 900 年，不过锌在 1100～1200 年才普及开来[2]。

卡特藏镜中的明代样品含有超过 10% 的锌[3]，宋镜和金镜有几面含有超过 20% 的铅[4]。铅较便宜，提升铅含量可降低生产成本，但会削弱铜镜的光滑表面。至于唐代铜镜中所含的极重分量的锌，与周卫荣提出的使用锌的年表不相符合，含高锌成分的唐式铜镜很可能是后世复制品[5]。

[1] Rose Kerr, *Later Chinese Bronzes* (Victoria and Albert Museum Far Eastern Series. London: Oxford University Press, 1990), 103, 图版 89.

[2] Bruce Christman, "Technical Appendix," in *Circles of Reflection: The Carter Collection of Chinese Bronze Mirrors*, ed. Chou Ju-Hsi (Cleveland: Cleveland Museum of Art, 2000), 97-128.

[3] Ju-Hsi Chou, ed., *Circles of Reflection: The Carter Collection of Chinese Bronze Mirrors* (Cleveland: Cleveland Museum of Art, 2000), 370.

[4] Ju-Hsi Chou, ed., *Circles of Reflection: The Carter Collection of Chinese Bronze Mirrors* (Cleveland: Cleveland Museum of Art, 2000), 381-384.

[5] Weirong Zhou, "The Origin and Invention of Zinc-Smelting in China," in *Metals and Mines: Studies in Archaeometallurgy*, ed. Susan La Niece, Duncan Hook and Paul Craddock (London: Archetype Publications, 2007), 179-186.

　　每当检测出器物合金中含有少量锌成分，而器物却被认为是早于唐代，这表明该器物必定是后代或现代仿制品。当然新石器时代晚期的中国已发现有黄铜制品，但却后继无"物"。在陕西西安临潼姜寨的仰韶文化中发现有黄铜薄片与黄铜管，年代为公元前4100～前3600年；还有山东胶县（今胶州）三里河的龙山文化，发现有黄铜锥状物的两段残件，年代为公元前2300～前1800年[①]。这些异常状况不应视为中国极早期的黄铜工艺传统，而应看作断裂，此乃早期冶金工艺试验与后期合金工艺的断裂；所有证据指出，铜锌合金的制作技术已经完全失传。在此之后直到唐代，没有任何证据能够证明中国工匠使用过锌。据周卫荣所说，最早的本地黄铜见于10世纪，在五代至北宋的过渡期[②]。从11世纪后，黄铜渐渐广为人知。到了明代的嘉靖年间，黄铜的锌含量是10%～20%；到了万历年间，锌成分已升至逾30%，合金通常不含锡。这种发展过程解释了为何中国后期的铜镜合金会出现beta相的黄铜，以及一系列其他合金类型。因为在五代以前全中国都没有含锌的铜合金，对于任何检测中测出有锌的，我们都会持怀疑态度，而我们的疑虑通常被铜镜的金相学研究所证实：它们都是后期仿制或复制品。譬如扣岑藏镜编号O-0292（见第一辑：图版130），就是日本的后期复制品，合金由77%铜、3%锡、7.3%铅、7.8%锌组成。其铭文证实了它是近期铸制品。

　　何堂坤分析了一些宋镜的合金成分，可以分为四组：含高锡与适量铅的镜（古式镜合金成分）；低锡高铅镜（最流行的宋镜类型，最有代表性的是一面饰有凤鸟与手柄的镜，含70%铜、7.9%锡、26.2%铅）；高铜、低锡、低铅镜（最有代表性的是一面湖州铜镜，含85.3%铜、9.5%锡、5.1%铅）；最后一组是含铜、锡、铅、锌的镜（例子为一素面湖州镜，含67.9%铜、13%锡、7.6%铅、8.2%锌）[③]。此宋或金代的铜镜O-0751（见第一辑：图版125）属于第一组，古式镜合金。周汝式指出后期的某些铜镜[④]，诸如那些宋、金、元、明代的铜镜，通常用上低锡/高铅合金，以降低合金的熔点，亦使合金在熔解状态下能顺畅流动，但伴之而来的是纹饰细节不甚明晰，因为此类青铜在凝固时会有较高收缩率。含铅较多的合金，诸如那些宋镜，不能铸出细密纹饰，而且较易为日侵月蚀所困，因为它不再如那些高锡合金般能抵抗侵蚀。低锡低铅的后果就是铜镜颜色由白转黄，但铜镜材质却不再脆弱，不易摔破。

---

①　Weirong Zhou, "The Origin and Invention of Zinc-Smelting in China," in *Metals and Mines: Studies in Archaeometallurgy*, ed. Susan La Niece, Duncan Hook and Paul Craddock (London: Archetype Publications, 2007), 182.

②　Weirong Zhou, "The Origin and Invention of Zinc-Smelting in China," in *Metals and Mines: Studies in Archaeometallurgy*, ed. Susan La Niece, Duncan Hook and Paul Craddock (London: Archetype Publications, 2007), 182.

③　何堂坤：《宋镜合金成分》，《四川文物》1990年第3期，第74-79页。

④　Ju-Hsi Chou, "Introduction," in *Circles of Reflection: The Carter Collection of Chinese Bronze Mirrors*, ed. Chou Ju-Hsi (Cleveland: Cleveland Museum of Art, 2000), 2.

四、三元合金相图示与合金熔点

从战国到宋代，高质量铜镜的合金成分改变甚小，铜、锡、铅含量分别徘徊在69%～72%、22%～25%、3%～6%。若看看铜锡铅三元合金相的图示（图五），我们可知此类合金的液相温度在800～850℃，这大大有助于铸制过程。

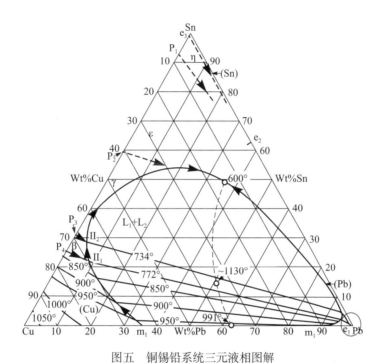

图五　铜锡铅系统三元液相图解

（展示合金液相曲线。中国铜镜的液相温度是800～850℃。
中国的高锡铜镜液相值近于图示箭头所指的 P_4 连接线。取自 Scott 1991）

值得注意的是，罗马时期的青铜镜也有类似成分（其历史大背景可参考 Lloyd-Morgan 1981）[1]。大英博物馆有一样本（GR 1814, 7-4, 1063）含69.5% 铜、22.8% 锡、6.8% 铅；该馆另有一托勒密时期的铜环（GR 1930, 7-15.3），含69.2% 铜、24.6% 锡、4.5% 铅[2]。看看那三元合金相图示，我们可知提升铅含量，降低锡含量，可使合金流动得更好；但提升铅之浓度后，不溶解之铅会在青铜合金中形成铅泡，并不会均匀散布开来，这大大不利于合金的铸制，而且合金颜色会偏于银灰色，而非银白色。另一方面，

---

①　Georgina Lloyd-Morgan, *The Mirrors. Description of the Collections in the Rijksmuseum G. M. Kam at Nijmegen*, v. 9 (Amsterdam: Ministry of Culture, Recreation and Social Welfare, 1981).

②　Nigel D. Meeks, "Patination Phenomena on Roman and Chinese High-Tin Bronze Mirrors and Other Artefacts," in *Metal Plating and Patination*, ed. Susan LaNiece and Paul T. Craddock (Oxford: Butterworth-Heinemann, 1993), 66.

提升锡含量至 40% 左右，降低铜含量，保持铅含量在 10% 左右，可以使合金熔点降低，但这要付出使用大量锡的代价；而这也会使合金更脆弱易碎，对合金颜色也毫无帮助。当降低锡含量，譬如至 12% 时，合金会呈金黄色，白色就做不到了。我们由此可知古代金属工匠究竟如何认识到高质量三元合金的成分比，他们就是用了这完美的合金比例来铸制银白色青铜镜的。

在欧洲，多数人认为铸钟用的金属应为高锡合金，但铸中国铜钟的合金则不同，铅含量相距甚大，含锡可为 5%～15%，含铅可为 1%～22%[1]。铸镜用的高锡青铜用以铸大钟则太易碎，敲一下就裂开，所以铸钟用的锡含量比铸镜用的低很多。

扣岑藏镜中铅、锡、铜的全部检测分布结果可见图六的三元铜－锡－铅合金图示。图标右边，黑点集结指向 25% 锡区域，这与早前的分析结果不谋而合。

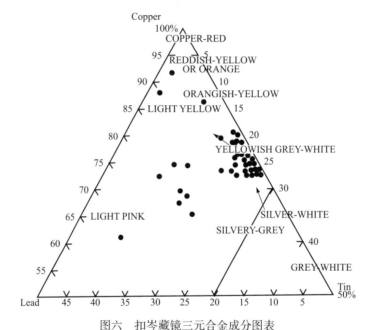

图六　扣岑藏镜三元合金成分图表
大部分铜镜合于古式镜成分区域值内，就是大多数点聚集的地方。
在图表中四散的点通常表示该镜年代较晚，或者非常古旧，或者成分不寻常

五、铁　镜

有趣的地方是，铁镜是东汉与三国时代的产品。大部分的铁镜镜背中心的纽是半球体的，以凤鸟纹装饰，镶嵌着银或金。不幸的是，因为铁锈太严重，很少有铁镜保留下来[2]。我们可以假定这些镜以高碳白铸铁制成，这是中国普遍流行的技术。但据我所知，无人检测过它们的金相组织。

---

①　Jenny F. So, *Eastern Zhou Ritual Bronzes from the Arthur M. Sackler Collections. Ancient Chinese Bronzes from the Arthur M. Sackler Collections*, v. 3 (New York: Abrams, 1995), 432.

②　台北故宫博物院：《故宫铜镜选萃》，台北故宫博物院，1971 年。

六、铸　镜

　　古代中国铸镜的主流技术要用上陶泥分范，这与铸制铜器的分范技术一样。除了很少的早期例子外，汉代之前的镜都用陶泥分范铸成。汉之前，失蜡法已普及开来，铸制金属纹饰要用上这两种技术。陶泥分范铸制铜镜一直延续到隋唐时代，不过其时很多镜都不用分范铸制了，即改用失蜡法铸制[1]。通常肉眼检测不足以辨别铸镜技术，但是以肉眼加上显微检测则可看到一大堆线索，以助辨识[2]。

　　制范时有下列可能方法：

　　（1）陶范从母模中复制出来，模由木头或陶泥制成，之后以火加热烧硬陶范，再拼合为双瓣范，青铜熔液可倒入其中。

　　（2）陶范之纹饰乃压印进柔软的陶泥中，之后烧硬以拼合成双瓣范。

　　（3）不同技术可一并使用，可先在母模上制作纹饰，可以压印，可以刻划，在陶泥上加上额外纹饰。在模上制范，此范可烧硬，熔铜可铸镜。

　　（4）已知在汉代有时用石范[3]。若用石范，铸制前要先在石范表面刻上镜纹饰。

　　（5）石范可重复使用，直至石范损坏为止。相反，烧硬的陶范只可用上一次，尽管用来翻取纹饰的模可使用多次，以持续制作更多陶范。

　　（6）有些铜镜的铸制由两部分组成，通常包括一薄薄的铜片以作镜身，这可铸制或加工成形；之后镶嵌进有纹饰的镜背，镜背也是铸制而成，通常是镂空设计。失蜡法传入后，一大堆额外技巧被使用在铸镜上。

　　（7）先以蜡制模，模与镜是一样的，再以陶泥把蜡模包裹起来；之后加热使蜡流出来，陶泥则烧硬，最后可浇入熔铜。

　　（8）据克里斯特曼推测[4]，附有小钉的范可用来复制蜡型，蜡型先在空心陶泥或石头制成的浮雕上覆取，附小钉的范之后便可配以蜡芯（中空处便是要铸制的镜身）。卡特藏镜中有两面唐代镜，饰以一模一样的对凤，叶纹镜沿上之花卉装饰也是一样，这些都是此技术的明证[5]。

　　（9）蜡制部件可以模制作，或拆散制作，之后再组装在蜡型上，以做出镜上不同的边沿与装饰。

---

[1]　Toru Nakano, "Ancient Chinese Bronze Mirrors," in *Bronze Mirrors from Ancient China: Donald H. Graham Jr. Collection*, ed. Toru Nakano (Hong Kong: Orientations Publishers, 1994), 17.

[2]　Bruce Christman, "Technical Appendix," in *Circles of Reflection: The Carter Collection of Chinese Bronze Mirrors*, ed. Chou Ju-Hsi (Cleveland: Cleveland Museum of Art, 2000), 99.

[3]　Zhu Shoukang and He Tangkun, "Studies of Ancient Chinese Mirrors and Other Bronze Artefacts." in *Metal Plating and Patination*, ed. Susan LaNiece and Paul T. Craddock (Oxford: Butterworth-Heinemann, 1993), 52.

[4]　Bruce Christman, "Technical Appendix," in *Circles of Reflection: The Carter Collection of Chinese Bronze Mirrors*, ed. Chou Ju-Hsi (Cleveland: Cleveland Museum of Art, 2000), 100.

[5]　Chou [ed.] 2000: no. 66a.

（10）蜡模完全是用母范翻取出来，再用蜡模来铸镜。

　　工匠使用失蜡法则可设计镜上的三维场景，若以木头或其他材料压印陶范，用烧硬的陶范则不能设计三维场景。因为原型母模要能从陶范里取出来且不能有任何破损，这样就会限制设计中的有倒钩状的三维场景。正因如此，隋唐以前的绝大部分铜镜都不能有倒勾设计，现实中也是如此。图七显示了铜镜从刻有纹饰的块件上直接取范的几个步骤。这种情形下的块件（在图示的左边），可用石头或陶泥制成。

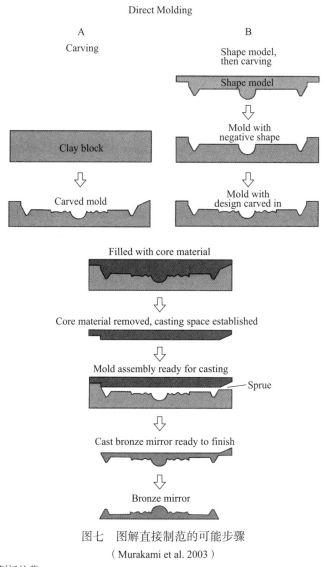

图七　图解直接制范的可能步骤
（Murakami et al. 2003）

A. 刻划　泥板→刻好的范
B. 先行制模　制模→具有阴纹的范→将纹饰刻在范上
　　→→填芯→移除芯，确定铸液空位→拼接范块，准备铸制（浇口）→铸成铜镜准备加工→铜镜

　　使用陶范制镜的方法，在图八中展示。
　　采用失蜡法，从母型上就能很容易地翻取出许多复制件，或者可以从母模上以蜡制

Mirror production by the section-mold method

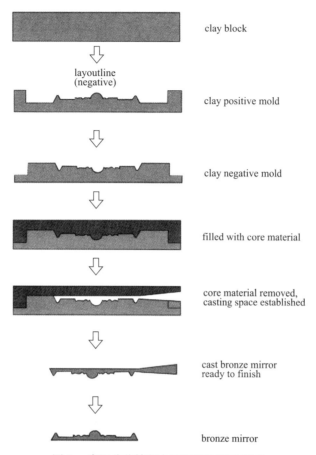

clay block

layoutline
(negative)

clay positive mold

clay negative mold

filled with core material

core material removed,
casting space established

cast bronze mirror
ready to finish

bronze mirror

图八　陶泥分范铸制中国铜镜技巧示意图

陶泥分范法

泥板→（大致设计以阴线刻上）陶泥阳范（positive mold）[①]→陶泥阴范→填芯→除芯，确定注液空位→铸成铜镜准备加工→加工后的铜镜

压印，直接刻纹于蜡上也可以。这一过程的可能步骤见图九。

一旦使用失蜡法来铸镜，把倒勾加入设计中，几无难度。唐代动物葡萄纹饰上的细小动物（如编号 O-0234、O-0742、O-0753、O-0874 的铜镜，见第一辑：图版 95-99），必然是在蜡上定型，因为它们不可能在陶范上做出来。

中野彻观测到在这些铜镜上，葡萄纹饰有层次变化，裁切掉的纹饰周围有渗漏的黏着痕迹，镜上兽纹的底座周围有刮痕，这类刮痕应是刮走切掉的渗漏痕迹留下的，他还指出蜡模应是先把蜡倒进空心的陶土范中而成型，之后在空白处刻上或加上纹饰[②]。扣

[①]　译注：原文确实如此，positive mold。另外，图八与图九为方便读者理解，跟原图有些微不同。

[②]　Toru Nakano, "Ancient Chinese bronze mirrors," in *Bronze Mirrors from Ancient China: Donald H. Graham Jr. Collection*, ed. Toru Nakano (Hong Kong: orientations Publishers, 1994), 16.

Mirror production by the lost wax method

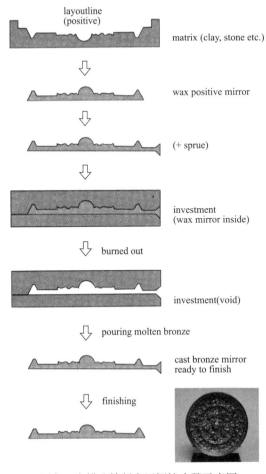

图九　失蜡法铸制中国铜镜步骤示意图

失蜡法

陶泥或石头基体→阳纹蜡型→加浇口→包裹蜡型→加热把蜡模融掉→包裹（中空）→倒入青铜溶液→铸成铜镜准备加工→加工后的铜镜

岑藏镜中就有一面，编号 O-0323，一面大型的佛教供愿镜（见第一辑：图版 120-124）[1]，它有很多蜡制圆形装饰加到镜背上。

宋代以后，压印方法有时则在陶泥烧硬之前，把一面铸好的镜压印在陶范上[2]。据说这种方法在宋金之际广为运用，以铸作古式镜的复制品，而这些复制品又确能使用，

---

① 详细研究见 Guolong Lai, "A Liao-Dynasty Buddhist Votive Mirror in the Cotsen Collection," in *The Lloyd Cotsen Study Collection of Chinese Bronze Mirrors. Volume II: Studies*, ed. Lothar von Falkenhausen (Los Angeles: UCLA Cotsen Institute of Archaeological Press, 2011), 184-197.

② Toru Nakano, "Ancient Chinese Bronze Mirrors," in *Bronze Mirrors from Ancient China: Donald H. Graham Jr. Collection*, ed. Toru Nakano (Hong Kong: Orientations Publishers, 1994), 17.

日本也是以此法制作中国镜的仿制品①。扣岑藏品中有一镜，编号 O-0232（见第一辑：图版 77），可能是后世仿汉镜而制，它含有一点锌，但除此之外则全然没真伪问题；它并非现代仿品。

七、铜镜的最后加工与装饰

铜镜的最后加工，特别是对镜面的加工，是铸镜技术中重要的一环。即使是高锡青铜镜，在潮湿的室内环境中也会锈蚀，所以铜镜需要经常打磨。这幅由华冠（生卒年不详）于 1799 年所画的薛承基肖像（南京博物院 1982：图版 49；见图一〇），描绘了清代人如何打磨铜镜。Rose Kerr 如是说：②

图一〇　华冠《薛承基之像》
（南京博物院：《明清人物肖像画选》，
上海人民美术出版社，1982 年，
图版 49）

　　金属镜，尤其是那些低锡金属镜，隔一段时间就要重新打磨。看看晚明小说《金瓶梅》，就能知道铜镜隔多久就要打磨一次。书中其中一章，有个磨镜人到了男主角的屋子，引起一段故事。女主角（潘金莲）称她的镜子用久了，这两天都照不出像来。大小八面镜子③，还有一面四方穿衣镜，一并拿到磨镜人处。磨镜人把镜放到座架（可携式磨镜台）上，"使了水银"去磨，一会儿便"耀眼争光"，如新的一样。女主角便可"对照花容"，"犹如一汪秋水"。

磨镜人用的工具很可能用烧硬的陶土所制。中国西南部发现过一座 13 世纪的墓④，墓里有一薄薄的圆形片，直径 26 厘米，背后有三处圆形凹槽，可用来稳妥安放在磨镜台上。因被重复使用，研磨面已变得非常光滑，还带着打磨过程中留下的黑色粉末、银色污迹。但是，究竟这些粉迹是否水银则无从稽考，在明代小说中这些就是抛光剂。究竟中国铜镜中有无使用水银一直争论不休。检测中很少测出中国铜镜的锈色中含有水银，尽管早期文献中经常提及铜镜后期加工时会用上水银与锡。按照淮南王刘安（公元前

---

　　①　Toru Nakano, "Ancient Chinese Bronze Mirrors," in *Bronze Mirrors from Ancient China: Donald H. Graham Jr. Collection*, ed. Toru Nakano (Hong Kong: Orientations Publishers, 1994), 17.

　　②　Rose Kerr, *Later Chinese Bronzes* (Victoria and Albert Museum Far Eastern Series. London: Oxford University Press, 1990), 90.

　　③　译注：Rose Kerr 误以为是八角镜 octagonal mirrors，原文实为"八面镜子"。

　　④　Zhu Shoukang and He Tangkun, "Studies of Ancient Chinese Mirrors and Other Bronze Artefacts," in *Metal Plating and Patination*, ed. Susan LaNiece and Paul T. Craddock (Oxford: Butterworth-Heinemann, 1993). 作者并无提供确切地点信息。

179～前 122 年）召集众人所撰的《淮南子》所说，打磨镜面时会用上一种叫"玄锡"的物料。其文如此：

"及其粉以玄锡、摩以白旃，鬓眉微毫，可得而察。"（《淮南子》"修务训"，《淮南子校释》19.1966）

据明代初年刘基撰《多能鄙事》所载，玄锡含有一分锡、一分水银、六分白矾、一分鹿角灰 [1]。玄锡呈灰白粉末状，慢慢会变黑。陈玉云等人所作实验显示，把这混合物处理后，一层薄薄的银色层会在青铜表面形成 [2]。密克斯（Meeks）对此效果说得很清楚 [3]，他发现当水银与锡混在一起后，在室温下会产生很慢很慢的反应，而混合物则一定要加热才能形成汞锡剂；加热至 200～250℃就能产生糊状 gamma 相的 $HgSn_6$。gamma 相在 214℃会分解，水银在加热至温度超过 357℃时会消退，而锡就会扩散至基质中。密克斯还用二元汞锡平衡图解释更多详情（1993b）。一层薄薄的 nu 介金属化合物（nu intermetallic compound）在器物外层表面上形成，覆盖着一层厚厚的 ε 介金属化合物（epsilon intermetallic compound）；若然此物的表面加热超过 520℃，一层（alpha+delta）共析相会在此层下形成，与铜基质相邻。但很少有证据证明铜镜的含锡表面是由汞锡剂添加上去的，扣岑藏镜也不例外。扣岑藏镜中有少量镜子在 XRF 光谱仪检测下测出含有微量水银，但当中有 3 面镜是现代制品（下文会详细讨论）。所以，含有水银本身并非古人真正使用过玄锡的足够证据。扣岑藏镜中只有一面含有微量水银，而其真伪是没有问题的，这是一面战国时代的双合镜，编号 O-0424（见第一辑：图版 5）。

密克斯发现，以机械方式、不需加热就把汞锡剂铺在含 25% 的锡且已打磨过的青

---

① Zhu Shoukang and He Tangkun, "Studies of Ancient Chinese Mirrors and Other Bronze Artefacts," in *Metal Plating and Patination*, ed. Susan LaNiece and Paul T. Craddock (Oxford: Butterworth-Heinemann, 1993), 57.

② 陈玉云、黄允蓝、杨永宁、陈皓：《模拟"黑漆古"铜镜试验研究》，《考古》1987 年第 2 期，第 175-178 页。

③ Nigel D. Meeks, "A Technical Study of Roman Bronze Mirrors," in *Aspects of Ancient Mining and Metallurgy: Acta of the British School at Athens, Centenary Conference, Bangor 1986*, ed. J. Ellis-Jones (Bangor: University College of North Wales, 1988), 66-79; Nigel D. Meeks, "Surface Studies of Roman Bronze Mirrors. Comparative High-Tin Bronze Dark Age Material, and Black Chinese Mirrors," in *Proceedings of the 26th International Archaeometry Symposium, University of Toronto, Canada, May 16th-20th 1988*, ed. Ron M. Farquhar, Ronald G. V. Hancock, and Larry A. Pavlish (Toronto: The Archaeometry Laboratory, University of Toronto, 1988), 124-127; Nigel D. Meeks, "Patination Phenomena on Roman and Chinese High-Tin Bronze Mirrors and Other Artefacts," in *Metal Plating and Patination*, ed. Susan LaNiece and Paul T. Craddock (Oxford: Butterworth-Heinemann, 1993), 63-84; Nigel D. Meeks, "Surface Characterization of Tinned Bronze, High-Tinned Bronze, Tinned Iron, and Arsenical Bronze," in *Metal Plating and Patination*, ed. Susan LaNiece and Paul T. Craddock (Oxford: Butterworth-Heinemann, 1993), 247-275.

铜表面上，就可以产生细微的表面反应 [①]。这种处理要用汞剂中压碎的细粉粒去摩擦铜镜。两分钟后，此表面就泛着显眼的银色。光学显微仪展示一层银色薄膜把大部分表面物料都遮住了，唯独底下的共析相显微组织形态遮不住，隐约露了出来。用电子扫描显微镜检测表面，证实这确是一薄层，可能只有10～100微米，包含锡和一些水银。密克斯认为这层极薄的涂层可能是在摩擦镜面时，由局部加热汞剂而来；加热热量把伽马混合物分解成几部分，并使锡黏附于器物表面。若如此，很可能几个世纪以来的挥发就把镜面的水银都弄丢了，尽管在金相学过程中，器物表层通常可找到水银存在的证据。所以，可以设想一下《淮南子》所说，玄锡真的用于中国铜镜表面，以加强铜镜银色表层，这样也能解释编号 O-0424 铜镜上的水银。但其他化学处理也能加强银色表层：譬如用醋来摩擦铜镜时，在铜镜外层表面上能有选择地溶解一点铜，以提升镜面 delta 相的百分比，从而加强镜面的银色。

八、形容铜镜锈色的早期尝试

到了宋代，收藏家把镜面分成四类 [②]，黑漆古、绿漆古、水银漆、铅白。黑漆古铜镜的佼佼者可见编号 O-0246 的东汉铜镜（见第一辑：图版 69）。它的表面光滑，防水，如玻璃样，是这类锈色的恒久之谜。究竟它的黑漆表面是埋藏于墓葬的结果，还是特意的锈色添制，无从得知，但这是许多中国铜镜的特色，收藏家极为看重。此镜的部分表层铸得太好，不需后期加工或磨滑。图一一是一张显微照片，拍了铜镜装饰表层小人的一部分。表层有些细微的波动起伏是从范面直接翻出来形成的。

图一二编号 O-0246 铜镜的细部所示，在圆形设计中，表层一些地方在铸制后有打磨。工匠在此用上一种特制中空的工具，用磨砂打磨，但保持与中心纽部的距离，不接触纽部，造出表层能见的多层圆形线条，而线条则限在设计所需的地方。

"绿漆古"的例子可见编号 O-0349 的东汉铜镜（见第一辑：图版 72），它与 O-0246 镜的黑漆表层相似，在外层上有较丰富的锡混合物，但于此镜上则泛着绿色。它的铭文与其他很多镜子一样，提及"三商"，诚然，此镜铸制质量高超，是古式铜镜中合金成分最佳的例子。

水银漆锈色可见于编号 O-0234 的唐镜（见第一辑：图版 95），合金含 68% 铜、25% 锡、约 3% 铅，其铜锡介金属共析相使其银色耀目照人。

① Nigel D. Meeks, "Patination Phenomena on Roman and Chinese High-Tin Bronze Mirrors and Other Artefacts," in *Metal Plating and Patination*, ed. Susan LaNiece and Paul T. Craddock (Oxford: Butterworth-Heinemann, 1993), 63-84.

② Zhu Shoukang and He Tangkun, "Studies of Ancient Chinese Mirrors and Other Bronze Artefacts," in *Metal Plating and Patination*, ed. Susan LaNiece and Paul T. Craddock (Oxford: Butterworth-Heinemann, 1993).

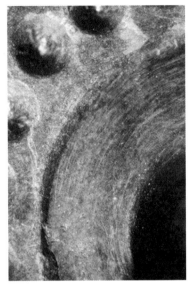

图一一 O-0246 铜镜的表层细部
（作者自拍显微照片）

图一二 O-0246 铜镜的细部
显示在铸制后，围绕乳状纽的区域打磨抛光，
留下的圆形条纹（作者自拍显微照片）

九、研磨铜镜成形

研磨时可把打磨光滑的镜面弄平，但手部与臂部的运动经常把镜体弄得凸起来。特别是从汉到唐这段时间，镜匠经常有意把镜磨成凸面镜，使镜能照出角度更阔的影像——一种虚拟的图像。

有些镜需要花大力气作最后加工：无纹饰的镜面需要全面打磨光滑。铸好铜镜后，浇口与排气口需要切掉，并将它们研磨光滑，不留痕迹。有纹饰的那面则需用凿子镂刻，或用磨砂研磨抛光。抛光工匠先用细晶粒石块与炭片研磨铜镜，据说之后再用玄锡研磨。但是，扣岑藏镜中几面高质量铜镜的检测结果显示（正如上文述及编号 O-0246 铜镜），多数情况下，刚铸好的表层已经达到要求，不需进行最后加工。

宋代学者沈括（1031～1095 年）在《梦溪笔谈》中写道：

"古人铸鉴，鉴大则平，鉴小则凸。凡鉴洼则照人面大，凸则照人面小。小鉴不能全观人面，故令微凸，收人面令小，则鉴虽小而能全纳人面，仍复量鉴之小大，增损高下，常令人面与鉴大小相若。此工之巧智，后人不能造。比得古鉴，皆刮磨令平，此师旷所以伤知音也。"（《梦溪笔谈·器用》，《梦溪笔谈校证》19.630）

十、装　饰　技　巧

扣岑藏镜中所有铜镜的镜背不照人，都有装饰。装饰与涂料技艺包括镀金、镀银、镀覆、髹漆、绘画、镶嵌。藏品中有几面双合镜。它们比其他镜子重，结构复杂，第一层素面，以铆接、焊接或粘接方式扣合在第二层有装饰的镜背上。如 Dohrenwend 所说[①]，这类铜镜从春秋时代发展起来，尽管扣岑藏镜中这几面样本都不早于战国时代。这几面镜背上的镶嵌物料为孔雀石、红铜、黄金、绿松石、玉、贝壳、珍珠蚌，以及其他不同种类的矿石，还有玻璃料。玻璃很迟才到中国，最早的考古证据可至公元前第一千纪的下半段[②]。常见的黏合物为动物胶与植物胶。譬如，Costello 用上傅氏转换红外光谱仪（Fourier-transform infrared spectroscopy, FTIR）检测哈佛大学艺术博物馆藏品中的一面双合镜（HUAM 1943.52.155），发现该镜用的黏合物为自然胶，而另一面唐代铜镜（HUAM 1943.52.158）面上的金属片则由动物胶与面粉糊混合后黏接上。

　　另一个有趣的例子为编号 O-0360 的战国双合镜（见第一辑：图版 8）。已装饰的镜背圆形外沿用细小的孔雀石与绿松石镶嵌，但铜镜的铜锈稍微掩盖掉它们，铜锈反而生成了赤铜和孔雀石，某些地方生成蓝铜。图一三展示了镶嵌物的细部。

　　此镜的平面打磨镜面与镜背可以分开，在装饰镜背的隐蔽面上，可见有保留完好的编织物的残迹贴合其上。残留编织物组织的编织方向在此面上都是一样，显示镜面与镜背之间原来有一层丝织品（图一四）。丝织品在露出来的地方，已全然腐化，但是在此面上生出来的赤铜铜锈把其残迹保留下来。

图一三　O-0360 铜镜的细部
放大观看铜镜外沿的镶嵌物，展示孔雀石与绿松石装饰
（作者自拍显微照片）

图一四　O-0360 铜镜的细部
保留下的编织物，平纹多重丝丝组成，铜镜背层反面上
的残留物显示原有装饰图案包括一层编织物夹层
（作者自拍显微照片）

---

　　①　Doris Dohrenwend, "The Early Chinese Mirror," *Artibus Asiae* 27.1/2 (1964): 80.

　　②　Robert H. Brill, S. S. C. Tong, and Doris Dohrenwend, "Chemical Analysis of Some Early Chinese Glasses," in *Scientific Research in Early Chinese Glass: Proceedings of the Archaeometry of Glass Sessions of the 1984 International Symposium of Glass, Beijing*, ed. Robert Brill and John Martin (Corning, N.Y.: Corning Museum of Glass, 1991), 21-26.

图一四显示此织品乃平纹编织，多根丝纤维组成其经纬组织。图示的蓝色物料由蓝铜结晶组成，在没法接触的地方中，或隐伏在铜锈下，正如此例，由于某些原因，环境中的二氧化碳含量得以提升，蓝铜就会形成。但是双合镜的双层通常很少有机会分开来，因此，可能还会有此类作为装饰物料的编织品还未被发现。据我所知，此例是最早被记载出版的。

就着编织品这点，有一面独特的战国铜镜需要提一下，编号 O-0186（见第一辑：图版 54），马麟（Colin MacKenzie）曾经发文介绍过[①]。此镜以丝织刺绣为饰，若此刺绣之真伪没问题，此镜应是超乎寻常之品。它以粗糙的锁子绣做出图案，一穿红袍的人穿插在其余几个人中。在绣出图案之后，再用红色和金黄色颜料涂在表层上，使场景更易于辨识。马麟说道：

> 如果我们因为此图饰画工之成熟而将其年代定在至晚到汉代，铜镜的形制却表明是更早的年代。此镜镜背中心有一简单的纽部，镜沿向内 1 厘米处有一同心圆之棱脊。公元前 4 世纪的楚墓中不乏此类素面铜镜，但它们可能原先有彩绘，或者正如此镜所示，原先饰有编织图案[②]。

技术检测与马麟之论述不相违背，此镜为其他镜面的装饰方法提示了其他可能性，在这种可能性中大部分例子已被生物腐化或溶解。也有可能此镜原为素面，但被后人重新使用并加绘纹饰。从检测其丝织品得出的放射性碳数据年代为距今 3497 年 ±20 年（校正后为公元前 1883～前 1754 年），这不太靠谱，对此镜的真伪问题也许有点启发。

编织品也可用来在范或蜡模上制出图案纹饰，之后可原原本本地在铸制品上重现出来。在很多战国铜镜上可看到这些精细的编织或羽毛图案[③]。Maryon 论述过如何制造的问题[④]，他检测过加拿大皇家安大略博物馆所藏的一面战国时代属寿州镜类型的铜镜（933.12.18），此镜上有交织而成的龙纹。Maryon 认为此龙纹是由纺线织成，纺线很可能是羊毛纺线，用胶稍为加硬。这些纺线浸入液态蜡或漆中以制成背景图案，当浸润充分后，纺线会用来压印在陶泥上，以在铜镜表层形成凸起的纺织物图案。细致的表层图案当然可以采用这技法制造出来。图一五展示了 O-0460 铜镜（见第一辑：图版 56）的

① Colin Mackenzie, "The Influence of Textile Designs on Bronze, Lacquer, and Ceramic Decorative Styles during the Warring States Period," *Orientations* (September 1999): 82-89, 此文也收在*Chinese Bronzes: Selected Articles from Orientations 1983-2000* (Hong Kong: Orientations Publishers, 2001), 337-346; Colin Mackenzie, "Mirrors of the warring States Period (450-221 BCE)," in *The Lloyd Cotsen Study Collection of Chinese Bronze Mirrors. Volume II: Studies*, ed. Lothar von Falkenhausen (Los Angeles: UCLA Cotsen Institute of Archaeological Press, 2011), 50-73.

② Colin Mackenzie, "The Influence of Textile Designs on Bronze, Lacquer, and Ceramic Decorative Styles during the Warring States Period," *Orientations* (September 1999): 82-89.

③ Anneliese G. Bulling, "The Decoration of Some Mirrors of the Chou and Han Periods," *Artibus Asiae* 18 (1999): 20-45.

④ Herbert Maryon, "The Making of a Chinese Bronze Mirror, pt. 2," *Archives of the Chinese Art Society of America* 17 (1963): 23-25.

显微组织相片，来说明此种技法。我们可以很容易设想此动物图案乃一块裁切出来的蜡块，放在加硬的编织品表面上，以此为底，然后整个拿来印制泥范。凸出来的蜡块动物图案会在陶泥上深深地压印下去，在铜镜上形成图案，就如我们所见，最后会凸起来。

细心检测编号 O-0792 的唐镜（见第一辑：图版 90），可知其由高锡青铜铸成，带有少量铅、微量锌，但镜面中空，镜背镶以一块银板，银板上曾镀过某些东西，可能是汞剂镀法。检测发现此镜背装饰在银板上有一细微裂痕，显示银板以机械方式贴在素面镜背上，所以在银板与青铜之间有中空的地方，正如图一六所示。这些镶银铜镜，以小环为地，镀以狮子、鸟类纹饰，断代可与西安东郊韦美美墓出土样本相比较，韦美美墓年代为 731 年[①]。唐代流行叶纹设计，此镜的多叶设计较圆形设计更流行。

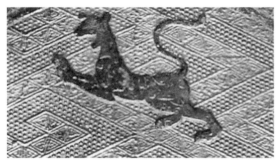

图一五　O-0460 铜镜
显微照片展示，可能在制作陶范前，先制作加硬的编织物图饰，在此之上加以蜡制或裁剪出的人物图形。放大 25 倍
（作者自拍显微照片）

图一六　O-0792 铜镜之细部显示精细凸纹压印的细节，以及银片加到铜镜上后银片底下的中空部分
（作者自拍显微照片）

有些双层镜，镜心中空，镜背则全部镀金，包括边沿，边沿则嵌入映像之镜面中。战国时代的镜例为编号 O-0245 的铜镜（见第一辑：图版 43），矿化了的木头可以在表层找到诸多痕迹。

外表可以迷惑人。编号 O-0308 的唐镜（见第一辑：图版 91），肉眼检测似为镀金，实际上是镀银，其在铜镜上加以银汞剂，营造出浮凸起来的金色表层假象。这只是仿双合镜上的镶嵌浮凸薄片。汞剂镀银表层映出金黄色外表，其实只是银已锈蚀掉，形成一层薄薄的斜方辉银矿（硫化银），产生了金黄色的薄片干扰表层颜色。

编号 O-0322 的铜镜有精细彩绘（见第一辑：图版 131），其金相组织也没什么问题，但在图录中它被列为是现代制品。理论上此镜装饰与唐代方镜相似，都以平脱（在

---

①　呼林贵、侯宁彬、李恭：《西安东郊唐韦美美墓发掘记》，《考古与文物》1992 年第 5 期，第 58-63、82 页。

日语里也是此词）装饰，平脱是将花鸟类细致饰物裁剪出，嵌在髹了漆的表层[1]。此镜在中心处破开，上彩绘前被修补过，镜本身真伪没问题，但彩绘经分析后，显示有近似肥皂的成分，可能是伪造的。但是，也有可能这类成分是在彩绘与固定黏接彩绘媒介物料的反应下，分解生成副作用下的产物；从彩绘中辨识出类似的金属皂在很多地方也找到。下确切定论前还需进一步研究。

编号 O-0422 的铜镜（见第一辑：图版 50）被断代为战国到西汉的过渡期间，镜体薄薄的，为古式合金成分，熟练地绘制了彩绘图案。用 X 射线衍射分析法（X-ray diffraction analysis, XRD）检测某一角落的彩绘微小片块，证实其图案用朱砂与孔雀石绘画。

编号 O-0649 的唐镜使用了珍珠蚌、绿松石碎片、琥珀（见第一辑：图版 106）[2]。蓝绿色的矿物碎片经 X 射线衍射分析证实为绿松石。珍珠蚌壳被熟练分割，然后镶嵌上去，在镜背勾勒出人物的肖像（图一七）。

另一面同样有趣的镶嵌铜镜 O-0832（见第一辑：图版 80），年代为南北朝或稍晚之时；其镶嵌纹饰使用了各种不同技法与物料。有些镶嵌物实为矿石或玻璃，可称为凹版雕刻法（intaglio），有如图一八所示的奶油灰色的铜镜，就是用玻璃镶嵌的。又有如图一九所示，有些镶嵌设计是用腐化了的有机物作底部，上嵌金叶形成的。

图一七　O-0649 铜镜贝壳镶嵌物上的细致刻纹图案，勾勒主要人物的精细肖像，后以矿石基体粘上，辅以绿松石碎片与琥珀玻璃料
（作者自拍显微照片）

图一八　O-0832 铜镜上的破裂玻璃镶嵌
（作者自拍显微照片）

---

[1]　Yen Chüan-ying, "The Decorative Motifs on Tang Dynasty Mirrors," in *Clarity and Luster: New Light on Bronze Mirrors in Tang and Post-Tang Dynasty China, 600-1300: Papers from a Symposium on the Carter Collection of Chinese Bronze Mirrors at the Cleveland Museum of Art*, ed. Claudia Brown and Ju-His Chou, Cleveland Studies in the History of Art, v. 9 (Cleveland: Cleveland Museum of Art; Turnhout, Belgium: Brepols, 2005), 5.

[2]　详尽讨论见 Charlotte Horlyck, "Mirrors Inlaid with Mother-of-Pearl in the Cotsen Collection," in *The Lloyd Cotsen Study Collection of Chinese Bronze Mirrors. Volume II: Studies*, ed. Lothar von Falkenhausen (Los Angeles: UCLA Cotsen Institute of Archaeological Press, 2011), 160-169.

其中一种最有趣的镶嵌物是玻璃料，有时能在玻璃中找到黄金斑点。在此物料中的金斑在今天仍毫不逊色，代表那个时代黄金使用所体现的高超技艺（图二〇）。传统上，早期中国的装饰技巧包括螺钿（镶嵌贝壳），还有已介绍过的平脱（镶嵌银片或金片），而日本人则据称发展出莳绘（*makie*）——将黄金填充物"撒在图案上"，或者平莳绘（*hiramakie*），其法以扁平金片作图，通常配以漆。但编号 O-0832 的铜镜展示出完好保留的撒金镶嵌玻璃技艺，说明此技艺在公元后第一千纪已在中国使用。金箔在中国的使用可追溯到商代，但论及此镜的制作年代，同时期的中国艺术品中难以找到可予比较的撒金装饰；此镜的玻璃可能是舶来品。

图一九　O-0832 铜镜的细部
金叶残迹还留在破裂填充物上，其上大部分的黄金已消失。紧邻的是玻璃料与散布金叶的镶嵌物
（作者自拍显微照片）

图二〇　O-0832 铜镜的细部
显示在玻璃镶嵌中的金片
（作者自拍显微照片）

我们很少见到饰有凹版玻璃的铜镜。从战国末期以来，在 1992 年洛阳城东周皇城附近找到一座墓，墓中出土两面属此类的铜镜[1]；它们现藏于洛阳博物馆。保存较好一面铜镜，其特色是有山形饰纹倒勾，此镜直径有 14.5 厘米，镜背嵌着 18 颗蓝白色玻璃珠，玻璃珠中有深蓝色的［蜻蜓］眼[2]。高西省与杨国庆近期发表文章[3]，指出洛阳的另一面铜镜，镜上镶嵌玻璃珠被金叶包裹着，洛阳以外地区从未发现此类玻璃饰物。O-0832 镜的年代较晚，可能反映出在铜镜生产行业中，此类装饰技艺已在不同文化环境中流传很长时间。

O-0832 镜上的其中一块凹版玻璃上有浅灰色的玻璃，我们用电子显微镜检测过其上小小的裂片。正如图二一所示，从此镜打磨表层上的背散射电子图（backscattered electron view）可见，这块玻璃片已严重风化。较亮的地方还未有裂痕，这是还完好的玻璃上仅有的地方。外围浸滤在碱性物质中，正如下列分析总结所示。在表 1 中，区域 1、2、3 展示了还未被侵蚀玻璃的成分，区域 4 则从已被侵蚀玻璃的较黑边沿得来，那里

---

① 洛阳市文物工作队：《洛阳市西工区 C1M3943 战国墓》，《文物》1999 年第 8 期，第 9 页，彩版 1。

② 译注：Scott 没加上"蜻蜓"二字，但他所说的"eye"应为我们熟知的蜻蜓眼。

③ 高西省、杨国庆：《洛阳出土战国特种工艺铜镜及相关问题研究》，《中原文物》2007 年第 5 期，第 51-61 页。

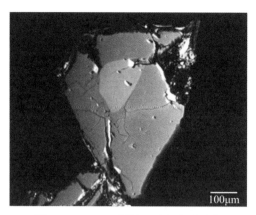

图二一　O-0832 铜镜上浅灰色玻璃的
背散射电子显微镜图
显微图中心明亮部分是未被侵蚀的玻璃
（作者自拍显微照片）

流失了大量钠，一部分铅与钾也消失了；它们被氯化物所取替，因为在那里形成了氯盐。侵蚀并没影响在图二一中较亮的区域，从这块玻璃上也能得到良好的分析总结。表1还展示了战国末期典型的中国（蜻蜓）眼玻璃成分，以供比较之用。中国玻璃有独特的成分，钡铅成分特别高。这里所检测的浅灰色玻璃成分中并没有钡与铅，显示此玻璃很可能是舶来品。从战国到汉代，大约是公元前 5 世纪到公元 3 世纪初期，大量玻璃从西方运到中国[1]。但是，美索不达米亚地区的玻璃含有较高的镁、钙、或钾，这比 O-0832 镜的要高；此镜成分不太符合典型的美索不达米亚来源[2]。很多早期玻璃，诸如那些波斯萨珊时期（公元 224～651 年）的，大约与 O-0832 镜同期，它们用植物烧灰制成，故含有较高的钾与镁[3]；从此推论，我们可知此玻璃也不是从萨珊文化而来。实际上，此类低镁低钾玻璃在罗马与拜占庭时期流行于地中海与欧洲大陆[4]，而植物烧灰玻璃在幼发拉底地区东部也很常见。XRF 分析此镜中心的蓝色玻璃珠，发现有钡；此成分应是中国所制。结果显示，此镜上所饰多彩镶嵌玻璃珠，应有各种不同来源。

图二一中心所示较亮的区域，就是取出头三套分析数据的区域。

早期也有生产髹漆铜镜。中国漆用多种漆树树汁制成，常用的是 *Rhus vernicifera*，从新石器时期开始中国就在使用。1978 年在浙江余姚河姆渡出土一只非常有名的朱红色漆木碗，年代大约为公元前 5000 年[5]。东亚的漆主要成分是漆酚（urushiol），在高湿度环境下会被漆酶（enzyme laccase）自然催化，变为多糖（polysaccharide）与聚合漆

---

① Robert H. Brill, S. S. C. Tong, and Doris Dohrenwend, "Chemical Analysis of Some Early Chinese Glasses," in *Scientific Research in Early Chinese Glass: Proceedings of the Archaeometry of Glass Sessions of the 1984 International Symposium of Glass, Beijing*, ed. Robert Brill and John Martin (Corning, N.Y.: Corning Museum of Glass, 1991), 26.

② P. Roger S. Moorey, *Ancient Mesopotamian Materials and Industries: The Archaeological Evidence* (Oxford: Oxford University Press. Reprinted Winona Lake, 1999), 211.

③ Robert H. Brill, *Chemical Analyses of Early Glasses*, v. 1 (N.Y.: Corning Museum of Glass, 1999), 85-87.

④ Shortland Andrew, Lukas Schachner, Ian Freestone, and Michael Tite, "Natron as a Flux in the Early Vitreous Materials Industry: Sources, Beginnings and Reasons for Decline," *Journal of Archaeological Science* 33 (2006): 521-530.

⑤ Yun-yang Wan, Lu Rong, Du Yu-min, Honda Takayuki, and Miyakoshi Tetsuo, "Does Donglan Lacquer Tree Belong to Rhus vernicifera Species?" *International Journal of Biological Macromolecules* 41 (2007): 497-503.

酚（polymerized urushiol）的复合物，化学结构特别稳定[1]。编号 O-0185 战国镜（见第一辑：图版 44-45）上的漆衣就是其稳定性的证据。通常有机漆衣在接触到铜离子后会严重衰解，而铜离子则来源于青铜本身，但在 O-0185 青铜镜上贴合的漆膜仍然完好保留，并无衰解迹象。

在我们的检测下，镶银的 O-0879 铜镜（见第一辑：图版 109）展示了并不寻常的制作技巧。镶银图案模仿波斯设计，填进镜背的凹陷处，与黑漆背景互相辉映下，视觉效果更加突出。漆皮较硬，又不均匀，若不想损伤铜镜，则很难对漆皮抽样检测。XRF 分析显示漆中之所有颜色，乃加入非磁性的硫化铁或氧化物。这都是在青铜表层上紧邻的硫化铜，在扣岑藏镜的侵蚀物研究中很少遇见此现象。

扣岑藏镜中另一面特殊的铜镜，编号 O-0815（见第一辑：图版 79），被某些人视为现代伪造品，但更有可能是一面做工非凡的铜镜，只不过经重复使用。此镜本来之镜背素面；镜面有一裂痕横贯全镜。后经修补，再加上嬉戏打闹的童子图案。严重矿化的木头覆盖着镜上的人物与镜背，证明了此镜曾经被埋葬过，而且是在镜背加上那些人物后再埋葬，自然侵蚀导致木头矿化[2]。Suzanne Cahill（见第一辑：页 180）据此场景将其断代为三国或南北朝时代，罗泰认为可能年代更晚[3]。童子与周遭图案用一种矿物研成糊状营造出来，在背景图层上稍为突起，形成浮雕效果；它们颜色偏于绿灰与砖红色。XRD 显示绿灰色糊状物由方解石（$CaCO_3$），橄榄石（$CaSiO_4$），与钡硫酸钾（BaK_2SO_4）组成。XRD 显示第二处之成分为钡硫酸钾，方镁石（MgO，氧化镁），硫化锌（ZnS），橄榄石，与方解石组成；第三处则含多种重晶石（$BaSO_4$），这是更普遍的矿物。这些复杂结果需要更多研究。西方使用石膏、方解石、泡碱，古代中国玻璃与玻璃料，譬如汉蓝、汉紫与早期玻璃珠则着重使用钡化合物。图二二展示当中某一张 XRD 扫描图。

橄榄石的存在揭示磨碎了的陶泥或矿石糊状料可能用于制作这些人物图形。之前从考古遗存中还没发现过钡硫酸钾，它可能代表钡化合物的风化结果，譬如重晶石浸在含钾的地下水中，但在此阶段我们不能验证是非对错，因为以我所知，我们还未有可供对比的材料。

这红色的矿石混合物结构同样地复杂。XRD（见图二三）检测出白铁矿石（FeS_2），还有之前已辨识出的方解石、橄榄石，以及钡硫酸钾。尽管白铁矿石可能致使此颜料呈现红色，但这很不寻常，不能解释全部现象。

最后，O-0815 铜镜在其青铜质上展示了一系列不寻常的锈蚀物。图二四所示的 XRD 列表显示有孔雀石、硫化锡（berndite, $4HSnS_2$），硫羟氯铜石（connellite）。硫化

---

[1]　Ju Kumanotani, "Urushi (Oriental Lacquer): A Natural Aesthetic Durable and Future-Promising Coating," *Progress in Organic Coatings* 26 (1995): 163-195.

[2]　Suzanne E. Cahill, *The Lloyd Cotsen Study Collection of Chinese Bronze Mirrors. Volume I: Catalogue*, ed. Lothar von Falkenhausen (Los Angeles: UCLA Cotsen Institute of Archaeological Press, 2009), 180.

[3]　Lothar von Falkenhausen, "Introduction," in *The Lloyd Cotsen Study Collection of Chinese Bronze Mirrors. Volume II: Studies*, ed. Lothar von Falkenhausen (Los Angeles: UCLA Cotsen Institute of Archaeological Press, 2011), 25-26.

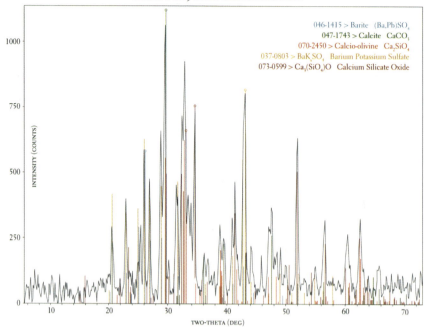

图二二　O-0815 铜镜上绿灰色矿物料的 X 射线衍射扫描

显示复杂的矿物组成：重晶石、方解石、橄榄石、钡硫酸钾、硅酸钙氧化物（calcium silicate oxide），
后者归入橄榄石一类

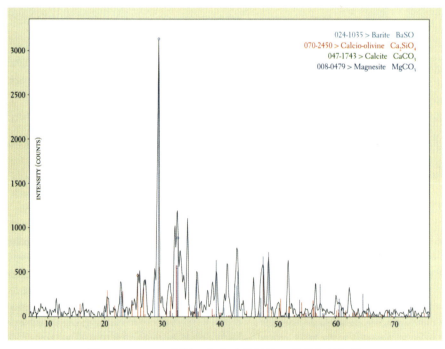

图二三　O-0815 铜镜上红色矿物料的 X 射线衍射扫描

显示其含有硫化铁，可能是白铁矿石（marcasite）、方解石、钡硫酸钾，还有可能是橄榄石，
这里显示为硅酸钙氧化物

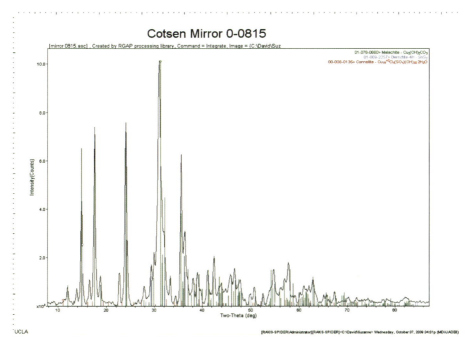

图二四　O-0815 铜镜上锈色的 X 射线衍射数据

锡与硫羟氯铜石据报很少是自然转化的产物。下文会专门处理锈蚀物的问题，当中会讨论硫羟氯铜石。硫化锡的来源有很多，可以跟环境因素有关，也可以是在室内环境下随之而来的铜锈。

十一、锈蚀与锈色

锡青铜上的锈色多数是由于锡含量丰富，而表层上的铜消失掉，致使锈蚀表层呈现多种颜色。这些颜色包括赤铜的红色，孔雀石的绿色，蓝铜的深蓝色，还有大部分非晶状氧化锡的黑色，氧化锡也形成黑漆古铜镜特异的黑色。

在过去至少 140 年中，有关中国黑漆古铜镜颜色来源的争论未尝休止。究竟其是在铸成铜镜时特意营造的锈色，还是某种在高锡青铜合金上的侵蚀（在墓葬的影响下，表层富有氧化锡的青铜会形成黑色层）？还是两种不同锈蚀现象在不同器物上都产生了？现在很难援引足够例证去解答这些问题。

摩浪（Morin）在 1874 年首先注意到铜镜的黑漆古问题 [①]。很多出土铜镜还保留有白银般的表层，这白银色就是打磨好的金属颜色。在锈蚀过程中，alpha 相的固溶体与共析体的 alpha 成分共同侵蚀器表，经常吞没在金属中的铅球粒，使铅球粒沉至深度达 25～200 微米处。delta 相不受侵蚀，保留或者呈现银色器表，正如我们在扣岑藏镜中的几面铜镜上可见，又如我们已讨论过的 O-0234 唐镜（见第一辑：图版 95）。

---

① H. Morin, "Über chinesische und japanische Bronzen mit dunkler Patina," *Comptes rendus hebdomadaires des Séances de l'Académie des Sciences* 78 (1874): 811-814.

黑漆古铜镜展示了同样被锈蚀的器表，只不过不同处在于其共析体的 delta 相也被锈蚀了。尽管锈蚀只有几微米的深度，却足以产生黑色的表层。泥土中的矿物被此锈蚀表层吸收，在锡石（cassiterite）或氧化亚锡（stannous oxides）之上，可能还加上硅、铝、铁、硫 [1]。Collins 发现一面汉镜，此镜只有半截埋藏在典型的中国黄土高原上的泥土中 [2]。那埋在泥中的半截有蓝黑色的锈色，未埋的半截则呈银色。Taube 等人检测过典型的黑色锈色 [3]，发现其由 $Sn_{1-x}(Cu, Fe, Pb, Si)_xO_2$ 所组成，至于王昌燧等的研究则发现是由纳米晶（nanocrystalline）SnO_2 所组成 [4]。Meeks [5]、朱守康和何堂坤等人所持意见为青铜器上的黑色锈色乃埋藏中的自然现象所致 [6]。另一方面，Chase [7]，Chase and

[1]　W. Thomas Chase III and Ursula M. Franklin, "Early Chinese Black Mirrors and Pattern-Etched Weapons," *Ars Orientalis* 11 (1979): 215-258; Yao Chuan and Wang Kuang, "A Study of the Black Corrosion-Resistant Surface Layer of Ancient Chinese Bronze Mirrors and Its Formation," *Corrosion Australasia* 12 (1987): 5-11.

[2]　William F. Collins, "The Mirror-Black and 'Quicksilver' Patinas of Certain Chinese Bronzes," *Journal of the Royal Anthropological Institute* 64 (1934): 69-79.

[3]　Michelle Taube, Alexander H. King, and W. Thomas III Chase, "Investigation of the Altered Layer on Ancient Chinese Bronze Mirrors and Model Two-Phase Bronze Surfaces to Smooth Adherent Patinas," *Phase Transformations* 81 (2008): 217-232; Yao Chuan and Wang Kuang, "A Study of the Black Corrosion-Resistant Surface Layer of Ancient Chinese Bronze Mirrors and Its Formation." *Corrosion Australasia* 12 (1987): 5-11.

[4]　Wang Changsui, Liu B., Zuo J., Zhang S., Tau M., Suzuki M., and W. Thomas III Chase, "Structural and Elemental Analysis on the Nanocrystalline SnO2 in the Surface of Ancient Chinese Black Mirrors," *Nanostructured Materials* 5 (1995): 489-496.

[5]　Nigel D. Meeks, "A Technical Study of Roman Bronze Mirrors," in *Aspects of Ancient Mining and Metallurgy: Acta of the British School at Athens, Centenary Conference, Bangor 1986*, ed. J. Ellis-Jones (Bangor: University College of North Wales, 1988), 66-79; Nigel D. Meeks, "Surface Studies of Roman Bronze Mirrors. Comparative High-Tin Bronze Dark Age Material, and Black Chinese Mirrors," in *Proceedings of the 26th International Archaeometry Symposium, University of Toronto, Canada, May 16th-20th 1988*, ed. Ron M. Farquhar, Ronald G. V. Hancock, and Larry A. Pavlish (Toronto: The Archaeometry Laboratory, University of Toronto, 1988), 124-127; Nigel D. Meeks, "Patination Phenomena on Roman and Chinese High-Tin Bronze Mirrors and Other Artefacts," in *Metal Plating and Patination*, ed. Susan LaNiece and Paul T. Craddock (Oxford: Butterworth-Heinemann, 1993), 63-84; Nigel D. Meeks, "Surface Characterization of Tinned Bronze, High-Tinned Bronze, Tinned Iron, and Arsenical Bronze," in *Metal Plating and Patination*, ed. Susan LaNiece and Paul T. Craddock (Oxford: Butterworth-Heinemann, 1993), 247-275.

[6]　Zhu Shoukang and He Tangkun, "Studies of Ancient Chinese Mirrors and Other Bronze Artefacts," in *Metal Plating and Patination*, ed. Susan LaNiece and Paul T. Craddock (Oxford: Butterworth-Heinemann, 1993).

[7]　W. Thomas Chase III, "What is the Smooth Lustrous Black Surface on Ancient Bronze Mirrors?" in *Corrosion and Metal Artefacts: A Dialogue between Conservators, Archaeologists, and Corrosion Scientists* (National Bureau of Standards, Special Publication no. 479, Washington, D.C.: U. S. Department of the Interior, 1977), 191-203; W. Thomas Chase III, "Bronze Casting in China: A Short Technical History," in *The Great Bronze Age of China: A Symposium*, ed. George Kuwayama (Seattle and London: University of Washington Press, 1983), 100-123.

Franklin[①]、Chase and Wang[②]、王昌燧等人[③]则认为这些锈色大多是在铸镜时特意弄成的，目的是要制作黑漆古铜镜。有可能两种意见都对，因为我们知道埋藏可以导致黑漆表层产生，当然人为制造也可以。正因结果类近，要逐一解决每个问题都非常困难。譬如编号 O-0647 的方镜（见第一辑：图版 92-93），有一些黑色部分，靠近镜沿处也有一些银色部分，显示此黑色部分乃埋藏所致，而非人为制造的。

　　尽管使用中的铜镜应有光亮照人的表面，但中国铜镜的表层与光亮度却参差不齐，即使是黑漆古青铜也能映照物像。黑漆古青铜也能抵抗锈蚀，锈色当然是一种锈蚀，但它使铜器表层的锈蚀慢下来，反而保护了覆盖着的金属基质；相反，在潮湿的天气下，很多采用其他加工方式加工后的铜镜表层都会因锈蚀失色。

　　显微组织中由多种相体组成的铸制铅青铜，在其（alpha+delta）共析相的基体中含有 alpha 相的岛状物，细小的铅球粒也在基体中散布开来。在锈蚀过程中，alpha 相趋向于被消解，在锈蚀中会转化为铜盐，可能有部分被消溶掉。细小的铅球粒也可能同样地被侵蚀为基本的碳酸铅或氧化铅。锡成分则转化为其中一种氧化锡。锈蚀时可添加或消减物质，在消减物质时，最后生成的"锈色"可能暴露底下铸成合金的显微组织。消蚀掉的表层锈色在考古出土的青铜器上很不寻常。如此之多的表层装饰处理方法运用在铜镜上，我们不能确定这种锈蚀是人为的还是自然的。高锡青铜上的添加过程可产生疣状锈蚀物，此疣状锈蚀物由表层不活跃的氧化物局部分解而来，特别是那些含锡的氧化物。譬如在编号 O-0648 战国时代的双合镜上（见第一辑：图版 10），镜背上似有消蚀掉的地方，锈色似乎消失掉了，或许是被锈蚀掉，或许是清理过度所致（见图三）。此镜上的树枝状结构可在表层看到，显示此镜非由古法高锡合金铸制，而是含有黄色而非白色的金属。XRF 检测出只含 18% 的锡。肉眼检测发觉露出来的金属是黄色而非白色的。此合金中的铅含量也非常低。

　　另一奇怪的蚀刻表层浮雕见于编号 O-0720 的战国铜镜上（见第一辑：图版 38），它的底纹是非常精细的织纹图案。此镜锡含量偏低，为 19% 锡与 3% 铅。合金的颜色仍是浅黄色。图二五展示该镜表层两张有代表性的显微相片，我们可清楚看到表层蚀刻的位相。

　　唐代和唐以后的诸多青铜器中，锈蚀范围并不大，表层仍保留刚铸好时的闪亮银色。这源于高锡含量阻慢表层之变化，不活跃的表层薄膜局部分解，产生疣状锈蚀，

　　① 　W. Thomas Chase III and Ursula M. Franklin, "Early Chinese Black Mirrors and Pattern-Etched Weapons," *Ars Orientalis* 11 (1979): 215-258.

　　② 　W. Thomas Chase III and Wang Quanyu, "Metallography and Corrosion Product Studies on Archaeological Bronze Fragments from the Qucun Site," in *Material Issues in Art and Archaeology*, v. 5. Materials Research Society Symposium Proceedings, v. 462, ed. Pamela B. Vandiver, James R. Druzik, John F. Merkel, and John Stewart (Pittsburgh: Materials Research Society, 1997), 73-79.

　　③ 　王昌燧、徐力、王胜君、李虎侯：《古铜镜的结构成份分析》，《考古》1989 年第 5 期，第 476-480 页；Wang Changsui, Lu B., Zuo J., Zhang S., Tau M., Suzuki M., and W. Thomas Chase III, "Structural and Elemental Analysis on the Nanocrystalline SnO$_2$ in the Surface of Ancient Chinese Black Mirrors." *Nanostructured Materials* 5 (1995): 489-496.

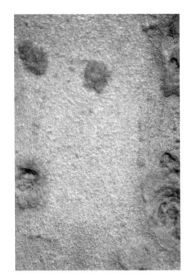

图二五　O-0720 铜镜表层纹饰的一部分，显示其暗黄色表面

左边的图片中，其表层有赤铜凹坑，就在最外围的表层之下，显示锈蚀已达一定深度；

右边的图片，则显示有浅绿色赘生物覆盖着蚀刻表层

（作者自拍显微照片）

通常能阻慢表层变化。有兴趣的读者若想了解中国青铜器锈色的本质，可参考 Scott[1]、Chase[2]、Chase and Franklin[3]、Chase and Wang、Taube 等人[4]、Meeks[5]、Robbiola

---

[1] David Scott, *Copper and Bronze in Art: Corrosion, Colorants, Conservation* (Los Angeles: Getty Press, 2002).

[2] W. Thomas Chase III, "Chinese Bronzes: Casting, Finishing, Patination, and Corrosion," in *Ancient and Historic Metals: Conservation and Scientific Research: Proceedings of a Symposium Organized by the J. Paul Getty Museum and the Getty Conservation Institute, November 1992*, ed. David A. Scott, Jerry Podany, and Brian Considine (Marina del Rey, Calif.: The Getty Conservation Institute, 1993), 85-117.

[3] W. Thomas Chase III and Ursula M. Franklin, "Early Chinese Black Mirrors and Pattern-Etched Weapons," *Ars Orientalis* 11 (1979): 215-258.

[4] Michelle Taube, W. Thomas Chase III, Alison J. Davenport, and A. Peter Jardine, "Investigation and Replication of the Surface Microstructure of Early Chinese Black Bronze Mirrors," in *Materials Issues in Art and Archaeology IV: Symposium Held May 16-21, 1994, Cancun, Mexico*, Materials Research Society Symposium Proceedings, v. 352, ed. James R. Druzik, José Luis Madrid Galván, Ian C. Freestone, and George Segan Wheeler (Pittsburgh: Materials Research Society, 1995), 215-221.

[5] Nigel D. Meeks, "Patination Phenomena on Roman and Chinese High-Tin Bronze Mirrors and Other Artefacts," in *Metal Plating and Patination*, ed. Susan LaNiece and Paul T. Craddock (Oxford: Butterworth-Heinemann, 1993), 63-84; Nigel D. Meeks, "Surface Characterization of Tinned Bronze, High-Tinned Bronze, Tinned Iron, and Arsenical Bronze," in *Metal Plating and Patination*, ed. Susan LaNiece and Paul T. Craddock (Oxford: Butterworth-Heinemann, 1993), 247-275.

等人^①；还有 Robbiola and Portier 等人的文章^②。

十二、复制品、仿制品、伪造品

与本研究相关而又非常有趣的课题，是历朝历代均在试验如何仿制古代铜器的锈色。中国古代的鉴赏家、今天的收藏家和文物保护专家，都对出土青铜器上多彩多变的外表着迷。南宋与明朝年间，许多人尝试仿制古代藏品的造型与锈色，他们也仿制黑漆古、富锡锈色，或者光滑微亮的蓝绿色表层，也着眼于铜、锡、铅等锈蚀物。他们想出很多技法去复制这些加工表层；从简单的方法，用蓝色黏合剂将研磨好的孔雀石粘到薄薄的表层锈色上，而这表层锈色上通常只有几微米厚的赤铜外壳（若有的话）；到极度复杂的化学处理，这些方法都使用过。如 Kerr 所说，有意识伪造中国古代铜器在宋代就已非常普遍^③。

又绿又红的锈色广受欢迎，制造这些锈色倒有几个配方保留下来。明代藏家高濂（活跃于 1580～1600 年）记录过用硇砂、胆矾、金丝矾、硼砂、硫酸等物处理铜器表面，并加以烘焙。然后将铜器放进一地坑里，内放烧红了的木炭，并将醋泼下坑中（中国醋通常用竹叶或稻米制造。有些醋主体含有醋酸，这与西方醋相似，但却复杂得多。譬如有学者提及中国竹叶醋可含有机酸、酚、醛、酮、醇［酒精］、油脂^④）。不同种类物质被施加在铜器表面上，促使盐霜风化的进程（salt efflorescence），这些物质包括颜料，金属锉屑，或是朱砂等，此外还包括一大堆盐，放在铜器表面某些位置上。最后将铜器长时间埋在酸性土壤中就可以了。巴纳援引了历史上其他几个改变铜器表面的配方^⑤，如赵希鹄（活跃于 1231 年）的《洞天清禄集》所载：

---

① Luc Rabbiola, Nathalie Pereira, Karine Thaury, Christian Fiaud, and Jean-Pierre Labbé, "Decuprification Phenomenon of Cu-Sn Alloys in Aqueous Solution in Nearly Neutral pH Conditions," *Métal 98: Actes de la Conférence internationale sur la conservation des métaux: Draguignan-Figanières, France, 27-29 May 1998*, ed. William Mourey and Luc Rabbiola (London: Earthscan, 1998), 136-144; Luc Rabbiola, Anthony Plowright, and Richard Portier, "A New Data for Improving Authentication of Bronze Artefacts," in *Metal 2001: Actas del congreso internacional sobre la conservación de metales: Santiago, Chile 2-6 April 2001*, ed. Ian D. MacLeod, Johanna M. Theile, and Christian Degrigny (Freemantle: Western Australian Museum, 2004), 117-122.

② Luc Rabbiola and Richard Portier, "A Global Approach to the Authentication of Ancient Bronzes Based on the Characterization of the Alloy-Patina-Environment System," *Journal of Cultural Heritage* 7 (2006): 1-12.

③ Rose Kerr, *Later Chinese Bronzes* (Victoria and Albert Museum Far Eastern Series. London: Oxford University Press, 1990), 21.

④ Zhang Wenbiao, Li Wenzhu, Fang Wei, and Yu Liansheng, "A Study on Bamboo Vinegar and Their Formation Process at Different Collection Temperature," *Journal of Bamboo Research* 4 (2008): 123-130.

⑤ Noel Barnard, *Bronze Casting and Bronze Alloys in Ancient China* (Monumenta Serica Monographs v. 14. Canberra: Australian National University and Monumenta Serica, 1961), 214.

伪古铜器　其法以水银杂锡汞，即今磨镜药是也。先上在新铜器上令匀，然后以酽醋调细硇砂末，笔蘸匀上，候如蜡茶之色，急入新汲水浸之，即成蜡茶色。候如漆色，急入新汲水浸，即成漆色。浸稍缓则变色矣。若不入水则成纯翠色。三者并以新布擦令光莹，其铜腥为水银所匮，并不发露。然古铜声彻而清，新铜声洪而浊，不能逃识者之鉴。

断定中国铜镜的始制年代，涉及诸多因素，非常复杂，而且判定某一铜镜的真伪，可能要绕好几个弯。正如中野彻所说[①]：

辽代工匠如实复制唐代的铜镜，但由于所用基本金属呈黄色（作者注：即低锡青铜），它们通常可以确定是复制品。北宋铜镜细致模仿唐镜，但因其包含很多宋代特征，把它们叫作复制品并不妥当。

这里中野彻对于古旧铜镜的复制与重复使用的技术层面的见解鞭辟入里。例如他写道："明清时复制很多汉代 TLV 镜与唐代海兽（狮子）葡萄纹镜，但却是为了学术目的而复制。"[②]

上文所述编号 O-0233 的铜镜（见第一辑：图版 77）可能是后世仿品，因为它含有微量锌，所以年代不会早到三国时代，虽然它的形制与图案暗示它有那么早；但是它的锈色与保存状态说明已流传很久[③]。

中野彻说道："清代伪造战国镜造得太好了，以致今天很多清代镜子被视为战国真品。"[④]仔细分析这类铜镜乃迫切需要。当今为了文物市场利益，造出很多铜镜，但造镜者是抱着欺骗买家的心态，他们诱导买家相信其所买铜镜远远早于 19、20 世纪。所有藏家的收藏都包含具争议性的铜镜，扣岑藏镜也不例外。但是，在我看来，扣岑藏品中 90% 的铜镜并无虚假。

扣岑藏镜如绝大多数私人收藏的中国铜镜一样，都在文物市场上购得，故此欠缺明确的考古遗存资料与年代，铜镜也无清晰来源信息。这些铜镜有着不同的来源，譬如，我们可以分为：

（1）铜镜所称的年代与铜镜真实年代一致（扣岑藏镜中的绝大多数）。

（2）铜镜所称为古镜，但明显有现代工艺痕迹（例如 O-0096 铜镜；见第一辑：图版 31）。

（3）铜镜本身已很古旧，但本身则模仿更古旧的"真品"（例如 O-0233 铜镜；见第

---

① Toru Nakano, "Ancient Chinese Bronze Mirrors," in *Bronze Mirrors from Ancient China: Donald H. Graham Jr. Collection*, ed. Toru Nakano (Hong Kong: Orientations Publishers, 1994), 44.

② Toru Nakano, "Ancient Chinese Bronze Mirrors," in *Bronze Mirrors from Ancient China: Donald H. Graham Jr. Collection*, ed. Toru Nakano (Hong Kong: Orientations Publishers, 1994), 44.

③ 译者注：原文此处不通。应为"虽然它的形制与图案暗示它有那么三国时代早；但是它的锈色与保存状态说明没有流传多久。"

④ Toru Nakano, "Ancient Chinese Bronze Mirrors," in *Bronze Mirrors from Ancient China: Donald H. Graham Jr. Collection*, ed. Toru Nakano (Hong Kong: Orientations Publishers, 1994), 45.

一辑：图版 77)。

（4）铜镜本身已很古旧，但本身是地方上的仿品，或者是"官方"版本的粗糙仿品（扣岑藏镜中没此类镜的明确例子，因为藏家对艺术质量有很高要求）。

（5）铜镜本身明明白白地体现出现代仿品的特点，不存欺骗成分（例如 O-0292 铜镜；见第一辑：图版 130)。

（6）铜镜自铸成后已被修补改动（例如 O-0322 铜镜；见第一辑：图版 131)。

扣岑藏镜中有问题的镜，包括战国式铜镜 O-0421（见第一辑：图版 15 ），O-0129（见第一辑：图版 28 ），O-0096（见第一辑：图版 31 ），还有 O-0127（见第一辑：图版 32)。若是真品，4 面铜镜应由泥范或石范铸成，但这不可能，因为在这 4 面镜上均有从表层处凸起的细小气泡。如果使用制范物料（例如硅胶）在铸好铜镜上取范，这类气泡通常就会出现：因为用制范物料复制取范时，困在里边的空气就会形成气孔，铸成品上就会出现细小气泡（图二六）。

更有甚者，这 4 面铜镜的锈色都很有问题：O-0129 铜镜薄薄的、浑浊的绿色锈色完全没含赤铜，或其锈蚀太显浅；O-0096，O-0127，O-0421 铜镜上浅浅的蓝绿色泽亦有问题。还有，O-0421 铜镜上乳白色薄片状锈色覆盖在镜子本身的金属质地上，这就很反常（图二七）。结合那些气泡，再从这 4 面镜上令人大起疑窦的锈色可得出定论，它们都不是真品，很有可能是从古旧真品上复制而来的。

以科学探查手段，检测 O-0421 铜镜边沿切下的横剖面，并用金相显微镜与电子显微镜细心观察。图二八展示得出来的光学显微照，从而可见此镜锈色非常显浅，只侵蚀了一点儿底下原有金属晶粒而已。

图二六　O-0421 铜镜有纹饰表层凸起的铸制后的气泡

不靠显微镜，光靠肉眼并不能看到这些气泡。放大 60 倍
（作者自拍显微照片）

图二七　O-0421 铜镜上不同寻常的锈色

正从镜表层剥落，展示其下灰紫色的层面，
这是其表层显微照片。放大 55 倍
（作者自拍显微照片）

　　图二九所示，在偏光下检测此镜打磨部分，发现锈色与青铜本身预期的年代并不相符。在浅绿色的锈蚀壳层下，可见一层薄薄的、黄色的铜氧化物锈蚀壳层。

　　这些又薄又黄的赤铜壳层，紧邻金属基体，指明赤铜并非结晶品，只是化学诱导下的显浅锈蚀。最后的谜团来自于那薄片似的、裂开来的锈色，我们在魏森堡几何学（Weissenbcrg gcometry）中，用 Rigaku R-Axis Spider X 射线衍射仪（X-ray diffractometer）上的 Debye-Scherrer X 射线粉末衍射（X-ray powder diffraction）检测其锈色。结果如图三〇所示。主要成分是氧化锡与方解石，但这不是我们在古代青铜黑漆古表层上所见的黑色氧化锡，它们完全是人造的蓬松灰白的氧化锡层。

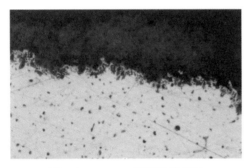

图二八　O-0421 铜镜的横剖面

显示铅青铜合金只深入几微米，侵蚀较显浅。未蚀刻剖面中的小点是铅，alpha + delta 共析体之锈蚀非常有限。这里没有赤铜，较蓬松的锈蚀壳层完全没有侵入到金属中去，亦没有真正锈蚀或真实锈色的表征。显微照片放大 400 倍；未蚀刻

（作者自拍显微照片）

图二九　正交偏光拍摄 O-0421 铜镜横剖面的显微照片

显示锈色乃现代产物。放大 400 倍；未蚀刻

（作者自拍显微照片）

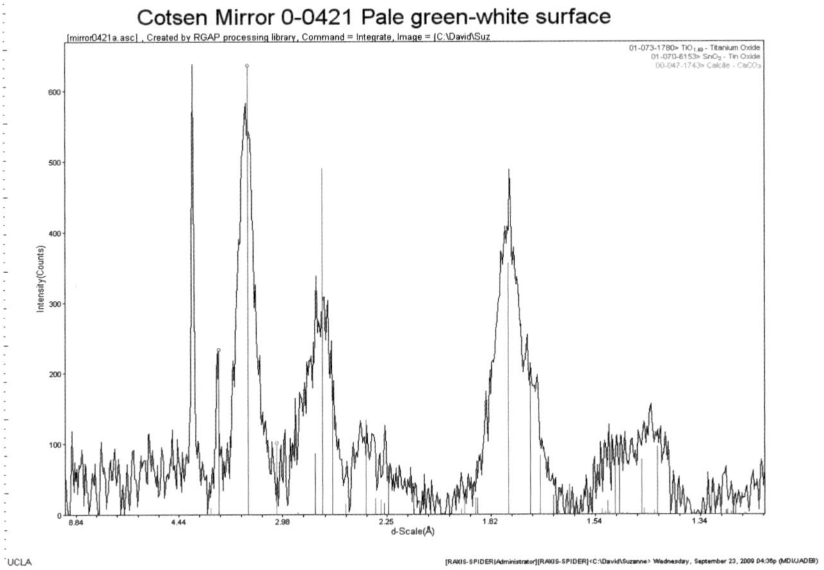

图三〇　X 射线粉末衍射扫描 O-0421 铜镜上的表层锈蚀

展示其"蓬松"、泛白的锈蚀主要成分为氧化物与方解石

扣岑藏品中另一面锈色与表层皆令人起疑的是编号 O-0874 铜镜（见第一辑：图版99）。正如我们在多面铜镜上所见的铸成气泡（图三一～图三四，它们就是证据，证明此镜是后世复制品。此外，这面铜镜是三面含少量锌的镜之中的一面，其余两面是编号O-0398 的战国式镜（见第一辑：图版 34），以及编号 O-0744 的东汉式镜（见第一辑：图版 78）。这三面铜镜中，O-0398 铜镜有薄薄的绿色锈色，这锈色不太能令人信服；所含之锌成分也是额外证据。

图三一　O-0127 铜镜
表层细部显示铸制后的气泡，以及令人起疑的锈色
（作者自拍显微照片）

图三二　O-0096 铜镜
表层细部显示铸制后的气泡，
以及令人起疑的锈色
（作者自拍显微照片）

图三三　O-0129 铜镜
表层细部显示铸制后的气泡，
以及令人起疑的锈色
（作者自拍显微照片）

图三四　O-0874 铜镜显示铸制后的气泡
（作者自拍显微照片）

十三、选取某些铜镜作金相与显微组织研究

中国铜镜合金排列出有趣的金相组织，我们要了解掩埋青铜合金后的成岩过程，就要记录它们的金相组织。譬如，从编号 O-0753 唐代铜镜（见第一辑：图版 97）边沿取

下的样本，保留了已锈蚀基体的原有表层。在锈蚀物的内层与外层间有一条窄窄的蓝灰色线把二者分开。在正交偏光（crossed polar illumination）映像下照出同样影像，绿色的外层锈蚀物覆盖着原有的表层与下面的红铜及偏深灰黑色的金属基体。铅夹杂物与（alpha+delta）金析相被优先侵蚀，只剩下孤立无援的岛状 alpha 相，显示此镜与已检测的两面唐镜相比，含有较少的锡。在锈蚀过程中，外围的显微组织裂开，使赤铜隔膜可以随之侵入已锈蚀的基体中。在其余中国铜镜上，我们较少见到 alpha 相与 delta 相的锈蚀物能保留下来，但在此处我们则可见到，这是此镜在埋藏时暴露于不同环境条件下的结果。我们用电子显微镜再次检测此镜的质地；图三五展示其背散射电子图。又白又亮的点是铅球粒，呈锯勾状、浅灰色的是 alpha 相，呈粒状较暗的背景是共析体混合物。

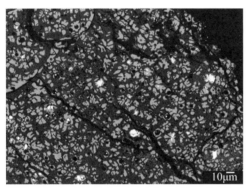

图三五　O-0753 铜镜背散射电子显微图

该镜乃铜锡铅三元合金，很不寻常的内部锈蚀，侵入金属 300 微米处，将 alpha+delta 共析体完全侵蚀，留下异常的岛状相。光亮白点是较大的铅球粒。
（右下）小横杠代表 10 微米
（作者自拍显微照片）

图三六展示此镜复杂的锈蚀组织，最外围的层面显示有较丰富的 delta 相，覆盖着一层较厚的已锈蚀的金属，当中 alpha 与 delta 相均已被侵蚀，再下层是内部已锈蚀的原有残余金属，其中 alpha 相仍完好无缺，但充填着已锈蚀的 delta 相。在一件中国铜器上能看见诸多金相学特点，确属异数。

编号 O-0293 的铜镜（见第一辑：图版41）年代为战国早期，有一不寻常的表层，较亮的锈蚀物堆积起来，却显得很有秩序，它们大部分覆盖在光滑的、紫色的图纹上。此镜成分属典型的铅锡青铜，其中有适中的锡含量（图三七）。

图三六　O-0753 铜镜边沿取出的一块小型样本

在其边沿已有较深入的锈蚀，分隔了富 delta 相的表层与下面两种相的共同锈蚀，分隔得较奇怪，锈蚀在金属剩余物前停止，金属剩余物乃未锈蚀的 alpha 相。该镜合金经 XRF 分析为 76.6% 铜、21% 锡、3.6% 铅
（作者自拍显微照片）

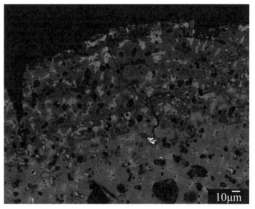

图三七　O-0293 铜镜有非常深入的锈蚀

锈蚀直达金属基体逾 100 微米处。表层区域有大量铅消失掉，在已锈蚀的 alpha 相中残余大多数 delta 相。在此背散射电子图中又白又亮的区域乃一剩余铅球粒
（作者自拍显微照片）

此镜之锈蚀外壳的组织不同于上文所论 O-0134 铜镜（见第一辑：图版 100）的组织。那面镜有魏氏沉淀所带来的针状本质。但在这面镜上，其结构由相体的树枝状分离所形成，伴有相应粗糙的显微结构。

此面战国早期铜镜的合金比起那两面唐镜，含有较少的锡成分。光学显微照片展示其粗糙的树枝状结构，散开来的铅球粒，非金属的硫化物杂质，还有夹心树枝状结构伴着仅余的岛状（alpha+delta）共析体，这些都是低锡铸造青铜的典型特质。其显微结构展示近表层之富铜区域有一些滑移面，表明此镜某些图饰在铸成后用冷加工把表层打磨光滑。此镜的表层颜色故此受其显微结构影响，本为黄色的表层锈蚀成五彩斑斓的样子，这锈蚀表层包含铜氧化物与碳酸盐。

编号 O-0291 的铜镜（见第一辑：图版 127）外表并不寻常，其高铅合金成分也不典型。它含有 16% 铅、18% 锡、约 2% 锌。其表层还含有微量汞。整体显微结构包含大量夹心组织、适量锡成分的青铜，伴有大型铅球粒，包括异常富铜的微小沉淀物，硫化铜杂质，还有岛状（alpha+delta）共析相。锈蚀外层有两个令人心忧的特点：锈色表层缺乏深红色的赤铜，绿色的锈蚀物满布其上，若要将此镜套上古老的年代，最好不要靠这锈色。锈色表层的铅球粒还未完全锈蚀，只是失去了其中微小的富铜沉淀物，这一特点在中国青铜镜上还未见过。此镜有菊花图案，早前被认为是韩国高丽朝（936～1392 年）的铜镜，现几可肯定是现代制品。

编号 O-0308 铜镜（见第一辑：图版 91）具唐代风格，古式镜合金成分，含 23% 锡、3% 铅，少量砷。其显微组织只含有极少微细硫化铜杂质，见证唐代铜匠精炼合金的成就，该镜亦有细小均匀散布的铅球粒，还有（alpha+delta）共析相基体，在精细比例中显示其魏氏组织（图三八）。此镜外层有一变异区域，氧化锡含量极多，但其总体结构组织则与 O-0134 镜相似。

只要铜镜的表层足够古老，该镜就饶有趣味。首先，我们可检视编号 O-0233 的铜镜（见第一辑：图版 77），东汉形制，但年代可能较晚，上文在讨论锌的问题时已提及过此镜。此镜合金含约 20% 锡与 3% 铅。孔隙度有一点，所含硫化铜杂质比上述两面唐镜之显微结构为多。锈蚀物将含铜区域之富铜 alpha 相移除，且一并移除（alpha+delta）共析体的铜，只剩下外层的 delta 相与已锈蚀的基体，锈蚀已深入仅余金属物几十微米处。此镜锈色为墨绿色，本来可能是黑漆古铜镜，后来被锈蚀，绿色的锈蚀物侵扰了锈色。图三九展示已打磨好的部分。毫无疑问，此镜纵使不是东汉时代，也足够古老，因为此处所见之锈蚀物并非人力所能为。

一个稀奇的发现就是把两面本是天壤之别的铜镜连在一起，一面是编号 O-0779 的西汉镜（见第一辑：图版 59），另一面是 O-0774 的隋代镜（见第一辑：图版 81）。可以看到，两面镜的锈色都含有硫羟氯铜石 $Cu_{19}Cl_4(SO_4)(OH)_{32} \cdot 3H_2O$。硫羟氯铜石属复杂的矿石类别，与毛青铜矿石［buttgenbachite，$Cu_{36}Cl_{7.9}(NO_3)_{1.1}(OH)_{63}(H_2O)_4$］同等结构。图四○展示了 O-0779 铜镜的 XRD 数据。

在两面云渊相隔的铜镜锈色上，找到此绝无仅有的相同的锈蚀物，我们应该如何解释？主要原因在于环境的变异因素，而非合金成分。要让硫羟氯铜石成形，埋藏环境中必定要有氯离子与硫酸根离子。我们可以借助建基于 Pollard 等人研究而发展出来的稳

图三八　O-0308 铜镜的背散射电子显微图
图右显示锈蚀外壳，图左乃未锈蚀的合金。
（作者自拍显微照片）

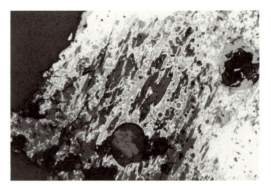

图三九　O-0233 东汉黑漆古铜镜的显微照片
显示大量锈蚀与 alpha 相的消失。铅球粒显得较大，
但亦被锈蚀掉。未蚀刻；放大 200 倍
（作者自拍显微照片）

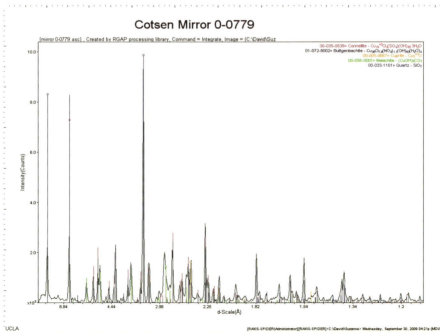

图四〇　O-0779 铜镜锈蚀外壳的 X 射线衍射分析数据
（作者自制图表）

定度图解（图四一）来解释这问题[①]。硫羟氯铜石在这两面铜镜上要结晶，必定在富含盐的环境中，但该处有足够多的硫酸根离子，而又未达到三方氯铜矿石（paratacamite）的稳定区域。硫羟氯铜石在多种多样的地质环境都能找到，表明其在古代青铜锈色上出现的情况可能被低估，原因就是对锈色成形的应用研究并不充分。所以，在这些中国铜器上找到的异常硫羟氯铜石，有朝一日会被视为蚀变产物的一部分，且经常被人辨识出来。

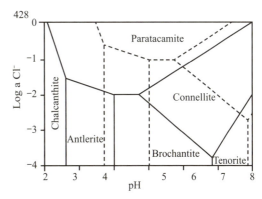

图四一　就着某些硫酸铜与氯化物的稳定度图解
显示其稳定区域
（取自 Pollard et al. 1990）

　　铜镜上可见的典型锈色成分是孔雀石与赤铜，就像图四二所示编号 O-0304 的战国时代铜镜（见第一辑：图版 39）。

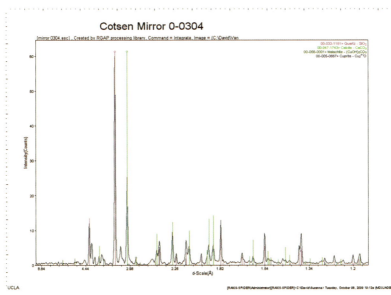

图四二　O-0304 铜镜的 X 射线衍射光谱

① 　A. Mark Pollard, Roger G. Thomas, and Peter A. Williams, "Connellite: Stability Relationships with other Secondary Copper Minerals," *Mineralogical Magazine* 54 (1990): 425-430.

　　在铜镜上氧化物诱发的锈蚀物中，氯铜矿石（atacamite）与三方氯铜矿石是最常见的，还有斜氯铜矿石（botallackite）的例子。譬如，编号 O-0185 的战国时代漆镜（见第一辑：图版 45），在其映像镜面处就有氯铜矿石的踪影（图四三）。氯铜矿石是这些镜上最常见的氯化物。

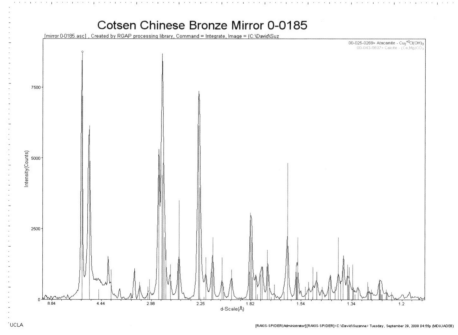

图四三　O-0185 铜镜的 X 射线衍射数据

　　编号 O-0742 的唐代铜镜（见第一辑：图版 96），其锈色有复杂成分，包括三方氯铜矿石，孔雀石、氯铜矿石、赤铜、铅—锡硫化物（$PbSnS_3$），它们或许是在早前的储藏或展示状态中，因铅与锡的联合锈蚀，再加上硫污染物而生成，因为此铜镜锈色并非我们常见的那种薄膜形态，亦非在中国范围内找到过的锈色（图四四）。

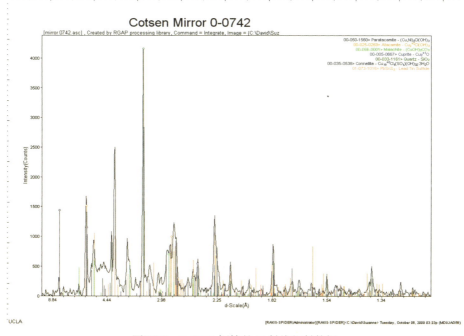

图四四　O-0742 铜镜的 X 射线衍射数据

十四、结　　论

　　扣岑藏镜有特殊的启迪教益功效：它包含最早的铜镜，那时人们刚用青铜作映照物像之用；亦包含用铜锡铅三元合金所铸的镜，此合金成分延续数千年而不辍。扣岑藏镜所用的装饰技法，高超而多元，有些更是绝无仅有。编号 O-0360 铜镜底面之间的编织品，结合镜沿上的孔雀石与绿松石等矿石镶嵌物，编号 O-0186 铜镜上保留的丝织刺绣，用编织物在模上压印花纹，再用模去铸铜，这些技法反映出工匠的纯熟技艺，以及所用制镜物料范围之广泛多样。扣岑藏镜所用的技法难以在世上找到匹配之物，如 O-0832 镜上的黄金玻璃镶嵌，在玻璃中撒金，使用了不同来源地的玻璃，有些玻璃在中国本地制造，有些则是舶来品，因此很难找到可以与之相比的铜镜。本研究中发现的装饰技法在其他著录中还未找到应对之物——譬如那面编号为 O-0815 的铜镜，上有童子嬉戏之图，它就用上糊状陶泥成分去装饰镜背。

扣岑藏镜所示的锈色与锈蚀之范围与种类也极具教益之效。蚀刻图案，以及铜镜上部分区域有选择地打磨，可能只是属于表层加工技巧的一种，而其真实本质，我们还未弄清楚。表层颜色由于锈蚀而五彩斑斓，以及那些铜镜上由铸成之日起便一直光亮鲜明的表层，都构成扣岑藏镜的一部分，透过这批藏品，观众可以细细品味中国工匠的卓越成就，也可全方位欣赏青铜合金之美。历代以来，这些多元多变之美都吸引中国学者去复制古代的铜镜，随之而来的是历久不衰的伪造与复制，为当今中国文物收藏家所不屑。通过研究这些没有信息来源的古物，结合有明晰来源的古物，我们可以慢慢积累对中国铜镜的认识，将来的认识也会日渐深厚。现今有更多的收藏可与扣岑藏镜相比较，这就使得讨论可以更深入、更细致，并且可以通过考古研究成果来展示讨论的结果。本文就得益于此类日新月异的讨论进展。

围绕中国铜镜的复杂问题，着手进行细致的科学研究，其价值不言而喻。研究一个藏家的藏品说不上全面，但却非常有用。它不仅可以催生新颖的研究成果，还可以加深我们对古代中国铜镜制造的认识，更是在此过程中针对锈色与装饰等方面提出新问题；当然，这些新问题仍然未得到解决，还需要等候更深入的研究。

附记：笔者要多谢 Suzanne Cahill 的翻译，Drew Pomatti 与 Seppi Lehner 协助 XRF 分析的工作与拍摄显微照片。两套 EPMA 的分析在加州大学洛杉矶分校（UCLA）地质系进行，其中一套分析之研究基金由扣岑考古所（Cotsen Institute）赞助。Lloyd Cotsen，Karen Hudson 与 Lyssa Stapleton 让笔者在过去几个月内可着手藏品的研究，在此一并致谢。

附录：扣岑藏镜的成分与技术分析信息

大多数的分析由 Bruker 手提 XRF 仪进行，用上 Al/Ti 滤镜，40KV 1.5 microAmps 维持 180 秒。以铜锡铅三元合金的基准来作比较。此类分析的准确度通常值为：主要元素 ±10%，少量与微量元素 ±20%。在 7 面铜镜上打磨光滑的地方以电子显微镜进行额外分析。这些分析在 UCLA 地质系用 Joel SuperProbe 进行，Dr. Frank Kyte 从旁协助。（译者注：附录详细内容此处从略。）

《古物》（*Antiquity*）2021 年文摘

徐文鹏　　王文婧

（厦门大学历史与文化遗产学院）

Zhu, S., Li, F., Chen, X., Fu, X., & Hu, Y. (2021). "Subsistence and Health in Middle Neolithic (9000-7000 BP) southern China: New Evidence from the Dingsishan Site." *Antiquity* 95 (379): 13-26.

《新石器时代中期（距今 9000～7000 年）华南的生计和健康：来自顶蛳山遗址的新证据》

一般认为中国华南和东南亚的早期全新世人群仍然以狩猎和采集为生，而小米和水稻种植则在亚洲北部和东部发展。顶蛳山遗址是亚洲东南部最古老的全新世露天遗址，但该遗址过去尚未有关于人类健康和生存策略的直接证据。本文作者对距今 9000～7000 年的顶蛳山人进行了同位素和人口分析，发现顶蛳山居民依赖淡水资源，这一现象在第三期（约距今 7000 年）时尤为突出。该研究还发现，与同时代的农耕人口相比，顶蛳山渔猎采集者的平均预期寿命似乎更高。

Darabi, H., Bangsgaard, P., Arranz-Otaegui, A., Ahadi, G., & Olsen, J. (2021). "Early Neolithic Occupation of the Lowlands of South-western Iran: New Evidence from Tapeh Mahtaj." *Antiquity* 95 (379): 27-44.

《西南伊朗低地早期新石器时代聚落：来自 Tapeh Mahtaj 遗址的新证据》

伊朗西南部低地自 19 世纪中叶以来就一直被考古学家所研究。然而，对新石器时代的研究主要开展于 20 世纪六七十年代，当时发现了西部平原上有新石器时代早期的聚落，并且提出其他低地平原在新石器时代之后就已经有人居住的假设。然而，2015 年在 Tapeh Mahtaj 的发掘改变了这一观点。本文依据发掘新证据，提供了跨学科成果，讨论了伊朗西南部低地新石器时代早期的性质，有助于我们更好地理解该地区以及东部新月沃地早期驯化和定居的出现。

Zhao, C., Janz, L., Bukhchuluun, D., & Odsuren, D. (2021). "Neolithic Pathways in East Asia: Early Sedentism on the Mongolian Plateau." *Antiquity* 95 (379): 45-64.

《东亚新石器时代的路径：蒙古高原的早期定居》

向定居生活方式的转变是人类适应行为中一项重大变化。尽管这种转变在全新世气候最佳期同时发生在东亚各个地方，但这种变化也因地区而异。本文综合了来自蒙古高原新石器时代遗址的新数据和已有数据，揭示了遗址建筑投入的同时性转变，以及在聚落结构和跨区域的生计模式上存在明显差异。定居社群的发展强调了气候改善对定居的重要性，并展现了生态和文化背景的差异是如何引发对相同环境刺激作出的各种不同反应。

Mueller-Scheessel, N., Hukel'ova, Z., Meadows, J., Cheben, I., Mueller, J., & Furholt, M. (2021). "New Burial Rites at the End of the Linearbandkeramik in South-west Slovakia." *Antiquity* 95 (379): 65-84.

《斯洛伐克西南部线纹陶晚期新的墓葬仪式》

最近在中欧发现了几个线纹陶文化（Linearbandkeramik，简称 LBK）晚期遗址，包括斯洛伐克西南部的 Vrable 遗址，揭示了新石器时代墓葬习俗日益多样化的证据，这可能反映了 LBK 文化晚期社区之间的战争和社会政治危机。本研究通过对 Vrable 墓葬的骨骼学和放射性碳分析，发现这种发展反映的不是社区间冲突和战争，而是内部冲突达到顶峰和对死者仪式处理的多样化。LBK 时期处理和存放死者的方法中体现的多样性可以被理解为一种调节社会冲突和社区边界的实验性方法。

Pearson, M. P., Pollard, J., Richards, C., Welham, K., Kinnaird, T., Shaw, D., Simmons, E., Stanford, A., Bevins, R., Ixer, R., Ruggles, C., Rylatt, J., & Edinborough, K. (2021). "The Original Stonehenge? A Dismantled Stone Circle in the Preseli Hills of West Wales." *Antiquity* 95 (379): 85-103.

《最初的巨石阵？西威尔士普雷塞利山（Preseli Hills）上拆除的石圈》

在威尔士西部巨石阵的青石采石场附近发现了一个被拆除的石圈，这使得一个 900 年前的传说中增加了一丝真实的可能性。这个传说认为巨石阵是基于更早的石圈建造的。对 Waun Mawn（石圈）遗址的放射性碳和 OSL 测年表明，该石圈建造于公元前 3000 年，之后不久就开始建造巨石阵。Waun Mawn 的直径和巨石阵围成的沟渠的直径相同，它们在夏至日出时的方位也相同，表明至少一部分 Waun Mawn 石圈是从威尔士西部被带到索尔兹伯里平原（Salisbury Plain）的。这种解释与最近的同位素研究相得益彰，该同位素研究支持人类和动物从威尔士迁移到巨石阵的假设。

Frenez, D., Genchi, F., David-Cuny, H., & Al-Bakri, S. (2021). "The Early Iron Age Collective Tomb LCG-1 at Dibba al-Bayah, Oman: Long-distance Exchange and Cross-cultural Interaction." *Antiquity* 95 (379): 104-124.

《阿曼迪巴－拜亚早期铁器时代的集体墓 LCG-1：远距离交流和跨文化互动》

聚落迅速扩张是阿拉伯东南部铁器时代（公元前 1300～前 600 年）的主要特点。然而，在过去几千年中形成的社会结构仍然存在，并通过集体性丧葬纪念碑的发展而得到加强。最近在阿曼苏丹国迪巴－拜亚（Dibba al-Bayah）遗址发现的青铜时代晚期至铁器时代早期的墓葬出土了一系列文物，这些文物阐明了当地社区长距离接触的性质和范围。选择这些物品似乎不仅仅是因为它们具有异国情调的吸引力，而且还因为它们具有的驱虫功能。这些物品印证了在阿拉伯史前这个关键时期，深厚的跨文化知识延伸到了更广泛的地区。

Cakirlar, C., Koolstra, F. J., & Ikram, S. (2021). "Tracking Turtles in the Past: Zooarchaeological Evidence for Human-turtle Interactions in the Ancient Eastern Mediterranean." *Antiquity* 95 (379): 125-141.

《追踪过去的海龟：古代东地中海人与海龟互动的动物考古学证据》

海龟是人类对海洋生物多样性影响的重要晴雨表。然而，对于人类与海龟互动的深厚历史以及这是否反映在当今地中海海龟种群的脆弱性之中，我们知之甚少。对于过去人类与东地中海的绿海龟、红海龟和尼罗河软壳龟互动的性质和强度，本文批判性地评估了相关的动物考古学证据。五个沿海考古遗址的物种和性别鉴定、丰富程度的相对估计和大小的重建工作展示了从海龟捕获到加工的互动多样性，并且使得与这些物种在该地区的当前分布状况进行比较成为可能。

Brownlee, E. (2021). "Connectivity and Funerary Change in Early Medieval Europe." *Antiquity* 95 (379): 142-159.

《中世纪早期欧洲的连通性和丧葬变化》

公元 6~8 世纪，在墓葬里附随葬品的做法在整个西欧几乎完全被摒弃。然而，迄今为止，对这一变化的解释主要从本地的考虑出发。通过整理来自西欧各地 237 个墓葬的数据，本文评估了这一现象的空间和时间发展过程。此现象从 6 世纪中叶开始，在 7 世纪末加速发展，到 8 世纪该地区几乎完全放弃了这一习俗。作者认为这种广泛而迅速的转变可通过贸易和连接性的证据来解释，而贸易和连接性也促进了这种文化习俗和其他文化习俗在整个地区的迅速传播。

Rosenswig, R. M., & Vazquez Leiva, R. (2021). "Chacmools in Costa Rica: Long-distance Interaction Between Lower Central America and Mesoamerica, c. AD 1000." *Antiquity* 95 (379): 160-179.

《哥斯达黎加的查克穆尔：约公元 1000 年时中美洲下部和中部美洲之间的长距离互动》

查克穆尔（Chacmools）是一种独特的雕塑形式，与中部美洲城市奇琴伊察（Chichen Itza）和图拉（Tula）有关。最近在哥斯达黎加的拉斯梅赛德斯（Las Mercedes）南面 2000 多千米处发现的一尊雕塑与中部美洲的查克穆尔人非常相似。本文将这种新的类似查克穆尔的雕塑与美国自然历史博物馆和哥斯达黎加国家博物馆馆藏的类似雕塑进行了比较，证明了这些雕塑在中美洲南部很常见，并提出中美洲和中部美洲之间的联系可以追溯到公元 1000 年。作者将哥斯达黎加的查克穆尔解释为当地酋长使用的仪式家具，通过制定中部美洲式的仪式来增强他们的权力和声望。

Stele, A., Schwickert, M., & Rass, C. (2021). "The Battle of Vossenack Ridge: Exploring Interdisciplinary Approaches for the Detection of US Army Field Positions on a Second World

War Battlefield." *Antiquity* 95 (379): 180-197.

《Vossenack Ridge 战役：探索在二战战场上侦测美国陆军野战阵地的跨学科方法》

仅使用历史和文献记录可能难以了解过去军事事件的全部内容。通过将这些视觉和文本资源与考古学和地质考古学证据相结合，本文作者提出了一种跨学科方法，旨在建立以过程为导向的方式，以理解冲突景观的起源和转变。作者以德国 Vossenack Ridge 的战场遗址为研究案例，证明这种方法可以最大限度地帮助我们了解与战争相关的景观变化，同时最大限度地减少对地下考古材料的破坏。

Mytum, H., & Meek, J. (2021). "The Iron Age in the Plastic Age: Anthropocene Signatures at Castell Henllys." *Antiquity* 95 (379): 198-214.

《塑料时代的铁器时代：Castell Henllys 的人类世特征》

塑料进入考古和地质记录可能是人类世的最显著特征。在越来越多的人意识到塑料在海洋污染中所扮演的作用时，本研究证明了这种污染在陆地上的普遍性。通过在威尔士 Castell Henllys 铁器时代堡垒的原址上对两座经过实验重建的圆屋进行发掘，本研究展现了 30 年间有关遗产解释和游客活动的证据。本次发掘所发现的物质文化材料的性质和范围准确地反映了该遗产地的活动，同时也揭示了考古环境中超出预计数量的塑料碎片。这表明即使在管理良好的情况下，塑料也会成为陆地沉积物的一部分。

Sainsbury, V. A., Bray, P., Gosden, C., & Pollard, A. M. (2021). "Mutable Objects, Places and Chronologies." *Antiquity* 95 (379): 215-227.

《可变的物品、地点和年代序列》

可变性，即改变形式和物理状态的能力，是玻璃和金属的重要特征。然而，事实证明这种特性对于考古学和科技考古研究来说是令人沮丧的。本文评估了材料再利用和回收的类型学、化学和理论要素，将这些实践重新定义为了解过去行为的机会，而非障碍。本文利用不同的考古数据，通过案例研究，说明记录过去可变性的可行性，并展示了这所能够揭示的考古学物质文化的运动、社会背景和意义。作者希望通过这些例子，考古学家未来能够考虑将可变性整合为操作链的一部分。

Yi, M., Gao, X., Chen, F., Pei, S., & Wang, H. (2021). "Combining Sedentism and Mobility in the Palaeolithic-Neolithic Transition of Northern China: The Site of Shuidonggou Locality 12." *Antiquity* 95 (380): 292-309.

《中国北方旧石器时代到新石器时代过渡时期的定居与流动相结合：水洞沟遗址 12 号地点》

学者们长期以来一直在争论新石器时代何时在中国开始。然而，新石器化是一个过程，而非一个事件。本文作者认为研究在中国北方旧石器时代至新石器时代过渡时期，从移动的、使用细石叶的觅食者到定居社区，这一社会经济变化轨迹的时间和性质更贴合实际。这里，作者通过水洞沟遗址 12 号地点的人工制品来展示该遗址居民的社会经济组织状况。他们发现该遗址长期被一个具备高水平个体流动性的群体所占用。与同期数据的比较分析表明，复杂社会组织的早期阶段（新石器时代的一个重要阶段）出现在使用细石叶的群体中。

Manninen, M. A., Damlien, H., Kleppe, J. I., Knutsson, K., Murashkin, A., Niemi, A. R., Rosenvinge, C. S., & Persson, P. (2021). "First Encounters in the North: Cultural Diversity and Gene Flow in Early Mesolithic Scandinavia." *Antiquity* 95 (380): 310-328.

《北方的第一次接触：中石器时代早期斯堪的纳维亚的文化多样性和基因流动》

群体遗传学研究经常忽视过去物质文化的多样性和变化的证据。本文通过一个中石器时代的例子，展示了将考古学证据整合到对斯堪的纳维亚狩猎－采集者遗传群体的解释中的重要性。遗传学研究结论指出，这一群体是通过公元前 7500 年之前的两次单一事件扩散到斯堪的纳维亚半岛的。然而，考古学证据表明，在最早的 DNA 之前至少有六次移民事件，且第一批群体在公元前 9000 年之前就抵达斯堪的纳维亚半岛。作者认为这些发现强调了对史前人类迁徙进行细致的考古分析与古代人口基因组学研究相结合的重要性。

Lull, V., Rihuete-Herrada, C., Risch, R., Bonora, B., Celdran-Beltran, E., Fregeiro, M. I., Molero, C., Moreno, A., Oliart, C., Velasco-Felipe, C., Andugar, L., Haak, W., Villalba-Mouco, V., & Mico, R. (2021). "Emblems and Spaces of Power During the Argaric Bronze Age at La Almoloya, Murcia." *Antiquity* 95 (380): 329-348.

《穆尔西亚拉阿尔莫洛亚阿尔加青铜时代的标志和权力空间》

最近在西班牙东南部的拉阿尔莫洛亚（La Almoloya）发现了一处随葬品极其丰富的墓葬，该发现揭示了早期青铜时代埃尔阿加（El Argar）社会的政治背景。随葬品的数量、种类和丰富性都强调了这个独特文化的技术、经济和社会层面。随葬品组合包括具有政治和意识形态象征意义的物品，其中最引人注意的是一个银色王冠。同样具有特殊性的是墓葬上方的建筑，该建筑可能是西欧发现的青铜时代最早的宫殿之一。作者认为拉阿尔莫洛亚的建筑和文物都为我们了解在经济不平等社会中象征个人和其行使权力的方式提供了新的见解。

Wozniak, M. A., & Harrell, J. A. (2021). "When the Well Runs Dry: Climatic Instability and the Abandonment of Early Hellenistic Berenike." *Antiquity* 95 (380): 349-366.

《当井干涸时：气候不稳定和早期希腊化贝列尼凯的遗弃》

埃及红海沿岸的希腊化港口贝列尼凯（Berenike）新发现的一口井表明，公元前 3 世纪后期该地区人类活动的中断可能是由于多年干旱导致的淡水源枯竭。作者认为，这种气候变化可能是由公元前 209 年的一次火山爆发引发的，这一事件也造成了尼罗河洪水泛滥，并导致了公元前 207～前 186 年上埃及因饥荒引发的叛乱。作者指出贝列尼凯的发掘不仅发现了东非海岸的第一个希腊化城市，而且还有助于我们更好地了解自然灾害对古代社会的影响。

Pitts, M., & Versluys, M. J. (2021). "Objectscapes: A manifesto for Investigating the Impacts of Object Flows on Past Societies." *Antiquity* 95 (380): 367-381.

《物体景观：调查物体流动对过去社会影响的宣言》

世界历史通常以人群流动为框架：人类"走出非洲"，农耕者在全新世的扩散，"海洋民族"的破坏，或腓尼基人、希腊人和罗马人的"殖民化"。在这篇文章中，作者认为世界历史也是关于物品的流动。为了阐明物品对过去社会的影响，作者引入了"物品景观"的概念，并将其作为书写人类与事物纠缠的新史学的一种手段。在这种概念中，运动中的物品无论是短期还是长期都具有超越表征的作用。为了说明这一点，作者介绍了公元前一千年末两个地区的例子：德国南部和叙利亚北部。

Gleeson, P., & McLaughlin, R. (2021). "Ways of Death: Cremation and Belief in First-Millennium AD Ireland." *Antiquity* 95 (380): 382-399.

《死亡方式：公元一千年期间爱尔兰的火葬和信仰》

对爱尔兰和欧洲其他地方的信仰、意识形态和纪念策略的考古研究忽视了火葬的使用远超出了公元 5 世纪在基督教影响下转向火葬的时间界限。作者认为爱尔兰第一个千年的放射性碳元素年代数据库可以帮助我们识别中世纪早期（公元 400~1100 年）墓葬习俗中的新模式，包括新阶段的火葬。本文讨论了考古和历史意义，以证明数据驱动的方法是如何增强和挑战既定的叙事。作者还强调了这些数据对当前叙事框架构成的重要方法论和解释性问题，以及它们对考古发掘后策略的影响。

Rosenfeld, S. A., Jordan, B. T., & Street, M. E. (2021). "Beyond Exotic Goods: Wari Elites and Regional Interaction in the Andes During the Middle Horizon (AD 600-1000)." *Antiquity* 95 (380): 400-416.

《超越异国情调物品：中期视野（公元 600~1000 年）时期安第斯山脉的瓦里精英和区域互动》

成功的古代国家的一个共同特征是精英在维持和调节社会经济结构方面的作用，尤其是强调精英自己的社会差异。瓦里（Wari，公元 600~1000 年）被认为是南美洲最早的扩张性国家，考古发掘证实了瓦里从整个地区进口各种异域风格物品到政治中心。在这篇文章中，作者认为从遥远地区进口原材料、植物、动物和人对于定义和维持瓦里社会分化和意识形态至关重要。作者强调研究物品产地及其考古背景对了解异域风格物品在古代国家统治集团合法化上所起作用的重要性。

Waga, J. M., & Fajer, M. (2021). "The Heritage of the Second World War: Bombing in the Forests and Wetlands of the Kozle Basin." *Antiquity* 95 (380): 417-434.

《二战遗产：科兹勒盆地森林和湿地的轰炸》

第二次世界大战期间，波兰的科兹勒（Kozle）盆地因空中轰炸而彻底改变。今天，该地区有大约 6000 个保存完好的弹坑，直径 5~15 米，深度通常超过 2 米。本文将遥感数据和实地考察与历史记录相结合，分析了这些弹坑，证明弹坑的不同形态是源于炸弹重量以及炸弹落下地的土壤类型和水分含量。根据这些研究结果，作者呼吁官方保护具有特殊历史、教育和生态价值的科兹勒景观。

Schofield, J., Praet, E., Townsend, K. A., & Vince, J. (2021). "'COVID Waste' and Social Media as Method: An Archaeology of Personal Protective Equipment and Its Contribution to Policy." *Antiquity* 95 (380): 435-449.

《"新冠肺炎废物"和社交媒体作为方法：对个人防护装备的考古及其对政策的贡献》

新冠肺炎病毒（COVID-19）大流行正在创建一个病毒档案——一个正在形成的考古记录的历史。该档案的一个方面涉及加剧的环境污染，尤其是通过作为流行病特征丢弃的口罩和手套。这篇专门针对考古学家的文章认为，使用社交媒体分析对"新冠肺炎废物"的考古观点有助于强调环境污染，通过赋予这种废物考古材料的地位，并与其他学科合作，考古学家能为可持续的、以政策为主导的对抗环境污染的解决方案做出贡献。

Insoll, T. (2021). "The Archaeology of Complexity and Cosmopolitanism in Medieval Ethiopia: An Introduction." *Antiquity* 95 (380): 450-466.

《中世纪埃塞俄比亚的复杂性和世界性考古学：导论》

考古学越来越多地证明了中世纪埃塞俄比亚（公元 7～18 世纪初）社会的复杂性和世界性。在不否定支配关系和孤立时期存在的情况下，此类研究的关键新兴主题是多元化和互动。四个宗教传统与这个主题相关：伊斯兰教、犹太教、基督教和本土宗教。本文介绍了关于中世纪埃塞俄比亚的一个特殊部分的贡献，并通过强调世界性的短暂性是偶发的而非连续的来设定方案。以下文章讨论了这种世界性的各个方面，确定了与宗教考古学研究具有普遍相关性的问题，以及在埃塞俄比亚进行进一步研究的必要性。

Derat, M.-L., Bosc-Tiesse, C., Garric, A., Mensan, R., Fauvelle, F.-X., Gleize, Y., & Goujon, A.-L. (2021). "The Rock-cut Churches of Lalibela and the Cave Church of Washa Mika'el: Troglodytism and the Christianisation of the Ethiopian Highlands." *Antiquity* 95 (380): 467-486.

《拉利贝拉的岩石切割教堂和瓦沙米凯尔的洞穴教堂：埃塞俄比亚高地的穴居人和基督教化》

拉利贝拉（Lalibela）的大教堂通常被认为是公元 13 世纪埃塞俄比亚基督教王国从阿克苏姆（Aksum）转移到埃塞俄比亚高地的证据。然而，最近的研究表明，岩石切割教堂并不是凭空创造的。在更早的当地穴居文化，特别是在瓦沙米凯尔（Washa Mika'el）的文化，已经出现了新的考古证据，这进一步阐明了中世纪埃塞俄比亚存在的世界性社会。本文探讨了这种穴居文化在埃塞俄比亚高地基督教化中所起的作用，以及它如何证明与前辈的连续性，特别是在新的宗教背景框架下，雕刻装饰得以延续和转变的方式。

Insoll, T., Khalaf, N., MacLean, R., Parsons-Morgan, H., Tait, N., Gaastra, J., Beldados, A., Pryor, A. J. E., Evis, L., & Dussubieux, L. (2021). "Material Cosmopolitanism: The Entrepot of Harlaa as an Islamic Gateway to Eastern Ethiopia." *Antiquity* 95 (380): 487-507.

《物质的世界性：哈拉的转口港作为通往埃塞俄比亚东部的伊斯兰门户》

对埃塞俄比亚伊斯兰考古学的研究直到最近一直被忽视。埃塞俄比亚东部大型城市中心哈拉（Harlaa）的发掘工作正在开始纠正这种研究关注的缺失。通过建立聚落和物品序列以及评估伊斯兰化的年代序列和物质标记，本文的研究工作为穆斯林和伊斯兰实践在哈拉和更普遍的非洲之角的存在和作用提供了重要的新见解。本研究结果挑战了之前文化同质性的假设，并揭示了世界性的发展。作者还为哈拉提出了一个可能的历史身份：作为哈拉苏丹国的首都胡巴特（Hubat）或霍巴特（Hobat）。

Loiseau, J., Dorso, S., Gleize, Y., Ollivier, D., Ayenachew, D., Berhe, H., Chekroun, A., & Hirsch, B. (2021). "Bilet and the Wider World: New Insights into the Archaeology of Islam in Tigray." *Antiquity* 95 (380): 508-529.

《比莱和更广阔的世界：对提格雷伊斯兰教考古学的新见解》

最近在埃塞俄比亚提格雷（Tigray）东部进行的考古调查揭示了中世纪穆斯林社区的大量证据。尽管现代克维哈（Kwiha）附近的穆斯林定居点之前已有碑文证据证明，但其确切位置仍然未知。在 ERC 项目"东方角"（HornEast）的支持下，实地工作已经确认并发掘了比莱（Bilet）墓地，这是埃塞俄比亚高地穆斯林墓地的第一次发掘。研究结果揭示了在扎格威（Zagwe）基督教王国中心的穆斯林社区中存在着蓬勃发展的世界性。这些穆斯林社区由外国和当地人口发展而来，并与更广泛的伊斯兰世界有着良好的联系。

Gonzalez-Ruibal, A. (2021). "The Cosmopolitan Borderland: Western Ethiopia c. AD 600-1800." *Antiquity* 95 (380): 530-548.

《国际化的边境地区：公元 600～1800 年埃塞俄比亚西部》

埃塞俄比亚西部边境远离非洲之角的所有权力中心，因此当地社区经常被学者和类似的国家机关视为孤立和陈旧的。然而，考古研究得出的情况更为复杂：从公元一千年中期开始，边境社会在不同时期接受、改造或拒绝邻近政体的创新。事实上，边境群体发展出一种融合外国习俗和手工物品的"本土世界主义"。本研究认为，作为一个跨越多个世纪并涉及一系列国家和非国家行为者的古老多元文化边境地区，该地区为我们了解非洲及其他地区的边境社会提供了重要经验。

Chen, Y., Hou, G., Chen, X., Gao, J., & Jin, S. (2021). "New Perspectives on the Late Pleistocene Peopling of the Tibetan Plateau: The Core-and-flake Industry from the Tongtian River valley." *Antiquity* 95 (381): 587-604.

《晚更新世青藏高原人类活动的新视角：通天河的石核石片工业》

青藏高原的史前人口是一个有争议的问题，大多数考古学家提出第一批居民是从北部和东北部迁移到该地区，包括从阿尔泰山脉与中国北方之间的广大地区。在这里，作者报告了在青藏高原东南部腹地的塘达和歇格遗址新发现的石核和石片工业。在这两个地点发现了长江上游区域典型的石器技术，为晚更新世人类向青藏高原扩散的东南路线提供了新的证据。这项研究强调了全新世以前高原早期移民事件的多样性和复杂性。

Thomas, H., Kennedy, M. A., Dalton, M., McMahon, J., Boyer, D., & Repper, R. (2021). "The Mustatils: Cult and Monumentality in Neolithic North-western Arabia." *Antiquity* 95 (381): 605-626.

《穆斯提尔：新石器时代阿拉伯西北部的崇拜和纪念碑》

阿拉伯半岛西北部以数以千计的史前石头结构为标志。在这些石头结构中，被称为穆斯提尔（mustatils）的巨大的直线型结构受到的关注非常有限。最近在沙特阿拉伯的 AlUla 和 Khaybar 县进行的实地调查表明，这些纪念碑在建筑上比以前想象得更复杂，建筑结构包括有房间、入口和直立站。这些结构现在可以被解释为公元前六千年后期的仪式设施，并且最近的考古发掘也揭示了阿拉伯半岛牛崇拜的最早证据。因此，作者认为穆斯提尔是阿拉伯最早的石碑之一，也是全球迄今确定的最古老的纪念性建筑传统之一。

Grabundzija, A., Schlichtherle, H., Leuzinger, U., Schier, W., & Karg, S. (2021). "The Interaction of Distant Technologies: Bridging Central Europe Using a Techno-typological Comparison of Spindle Whorls." *Antiquity* 95 (381): 627-647.

《遥远技术的相互作用：用纺锤的技术类型比较来连接中欧》

史前纺织品生产的研究需要发掘有机物保存非常好的遗址。本文作者关注线的生产，并使用两个公元前四千年高山前湿地遗址的证据：瑞士的 Arbon-Bleiche 3 和德国南部的 Bad Buchau-Torwiesen II。作者将这两个定居点的纺锤与同时期的欧洲中东部数据集进行比较，发现具有不同技术特征的多个文化历史群体居住在新石器时代的中欧。此外，高山前定居点内纺锤的空间分布表明人和技术都来自东方，这表明史前欧洲存在更广泛的流动性和创新。

Sherlock, S. J. (2021). "Early Neolithic Salt Production at Street House, Loftus, North-east England." *Antiquity* 95 (381): 648-669.

《英格兰东北部洛夫图斯街屋的新石器时代早期盐生产》

英国史前盐业生产的证据仅限于青铜时代和铁器时代。本文介绍了英格兰东北部洛夫图斯（Loftus）街屋（Street House）新石器时代早期（公元前 3800～前 3700 年）盐业的新证据。这个分层很深的海岸遗址内发现了一个盐水储存坑和一个盐场遗迹，其中至少有三个相关的炉床，以及火石和石头工具、陶容器碎片和煤块的组合。作者认为这些发现揭示了一种生产过程，并从同时代的欧洲和后来的英国遗址中找到了相似之处。这一发现有可能影响未来考虑生存、早期技术和交换机制的新石器时代研究。

During, B. S., De Ceuster, S., Degryse, P., & Kassianidou, V. (2021). "Transformative Copper Metallurgy in Chalcolithic Cyprus: A Reappraisal." *Antiquity* 95 (381): 670-685.

《塞浦路斯铜石时代的变革性铜冶金：一次重新评估》

对塞浦路斯丰富的铜矿进行开采和冶炼以及岛上铜制品的生产是在菲利亚（Philia）阶段（公元前 2400～前 2200 年）开始的。在这里，作者介绍了对来自 Chlorakas-Palloures 遗址的晚期铜石时代（公元前 2900～前 2400 年）金属物进行的铅同位素分析结果。该结果有助于重新评估塞浦路斯变革性铜技术的启动时间，以及重新评估约旦和克里特岛的同时代铜制品，这些人工制品先前被认为与塞浦路斯矿石一致。本文作者得出的结论是，没有令人信服的证据表明塞浦路斯铜石时代发生了冶金变革。

Driessen, J. (2021). "Revisiting the Minoan Palaces: Ritual Commensality at Sissi." *Antiquity* 95 (381): 686-704.

《重访米诺斯宫殿：希锡的仪式共融》

长期以来，学者们一直假设克里特岛（公元前 1950～前 1450 年）精心制作的米诺斯建筑群的中央庭院被用于举行仪式化的公共聚会。来自希锡（Sissi）遗址庭院中心的新考古证据提供了对这个青铜时代岛屿文明的社会实践、区域历史和政治组织的独特见解。研究发现，在希锡的中央宫廷存在消费仪式的遗存，但缺乏其他特定功能的证据，这为更细致地理解不同类型的米诺斯宫殿的作用提供了基础。此外，作者认为在希锡建筑群中有意纳入早期遗存表明米诺斯宫殿的社会力量部分源于祖先的习俗。

Hoeflmayer, F., Misgav, H., Webster, L., & Streit, K. (2021). "Early Alphabetic Writing in the Ancient Near East: The 'Missing Link' from Tel Lachish." *Antiquity* 95 (381): 705-719.

《古代近东的早期字母文字：特拉吉的"缺失环节"》

字母文字起源于公元前二千年的青铜时代黎凡特社会。然而，来自公元前 19 世纪西奈半岛和埃及以及公元前 13 世纪巴勒斯坦语料库的最早证据中存在着一个空白期。在这里，作者报告了新发现的来自以色列特拉吉（Tel Lachish）的青铜时代晚期字母铭文。该铭文的年代为公元前 15 世纪，是目前来自南黎凡特的最古老、可确定日期的字母铭文，因此可被视为"缺失的一环"。作者认为，南黎凡特早期字母书写的扩散应该是公元前二千年中期黎凡特与埃及互动的产物，而不是后来埃及统治的产物。

Wiseman, R., Allen, M. J., & Gibson, C. (2021). "The Inverted Dead of Britain's Bronze Age Barrows: A Perspective from Conceptual Metaphor Theory." *Antiquity* 95 (381): 720-734.

《英国青铜时代古墓的倒置死人：概念隐喻理论的视角》

土墩墓（barrows）是英国青铜时代景观的一个显著特征。虽然它们的起源是作为墓葬纪念碑，但似乎在史前时期也扮演了其他角色。不过，英国史前学家对这些纪念碑的解释受到了阻碍，因为他们对推测青铜时代人们是如何将死者概念化持谨慎态度。在这里，作者认为反复出现的倒置模式非常重要。他们使用概念隐喻理论，提出英国青铜时代的人们看到他们的死者居住在地表正下方的一个倒置的黑社会中。这种解释不仅可以解释墓葬习俗，还可以解释巨石墓的一些其他明显功能，例如守卫边界和控制道路。

Rimstad, C., Mannering, U., Jorkov, M. L. S., & Kanstrup, M. (2021). "Lost and Found: Viking Age Human Bones and Textiles from Bjerringhoj, Denmark." *Antiquity* 95 (381): 735-752.

《失物招领：来自丹麦 Bjerringhoj 的维京时代人骨和纺织品》

丹麦著名的 Bjerringhoj 维京时期墓葬中发现的人类遗骸已经失踪了 100 多年。最近，在丹麦国家博物馆的一个放错地方的盒子里发现了一组类似于 Bjerringhoj 记录的骨头，其中一些带有附着的纺织品。在这里，作者使用新的骨骼和纺织品比较分析，以及放射性碳定年法，来确认这些骨头确实来自 Bjerringhoj 墓葬。这一发现为解释维京时代的服装提供了新的数据，包括长裤的存在，并强调了重新调查博物馆和档案馆内的旧考古收藏品的重要性。

Rawat, N. S., Brughmans, T., Nautiyal, V., & Chauniyal, D. D. (2021). "Networked Medieval Strongholds in Garhwal Himalaya, India." *Antiquity* 95 (381): 753-772.

《印度加瓦尔喜马拉雅山区联网的中世纪据点》

数以百计的高海拔中世纪堡垒分散在印度加瓦尔喜马拉雅山区（Garhwal Himalaya）的中部喜马拉雅地区。这些遗址被认为起源于公元 11 世纪，并与当地的民间传说交织在一起，但目前学界对它们的研究却十分有限。本文呈现了新的调查数据，以及对 193 个加瓦尔堡垒的计算和空间分析，这些数据和分析有助于评估更复杂的假设，尤其是关于防御工事现象的视觉信号理论。本文研究结果明确显示加瓦尔的据点是一个整合的连贯性视觉信号网络。作者认为该方法也具有在其他考古环境中评估假定的视觉信号网络的巨大潜力。

Turner, S., Kinnaird, T., Varinlioglu, G., Scommaerifoglu, T. E., Koparal, E., Demirciler, V., Athanasoulis, D., Odegard, K., Crow, J., Jackson, M., Bolos, J., Carlos Sanchez-Pardo, J., Carrer, F., Sanderson, D., & Turner, A. (2021). "Agricultural Terraces in the Mediterranean: Medieval Intensification Revealed by OSL Profiling and Dating." *Antiquity* 95 (381): 773-790.

《地中海的农业梯田：OSL 分析和测年揭示的中世纪集约化》

由于建造和使用的年代问题，农业梯田的历史仍然知之甚少。这阻碍了对其重要性的更广泛研究，也限制了对过去农业实践和农村社区长期投资选择的了解。本文作者将光释光（OSL）剖析和测年应用于地中海地区与农业梯田相关的沉积物，以确定其建造和使用的年代。来自五个广泛分散的案例研究结果表明，尽管该地区在公元第一个千年使用了许多梯田，但最密集的梯田建筑发生在中世纪后期（公元 1100～1600 年）。作者认为这种创新方法为地中海梯田的持久性和中世纪集约化提供了第一个大规模证据。

Wright, D., Carro, S. C. S., Nejman, L., van der Kolk, G., Litster, M., Langley, M. C., Wood, R., Claringbold, I., & Repu, C. (2021). "Archaeology of the Waiat Mysteries on Woeydhul Island in Western Torres Strait." *Antiquity* 95 (381): 791-811.

《西托雷斯海峡 Woeydhul 岛上 Waiat 之谜的考古》

秘密社团（通常包括受限制和等级组织的入会仪式）在许多过去和现在社会的历史中是非常显眼的。这些很少留下实质性的书面记录，但考古学可以提供对过去行为的生动洞察，例如与罗马"神秘邪教"有关的行为。然而，很少有研究关注澳大利亚和太平洋岛屿。本文介绍了在西托雷斯海峡（Western Torres Strait）的 Woeydhul 岛上举行仪式的考古证据，探索了处于当代记忆交点的入会仪式。作者认为，通过这样可以为托雷斯海峡岛民秘密社团和涉及儒艮骨丘、石头布置和加工的黄貂鱼刺的仪式活动提供详细而长期的历史。

Crabtree, S. A., Dunne, J. A., & Wood, S. A. (2021). "Ecological Networks and Archaeology." *Antiquity* 95 (381): 812-825.

《生态网络和考古学》

虽然环境重建一直是研究过去社会的主要内容，但未充分利用的生态学工具（例如食物网）可以更透彻地了解人类在生态系统中的位置。本文依据最近的两项研究，描述了可以使用这种方法解决的问题类型。作者展示了包含考古数据的食物网可以提供关于灭绝、入侵和生态系统变化对社区影响的见解，并可以解决过去社会结构和动态的关键问题。本文重点介绍了编译考古生态网络的最佳实践示例，并提出了对过去环境进行综合理解的方法。

Zilhao, J., Angelucci, D. E., Le Bourdonnec, F.-X., Lucena, A., Martin-Lerma, I., Martinez, S., Matias, H., Villaverde, V., & Zapata, J. (2021). "Obsidian in the Upper Palaeolithic of Iberia." *Antiquity* 95 (382): 865-884.

《伊比利亚旧石器时代晚期的黑曜石》

来自第勒尼安群岛（Tyrrhenian Islands）的黑曜石被长距离交换并在史前西欧被广泛使用。然而，来自西班牙东南部一个新发现的岩石避难所遗址的黑曜石核和石片，提出了一个未被识别的大陆黑曜石来源的可能性。本文通过对 La Boja 早期马格德林遗址发现石器的 EDXRF 分析，揭示出它们与西南 125 千米处的黑曜石来源相联系。这些文物在遗址的两个短暂活动阶段被废弃，表明黑曜石的获取是该遗址使用者技术选择中不可或缺的一部分。作者认为技术复合体的特殊性可以解释这一事件的独特性。

Lernau, O., Shapiro, J., Paz, S., & Greenberg, R. (2021). "Fishing, Fish Consumption, Urbanism and Migrants at Tel Bet Yerah, 3200-2700 BC." *Antiquity* 95 (382): 885-899.

《公元前 3200～前 2700 年 Tel Bet Yerah 的捕鱼、鱼类消费、城市化和移民》

古代近东鱼类和捕鱼的作用和意义鲜有人研究。加利利海青铜时代贝特耶拉（Bet Yerah）发现的新的鱼类遗存和渔具组合有助于研究从乡村到城镇生活的转变，并有助于阐明当地人口和迁入群体之间的相互作用，以及揭示了当地鱼类资源利用的时空变化。作者认为，作为第一个从南黎凡特早期青铜时代地层序列中系统取样的此类组合，它突出了次要的食物生产和消费活动在解释社会文化变化中的贡献。

Porter, A., McClellan, T., Wilhelm, S., Weber, J., Baldwin, A., Colley, J., Enriquez, B., Jahrles, M., Lanois, B., Malinov, V., Ragavan, S., Robins, A., & Safi, Z. (2021). "'Their Corpses Will Reach the Base of Heaven': A Third-millennium BC War Memorial in Northern Mesopotamia?" *Antiquity* 95 (382): 900-918.

《"他们的尸体将到达天堂的底部"：公元前三千年美索不达米亚北部的战争纪念馆？》

在美索不达米亚的铭文中，高高地堆满了敌人尸体的墓地被认为是胜利的象征，但迄今为止还没有发现任何相关的考古案例。对叙利亚泰尔巴纳特（Tell Banat）遗址附近的一个高土丘的考古调查揭示了公元前三千年晚期的一个不寻常的死亡人口，死亡的主要是成年和亚成年男性。作者认为，这些人类遗骸和相关组合的系统放置表明，这些不是埋葬的敌方战斗人员，而是对一个社区的阵亡者的纪念。作者提出，这些死者是属于一支有组织的军队，也显示出国家行政管理以及通过这种纪念活动来对新政权的坚持或抵抗。

Charloux, G., Abady Mahmoud, M. A., Elnasseh, A. M. S., & Marchand, S. (2021). "The Shifting Nile and the Origins and Development of Ancient Karnak." *Antiquity* 95 (382): 919-939.

《尼罗河的河道变迁与古卡纳克神庙的起源与发展》

在对卡纳克（Karnak）进行了两个世纪的研究之后，我们对这座著名的古埃及神庙建筑群的起源和发展的了解仍然有限。最近在卜塔（Ptah）神庙的考古发掘已经达到了最早的地层，并且提供了第一个可靠的地层序列。研究发现，尽管有洪水风险，宗教建筑于公元前 2200～前 2000 年得以发展，这是因尼罗河河岸的后退而成为可能。作者认为，河流和不断扩大的卡纳克神庙建筑群在第十一王朝统治者接管埃及和底比斯（Thebes）新首都的发展中发挥了重要作用，也显示了河流、宗教和世俗力量在其他早期国家权力中的强大组合力量。

Li, Y., Zhang, C., Chen, H., Wang, Z., & Qian, Y. (2021). "Sika Deer in Bronze Age Guanzhong: Sustainable Wildlife Exploitation in Ancient China?" *Antiquity* 95 (382): 940-954.

《青铜时代关中的梅花鹿：中国古代可持续的野生动物开发？》

可持续性和人为景观改造之间的相互作用对于了解过去野生动物的衰退和灭绝至关重要。枣树沟脑青铜时代遗址位于中国关中地区，该地区是中国早期文明形成和发展的关键地区。尽管存在着梅花鹿种群数量下降和栖息地丧失的总体长期趋势，但依据动物考古学、古环境和文字证据来对枣树沟脑梅花鹿遗骸的分析显示了该地可持续性的梅花鹿狩猎策略。作者的研究结果突出了人类与梅花鹿关系的复杂性和多样性，并为中国野生动物灭绝和保护的持续讨论做出了一定的贡献。

Lu, H., Chen, X., Zhang, Z., Tang, L., Lemoine, X., Wangdue, S., Chen, Z., Liu, X., & Frachetti, M. D. (2021). "Early Agropastoral Settlement and Cultural Change in Central Tibet in the First Millennium BC: Excavations at Bangga." *Antiquity* 95 (382): 955-972.

《公元前一千年西藏中部的早期农牧聚落和文化变迁：邦嘎的发掘》

考古研究表明，在公元前第二个千年期间西藏建立了农牧经济，这得益于从西南亚引进的大麦的种植。然而，西藏农牧业出现和发展的确切文化背景仍然模糊不清。最近在邦嘎遗址的发掘为西藏中部定居的农牧业提供了新的证据，证明了其与早期考古文化存在着物质差异，这可能与公元前一千年农牧业的强化相对应。作者的研究结果描绘了公元前第一个千年中一个更加动态的生存系统，因为人口在不同的经济模式之间轻松移动，并以各种创新方式将它们结合起来。

Buster, L. (2021). "'Problematic Stuff': Death, Memory and the Interpretation of Cached Objects." *Antiquity* 95 (382): 973-985.

《"有问题的东西"：死亡、记忆和对缓存对象的解释》

故意存放（或缓存）的物品在考古记录中无处不在，学者们通常将它们分为不同的类别，如囤积物、结构性沉积物、随葬品和纪念碑墓葬，并根据不同的标准进行解释。借鉴当代对死亡、垂死和丧亲的态度，本文以史前英国作为案例研究，将这些对象的分析放在一个单一的解释框架内，并主张这些材料中的大部分代表了死者留下的"有问题的东西"（problematic stuff）。这种方法迫使我们重新考虑考古记录不同方面之间的传统界限，并展示情感在我们对过去社会的解释中的价值。

Kassianidou, V., Agapiou, A., & Manning, S. W. (2021). "Reconstructing an Ancient Mining Landscape: A Multidisciplinary Approach to Copper Mining at Skouriotissa, Cyprus." *Antiquity* 95 (382): 986-1004.

《重建古老的采矿景观：塞浦路斯 Skouriotissa 铜矿开采的多学科研究》

尽管 Skouriotissa 在古代被广泛地利用，但它依然是塞浦路斯岛上唯一仍在开采的铜矿。然而，现代的露天作业几乎完全抹杀了早期的采矿景观。在这里，作者报告了矿山古代地形的调查结果，包括测年的结果。作者将来自档案来源、近期实地考察和绝对测年的空间数据整合到地理信息系统中，以重建 Skouriotissa 周围的古代采矿景观。本文通过提供一个示例，说明如何使用不同的原材料来重建现在被露天采矿作业破坏或掩埋的景观。该方法为了解塞浦路斯及其他地区的其他采矿区带来了希望。

Klevnas, A., Aspock, E., Noterman, A. A., van Haperen, M. C., & Zintl, S. (2021). "Reopening Graves in the Early Middle Ages: From Local Practice to European Phenomenon." *Antiquity* 95 (382): 1005-1026.

《中世纪早期重开墓葬：从地方实践到欧洲现象》

在整个欧洲，早期中世纪考古学家早就发现了大量的墓葬，这些墓葬显示出埋葬后故意破坏人骨和人工制品的证据。从特兰西瓦尼亚（Transylvania）到英格兰南部的墓地记录了在埋葬后不久被重新打开和处理坟墓的做法，这些传统上被描述为和误认为是"抢劫"。本文综合了近期的五项区域研究，来调查中世纪早期墓葬重新打开的证据和动机。作者认为，从公元 6 世纪后期开始，个别墓葬的重新打开和特定类型人工制品的移除迅速成为这一广阔地区共同处理死者方式的一种做法。

Delgado, M. (2021). "Patterns of Dietary Diversity in Holocene North-west South America: New Insights from Bayesian Stable Isotope Mixing Models." *Antiquity* 95 (382): 1027-1042.

《全新世南美洲西北部的饮食多样性模式：来自贝叶斯稳定同位素混合模型的新见解》

20 年来，稳定同位素研究记录了南美洲西北部萨巴纳波哥大地区的古代饮食转变。本文使用传统和贝叶斯稳定同位素混合模型，研究了不同资源对全新世人类饮食的贡献。本研究发现不同时段的饮食重点包括全新世早期和中期是植物，全新世晚期前段是玉米园艺，全新世晚期后段是玉米或块茎农业，而动物蛋白在所有时期的贡献都明显很少。这些结果表明，多样化植物的管理和选择发生在早期，而后来对玉米的重视引发了关于农业在文化变革和社会分化中所起作用的普遍性问题。

Westaway, M. C., Williams, D., Lowe, K., Wright, N. J., Kerkhove, R., Silcock, J., Gorringe, J., Miszkiewicz, J., Wood, R., Adams, R., Manne, T., Adams, S., Miscamble, T., Stout, J., Wrobel, G. D., Kemp, J., Hendry, B., Gorringe, M., Gorringe, B., ... Collard, M. (2021). "Hidden in Plain Sight: The Archaeological landscape of Mithaka Country, South-west Queensland." *Antiquity* 95 (382): 1043-1060.

《隐藏在众目睽睽之下：昆士兰西南部 Mithaka 县的考古景观》

民族史记载表明，澳大利亚 Channel Country 地区的人类活动（包括食物储存、水产养殖和可能的耕作）在该大陆其他地方很少有记录，而且几乎没有考古实地工作来验证这些记载。在这里，作者报告了由 Mithaka 人发起的一项合作研究项目，该项目解决了考古调查不足的问题。结果表明，Mithaka 地区拥有丰富多样的考古记录，包括众多大型采石场、多种仪式结构和大量民居。该考古研究也揭示了未知的方面，例如 Mithaka 采石场的规模，这可能会刺激对古代澳大利亚部分地区本地居民社会经济系统的重新评估。

Rast-Eicher, A., Karg, S., & Jorgensen, L. B. (2021). "The Use of Local Fibres for Textiles at Neolithic Catalhoyuk." *Antiquity* 95 (383): 1129-1144.

《新石器时代恰塔霍裕克用当地纤维作纺织品》

来自安纳托利亚南部恰塔霍裕克（Catalhoyuk）的编织物是近东和欧洲已知最早的编织实例之一。对 20 世纪 60 年代发掘材料的研究曾确认这——是由当地来源的橡木韧皮制成的。这一结果与恰塔霍裕克几乎没有发现亚麻种子的现象是一致的，并表明当时没有从其他地方进口纤维的需求。本文还质疑人工种植亚麻首次用于制作纤维的日期。作者认为，这些发现为新石器时代早期的纺织品生产提供了新的线索，也说明了树皮在纺织品生产上发挥的作用比之前认识到的更重要。

Soltysiak, A., & Fernandes, R. (2021). "Much Ado About Nothing: Assessing the Impact of the 4.2 kya Event on Human Subsistence Patterns in Northern Mesopotamia Using Stable Isotope Analysis." *Antiquity* 95 (383): 1145-1160.

《无事生非：使用稳定同位素分析评估 4200 年前事件对美索不达米亚北部人类生存模式的影响》

4200 年前的气候事件对美索不达米亚北部的影响一直是重要的学术争论话题，而导致该地人口迁移的特大干旱引起了特别关注。在这里，作者分析了人类牙齿和骨骼样本中的稳定碳（δ^{13}C）和氮（δ^{15}N）同位素，以评估假定的大干旱事件之前、期间和之后叙利亚三个地点的生存实践趋势。尽管这些遗址很接近，但它们之间的同位素差异比历时性变化更重要。作者结合其他考古证据，认为这些结果显示了生存模式的连续性，没有迹象表明被 4200 年前的气候事件所破坏。

Zhao, H., Gao, X., Jiang, Y., Lin, Y., Zhu, J., Ding, S., Deng, L., & Zhang, J. (2021). "Radiocarbon-dating An Early Minting Site: The Emergence of Standardised Coinage in China." *Antiquity* 95 (383): 1161-1178.

《放射性碳测定早期铸币遗址：中国标准化铸币的出现》

金属铸币的起源和古代经济的货币化长期以来一直是考古学和经济史的研究热点。最近在对中国河南省官庄东周时期（公元前 770～前 220 年）青铜铸造厂进行的考古发掘发现了用于铸造铲形硬币的陶模具。模具的技术特征表明，该遗址可能是用作生产标准化货币的铸币厂。系统的加速器质谱仪放射性碳测年表明，有组织的铸币业发展于公元前 640～前 550 年，这使得官庄成为世界上已知最古老且年代确定的铸币厂。这一发现为探索中国古代货币化的起源提供了重要的新数据。

Ortoleva, J. K. (2021). "Sounds of Etruria: Aural Characteristics of the Tomba dell'Orco, Tarquinia." *Antiquity* 95 (383): 1179-1194.

《伊特鲁里亚之声：塔尔奎尼亚 Tomba dell'Orco 墓葬的听觉特征》

本文介绍了对公元前 4 世纪意大利塔尔奎尼亚（Tarquinia）的 Tomba dell'Orco 墓葬中伊特鲁里亚（Etruscan）文化彩绘墓葬的三个墓室内进行的考古声学分析结果。该研究使用数字声音样本和声学记录协议，展示了在墓室的某些区域，低频声音（例如鼓声和吟唱）如何产生冗长的混响。这些影响可能与隆隆的雷声有关，正如文献资料和物质文化所示。这些声音在伊特鲁里亚社会中发挥了重要作用。该研究提供了对伊特鲁里亚墓室空间的全面了解，同时提供了在前罗马和其他古代地中海丧葬背景下的新的研究途径。

Nielsen, N. H., Henriksen, P. S., Mortensen, M. F., Enevold, R., Mortensen, M. N., Scavenius, C., & Enghild, J. J. (2021). "The Last Meal of Tollund Man: New Analyses of His Gut Content." *Antiquity* 95 (383): 1195-1212.

《托伦德人的最后一餐：对他肠道内容物的新分析》

来自丹麦早期铁器时代的沼泽尸体托伦德人（Tollund Man）的最后一餐被重新审视，通过对他的肠道中发现的植物大化石、花粉、非花粉孢粉、类固醇标记和蛋白质进行新的分析。在他被杀前 12～24 小时，他吃了一份粥，粥里面有大麦、大马蓼和亚麻，可能还有一些鱼。肠道中蠕虫的蛋白质和卵表明他感染了寄生虫。虽然这顿饭可能反映了铁器时代的普通食物，但其中包含的脱粒食物残留可能与仪式活动有关。这种重新分析表明，新技术可以为旧问题提供新的视角，并有助于理解丹麦早期铁器时代的生活与死亡。

Gutierrez, A., Gerrard, C., Zhang, R., & Guangyao, W. (2021). "The Earliest Chinese Ceramics in Europe?" *Antiquity* 95 (383): 1213-1230.

《欧洲最早的中国陶瓷？》

　　长期以来，人们一直认为中国瓷器和青瓷是在公元 13 世纪左右传入欧洲的。然而，西班牙考古发现的一组独特的中国陶瓷碎片的年代可以追溯到公元 9～11 世纪之间。这代表了欧洲发现的最早的中国瓷器。在西欧高等级遗址中发现年代如此之早的瓷片可能反映了印度洋商业模式的变化以及整个伊斯兰文化的地中海世界的高级别社会政治权力之间赠送稀有礼物的状况。

　　Wordsworth, P. D., Haruda, A. F., Miller, A. V., & Brown, S. (2021). "The Earliest Water Buffalo in the Caucasus: Shifting Animals and People in the Medieval Islamic World." *Antiquity* 95 (383): 1231-1247.

　　《高加索地区最早的水牛：中世纪伊斯兰世界移动的动物和人》

　　倭马亚（Umayyad）王朝和阿拔斯（Abbasid）王朝（公元 7～9 世纪）的扩张使印度河流域到欧亚草原的不同地区处于霸权控制之下。此政治进程常被忽视的一个方面是随后物种在生态区的迁移。本文通过使用动物考古学和 ZooMS 方法对阿塞拜疆巴尔达（Bardha'a）历史遗址的材料进行分析，探讨了早期伊斯兰世界的物种引进，展示了高加索地区家养水牛的第一个考古证据。作者将这些发现置于历史记载的背景下，来展示中世纪边缘地带的开发以及集中化社会的重组对物种扩散的影响。

　　Killian Galvan, V. A., Grant, J. L., Morales y Puente, P., Cienfuegos Alvarado, E., Otero, F. J., Perez, M. I., & Olivera, D. E. (2021). "Empire and Stable Isotopes: Assessing the Impact of Inka Expansion on Local Diet in the Southern Puna, Argentina." *Antiquity* 95 (383): 1248-1264.

　　《帝国和稳定同位素：评估印加扩张对阿根廷普纳（Puna）南部当地饮食的影响》

　　饮食研究可以深入了解帝国统治对殖民人口的影响。印加的扩张与农业生产和饮食变化有关，其中就包括饮食更加依赖玉米。本文介绍了阿根廷安托法加斯塔德拉谢拉（Antofagasta de la Sierra）两个地点的十个个体的稳定同位素分析。AMS 测年显示，一个地点属于印加时期的开始阶段，另一个属于印加时期的结束阶段。尽管物质文化发生了历时变化，但同位素分析表明玉米在当地饮食中一直不太重要。鉴于玉米在印加世界的象征意义，这种缺乏玉米的饮食文化可能表明印加帝国对当地农业生产和饮食的影响十分有限。

　　Burger, R. L., Salazar, L. C., Nesbitt, J., Washburn, E., & Fehren-Schmitz, L. (2021). "New AMS Dates for Machu Picchu: Results and Implications." *Antiquity* 95 (383): 1265-1279.

　　《马丘比丘的新 AMS 放射性碳测年代：结果和影响》

　　库斯科（Cuzco）的马丘比丘（Machu Picchu）是南美洲最著名的考古遗址之一。然而，对这座巨大建筑群的精确年代定位很大程度上依赖于文献资料。埋在马丘比丘周围四个洞穴中的个体骨骼和牙齿样本成为了 AMS 放射性碳测年新项目的基石。研究结果表明该遗址在公元 1420～1532 年被占用，其人类活动开始时间比文献资料所暗示的要早 20 年。文献资料表明该遗址与公元 1438 年帕查库蒂皇帝掌权有关。新的 AMS 测年日期——也是为马丘比丘公布的第一个大型数据集——将有助于我们更好地了解印加年代序列。

Palmer, R. (2021). "Slavery, Captivity and Galley Rowing in Early Modern Malta." *Antiquity* 95 (383): 1280-1297.

《现代早期马耳他的奴隶制、囚禁和帆船》

近 300 年来，圣约翰骑士团强迫一系列俘虏在他们的帆船上劳作，以奴隶、罪犯和债务人组成的桨手推动着骑士团海军对伊斯兰教的远征。这篇文章通过将囚禁重构为一种扩展到更广泛社会的过程，探讨了我们如何研究这些俘虏以及他们在马耳他存在的影响。通过在船上厨房和陆地上寻找海上囚禁的物质遗存，这篇文章为地中海早期现代囚禁的研究开辟了新的调查途径。此外，本研究也为当下的讨论带来了欧洲背景下现代奴隶制的一个罕见的考古例子。

May, S. K., Tacon, P. S. C., Jalandoni, A., Goldhahn, J., Wesley, D., Tsang, R., & Mangiru, K. (2021). "The Re-emergence of Nganaparru (Water Buffalo) into the Culture, Landscape and Rock Art of Western Arnhem Land." *Antiquity* 95 (383): 1298-1314.

《水牛（Nganaparru）在阿纳姆地西部的文化、景观和岩石艺术中重新出现》

将新动物引入狩猎采集社会会产生各种文化反应。本文探讨了岩画艺术在澳大利亚西部阿纳姆地（Arnhem Land）帮助调解 19 世纪土著社会接触时期的变化方面所起的作用。作者探讨了关于水牛"重新出现"到土著文化生活中的客位和主位观点。这篇文章结合了考古分析、岩画艺术和民族学记录，展示了这些艺术品如何被用作在社会剧烈变革时期维持秩序的工具。这项研究的结果对于了解世界各地的文化团体和个人如何在动荡时期使用岩石艺术具有重要意义。

Campbell, P. B. (2021). "The Anthropocene, Hyperobjects and the Archaeology of the Future past." *Antiquity* 95 (383): 1315-1330.

《人类世、超物和未来的考古学》

考古学通常被定义为通过物质文化研究过去。然而，随着我们进入人类世，这个定义的两个部分分歧越来越大。在人类世，考古记录不再是我们从遥远的地方对过去进行观察，而是我们存在于其中的东西。它不是物质文化的集合体，而是一个具有巨大时间和地理范围的超物（hyperobject）。其中，生态遗存的重要性增加，而人工制品的作用逐渐减弱。本文将考古记录视为一个超物，并主张对未来过去的考古学定义进行扩展。本文主张考古学从对物品的研究转向更广泛的范围，其中包括非物质的人类世文化。

Walsh, J. S. P., & Gorman, A. C. (2021). "A Method for Space Archaeology Research: The International Space Station Archaeological Project." *Antiquity* 95 (383): 1331-1343.

《空间考古学研究的一种方法：国际空间站考古计划》

"太空文化"是如何出现和演变的，考古学家如何研究这种现象？国际空间站考古项目旨在分析与人类在太空出现的社会与文化背景的组合。该项目借鉴当代考古学的概念，追求超越社会学或民族学方法的独特视角。对物质文化的符号学分析和空间关系分析可以使用 NASA 的文档、图像、视频和音频媒体档案来实现。在这里，作者提出了一种研究这些证据的方法。了解个人和群体如何在空间站中使用物质文化，从离散的对象到情境关系，有望揭示身份、国籍和社区的交叉。

Sigari, D., Mazzini, I., Conti, J., Forti, L., Lembo, G., Mecozzi, B., Muttillo, B., & Sardella, R. (2021). "Birds and Bovids: New Parietal Engravings at the Romanelli Cave, Apulia." *Antiquity* 95 (384): 1387-1404.

《鸟类和牛科动物：普利亚罗曼内利洞穴的新岩画》

意大利东南部的罗曼内利（Romanelli）洞穴是欧洲旧石器时代晚期艺术所谓的"地中海省"的重要参考点。然而，直到最近才对该遗址的壁板和便携式艺术进行了系统调查。从 2016 年开始的一个项目记录了洞穴的内部情况，并发现了新的壁画艺术。在这里，作者报告了一系列以动物形象、几何图案和其他标记为特色的面板，确定了不同类型工具和技术的使用以及几个活动阶段。这些图案的讨论是以附近矿床的放射性碳测年为参考，作者还提出了有关年代、技术以及欧亚大陆西部旧石器时代洞穴遗址之间更广泛联系的问题。

Montt, I., Fiore, D., Santoro, C. M., & Arriaza, B. (2021). "Relational Bodies: Affordances, Substances and Embodiment in Chinchorro Funerary Practices c. 7000-3250 BP." *Antiquity* 95 (384): 1405-1425.

《关系体：7000～3250 年前琴乔罗葬礼实践中的可供性、物质和体现》

丧葬艺术以身体为主要物质成分来表达对死亡的反应，并洞察生者与死者之间的关系。阿塔卡马（Atacama）沙漠沿岸的琴乔罗（Chinchorro）狩猎采集者和渔民社会提供了这种联系的一个重要例子，他们开发了世界上已知最古老的一种死后身体改造系统（距今 7000～3250 年）。一项对 162 个经过处理的琴乔罗人身体的研究确定了这些实践中的历时性变化，包括内部填充物（添加了创造身体体积的不可见内容）的减少以及创造了可见特征的外部身体处理的增加。作者提出，这种操纵是一种有意义的社会体现形式，旨在构建集体身份。

Dunne, J., Jordeczka, M., Chlodnicki, M., Hardy, K., Kubiak-Martens, L., Hoyo, M. M.-d., Osypinska, M., Portillo, M., Sobkowiak-Tabaka, I., Delgado-Raack, S., Bobrowski, P., Breeze, P. S., Drake, N., Manning, K., & Evershed, R. P. (2021). "Holocene Resource Exploitation Along the Nile: Diet and Subsistence Strategies of Mesolithic and Neolithic Societies at Khor Shambat 1, Sudan." *Antiquity* 95 (384): 1426-1445.

《尼罗河沿岸的全新世资源开发：苏丹 Khor Shambat 1 的中石器时代和新石器时代社会的饮食和生存策略》

生活在苏丹中部尼罗河谷的全新世社区的生存实践相对鲜为人知。最近在苏丹 Khor Shambat 的发掘工作产生了明确的中石器时代和新石器时代的地层。在这里，考古学、古植物学、植硅体和牙结石研究首次与大约 100 个陶器碎片的脂质残留分析以及动物遗骸和有机残留物的比较分析相结合。这种整体方法提供了有关从中石器时代的狩猎采集者到新石器时代利用驯养动物的牧民适应策略变化的宝贵信息。该研究揭示了自然环境和人类生存的独特画面，展示了结合多种方法存在更广泛的潜在价值。

Spataro, M., Oras, E., Lucquin, A., & Berzins, V. (2021). "Hunter-fisher-gatherer Pottery Production and Use at the Neolithic Shell-midden of Rinnukalns, Latvia." *Antiquity* 95 (384): 1446-1463.

《拉脱维亚 Rinnukalns 新石器时代贝丘的猎人－渔民－采集者陶器生产和使用》

拉脱维亚北部 Rinnukalns 的贝丘遗址提供了一个在欧洲的狩猎－捕鱼－采集遗址研究陶瓷生产和功能长期趋势的难得机会。Rinnukalns 从公元前六千年开始有人居住，贝丘从四千年后期开始形成。在这里作者讨论了 Rinnukalns 材料的链式操作和功能，表明陶器在前期和中期阶段主要用于烹饪水产和猪资源。然而，用于生产这些烹饪容器的技术随着时间的推移而发生了变化，新的烧制技术与使用贝壳掺合料有关。这些结果对理解世界其他地区的史前技术和生存方式具有重要意义。

Armit, I., & Reich, D. (2021). "The Return of the Beaker Folk? Rethinking Migration and Population Change in British Prehistory." *Antiquity* 95 (384): 1464-1477.

《Beaker 人的回归？重新思考英国史前时期的移民和人口变化》

最近的古 DNA（aDNA）分析表明，在英国 Beaker 建筑群出现的几个世纪里，岛上人口的基因构成发生了巨大的变化。遗传数据提供了关于样本个体和他们祖先群体的信息。在这里，作者考虑了这种遗传更新的考古意义，并提出了 Beaker 殖民化和草原漂移的两种假设，反映了物品和基因之间关系概念化的关键差异。这些假设为未来旨在调查所涉及的潜在社会过程的研究确立了关键方向，并提出了有关对 aDNA 分析出的人口变化进行更广泛地解释的问题。

Taylor, W. T. T., Cao, J., Fan, W., Ma, X., Hou, Y., Wang, J., Li, Y., Zhang, C., Miton, H., Chechushkov, I., Bayarsaikhan, J., Cook, R., Jones, E. L., Mijiddorj, E., Odbaatar, T., Bayandelger, C., Morrison, B., & Miller, B. (2021). "Understanding Early Horse Transport in Eastern Eurasia Through Analysis of Equine Dentition." *Antiquity* 95 (384): 1478-1494.

《通过马齿列分析了解欧亚大陆东部早期马匹运输》

在整个欧亚大陆，马匹运输改变了古代社会。尽管战车的年代十分明确，但骑马的起源却不太清楚。在考古学证据中区分战车和骑马的技术所依赖的元素通常不能从草原环境中获得。本文检查了蒙古的鹿石－克列克苏（Deer Stone-Khirigsuur，简称 DSK）综合体的马类遗存，并将它们与用于两种交通工具的古代和现代东亚马匹进行了比较。DSK 马表现出独特的牙列损伤，这可能是其作为草原战车造成的，但也可能表明以较快的步态骑行时缰绳角度所致浅痕。战车在蒙古青铜时代晚期的关键作用有助于解释早期东亚使用马的历史变化。

Suarez-Padilla, J., Jimenez-Jaimez, V., & Caro, J. L. (2021). "The Phoenician Diaspora in the Westernmost Mediterranean: Recent Discoveries." *Antiquity* 95 (384): 1495-1510.

《地中海最西端的腓尼基侨民：最近的发现》

过去 15 年在西班牙韦尔瓦（Huelva）和马拉加（Malaga）之间沿海地区的重要发现揭示了公元前 8 世纪腓尼基人开始迁徙到西地中海。本文将最近发表的放射性碳年代的贝叶斯模型与最新的考古数据相结合，以调查腓尼基人在伊比利亚南部的存在。新证据对西地中海青铜器晚期和早期铁器时代的意义不仅在于其有助于理解腓尼基人如何融入当地社区，而且有助于理解史前欧洲和其他地区的殖民化机制和殖民之前的情况。

Bennerhag, C., Grandin, L., Hjartner-Holdar, E., Stilborg, O., & Soderholm, K. (2021). "Hunter-gatherer Metallurgy in the Early Iron Age of Northern Fennoscandia." *Antiquity* 95 (384): 1511-1526.

《北芬诺斯坎迪亚早期铁器时代狩猎采集者的冶金》

我们对钢铁冶金在北极圈北部古代社区中发挥的作用知之甚少，部分原因是人们普遍认为铁器技术较晚引入，而当地居民则只是被动接受。然而，最近对瑞典最北部两个发掘点的分析表明，在铁器时代（公元前 200～前 50 年），铁器技术已经成为北芬诺斯坎地亚（Northern Fennoscandia）地区狩猎－采集者生存经济不可分割的一部分。这种先进的钢铁生产知识和复杂的锻造技术在同时代的欧洲大陆和欧亚大陆西部均有相似发现。本文所提供的证据提出了更广泛的问题，即在被认为不太复杂或高度流动的社会中是否存在复杂的冶金生产。

Conlee, C. A., Kellner, C. M., Walker, C. P., & Noriega, A. (2021). "Early Imperialism in the Andes: Wari Colonisation of Nasca." *Antiquity* 95 (384): 1527-1546.

《安第斯山脉的早期帝国主义：纳斯卡的瓦里殖民》

高地瓦里（公元 600～1000 年）是一个有影响力的广阔的安第斯文明，但瓦里权力的性质和组织仍存在争议。例如，有人认为沿海纳斯卡（Nasca）地区由瓦里统治，但其在该地区的作用仍有争论。最近在纳斯卡的 Huaca del Loro 进行的发掘发现了直线型的建筑群、一座 D 形寺庙、一个大型墓地和一个家庭区域。本文指出这一证据反映了在主要扩张期间进行的瓦里殖民化，即这可能是在瓦里和纳斯卡之间长期建立联系的遗址。作者认为，使用多种殖民策略与当地的反应，可能反映了其他世界文明帝国中的情况。

Campbell, S., Healey, E., Kuzmin, Y., & Glascock, M. D. (2021). "The Mirror, the Magus and More: Reflections on John Dee's Obsidian Mirror." *Antiquity* 95 (384): 1547-1564.

《镜子、魔术师等等：对约翰·迪伊黑曜石镜子的反思》

与伊丽莎白时代的博学家和魔术师约翰迪（John Dee，1527～1608/1609）相关的黑曜石镜子几个世纪以来一直是人们着迷的对象。然而，这面镜子作为阿兹特克被西班牙征服后带到欧洲的手工艺品，有着更深的历史。本文介绍了地球化学分析的新结果，并探索了它的历史和不断变化的文化背景，以深入了解它在一个全新的世界观出现时的意义。镜子的传记展示了复杂的文化历史如何支撑一个标志性物件。该研究强调了博物馆物品的新成分分析对于重新诠释重大历史意义的物质文化的价值。

Zalewska, A. I., & Kiarszys, G. (2021). "The Forgotten Eastern Front: Dealing with the Social and Archaeological Legacies of the Battle of the Rawka and Bzura Rivers (1914-1915), Central Poland." *Antiquity* 95 (384): 1565-1583.

《被遗忘的东线：处理波兰中部拉夫卡河与布祖拉河战役（1914~1915 年）的社会和考古遗产》

虽然第一次世界大战的西线在欧洲的历史记忆中根深蒂固，但人们对东线的记忆却不那么突出。这些事件被随后的第二次世界大战的经历和该地区的遗产政策所掩盖。本文介绍了波兰中部一个战场的考古调查结果，该战场在 1914 年 12 月至 1915 年 7 月期间进行了静态堑壕战。研究发现这里形成了景观的多次堆积，现在对其的忽视是当今对被遗忘的东线遗产态度的具体表现。该研究阐释了战争、身份和记忆的更广泛的交叉点。

《剑桥考古集刊》（*Cambridge Archaeological Journal*）2021 年文摘

March, P. (2021). "Project Holocene: The Clayful Phenomenology of Jōmon Flame Pots." *Cambridge Archaeological Journal* 31 (1): 1-19.

《洞察全新世：绳纹时代火焰形陶罐的泥土现象学研究》

作为一名陶瓷艺术家，作者惊讶地发现考古研究很少关注日本绳文时代火焰形陶罐特殊的感官属性。为了理解其中的原因，作者考量了将感官体验纳入考古方法所带来的挑战以及将感官体验排除在考古学研究领域之外所遇到的问题。结合绳纹时代陶器的类型学研究，在引入物质参与理论（MET）作为替代方案之前，作者强调了类型学研究对认知所提出的一些假设。以物质参与理论为导向对类型学证据进行再次分析，将感官属性作为核心议题，从而消除了对象征性、代表性内容进行阐释的必要。借助物质参与理论，作者不再将火焰形陶罐的感官属性作为史前的产物来看待，而是将之看成是用黏土塑造当代雕塑作品的艺术创作过程中的一种意外产物。火焰形陶罐与黏土的探索性活动在概念上发生融合。作者由此创建了"史前—当代人工制品—塑形"这样一个概念体系并阐发出一种探察系统内经验的方法——黏土现象学。研究结果主要涵盖五个主题：执行主体、指示相似性、折曲规则 / 毁坏习惯、物质参与的编排和空间现象学。

Stannard, M., & Langley, M. (2021). "The 40,000-Year-Old Female Figurine of Hohle Fels: Previous Assumptions and New Perspectives." *Cambridge Archaeological Journal* 31 (1): 21-33.

《霍勒菲尔斯遗址四万年前的女性人偶像：以往假设与新视角》

作为最早的人类形象和最古老的象形艺术作品，霍勒菲尔斯遗址（Hohle Fels）出土的女性人偶像仍然是理解智人象征行为发展的重要证据之一。这件猛犸象牙雕塑于 2008 年在德国西南部被发现，当时已破碎成片，一直被研究者认为是完整的，但头部缺失。人偶原本是头部的位置有一穿孔，暗示其可能作为吊坠使用。对于其最初的使用背景已经提出了若干假设，如生育女神的象征或色情形象的表现。然而，这些假设都是建立在人偶头部缺失的基础上的。在该研究中，作者提出了另外一些可能性，即霍勒菲尔斯女性偶像是否原先由两部分组成，其头部很可能是用某种有机质材质制成（如用动植物纤维编织而成）；或者说这件人偶像是经过二次加工的，头部被破坏了，所以根本就没有被发现。通过对该人偶像原先确实存在头部的可能性进行探索，作者围绕妇女和儿童在德国南部施瓦本地区奥瑞纳期中的角色对相关问题进行了探讨。

Larmon, J. (2021). "Watery Relations and Creations: Ancient Maya Engagement with the Cara Blanca Pools." *Cambridge Archaeological Journal* 31 (1): 35-52.

《以水相系与创造：卡拉布兰卡湖的古代玛雅遗存》

非人类存在（即神灵）作为无数人类本体论中活跃组成部分的假设是许多考古学家对考古证据进行解释的前提。作者建议，如果要真正理解人类生存于其中的空间，其实并不需要将非人类存在囊括到人类的本体论中，而是需要将人类自己重新融入非人类存在的本体中去。这种方法可以使人类去中心化并提出了一种事物本体论，在这种情景中，多种人类本体论都可以施展开来，但同时又都受制于这个体系。借助伯利兹卡拉布兰卡的古代玛雅圣地的例子，作者通过对水体的审视，表明了人类是如何作为众多参与景观形成的一部分而存在的，并展示了水的情感如何先于人类与水的文化关系而存在。水的内在品质是富有情感的，正是这种情感属性将卡拉布兰卡融合成一体。此外，作者还使用了"运动"概念来指代一种领地化的力量，从而使得非人类存在创造历史成为可能。最后，作者通过与水相关的考古证据阐明了水的"动能"如何在卡拉布兰卡创造可能性。

Wong, J. (2021). "The Role of Environmental Factors in the Early Development of Egyptian Stone Architecture." *Cambridge Archaeological Journal* 31 (1): 53-65.

《环境因素在埃及石构建筑发展早期的角色》

关于埃及石构建筑早期发展的许多细节仍不清楚。许多研究都侧重于对宗教和社会经济因素。然而，环境因素所起的作用也不应被低估。在第一王朝的大部分时间里，石构建筑的创新多由私人领域的发展所推动，这是受下埃及地区优越地质条件影响的结果。同时，多重证据表明，埃及在早王朝时期和古王国时期气候较潮湿，这将对泥砖的生产和泥砖结构的短期耐用性产生重大影响。该研究认为，这些环境因素在促进和加速埃及石构建筑的兴起的过程中发挥了关键作用。

Clarke, M., Sharpe, A., Hannigan, E., Carden, M., Luna, G., Beltrán, B., & Hurst, H. (2021). "Revisiting the Past: Material Negotiations between the Classic Maya and an Entombed Sweat Bath at Xultun, Guatemala." *Cambridge Archaeological Journal* 31 (1): 67-94.

《重访过去：古典玛雅与危地马拉舒尔吞遗址汗蒸浴室之间的物质协商》

考古证据中发现的由单一事件所产生的大量物质积累通常被定义为仪式活动的结果。它们往往被解释为一般性的堆积分类，并用其来暗示而非去推导人类行为的动机。这些分类虽然在最初的数据收集中有用，但随着时间的推移，这些分类就变成了对自身的一种解释。研究认为，应该使用关系本体论这种视角来考量"仪式堆积"形成过程背后的主体动机，以便去理解过去的人们如何与非人类存在（例如地表上的建筑和自然景观）之间进行互动。危地马拉舒尔吞（Xultun）遗址汗蒸浴室中发现了大量古典时期的遗物堆积，该研究主要对这批遗物及其可能的功能进行研究。通过对沉积物中各种类型的遗物和人类遗骸进行分析，并与汗蒸浴室本身已知的社会史进行对比，厘清了献祭物品之间、献祭行为与发现献祭物品的拟人化地点之间的本体论关系。研究人员还注意到，通过对场所更深层次的理解，对古典玛雅物质协商中的仪式逻辑进行评估是可行的。

Wilkinson, D. (2021). "The Geoglyph as a Medium for Anarchist Ritual." *Cambridge Archaeological Journal* 31 (1): 95-110.

《作为反秩序仪式媒介的地画》

地画被广泛视为是对过去神圣景观的一种表达。在本研究中，作者提供了一种新的研究地画的理论方法，即将它们视为一种明显反秩序和去中心化仪式活动的媒介。当地画被定义为大尺度图像时，并将它与其他现象（比如土筑遗迹）相区分后，很明显它们的出现在空间和时间上实际上都是非常有限的。几乎所有已知的地画案例都位于美洲并基本与"中程"社会而非国家或帝国相关。由狩猎采集人群制作的地画相对罕见。作者将这种规律视为是地画这种媒介反秩序示能性的一种直接结果。在区域整合和早期集权化尚在进行的农业社会中（例如古代纳斯卡地区），地画提供了一种去中心化的对抗力。因此，作者将这种包含地画的仪式实践作理论化为一个历史情景中的机构改革过程。在此过程中，人们有意识地寻求重新分配权力和权威。

Weaver, B. (2021). "An Archaeology of the Aesthetic: Slavery and Politics at the Jesuit Vineyards of Nasca." *Cambridge Archaeological Journal* 31 (1): 111-128.

《审美考古学：纳斯卡地区耶稣会葡萄种植园中的奴隶制与政治》

本文借鉴雅克·朗西埃（Jacques Rancière）关于美学和政治的哲学著作，为研究考古情景中运用美学方法的可行性提供了案例。该研究以秘鲁殖民时期耶稣会葡萄种植园的非洲奴隶制考古研究为例，探讨了权力的细微差别以及被奴役主体的产生过程。通过美学研究的视角，这一过程变得清晰可见。作为空间内物化的管理政策和建筑环境的美学研究以及通过美学干预进行的奴役反应引起了作者的特别关注。朗西埃的美学方法不是关注物质创造过程中所涉及的特定意义或混合性，而是考虑物质如何通过激活和参与审美体验而被潜在地赋予多种、有时甚至是有相冲突的意义。

O'Connor, S., Oliveira, N., Standish, C., García-Diez, M., Kealy, S., & Shipton, C. (2021). "Faces in the Stone: Further Finds of Anthropomorphic Engravings Suggest a Discrete Artistic Tradition Flourished in Timor-Leste in the Terminal Pleistocene." *Cambridge Archaeological Journal* 31 (1): 129-142.

《石头中的人面：更多人形刻划岩画的发现暗示了一种独立的艺术传统曾兴起于更新世末期的东帝汶》

刻划岩画遗址在亚洲大陆和东南亚岛屿地区很少见。在这些地区的史前艺术中占主导地位的是绘画。该研究披露了东帝汶图图阿拉（Tutuala）地区新发现的两个刻划岩画遗址，其中大部分是雕刻在岩厦内钟乳石柱上的人形刻划艺术。同一区域内的勒内哈拉（Lene Hara）洞穴曾发现有人面形的刻划岩画，其中一处岩画使用铀系测年法可追溯到更新世－全新世过渡时期。通过对帝汶岛及邻近区域更新世末期和全新世早期的考古学证据所见的技术和物质文化变迁的梳理，作者对这些刻划岩画进行了探讨。该研究认为，这些刻划岩画可能是在人口扩张以及与此同时产生的群体间更广泛接触的背景下作为领地和社会身份的标识而制作的。

Holdaway, S., & Phillipps, R. (2021). "Artefact Categories, Artefact Assemblages and Ontological Alterity." *Cambridge Archaeological Journal* 31 (1): 143-160.

《遗物分类、遗物组合和本体异质性》

琼·格罗（Joan Gero）认为，考古阐释不是真理的积累，而是意识形态的建构。后殖民研究建立在格罗对"普世价值"批判观念的基础上，即人类文化遗产的各个方面对全人类都具有价值。然而，这些研究并没有具体说明考古记录的后殖民分析如何去开展，特别是在涉及物质文化分类的情况下。看似基本的遗物分类仍然是并且也指示着"普世价值"的一种形式。该研究将本体论转向性进行创新性应用，特别是霍尔布拉德（Holbraad）的本体论方法，以摆脱对石制品进行分类和解释的传统方法。此外，还借鉴了卢卡斯关于物化的相关理论，发展出另外一种研究器物分类的方法来重新审视来自北奥特罗瓦岛的两组遗物组合。两者都包含有大量的黑曜石制品。黑曜石提供了调查历史使用水平的一个切入点，因为这种材料地质来源具有识别性高、可进行技术分析并保留使用痕迹等多种优势。利用黑曜石分析的结果，该研究调查了考古学家评估物质文化遗存之间关系所依据的概念，并提出了考古学家可能为后殖民本体论创造解释空间的方式。

Nomokonova, T., Losey, R., Fedorova, N., Gusev, A., & Arzyutov, D. (2021). "Reindeer Imagery in the Making at Ust'-Polui in Arctic Siberia." *Cambridge Archaeological Journal* 31 (1): 161-181.

《西伯利亚极地区域乌斯季－波路易遗址驯鹿形象的制作过程》

驯鹿驯化的历史是欧亚大陆北部人类与动物关系研究的一个重要课题。位于西伯利亚极地区域的雅马尔－涅涅茨（Iamal-Nenets）地区（现在是全球驯鹿蓄养中心）一直是驯鹿驯化研究的对象。然而，探寻该地区和欧亚大陆其他地区驯鹿驯化的初始阶段十分具有挑战性。考古图像是探索动物驯化的未被充分利用的资料来源之一。该研究探讨了在雅马尔地区的乌斯季－波路易（Ust'-Polui）铁器时代遗址所发现的数量众多的驯鹿图像（年代介于公元前260～公元140年）。虽然在遗址使用很久之前西伯利亚就存在猎杀驯鹿的行为，便携式驯鹿图像在这个时间段却突然出现，并与被认为用于训练役使驯鹿的设备同时出现。训练和与役使驯鹿一起完成特定任务需要与这些动物进行长期接触。众所周知，这些动物对于人类来说是十分珍贵的。创造、利用和存放驯鹿图像相关物品是乌斯季－波路易遗址承认与特定家养驯鹿发展出的新的、至关重要工作关系的一种方式。

Oravkinová, D., & Vladár, J. (2021). "Some Are More Equal Than Others: Intrasettlement Social Organization in Spišský Štvrtok (EBA/MBA, Slovakia)." *Cambridge Archaeological Journal* 31 (2): 183-210.

《某些人比他人更平等：斯洛伐克青铜时代早中期斯皮施斯基遗址聚落内部的社会组织》

作者首先对社会组织结构的多个对立概念进行了探讨，即水平分化还是垂直分异，平等还是不平等，区块化还是复杂化，部落、酋邦、中程社会该如何区分等议题。为了在更广泛的中欧地区重建青铜时代社会，所有这些问题都需要有个全面的检讨。许多已发表文献提供了多种但自相矛盾的理论模型，但我们仍然对特定社会单位的组织结构知之甚少，尤其是在某个单独聚落的尺度下。对斯皮施斯基防御性聚落遗址内所见可移动和不可移动遗存的形态、技术和空间分析在许多方面有助于解决喀尔巴阡东北部地区史前社会组织结构的问题。在该案例中，作者根据物质文化的定性和定量参数、生产活动的证据及其专业化水平与聚落内活动区域的空间分布相关联来解释社会复杂性的程度。此外，一些观察到的规律也独立地通过窖藏中的黄金和青铜器物形态类型上的差异、建筑技术细节和定期仪式活动的证据得到了证实。研究结果表明，该聚落可能存在社会水平分化和垂直性等级差异，这是适应本地社会情景的一种表现。

Barba, P. (2021). "Power, Personhood and Changing Emotional Engagement with Children's Burial during the Egyptian Predynastic." *Cambridge Archaeological Journal* 31 (2): 211-228.

《埃及前王朝时期的权力、个人以及对儿童葬波动的情感联结》

对儿童丧葬遗存的考古分析通常围绕着先天获取身份和人口趋势的讨论展开。儿童葬的其他社会和空间维度往往未被探索。本文通过对前王朝时期埃及儿童葬的分析，介绍了一个新颖的研究视角。该分析侧重于前王朝社会墓地所代表的社会群体中儿童葬的变化率和空间分布，特别关注他们的位置如何被用来重新协商权力关系，甚至可能是个人概念。此外，还考察了儿童葬礼对于通过对地点的依附来创造群体感的重要性。该研究对依赖定量数据而排除其他因素的做法提出批判，强调童年、实践理论、情感和个人对社会复杂性研究的贡献。研究结果表明，公元前四千纪后段儿童葬礼实践的情感维度发生了重大变化，这些转变与埃及的国家形成过程存在关联。

Goldhahn, J., Labarakwe, S., Skoglund, P., & Westergren, E. (2021). "'I Have Done Hundreds of Rock Paintings': On the Ongoing Rock Art Tradition among Samburu, Northern Kenya." *Cambridge Archaeological Journal* 31 (2): 229-246.

《我曾绘过上百幅岩画：论肯尼亚北部桑布鲁族群仍在进行中的岩画传统》

本文讨论了肯尼亚北部田野调查的观察结果，这些观察结果揭示了桑布鲁武士——勒姆兰（lmurran）一项重要且持续至今的岩画艺术传统的实证。他们在作为武士的一生中通常会创作岩画艺术，年龄段介于 15～30 岁。那时他们远离村庄，放牧牛群，因此代表了一个特定的"实践群体"。该研究结果表明，桑布鲁岩画主要是一种休闲行为，即他们在野外露营时进行创作，准备食物也是该活动的一部分。典型的岩画图像包括家畜、人类（男性和女性）以及偶见的野生动物，如大象和犀牛。每个年龄段和新一代的勒姆兰都受到早前作品的启发，但他们也通过不断添加新元素对传统进行微调，例如最近他们流行在图像附近写上字母和名字的传统。研究结果表明，尽管岩画艺术本身并非任何仪式或仪式性情景的产物，但它作为一种跨代视觉文化发挥着重要的作用。随着时间的推移，这种视觉文化也推动着共同持续的文化传统所产生的武士身份也发生了转变。

Dubois, J. (2021). "Singa Transitional: Rock-art Saywas Marking Boundaries of Identity and Socializing Landscape in Huánuco, Peru." *Cambridge Archaeological Journal* 31 (2): 247-263.

《辛加转型期：划分身份与社会化景观边界的秘鲁瓦努科地区塞瓦兹岩画艺术》

本文介绍了一种发现于秘鲁瓦努科北部现代小镇辛加附近山坡上的新的艺术风格，即辛加转型期风格。这种风格是在最近对瓦努科地区一次区域岩画调查中发现的，该调查记录了 20 多个地点的岩画，确定了它们的时代背景，并分析了所产生的数据，试图了解超过 9000 年时间长度内的社会实践变化趋势。作者还探讨了这种风格是如何从媒介中的区域艺术趋势以及安第斯山脉地区多种媒介的物质文化在其诞生之初便显露出来的更广泛的规律中出现的。辛加转型期风格的艺术表明，在秘鲁史前文化早期（公元前 800～前 200 年）和早中间期（公元 0～800 年）之间的过渡时期，当地人便已经参与到了一种更广泛的社会趋势中。作者认为，于显眼位置的岩石上创作岩画艺术是塞瓦的一种表现形式（saywa），即一种用来标记边界和移动路线的景观标志。辛加转型期风格的塞瓦被用来宣示当地安第斯人与这片土地之间的联系，并且是安第斯山脉地区的人们评判社会变革的一种媒介。

Dempsey, K. (2021). "Tending the 'Contested' Castle Garden: Sowing Seeds of Feminist Thought." *Cambridge Archaeological Journal* 31 (2): 265-279.

《考量"争议的"城堡花园：女性主义视角发轫》

在城堡研究中，中世纪女性通常被描绘成与世隔绝的被动的行为主体。尽管花园被认为与女性有关，但在中世纪考古学中对该空间的探索很少。在本文中，一个新的方法论框架被用来展示如何在中世纪花园的生活经验背景下探索女性的能动性。特别值得一提的是，本研究采用了一种新颖的方法，重点关注英国和爱尔兰一些中世纪城堡的植物遗存，并对于这些植物的管理以及精英女性在中世纪后期的相关社会实践等方面提出研究问题，包括她们对物质虔诚的表达。这对中世纪园艺的"神圣性"的方式质疑。证据显示，贵族女性将园艺作为一种供奉性质的实践，同时也是她们通过共情药物来增强身体能动性的一种手段。

Special Section   When Materials Speak about Ontology:
A Hunter-Gatherer Perspective
专栏　当物质遇上本体论——狩猎采集者的视角

Assaf, E., & Romagnoli, F. (2021). "Beyond Tools and Function: The Selection of

Materials and the Ontology of Hunter-Gatherers. Ethnographic Evidence and Implications for Palaeolithic Archaeology." *Cambridge Archaeological Journal* 31 (2): 281-291.

《工具和功用之外：材质的选择与狩猎采集者的本体论——民族学证据及其对旧石器时代考古学的启示》

本文讨论了史前工具制造中对特殊材料的广泛选择。考虑到其可能具有的审美价值或普遍的、大多无法解释的象征意义，以往研究对这些非标准材料的解释通常仅限于一般性陈述。该研究讨论了将这些材料视为旧石器时代考古学中能动的主体和鲜活的生命及其所带来的一些启示，这已在世界各地的诸多本地狩猎采集人群中得到了证实。研究认为，旧石器时代对特定材料的选取是有特殊含义的，并且超出了其可能具有的某种"象征性"意义。它反映了早期人类与他们周围的世界（人类）以及他们赖以生存的事物（一些非人类存在，如动植物、水和岩石等）之间深层的熟识度和复杂关系。该研究还从本体论的角度讨论了人们对工具和工具材质的认知，以及其所反映的各种关系、尊重行为和功能性。作者建议应该将材料视为旧石器时代人类的社会、宇宙和本体论世界观的一种反映，就像我们的祖先一样试图去理解其所包含的除经济和功能之外的意义。

Weedman Arthur, K. (2021). "Material Scientists: Learning the Importance of Colour and Brightness from Lithic Practitioners." *Cambridge Archaeological Journal* 31 (2): 293-304.

《材料科学家：从石器制作者身上学习颜色和亮度的重要性》

本文介绍了埃塞俄比亚博瑞达（Boreda）的石器制作者们将打制石器作为鲜活生命体的认知方式，以及它如何影响他们选择五颜六色的石头并将这些专门的知识传授给学徒。特别值得注意的是，石器制作者选择石头往往有自己的一套标准，即石材的光亮度。石材的光亮度被认为是石材生命力的表现特征。石器制作者往往也会选择特定颜色的石头来制作石器，因为颜色与转化和社群身份是联系在一起的。此外，长者们也会利用石头的这些属性来帮助学徒学习识别优质的母材，从而确保工具具有较长的使用寿命。

Freeman, C., Freeman, J., & Langley, M. (2021). "Gymea and the Fishing Technologies of the New South Wales Coast, Australia." *Cambridge Archaeological Journal* 31 (2): 305-312.

《吉米亚和澳大利亚新南威尔士海岸的捕鱼技术》

故事对所有现代人都很重要。无疑，讲述故事的这种行为在遥远的过去也同样重要。考古学家还需要明白，数千年前制造和丢弃的遗物是生产它们的人群与其背后的故事交织在一起的。在世界的某些地区，这些故事仍然可以通过与当地土著的交谈而获得，而在其他地区则可能是做不到的。研究人员需谨记的是，物品本身的意义通常对本社群之外的人们来说是隐匿的，虽然这一原则经常被人们用来教学和引用，但其中含义可能并没有被充分理解。该研究主要记述了澳大利亚新南威尔士州沿海地区尤因人（Yuin）中流传的吉米亚（Gymea）的故事及其与捕鱼技术的联系。该研究案例同时也表明，在没有土著社群合作的情况下，考古学家将无法获知那些更深层的信息。

Hiscock, P. (2021). "Small Signals: Comprehending the Australian Microlithic as Public Signalling." *Cambridge Archaeological Journal* 31 (2): 313-324.

《微弱的信号：作为公共信号传达的澳大利亚细石器》

信号传达是现代人类文化中的一种关键能力。然而，基于石器的信号传达行为通常很难从有文字之前的情境中得到识别和理解。考古学家常常弱化了石制工具的信号传达作用。他们认为，强烈的形式－功能关系制约了信号传达，抑或是基于有助于定义史前时期信号传递行为的假设而将一些民族学信息套用在考古证据上。本文提出的研究案例表明，功能与形式无关，并且石器打制技术也早在 1000～1500 年前就已经停止使用了。这意味着，无论是对社会实践的连续性预设还是借助工具的使用都无法为澳大利亚细石器石的大小、形状标准化和区域差异提供强有力的解释。"信号发送者－接收者"理论被用来提出一种针对细石器遗存的新论述。研究证明，这些石制品不仅可能是公共信号传递中使用的关键对象，而且"发送者－接收者"的理论框架使我们能够推断更多有关信号传递系统如何运作的细节。

Romagnoli, F. (2021). "Changes in Raw Material Selection and Use at 400,000 Years bp: A Novel, Symbolic Relationship between Humans and Their World. Discussing Technological, Social and Cognitive Arguments." *Cambridge Archaeological Journal* 31 (2): 325-336.

《40 万年前原材料选择和使用的转变：人类与世界的一种新型共生关系——兼论技术、社会和认知问题》

考古证据显示，大约在 40 万年前出现了一种新的技术行为，证据即是对前所未有的资源进行开发并产生新型工具。作者回顾了这些革新现象并对中更新世出现的人类学、古神经学、遗传和行为变化进行分析。作者认为，在这个年代框架内人类开始将资源视为"非人类存在"的情感共生者。技术创新表达了这种新颖的认知复杂性以及可能新出现的物与物、人与物和环境与物之间的关系。遗物和技术获得了与功能价值密切相关的多重符号意义。民族考古学证据表明，除了这些物质文化的创新之外，还可能存在象征性行为。这种观点对旧石器时代的考古学具有启示意义。它表明需要一种新的物质文化观，一种超越经典罗列法来定义现代象征性协调行为的方法。此外，它还允许人们在复杂性方面突破古代文化和智人之间的传统并置。本文讨论的证据表明，本体论假设可以改变我们对中更新世原始人的看法以及现代行为的起源和定义，并检验史前认知在考古学中的可见性。

Efrati, B. (2021). "Memory Scrapers: Readymade Concepts and Techniques as Reflected in Collecting and Recycling Patinated Lower Palaeolithic Items at Qesem Cave, Israel." *Cambridge Archaeological Journal* 31 (2): 337-347.

《记忆刮削器：以色列克塞姆洞穴旧石器时代早期收集和回收利用旧物行为所反映的预制概念和技术》

本文认为，某些旧石器时代早期的遗物可被视为现代艺术情景中的预制概念和技术的反映。作者重点介绍了该观点所依据的理论框架以及以色列旧石器时代早期晚段克塞姆洞穴遗址（Qesem Cave，距今 42 万～20 万年）的研究案例。该案例重点分析了一些石制工具出现的"双重锈层"现象（旧工具因暴露于空气中的化学元素而生成锈层，然后工具被再次改制成型）。这些以其出挑的颜色和纹理为特征的物品是按照预制的概念和技术生产的，这些概念和技术应用于生产具有功能性和辅助记忆的工具。作者认为这些物品充当了记忆工具的角色，将使用者与祖先（人类和非人类）以及熟悉的经历、事件和地点重新联系起来。

Barkai, R. (2021). "The Elephant in the Handaxe: Lower Palaeolithic Ontologies and Representations." *Cambridge Archaeological Journal* 31 (2): 349-361.

《融入手斧的大象：旧石器时代早期本体论和象征》

土著狩猎采集人群对世界的看法与 WEIRD（西方的、受过教育的、工业化的、富裕的和民主的英文单词的首字母缩写）社会明显不同。与史前时期一样，他们的成功适应和繁荣依赖于与动物、植物和岩石等要素的亲密关系。维持感知到的世界秩序并确保人类生存和福祉所必需的任何东西的持续可用性的愿望迫使人们做出同样的努力来取悦这些非人类的存在。消费和欣赏的关系早在旧石器时代晚期就成为了人性的一部分。考古证据在一定程度上反映了这种本体论和宇宙论的观念。本研究以大象和手斧这两个旧大陆旧石器时代早期最具代表性的符号为中心，阐述了长鼻类动物对旧石器时代早期的人类具有饮食和宇宙观上双重的重要性。手斧这一处理终极巨型食草动物的工具被持续地生产和使用，再加上由大象骨头制成的手斧的明确存在，这两种现象为大象 – 手斧本体论上的联系提供了无声的证词。作者认为，物质文化是人们与世界之间关系的产物。因此，早期人类根据他们对特定动物类群的消费和欣赏习惯定制了他们的工具套，具体到本研究中就是融进手斧中的大象的形象。

Haughton, M. (2021). "Seeing Children in Prehistory: A View from Bronze Age Ireland." *Cambridge Archaeological Journal* 31 (3): 363-378.

《洞见史前史中的儿童：爱尔兰青铜时代的视角》

尽管近几十年来越来越受到关注，但研究史前史的学者还是经常忽视了儿童考古学。这种现象是令人担忧的。社群因儿童而变得活跃，与孩童的对话和关于孩童的话题常常提供了一个探讨社会各个方面的切入点，而这些正是史前学者乐于谈论的话题，如社会结构、身份认同和个体。本研究主要对爱尔兰早期青铜时代墓葬中所见儿童群体进行探索。研究结果表明，无论是文字资料、艺术描绘还是玩具都不足以反映史前儿童群体的状况。在不同尺度之间进行切换的方法揭示了对待儿童群体的一些微妙趋势，这些趋势反映了更广泛的共同关切并允许反思儿童在史前时期的角色。

Booth, T., Brück, J., Brace, S., & Barnes, I. (2021). "Tales from the Supplementary Information: Ancestry Change in Chalcolithic-Early Bronze Age Britain Was Gradual with Varied Kinship Organization." *Cambridge Archaeological Journal* 31 (3): 379-400.

《补充性信息的启示：英国铜石并用时代至早期青铜时代祖系变化是不同亲缘组织渐变的结果》

针对史前欧洲人群的大规模基因考古学研究视角往往过于宽泛，因此难以与局地尺度的考古学研究成果相调和。然而，已发表研究的附录中通常包含着有价值的、更精准的信息，这些信息的解读无须特定的遗传学专业知识。通过对一篇 DNA 研究论文附录中提供的一些正文未深入讨论的细节进行梳理，该研究展示了这些信息如何能够帮助我们去理解古代祖系变化和基因亲缘度，即通过对生活在铜石时代和早期青铜时代（公元前 2450～前 1600 年）英国的人群基因祖系转变幅度大于 90% 的细节进行检验便可以做到。虽然这一结果肯定会受到从欧洲大陆携带新血统进入英国的迁移人口的影响，但这不可能是一个简单、快速的过程，可能需要长达 16 代人的时间。在此期间，一些主要源自新石器时代人群的后裔依然存在。只要遗传关系还被认为具有社会意义，那么墓地中遗传亲属的确认结果表明父系关系很重要。然而，在遗传关系的指示方式上仍存在较大差异，并且几乎没有证据支持严格的从父居或女性外婚现象。

Hogue, T. (2021). "Thinking Through Monuments: Levantine Monuments as Technologies of Community-Scale Motivated Social Cognition." *Cambridge Archaeological Journal* 31 (3): 401-417.

《纪念碑的视角：作为社群尺度驱动的社会认知技术的黎凡特地区的纪念碑》

该研究提出纪念碑是社区思考的技术手段。作者借鉴特纳（Mark Turner）和福科尼耶（Gilles Fauconnier）所阐述的概念混合理论来论证纪念碑是概念整合网络的物质锚点。网络模型强调纪念碑被嵌入到特定的空间和社会历史背景中，同时也强调它们通过参与到社群的想象力中而发挥相关作用。从生成论角度去理解这些网络有助于解释纪念碑的衍生能力以及它们如何变得富有活力和多重含义。通过为这种关联性的属性提出一种认知学模型，还能使其具有更易量化的优点。作者以铁器时代黎凡特（卡尔卡米什仪式广场）的纪念性建筑为尝试性案例发展出了这种方法并展现出了这种方法的解释能力。作者认为，研究案例介绍的理论和方法可以使未来对纪念碑的描述更加精确，同时也开辟了研究纪念碑的新途径，即将其视为一种在社群尺度下生成的受驱动的社会认知技术。

Fleming, A. (2021). "Soay Sheep: The Back-story." *Cambridge Archaeological Journal* 31 (3): 419-436.

《索厄羊的背景史》

苏格兰西北部圣基尔达群岛的索厄羊的原始种在家养羊的历史研究中占据着重要的地位。在"铁器时代"的羊被引入到希尔塔岛（圣基尔达群岛的主岛）之后，这些索厄羊（明显是"青铜时代"的品种）可能仅生存于崎岖的索厄岛上，因为生性刚烈的公索厄羊具有碾压新来物种的竞争优势。19 世纪 80 年代，皮特-里弗斯曾因他对动物考古学的兴趣率先在的他的花园里豢养了几只索厄羊。因为皮特-里弗斯与这些羊的主人熟络，它们得以踏上从大西洋边缘到英格兰南部的史诗般的旅程。20 世纪初，索厄羊开始出现在考古遗址的动物骨骼报告中，它们被豢养在公园里并参与繁殖实验，特别是在霍舍姆、苏塞克斯（它们的主人居住的地方）和爱丁堡周边区域。在人类撤离圣基尔达群岛之后，1934 年和 1935 年 107 只索厄羊被转移到希尔塔岛，这是一项了不起的壮举，从而使得至关重要的索厄羊项目能够长期运行。圣基尔达岛民对"野生"索厄羊的历史开发和利用具有重要的文化影响。

Petek-Sargeant, N., & Lane, P. (2021). "Weathering Climate Change in Archaeology: Conceptual Challenges and an East African Case Study." *Cambridge Archaeological Journal* 31 (3): 437-454.

《考古学中对气候变化的应对：概念困境和一个东非的个案研究》

对气候变化的社会层面的研究越来越关注人们的经历、价值观和与环境的关系，以此作为了解人们如何解释和适应变化的一种手段。然而，一个特别值得注意的困境是，为了促使行为发生改变，从时空上看似遥远的气候变化一直在变得更加直接和本地化。环境人文学家、人类学家和历史学家试图通过分析人们对天气的体验、哲学和记忆来解决这个困境。通常专注于用自然科学方法来解释气候变化的考古学却在这个语境中缺位了。然而，凭借对人类体验和关系的物质结果的独特视角，考古学也可以成为讨论"天气化"气候变化和历史化天气不可或缺的一部分。该研究以肯尼亚伊尔查姆斯社群的微妙反应为例，结合历史和考古资料，重点介绍了该社群自小冰期结束以来的天气经历并试图展现建立天气考古学的研究潜力。

Special Section　Debating Posthumanism in Archaeology
专栏　探讨考古学中的后人文主义

Fernández-Götz, M., Gardner, A., Díaz de Liaño, G., & Harris, O. (2021). "Posthumanism in Archaeology: An Introduction." *Cambridge Archaeological Journal* 31 (3): 455-459.

《考古学的后人文主义：引言》

后人文主义是一个不断发展的跨学科研究领域。在过去 20 年里，它作为一个寻求重新概念化人类与世界关系的广泛学派而出现。从本质上讲，后人文主义试图解构和质疑以前被视为超然和非历史的"人类"这一分类概念。取而代之的是，"后人类"的形象旨在捕捉我们物种存在的复杂性和定位的本质，它超越了文化与自然、思想与身体、人和环境等一些传统二分概念。从动物研究到重新点燃对物质世界的关注再到量子物理学的前沿，后人文主义汲取了各种各样的灵感。这种多样性还涵盖了显著的内部失调和差异，比如一些后人文主义者采取关联法，另一些人则主张事物的本质属性；一些主要关注将人类排除之外的物质事物，而另一些人则呼吁进行透彻的女权主义研究。

Preucel, R. (2021). "The Predicament of Ontology." *Cambridge Archaeological Journal* 31 (3): 461-467.

《本体论的困境》

"本体论转向"目前在人类学和其他社会科学中被吹捧为能为全球生态危机提供新思路的一种方式。这一理论动向涵盖了各种后人文主义和新唯物主义方法，包括组合理论、动态事物、透视主义和以物为导向的本体论。虽然与众不同，但这些方法都对动态事物感兴趣。毫不奇怪，考古学家们已经注意到了这种对事物新生的迷恋并以我们自己的方式参与了本体论辩论，在考古学中即表现为三种主要的方法论：对称考古学、组合思维和关系考古学。本文将检讨本体论转向的性质，并对其在考古学中的应用进行批判性评论。

Crellin, R., & Harris, O. (2021). "What Difference Does Posthumanism Make?" *Cambridge Archaeological Journal* 31 (3): 469-475.

《后人文主义有何不同？》

本文认为要理解后人文主义对考古学、主体和本体论之间关系的影响，需要纠正几个误解。首先，我们强调后人文主义是多元的，具有不同的元素，这意味着任何批评都需要谨慎地有的放矢。作者倡导我们应该从具体的德勒兹式的和透彻的女权主义的角度去看待后人文主义。其次，作者研究了后人文主义中行为主体的状态并建议我们最好将情感因素考虑其中。再次，作者探讨了其所倡导的方法如何以新的方式对待分异，而不是认为没有分异或者相对性的差异，而是作为世界上的一种生产力。最后，作者探讨后人文主义如何让我们重新定位人类在考古学中的角色。

Witmore, C. (2021). "Finding symmetry? Archaeology, Objects, and Posthumanism." *Cambridge Archaeological Journal* 31 (3): 477-485.

《寻找对称？考古、物品与后人文主义》

早在世纪之交之前，考古学研究过去的愿景很明显已经成为一个借口，即为其树立研究对象的深层企图提供正当理由，这对于现代研究项目来说更是如此。物质文化、物质性、物质的过去、物质残余、遗产 - 阐释（后过程）考古学的研究对象只能被描述为这个现代项目的延续。虽然发现对称性与这种学科生产模式的剧变有关，但现在它可能被描述为更加灵活的考古学理论中的一种表现。通过简要对比世纪之交前后的考古学思想，本文勾勒出了以对象导向法去研究事物的一些核心特征，包括对称性、非还原论、突现因果关系和奇异性等。此外，该研究还概述了通过寻找与事物并存的方式，我们该如何对考古学目标及其过去进行更具创造性的工作。

Van Dyke, R. (2021). "Ethics, Not Objects." *Cambridge Archaeological Journal* 31 (3): 487-493.

《是伦理，而非物品》

后人文主义或新唯物主义的方法、立场和对话包含着一些对考古学家思考有所裨益的观点，但作者发现其他一些观点也同样存在着问题。作者的评论围绕后人文主义的三个"转向"铺展开，即物品和物质、关系和组合以及非人类的生命力。作者倾向于认为，一些后人文主义的思想能够帮助我们更有创意和深层次地思考人类与非人类之间的关系，但作者反对非人类中心主义、扁平本体论和对称考古学。活力和透视主义可以帮助补救殖民主义和晚期资本主义所造成的破坏性影响，但考古学家应该注意不要简单地挪用、教导或重新殖民非西方思想家。最后，作者认为，我们不应该需要大陆哲学来提醒我们关心彼此、关心所有生物以及我们共同生存的星球的福祉。眼下最急切需要的是伦理，而不是针对物品的复杂转向。

McGuire, R. (2021). "A Relational Marxist Critique of Posthumanism in Archaeology." *Cambridge Archaeological Journal* 31 (3): 495-501.

《考古学中的后人文主义：联系性马克思主义视角的批判》

在考古学中，后现代主义的余烬中燃起了一种后人文主义，它宣告了马克思主义在考古学中已不复存在。在对马克思主义理论的深度和细微差别的不做任何考察的情况下，那些倡导后人文主义理论对称考古学的学者们片面地摒弃了马克思主义。他们将联系辩证法歪曲为对立的思想，而忽略了他们论点自身存在的基本二元论。通过宣称他们共享一个共同的本体论从而将人和事物之间划等号。联系性马克思主义解决了他们争论中的二元性，并表明，在承认本体论存在差异的同时仍然可以对事物、动物和人进行关系研究。因此，马克思主义仍不过时。

Gardner, A. (2021). "Taking the Wrong Turn? Re-examining the Potential for Practice Approaches in Archaeology." *Cambridge Archaeological Journal* 31 (3): 503-508.

《错误的转向？重新评估考古学实践理论研究路径的潜力》

"物质"或"本体论"是否会成为考古学理论的主要新范式？或者它是小微创新循环的又一次迭代，因此创造了一个非常支离破碎的学科？虽然最近的学术研究中有一些关于这方面很重要的见解，但本文倾向于后一种观点。尽管"对称"和其他"对象 – 主体"方法在主流考古研究中方兴未艾，但他们所借鉴的许多原始文献已经过时了，并积累了相当多的批判意见。因此，至少我们需要借鉴其他亚领域关于物质性的研究过程。除此之外，作者还认为，如果我们要找到未来最有用的理论发展路径，那么我们应该回到这个理论转向之前的那个转向——实践理论的转向——并对其进行透彻的研究。

Cipolla, C. (2021). "Posthuman Potentials: Considering Collaborative Indigenous Archaeology." *Cambridge Archaeological Journal* 31 (3): 509-514.

《后人文的潜力：协作性本土考古学的考量》

本文通过排除笼统性的批评对多样性和考古学中后人文路径的愿景表示赞同。该研究区分了后人类中心思想的不同路线，并指出后人文主义和协作本土考古学之间的相似之处。首先，作者认为对称考古学只是被称为"后人文"多样化思想体系的一部分。其次，作者探讨了与协作本土考古学相关政治问题更广泛的后人文性参与，特别是对该领域代表性不足的群体的担忧。最后，作者将扁平本体论确定为后人文方法的关键组成部分，阐明了该术语对不同路线的后人类中心思想的意义，并简要分析了扁平概念如何与土著形而上学之间进行比较。

Marshall, Y. (2021). "Indigenous Theory is Theory: Whakapapa for Archaeologists." *Cambridge Archaeological Journal* 31 (3): 515-524.

《土著理论就是理论：瓦卡帕帕概念对考古学家的启示》

考古学家基于他们在根本上"另类"的后人文伦理和道德世界的基础，近年来采用了许多本土理论来解释考古材料。本文考察了新西兰毛利人瓦卡帕帕（whakapapa）概念作为考古学一条普遍理论的重要意义。该概念可以粗略简要地翻译为"家谱"或"祖先"。作者认为，瓦卡帕帕概念最具潜力的特征是它的道德和伦理嵌入性以及它对联系的多种形式的坚持。重要的是，瓦卡帕帕对土著人群来说最熟悉。对毛利人社会理论（包括瓦卡帕帕）的讨论、解释和应用方面已有大量研究文献，包括针对毛利人和非毛利人的、学术性的和普及性的研究文献。时至今日，瓦卡帕帕还依然存在，依然对毛利人日常生活和礼仪生活有着举足轻重的影响。因此，将瓦卡帕帕用作考古学理论跟研究者有没有一个具体的权威翻译人员没有必然联系。该研究以建筑艺术家兰德（Maureen Lander）最近的作品为平台，概述了瓦卡帕帕的关键性原则，并为作者对瓦卡帕帕作为考古学理论的讨论提供了参照。

Fredengren, C. (2021). "Bodily Entanglements: Gender, Archaeological Sciences and the More-than-ness of Archaeological Bodies." *Cambridge Archaeological Journal* 31 (3): 525-531.

《身体纠缠：性别、科技考古和考古学中身体概念的外溢性》

批判性的女权主义－后人文主义提供了将身体视为物质话语现象的新视角。因此，身体通过纠缠关系的重新加工而产生、变化和消散。这种关系正在使人体变得不仅仅是人类的。身体可以被理解为充斥了各种外溢意义，例如，它们不再仅被性别或年龄这种分类所解释，尽管偶尔会在物质上受到它们的影响。DNA分析或各种同位素分析捕捉到了这种外溢关系的例子，饮食和居住地被刻入身体并成为个体的一部分，并且可以作为内部景观进行讨论。本文讨论了围绕后人文主义产生的一些误区，以及批判性的后人文主义－女权主义理论如何为考古学中的性别研究注入新活力，从而与考古科学建立新的联系。

Ribeiro, A. (2021). "Revisiting the Chinese Room: Looking for Agency in a World Packed with Archaeological Things." *Cambridge Archaeological Journal* 31 (3): 533-541.

《重新思考"中文屋"实验：在满是考古物品的世界里找寻能动性》

在过去的十年里，考古学中的后人文主义视角给予了物品很多关注。这种对物品的关注是针对后过程考古学家过度地以人类为中心的社会生活的一种反映。十多年前的能动性是关于个人如何表达目的和身份的，而今天的能动性是关于人类和非人类物体如何以对称的方式相互影响的。毫无疑问，后人文主义对社会现实的新认识作出了巨大贡献，但在此过程中，它也迫使考古学家牺牲了许多感兴趣的话题，即那些涉及意识和目的的话题。但这种牺牲真的有必要吗？这是后人类主义的核心问题之一：它不允许将更传统的社会理论（例如规范、目的、实践）的思想与后人文主义理论的思想相调和。本文重新审视了约翰·塞尔的"中文屋"实验，并重申了这种思想实验对理解意识和目的的意义。思想实验突出了人类与机器之间的差异，并表明即使机器可以复制人类的目的，它仍然不会被视为人类，因为与机械过程不同，人类的目的是有伦理基础的。思想实验是解构思想计算机理论的第一步。根据这一思想实验，本文认为，在一个物品与人类互动的世界中，我们应该从伦理的角度来考虑能动性，并将重点放在人类身上。

Díaz de Liaño, G., & Fernández-Götz, M. (2021). "Posthumanism, New Humanism and

Beyond." *Cambridge Archaeological Journal* 31 (3): 543-549.

《后人文主义、新人文主义及其他》

本文分析了与后人文主义排斥人文主义取向相关的一些问题。首先，作者讨论了新唯物主义和本体论转向在理解过去本体论和非殖民化考古思想方面给考古学带来的一些可能性和挑战。然后，作者关注了能动性的概念，并反思了一些后人文主义学者对这个理论的运用可能会有将其变成一个空洞的名词的危险，因而可能会产生伦理影响并限制考古学在社会批判方面的潜力。作者提出"事物有效性"的概念，将其作为之前"对象能动性"概念化的有价值的替代方案。虽然许多后人文主义提议具有很大的启发潜力，但作者认为不应完全拒绝人文主义观点。正如最近由哲学人类学所定义的那样，新人文主义要素在面对当前社会挑战时仍然有效，而不是造成严重的分歧。

Pellini, J. (2021). "Dung on the Wall. Ontology and Relationality in Qurna: The Case of TT123." *Cambridge Archaeological Journal* 31 (4): 551-563.

《墙壁上的粪便：以 TT123 为例谈本体论与库尔纳遗址的关系性》

基于对 TT123 墓壁上现代粪便的认定，作者对遗迹 TT123 进行了系列新思考，即寻找除了主导考古解释过程的辨识、认定和分类过程所产生的现实之外的其他可能的现实情景。这种思路是试图寻求从新传统和新知识中重新理解 TT123，以期产生新的认知。这个想法并非要问 TT123 本身的含义，而是要理解它是如何在植入其中的多种可能的遭遇情景中存在的。不仅仅是给那些拥有认知特权的人提供相关的另类观点，作者还将尝试证明其他现实状况是可能存在的，并且这种另类的现实可能会产生一系列政治和物质后果。作者认为，另类现实不是真正的现实，它仅仅是一个潜在的现实。

Marín-Aguilera, B. (2021). "Subaltern Debris: Archaeology and Marginalized Communities." *Cambridge Archaeological Journal* 31 (4): 565-580.

《底层碎片：考古学和边缘化群体》

与社会科学和人文学科的其他许多学者一样，考古学家特别关注对过去和现在的下层社会的研究。然而，"底层"的概念本身并不清晰，在考古文献中很少有理论性阐述，或者只是顺便提及。本文以葛兰西和帕特里夏·希尔柯林斯的相关理论思想为基础，对底层性作出了一个更为全面的定义，并试图发展出一种勾勒底层性不同表现和重现方式的方法论。

Rante, R., & Trionfetti, F. (2021). "Economic Aspects of Settlement in the Oasis of Bukhara, Uzbekistan: An Archaeo-Economic Approach." *Cambridge Archaeological Journal* 31 (4): 581-596.

《乌兹别克斯坦布哈拉绿洲聚落的经济维度：经济考古学的视角》

本文重点关注的研究课题是探索城市规模变化的新方法以及丝绸之路对城市结构的影响。布哈拉绿洲经济维度的案例研究则回应了上述两个关切。作者用考古资料比较了古代经济和现代经济，然后用现代经济理论和方法来认识古代社会。对古代经济的了解是为了更好地理解现代经济。作者通过现在探索过去，通过前者探索后者。研究结果生成的一些模型能够预测不同地区城市的规模分布，并将它们与过去和现在进行比较。基于齐夫定律，本研究表明，现代后工业革命与中世纪经济学之间存在相似之处。其次，研究还发现，古代城市的结构与当地的经济需求是挂钩的，丝绸之路沿线城市的研究证明了这一点。

Moen, M., & Walsh, M. (2021). "Agents of Death: Reassessing Social Agency and Gendered Narratives of Human Sacrifice in the Viking Age." *Cambridge Archaeological Journal* 31 (4): 597-611.

《死神的媒介：重估维京时代人祭的社会能动性和性别化叙事》

本文试图以一种新的视角来探讨著名的 10 世纪罗斯酋长下葬的文献记载。该文献由阿拉伯旅行家伊本·法德兰（Ibn Fadlan）记述。本研究将重点放在性别化的预期如何丰富了对文献来源的解释及随后的考古学运用。作者将研究聚焦于一些核心行为主体的社会能动性上面，这样可以引申出另一种不同的解释。根据维京时代实行人牲习俗的假设，作者审视了对合乎文化性别角色的推广，其中女性经常被描述为男性暴力的受害者。鉴于近来以性别为重点的理论方法的发展趋势，研究认为在此类叙述中对能动性的重新关注可以为一些重要的争论注入新活力。

Plaza, M., & Martinón-Torres, M. (2021). "Technology, Use and Reuse of Gold during the Middle Period: The Case of Casa Parroquial, Atacama Desert, Chile." *Cambridge Archaeological Journal* 31 (4): 613-637.

《史前中期金器的制作技术、使用和二次使用：智利阿塔卡玛沙漠卡萨·帕罗奎尔遗址的案例研究》

黄金制品的生命史研究可以为技术和文化提供丰富的信息。但到目前为止，在安第斯山脉中南部这种研究方法的潜力尚未得到施展。该研究使用便携式 X 射线荧光分析仪（pXRF）、扫描电镜（SEM-EDS）、质子激发 X 荧光光谱分析（PIXE）和数字显微镜对来自智利北部圣佩德罗阿塔卡马沙漠的卡萨·帕罗奎尔遗址史前中期墓地的 34 件金银器进行了分析。化学分析检测到多种成分（2.4%～73.1% 的银和 0.2%～3.4% 的铜），这表明工匠使用了天然金和人工制成的金－银－铜合金。根据制造技术、质量和设计风格，研究辨识出了两种工作方式，一种在技术上比另一种更"保守"。鉴于化学元素和技术多样性以及缺乏当地生产的考古证据，作者认为这些人工制品是从蒂瓦纳库或科恰班巴以及阿根廷西北部作为制成品而进口的。然而，作者还发现了一系列这些外来物品在进入新的文化情景时被改制或重塑的证据，揭示了这些物品背后复杂的生命史。对物品的改制使用了相对简单的机械手段：冲压、切割和折叠，它们很可能是由来自圣佩德罗的非专业冶金工匠在多工种的环境中完成的。

Rainio, R., Gerasimov, D., Girya, E., & Mannermaa, K. (2021). "Prehistoric Pendants as Instigators of Sound and Body Movements: A Traceological Case Study from Northeast Europe, c. 8200 cal. bp." *Cambridge Archaeological Journal* 31 (4): 639-660.

《作为声音和肢体动作标识物的史前坠饰：东北欧距今 8200 年前证据的微痕学研究

案例》

俄罗斯西北部南鹿岛（Yuzhniy Oleniy Ostrov）的中石器时代晚期墓葬中发现了大量欧亚麋鹿（Alces alces）的门牙。这些牙齿大部分被制成便携式吊坠，好像是衣物上的装饰或死者的个人物品。本文研究了与这些人工制品相关的技术及其用途，并反思了它们产生的感官体验。对 100 个样本的动物考古学分析表明，所有类型的门牙都用于制作吊坠。痕迹学分析表明，牙齿经过刮削、开槽、磨削和修饰的加工方式。磨损痕迹包括一般磨损和牙冠周边明显的凹痕或啄痕。这些痕迹表明，这些吊坠是在葬入墓内之前经过佩戴的，因此它们与软质材料和固体材料都有过接触。这种坑状或啄痕的微痕模式直到现在还没有在微痕学分析的文献中有过报道。实验表明，当新鲜麋鹿门牙的垂饰成排成串地悬挂并相互撞击时，就会出现类似的微痕模式。它们之间的碰撞产生了类似打击乐器的声音。因此，南鹿岛遗址出土的麋鹿门牙为我们理解中石器时代狩猎采集者之前未曾有过的声音体验和活动以及打击乐器的早期历史提供了新资料。

Büster, L. (2021). "Iron Age Mnemonics: A Biographical Approach to Dwelling in Later Prehistoric Britain." *Cambridge Archaeological Journal* 31 (4): 661-674.

《铁器时代的助记符：英国史前晚期居址的生命史研究》

家户建筑在史前晚期社群的身份认同中发挥了核心作用，特别是房屋能够在生者和死者之间建立起一种持久的联系。作为一代又一代居民的记忆和遗产的载体，圆形房屋跨越了房屋和纪念性建筑之间的鸿沟。位于苏格兰东南部布罗克斯茅斯的铁器时代晚期聚落保存完好，它展示了生命史视角的研究潜力，即可以帮助理解圆形房屋在塑造多代家户在身份认同方面所起的核心作用以及器物在构建谱系叙事中所扮演的角色。

Hutchence, L., & Scott, C. (2021). "Is Acheulean Handaxe Shape the Result of Imposed 'Mental Templates' or Emergent in Manufacture? Dissolving the Dichotomy through Exploring 'Communities of Practice' at Boxgrove, UK." *Cambridge Archaeological Journal* 31 (4): 675-686.

《阿舍利手斧的形状是强加"心理模板"的结果还是制作过程的产物？通过探索英国博克斯格鲁夫遗址"实践群体"解构二分对立》

本文探讨了关于阿舍利手斧形状是否是由于有意将头脑中已有的模板施加在岩石材料基质上的结果，还是石器制造者与形状相关的意图通过人类主体的参与（在行动中）和材料的示能性而"出现"的。作者认为，形状的施加和出现并不互斥，并通过拉维（Lave）和魏格纳（Wenger）提出的"实践社群"概念将这些对立的观点糅合在一起，试图去解释博克斯格鲁夫遗址 50 万年前出现的形状高度一致的手斧。作者指出，在博克斯格鲁夫等地点发现的手斧形状的一致性是石器制造者个体的即时行为的结果。同时，它们也受到了社会规范的制约。社会规范在行动中体现，并在更广泛的群体层面得到协商、理解和遵守。因此，作者提出应将阿舍利手斧的制作置于其更广泛的社会情景中去理解，这样就能表明手斧形状既是概念施加的结果，也是即时行为的结果，而不是其中一种或另一种可能。

Cannell, R. (2021). "What Makes a Mound? Earth-Sourced Materials in Late Iron Age Burial Mounds." *Cambridge Archaeological Journal* 31 (4): 687-703.

《是什么造就了土墩？铁器时代晚期墓墩的土质材料》

铁器时代晚期墓葬的解释通常只关注发现的随葬品、死者的社会身份或角色及其所蕴含的经济和政治意义。本文将墓墩本身视为考古解释的对象，并试图将大量晚期铁器时代的墓墩置于它们所构成的景观之中加以考量。包含在这些墓墩之中、对时间、地点和转变的内部指征以及土质材料被赋予的联系都是有一定目的，因而也是很重要的。本研究对挪威南部的相关案例进行了分析。为了突出对比性，还特意引入了维京时代马恩岛的研究案例。本文阐述了为何被选取的土墩在它们包含的指征层面应被视为相互紧密关联的，以及如何将墓墩所用的土质材料视为与土地本身存在目的性的联系。

Vidale, M., Eskandari, N., Shafiee, M., Caldana, I., & Desset, F. (2021). "Animal Scavenging as Social Metaphor: A Carved Chlorite Vessel of the Halil Rud Civilization, Kerman, Iran, Mid Third Millennium BC." *Cambridge Archaeological Journal* 31 (4): 705-722.

《作为社会象征的动物食腐场景：伊朗科尔曼公元前三千纪中期哈里尔鲁德文明的一件雕刻绿泥石容器》

在探讨中亚和西南亚同时代动物图像的论述中，一块属于哈里尔鲁德谷地文明（位于伊朗克尔曼地区，年代为公元前三千纪中期）的大型绿泥石容器的碎片（发现状况不明，最近被伊朗警察部队收缴）屡被提及。重新拼合的碎片上有两个附加型楣栏，其上雕刻着丰富的图像。作者首先回顾了解释类似动物图像的多种理论方法。这件器物的造型被解释为三个不同的动物主体在分食牛尸体的场景：狮子、猛禽（秃鹫）和鬣狗。其中，鬣狗是该地区发现的同类艺术图像中从未见过的表现主题。在回顾了这些食腐动物与人类之间的相互关系之后，结合同时期家畜饲养和城市聚落发展状况，作者分析了图像在社会情景中的象征意义和意识形态方面的潜在意义。

《伊拉克》(*Iraq*) 2021 年文摘

马欢欢
（山东大学文化遗产研究院）

Al-Salihi, Wathiq. (2021). "Hatra: Three Notes, Historical, Iconographical, and Religious." *Iraq* 83: 3-12.

《哈特拉城：历史学、图像学和宗教的三种阐释》

在这篇文章中，作者瓦蒂克·萨利希（Wathiq Al-Salihi）对伊拉克北部哈特拉城（Hatra）的历史记载、宗教信仰及考古发现的雕像进行了综合研究，并尝试复原与城市相关的历史细节。哈特拉城位于伊拉克北部的半沙漠地区，距摩苏尔（Mosul）西南约 110 千米，距亚述第一个首都阿舒尔（Ashur）以西 70 千米。该城曾是阿拉伯王国首都，公元 2 世纪最为繁盛，3 世纪被废弃。它地处战略要位，控制着与底格里斯河和幼发拉底河平行的贸易和军事路线。公元 116 年、117 年该城的统治者曾带领哈特拉人和阿拉伯部落共同抵御罗马军队，并将这次胜利记录在哈特拉城 V 号圣殿过梁的浮雕上。I 号和 II 号宫殿浮雕上的男性形象头上带角、手持蛇蝎，通过分析，作者认为应是该城信奉的一位冥神。I 号宫殿发现类似主题的男性立像，可能是祖先崇拜。这种传统可追溯到两河流域更早阶段的历史，它曾沉寂过一段时间，后在希腊化时期重新出现。

Al-Zubaidi, Ahmed K. Taher & Mohammed S. Attia. (2021). "A Cylinder Seal From Tell Abu Al-Dhahab Dated to The First Sealand Dynasty (1740-1374 BC)." *Iraq* 83: 13-24.

《Tell Abu Al-Dhahab 第一锡兰王朝时期（公元前 1740～前 1374 年）的一枚滚筒印章》

艾哈迈德·塔希尔·祖贝迪（Ahmed K. Taher Al-Zubaidi）和穆罕默德·阿提亚（Mohammed S. Attia）在文中对 Tell Abu Al-Dhahab 遗址发现的一枚独特的滚筒印章进行了综合研究。该遗址位于伊拉克沼泽地区，这里曾发现美索不达米亚南部地区的大量城市，考古发掘工作为揭示该地区文明的形态提供了大量信息。这枚滚印为雪花石材质，印章上刻有一位坐姿的神灵，伴出的铭文部分残缺。该印章出土于遗址最大的神庙里 16 号房间的地面上，是最重要的发现之一。本文作者将其置于出土的神庙场景及年代背景中，对其上的雕刻图案、整体形制和属性进行综合分析，推测其年代属于第一锡兰王朝时期，并通过对残缺的铭文的阐释，指出滚印主人很可能是遗址最大的神庙太阳神沙玛什神庙的重要官员，其父亲是一位咒语祭司的监督者，很可能负责沙玛什神庙。

Creamer, Petra M. (2021). "A Neo-Assyrian Provincial Palace at Tell Billa." *Iraq* 83: 25-44.

《Tell Billa 的一座新亚述时期省级宫殿》

新亚述时期的遗址 Šibaniba 坐落在现代的 Tell Billa，该城位于"亚述核心区"边缘，是一个省会的中心。20 世纪初，宾夕法尼亚大学的斯宾塞博士发掘该遗址，主要揭露了土丘西南部的建筑，但由于当时发掘记录的丢失，资料未发表，因此我们无法分析考古材料或进行任何综合研究。土丘西南角的第一层建筑是新亚述时期后半期的宫殿遗迹，包含一个铺地砖庭院和围绕在周边的房间。本文作者彼得拉·克里默（Petra Creamer）对尼尼微作为亚述首都期间这座宫殿群的布局和重要性进行了讨论，提出"希巴尼巴不仅离亚述核心区很近，它自己本身就是一个重要的行政管理中心"的观点。在新亚述时期后期，城市的布局发生了变动，它被纳入西拿基里布的灌溉计划当中。

Dalley, Stephanie M. & Luis R. Siddall. (2021). "A Conspiracy to Murder Sennacherib? A Revision of SAA 18 100 in the Light of a Recent Join." *Iraq* 83: 45-56.

《谋杀亚述国王西拿基里布的阴谋？基于新材料对 SAA 18 100 的重新审视》

SAA 18 100（ABL 1091）是一份楔形文字文献，1979 年该文献由帕博拉首次研究，是研究亚述国王西拿基里布被暗杀事件的重要依据。2005 年，芬克发现了该文献的新片段（28-3-23［K.21923］），并与已知片段（80-7-19，28）相连接，为重新研究这组文献提供了契机。本文中作者斯蒂芬妮·达利（Stephanie Dalley）与卢伊斯·西多尔（Luis Siddall）首次对 SAA 18 100 新拼对的材料进行权威披露，并提出了全新的阐释，挑战了学界以往对这组文献的日期、性质、内容的认识，基于这组文献重建了亚述国王西拿基里布被刺杀的事件缘由。作者认为 SAA 18 100 是一封最初寄往尼尼微的信件的档案副本，信中报告了一件在巴比伦审理的有关亚述王室的事务，涉及西拿基里布统治的最后几年里王室里支持以萨哈顿（Esarhaddon）的势力企图陷害国王之子乌尔都 - 穆利苏（Urdu-Mullissu）的阴谋。

Khwshnaw, Ardalan & Khana Mohammed. (2021). "An Unpublished Letter of Samsu-Iluna King of Babylon." *Iraq* 83: 57-65.

《古巴比伦国王萨姆苏·伊鲁纳的一封未发表的信》

本文是阿达兰·赫什瑙（Ardalan Khwshnaw）和哈纳·穆罕默德（Khana Mohammed）对一封未发表的古巴比伦时期信件的研究，文章详细介绍了信件的副本、音译、翻译和评论。这封信件保存于伊拉克库尔德地区的斯莱曼尼博物馆。这封短信是古巴比伦国王萨姆苏·伊鲁纳（公元前 1749～前 1712 年）写给一位名为伊普 - 库古拉（Ipqu-Gula）的地籍部门负责官员的。萨姆苏·伊鲁纳的父亲为汉谟拉比。在信中，萨姆苏·伊鲁纳要求伊普 - 库古拉将伊辛地区的 180Iiku（约 65 公顷，即 0.65 平方千米）土地交给马尔 - 阿穆里姆（Mār-Amurrim），后者可能是亚摩利人的军队将领。由于目前可供研究的萨姆苏·伊鲁纳直接发送的信件极少，仅 19 封，所以这封短信有助于我们进一步认识其统治时期的情况。

Mahieu, Bieke. (2021). "The Assyrian Distanzangaben in relation to the regnal years recorded in the *Assyrian King List*." *Iraq* 83: 1-19.

《亚述事件纪年与《亚述王表》中统治年限的关系》

亚述铭文中存在一类"事件纪年"（Distanzangaben），是亚述统治者进行重大事件（以建造活动为主）之间的时间跨度。这类纪年并非通过两个绝对日期相减得来，而是将两个事件之间的各个统治期限相加得出。本文作者比克·马耶（Bieke Mahieu）提出以往相关研究一般将这类纪年按时间顺序排列后单独研究，较少分析其构成，主要为获取绝对年代。作者通过《亚述王表》中记录的统治期限，分析了每一个事件纪年的构成，指出部分事件纪年是《亚述王表》中记录的统治年限之和，但另一部分并非如此，其计算可能隐含了意识形态的目的，如巴比伦统治者萨尔贡二世在占领巴比伦城时冒犯了亚述神，因此以撒哈顿（Esarhaddon）在计算时剔除了他的统治时期。作者还提出研究事件纪年的构成可为理解亚述人计算时间的规则及特定统治者的接待传统提供线索。

Marciak, Michał, Bartłomiej Szypuła, Marcin Sobiech & Tomasz Pirowski. (2021). "The Battle of Gaugamela and the Question of Visibility on the Battlefield." *Iraq* 83: 1-17.

《高加米拉战役及战场的视程问题》

米克尔·马西亚克（Michał Marciak）等学者在文中通过 GIS 方法中的可视域分析尝试解决高加米拉战役战场的地形问题。高加米拉战役发生于公元前 331 年，交战双方是亚历山大大帝指挥的马其顿和希腊军队与阿契美尼德王率领的波斯军队。该战役导致了阿契美尼德王朝的崩溃和希腊化时期的出现，在学界备受关注，但其战场的确切位置在学界长期存在争议。据史料记载，由于山丘的阻隔，在战斗前夕，逐步逼近的马其顿军队和在战场上等待的波斯军队相距 12 千米，却看不到对方，当马其顿军队到达距波斯阵地约 6 千米的山丘上时，两军才完全暴露在对方的视野下。本文研究发现高加米拉战役的战场应位于伊拉克库尔德地区的 Tell Gomel 附近，其视野条件与古代资料相符。以往研究认为战场位于 Karamleis 和 Qaraqosh 附近，经实地考察该地的预期视野并不符合记载。

Nadali, Davide & Lorenzo Verderame. (2021). "Fragments of The Third Millennium BC From Nigin." *Iraq* 83: 105-118.

《古代城市尼金发现的公元前三千纪的残块》

拉格什的城市尼金（Nigin）位于现代的 Tell Zurghul。以往对这个城市的认识很大程度上依赖于拉格什第一王朝统治者的楔形文字铭文资料。但早王朝时期的相关考古学证据非常有限。此前由意大利考古队进行的发掘很少发现公元前三千纪具有明确考古地层信息的证据，尤其缺乏公元前三千纪中期和下半叶（美索不达米亚地区早王朝Ⅲa-b 时期）的材料。达维德·纳达利（Davide Nadali）和洛伦佐·韦尔代拉梅（Lorenzo Verderame）在文中通过分析出土材料，包括可拼接的陶器、两件破碎的雕塑、一件破碎的滚印及四块铭文砖的碎片，确定它们是早王朝Ⅲb 时期的尼金的资料，进一步证明了早王朝时期尼金城市的存在。由于材料保存情况欠佳，且埋藏背景受到扰动，因此关于尼金在早王朝时期的使用情况还需要进一步研究。

Renette, Steve, Khaled Abu Jayyab, Elizabeth Gibbon, Michael P. Lewis, Zana Abdullkarim Qadir, Ricardo Cabral, & André G. Tomé. (2021). "Late Chalcolithic Ceramic

Development in Southern Iraqi Kurdistan: The Stratigraphic Sounding at Kani Shaie." *Iraq* 83: 119-166.

《伊拉克南部库尔德地区铜石并用时代晚期的陶器序列：以 Kani Shaie 探沟的地层学研究为依据》

史蒂夫·勒内特（Steve Renette）等学者根据 Kani Shaie 的材料构建了伊拉克南部库尔德地区铜石并用时代晚期（公元前 4600～前 3100 年）的陶器序列。遗址地处巴兹安盆地中心，位于扎格罗斯山西侧的狭长山谷中，是连接基尔库克和苏莱曼尼亚的主要路线。遗址主丘从公元前五千纪到前三千纪中叶（公元前 5000～前 2500 年）被连续使用，这一年代跨度相当于美索不达米亚地区的铜石并用时代和青铜时代，该地曾发生过一系列如城市化初现和区域间互动网络加强等重大社会变迁。通过该地区近期的田野调查，作者发现当地社会的发展路径与已有的铜石并用时代晚期的年代框架并不完全匹配，主要因为已有的框架是基于美索不达米亚北部地区陶器的技术和风格变化建立的。作者通过对 Kani Shaie 探沟内陶器序列的构建，分析扎格罗斯山本地社区与美索不达米亚地区社会之间的互动关系。相关证据表明这一互动过程十分漫长，期间不同社区面对外来文化习俗作出不同的反应，或采纳、适应，或拒绝，显示出这是一种积极主动的选择，而非被动地接受。

Rezaei, Iraj. (2021). "Qizqapa: a rock-cut tomb from the Median, Achaemenid, Seleucid or Parthian period?" *Iraq* 83: 1-16.

《奇兹卡潘岩窟墓的年代：米底时期、阿契美尼德时期、塞琉古时期还是帕提亚时期？》

本文的主要内容是作者拉伊·礼萨伊（Iraj Rezaei）对奇兹卡潘岩窟墓年代的讨论。该墓位于伊拉克东北部的库尔德地区，距苏莱曼尼亚西北部 60 千米。20 世纪 30 年代埃德蒙兹最早提到该墓，至今已 80 多年，但关于该墓仍存在较多问题，如其建造年代在学界尚存较大分歧。作者回顾以往研究，总结学者们根据建筑装饰物推断其所属建造年代的四种观点，即米底王国时期、阿契美尼德时期、希腊化时期（塞琉古时期）和帕提亚时期，并综合考察岩窟墓建筑、雕像和象征符号的细节和组成要素，提出岩窟墓最可能的建造年代为公元前 4 世纪，即阿契美尼德王朝末期到塞琉古王朝初期。尽管该墓具有米底王国时期的特征，但并不属于米底王国时期，且在建筑及装饰物上可看到这一时期阿契美尼德和爱奥尼克两大雕刻传统之间的互动和交流。

Simkó, Krisztián & András Bácskay. (2021). "Medical Tablets from the Archive of the Egibi Family? An edition of BM 30918 and BM 31071." *Iraq* 83: 1-21.

《埃吉比家族档案的医学泥板？ BM30918 和 BM31071 泥板的一个版本》

克里斯蒂安·希姆科（Krisztián Simkó）和安德拉斯·巴奇考伊（András Bácskay）在文中详细分析了两块馆藏于大英博物馆、未发表过的医学泥板（BM30918 和 BM31071），提出它们可能是新巴比伦时期和巴比伦晚期记录"个性化"治疗方案的档案，是当时的医生尝试创新实验的证明，为理解公元前一千纪下半叶的医疗科学提供了重要信息。这两块泥板出自著名的商业世家埃吉比（Egibi）家族的档案。该档案是新巴比伦时期和阿契美尼德早期规模最大、最重要的私人档案，年代跨度约 100 年，包含约 1700 份文件，记录了家族五代人的商业活动。作者通过对两块泥板的分析，发现该家族第三代的重要成员伊提·马尔杜克·巴拉图（Itti-Marduk-balātu）不只是学界普遍认为的商人身份，很可能还是咒语祭司（*āšipūtu*）和治愈专家。作者认为在当时社会从事商业活动和成为祭祀参与神庙活动之间没有明显界线，同时指出，目前学界对这一时期医学泥板的研究刚刚起步，这一观点需在未来更多医学泥板的发表和研究中进行验证。

Ur, Jason & Babakr, Nader & Palermo, Rocco & Creamer, Petra & Soroush, Mehrnoush & Ramand, Shilan & Novacek, Karel. (2021). "The Erbil Plain Archaeological Survey: Preliminary Results, 2012-2020." *Iraq* 83: 205-243.

《埃尔比勒平原考古调查的初步研究》

贾森·乌尔（Jason Ur）等学者在文中介绍了 2012～2020 年埃尔比勒平原考古调查的初步研究成果。该调查旨在探索伊拉克库尔德地区 Erbil 地区从新石器时代至今的聚落分布和土地使用情况。本次调查的田野方法是将传统的地表采集与以往航拍和卫星照片的使用相结合，同时使用移动地理信息系统与无人机摄影测量。调查范围覆盖亚述帝国核心的大部分地区。经过 7 个季度的野外工作，共记录了 728 个遗址，其中青铜时代和铁器时代遗址最多。调查的初步结果显示，区域内聚落景观的演变历史具有重大社会与政治意义：公元前四千纪乌鲁克时期的聚落密度较高；到青铜时代早期呈现城市形态多样化；至萨珊王朝末期或伊斯兰早期，聚落规模较大而密度较低。此外，该项目还验证了新亚述时期帝国核心区曾进行集中景观规划的假设，帝国核心区比周边省份的情况更复杂，可能由于在此定居的聚落连续性强，有较长的历史。

Wencel, Maciej. (2021). "Abu Salabikh-Absolute Radiocarbon Chronology." *Iraq* 83: 245-258.

《Abu Salabikh 的放射性碳素绝对年代》

本文作者马切伊·文采尔（Maciej Wencel）构建了伊拉克南部 Abu Salabikh 遗址公元前四千纪至公元前三千纪的最新的绝对年代表。该遗址主要发现了乌鲁克时期、捷姆迭特－那色尔时期和早王朝时期的考古遗存。文中作者通过将遗址的西部土丘和主丘的地层与年代序列桥连起来，验证基于考古材料和文字资料而建立的年代框架，确定了乌鲁克时期向早王朝过渡时期的绝对年代，并将以往发表的数据和新的 ^{14}C 测年数据通过贝叶斯模型进行分析，以得到更精确的估算结果。结果中存在一些不一致的情况，这说明陶窑中的采样序列可能被打乱了，可见采样过程的科学和细致十分重要。分析表明，乌鲁克向早王朝过渡时期遗存的绝对年代约为公元前 3000 年，而早王朝Ⅲa 时期的法拉风格文献的绝对年代为公元前 2650～前 2500 年，两个时期之间存在一个间隔期。

《人类学的考古学》（*Journal of Anthropological Archaeology*）2021 年文摘

叶灿阳[1]　涂栋栋[2]

（1. 中国人民大学历史学院；2. 上海科技大学人文科学研究院）

Stemp, W. J., Graham, E., Helmke, C., & Awe, J. J. (2021). "Expedient lithic Technology in Complex Sedentary Societies: Use-wear, Flake Size, and Edge Angle on Debitage from Two Ancient Maya Sites." *Journal of Anthropological Archaeology* 61. doi:10.1016/j.jaa.2020.101243

《复杂定居社会中的权宜石器技术：古代玛雅遗址废片的使用痕迹分析、石片大小与边缘刃角》

废片分析是石器分析中十分重要的一种手段，但相关应用往往关注于旧石器时代与流动的狩猎采集社会背景。本文则通过对伯利兹古典期末期（Terminal Classic，公元 830～950 年）Pook's Hill 和晚后古典期－早西班牙殖民期（Late Postclassic-Early Spanish Colonial，公元 1400～1700 年）San Pedro 两个遗址燧石和玉髓打制的石器废片的使用痕迹分析，证明了权宜工具在古玛雅人日常生活中的重要作用，包括木、骨、毛皮、肉类、鱼类等生计资源的处理，基本以家户的日常生存活动为导向。使用痕迹研究还揭示了使用石片在尺寸和刃角方面的变化，长而宽的石片通常更容易被作为权宜工具使用，刃角大小与使用方式、加工对象相关。通过对 Pook's Hill 和 San Pedro 的废片进行分析，可以比对已有的定型工具研究更全面地了解大陆森林河谷与近海珊瑚礁定居社会在更大的技术、社会经济和环境背景下的影响。鉴于权宜石器工具在玛雅历史上的长期延续性，作者呼吁加强关于废片的研究以重建古代社会生活的更多细节。

Tang, L., Lu, H., Song, J., Wangdue, S., Chen, X., Zhang, Z., Liu, X., Boivin, N., Spengler, R. N. (2021). "The Transition to a Barley-dominant Cultivation System in Tibet: First Millennium BC Archaeobotanical Evidence from Bangga." *Journal of Anthropological Archaeology* 61. doi:10.1016/j.jaa.2020.101242

《西藏向青稞为主的种植体系转变：来自邦嘎遗址公元前一千纪的考古植物学证据》

青稞为现今西藏百姓餐桌上最为常见的主食，因其耐寒耐高海拔的优点，青稞在高原地区广泛种植，为该区产量最高的农作物。古代汉藏文献均记载了以青稞为主的农业体系（简称"青作农业"）对西藏社会发展贡献极大。考古研究表明，以小米为主的农业体系于距今约 5000 年前就出现在昌都地区，约 3500 年前后小米、青稞混作农业在西藏中南部兴起，而后于距今 2000 年左右青作农业出现在西藏西部阿里地区。因这些证据在时间和空间上的缺环较大，导致我们对这种特殊的青作农业在西藏的起源和发展的认识仍不清楚。本文分析了西藏山南地区邦嘎遗址（公元前 1055～前 211 年）2015～2017 年系统采集的 80 份浮选样品。最新证据显示粟麦混作农业到青作农业的转变在西藏中南部地区开始于距今约 3000 年前后，这比此前结论早了近 1000 年。此外，青作农业在高海拔地区（＞3500masl）的转变可能与一系列的生态和社会因素相关，比如大麦比小米更耐霜寒，比小麦更耐旱；大麦的粉食烹饪方式（糌粑），使其易于携带且节约燃料，极大地方便了生活于低压、燃料缺乏且需时常移动的高原农牧民。

Sassaman, K. E., & Gilmore, Z. I. (2021). "When Edges Become Centered: The Ceramic Social Geography of Early Pottery Communities of the American Southeast." *Journal of Anthropological Archaeology* 61. doi:10.1016/j.jaa.2020.101253

《当边缘变得中心化：美国东南部早期陶器社群的陶器社会地理学》

在区域人口的地理边缘，存在着创新和变革的潜力，这些潜力来自与边缘以外的人的互动。本文将研究问题聚焦到美国东南部最早的使用陶器的 Stallings 文化（距今 5000～3800 年）如何从早期的季节性移动的分散社群边缘走向经典期（距今 4100～3800 年）以强化生计、定居、使用精致陶器和仪式化墓葬等为特征的复杂狩猎采集者聚集中心。Stallings Island 所在的瀑布区作为低地海岸平原和内陆山麓之间的生态交错带，使其天然地成为了自然资源多样性和不同文化人群交流互动的边缘交错地带，也是最初有陶和无陶社会接触的地带。基于社会网络分析和陶器社会地理学的理论，作者通过对该区域 13 个遗址陶器样本的岩相学（*n*=224）和中子活化（*n*=450）技术分析原料产地和成分配比，以测度陶器的生产流通及陶工的流动。结合分析结果和相关的考古学背景，作者证实了 Stallings Culture 并非一脉相承的，经典 Stallings 文化中心是基于早期处在使用早期陶器和使用皂石容器两个区域文化边缘在更广泛的社会互动网络中的交流互动和传承创新的结果，中间还有过被废弃和重新占领的间隔。

Chechushkov, I. V., Valiakhmetov, I. A., & Fitzhugh, W. W. (2021). "From Adaptation to Niche Construction: Weather as a Winter Site Selection Factor in Northern Mongolia, the Quebec Lower North Shore, and the Southern Urals." *Journal of Anthropological Archaeology* 61. doi:10.1016/j.jaa.2020.101258

《从适应到生态位构建：恶劣天气作为蒙古北部、魁北克下北岸和乌拉尔山南部冬季遗址选择中的因素》

本文分析比较了蒙古北部青铜时代晚期的游牧社会、加拿大魁北克下北岸（QLNS，圣劳伦斯湾东北岸）1630～1730 年的因纽特狩猎社会以及俄罗斯乌拉尔山南部青铜时代晚期辛塔什塔（Sintashta）文化群体三个北半球高纬度地区的考古学社群在冬季营地上的选择策略。通过对遗址点附近的气象数据重建和计算机风速模拟，作者发现控制"温度和风"的保温策略是冬季营地规划的重要因素，但在每个案例中人们都需要结合特定的环境条件进行灵活的策略调整。蒙古高原的游牧民通过季节性迁徙，将避风向阳的山麓南侧作为冬营地的首选；魁北克下北岸的因纽特人选择靠近海岸的环境以靠近狩猎通道和海洋温和气候的同时，尽量将居址安置在受冬季风影响较小的防风林；辛塔什塔文化的人群没有选择更具隐蔽性的古火山，而是通过建立有围墙且更密集的大社群来构建人工生态位，维持靠近淡水资源的区位选择优势以维持畜群并抵御低温环境。最后作者总结道，在探讨环境与人类适应关系时，环境因素不应以确定性的方式使用，而应该被视为人类社会积极考虑和主动适应的挑战。

Pacheco-Forés, S. I., Morehart, C. T., Buikstra, J. E., Gordon, G. W., & Knudson, K. J. (2021). "Migration, Violence, and the 'Other': A Biogeochemical Approach to Identity-based Violence in the Epiclassic Basin of Mexico." *Journal of Anthropological Archaeology* 61. doi:10.1016/j.jaa.2020.101263

《移民、暴力与"他者"：一项针对后古典期墨西哥盆地的生物地球化学研究》

暴力和不平等问题是很多社会科学分支都关注的人类社会发展问题，而"基于身份的暴力"指的是个人或群体因其身份属性而遭受到的暴力，考古学上通常难以实证。而本文通过对墨西哥后古典时期（公元 600～900 年）一处仪式圣地出土的祭祀人牲进行氧、锶两种同位素地球化学分析，重建了 73 个人牲的生前旅居史，结果显示采样个体中有 70% 出生并生活于墨西哥盆地之外，随后迁移到该地区，而只有 22% 的个体出生并一直生活在本地。结合该地区的民族历史和考古背景分析，由于地理起源是前西班牙时代中美洲社会差异塑造的显著指标，这些移民可能在墨西哥中部后古典期分裂混乱的社会政治景观中，因其外来身份最终成为仪式暴力的受害者。

Maher, L. A., Macdonald, D. A., Pomeroy, E., & Stock, J. T. (2021). "Life, Death, and the Destruction of Architecture: Hunter-gatherer Mortuary Behaviors in Prehistoric Jordan." *Journal of Anthropological Archaeology* 61. doi:10.1016/j.jaa.2020.101262

《生命、死亡与摧毁建筑：史前约旦狩猎采集者的丧葬行为》

西南亚从旧石器时代向新石器时代转变的特点是社会复杂化先于动植物的驯化，以纳吐夫文化阶段为典型的过渡期，出现了从复杂狩猎采集向定居农业村落过渡进程的多方面社会转变。在许多被认为标志着晚更新世狩猎采集者复杂性的考古关联中，精心设计的埋葬习俗和墓地场所营造是预示新石器时代世界观的认知类型转变的突出证据。本文介绍了在约旦后旧石器时代（Epipaleolithic）早期的一处接近 2 万年的墓葬遗址新发现，通过详细的考古背景分析和科技检测信息，作者复原了这名矮小的老年女性死者被安置在房屋内并被点燃房屋焚烧的丧葬仪式行为，这一行为交织着生者、死者和建筑场所之间的复杂纠缠关系和象征意涵。结合欧亚新石器时代的文化背景，Kharaneh IV 遗址的人类遗骸被认为代表了作为尸体处理方式的火葬和居室葬的早期表现，也说明早在任何明显的新石器化过程之前，人们就与周围的世界在象征上纠缠在一起了。

Nicholson, S. L., Hosfield, R., Groucutt, H. S., Pike, A. W. G., & Fleitmann, D. (2021). "Beyond Arrows on a Map: The Dynamics of Homo Sapiens Dispersal and Occupation of Arabia During Marine Isotope Stage 5." *Journal of Anthropological Archaeology* 62. doi:10.1016/j.jaa.2021.101269

《超越地图上的箭头：MIS5 期间智人扩散和占领阿拉伯半岛的动力学》

处在非洲与欧亚之间的阿拉伯地区在人类演化和扩散史上具有关键的时空节点地位，尤其是深海氧同位素 5 阶段（MIS5）季风雨带的北移和草原的形成为智人占领和穿越现今干旱的阿拉伯地区提供了有利条件，被称为"绿色阿拉伯"。但此前的研究仅仅将其视为现代人往欧亚更远方向扩散道路上的一个箭头，对人类何时如何扩散和占据阿拉伯地区一直缺乏细致讨论。而本文综合考古学、古气候和民族志数据集，为人类占领"绿色阿拉伯"开发了一个完整的概念模型，包括气候湿润期从东撒哈拉到黎凡特和阿拉伯北部的人口增长和扩散、人类扩散到阿拉伯南部并发展出本地化的种群和考古学文化遗存，以及气候恶化以后人群经黎凡特向非洲的回撤及部分人群的隔离和绝灭等过程。作者认为在人类的时间尺度上，扩散可能是一个缓慢的过程，可能由跨越无数代的许多"微扩散"组成，向更干旱条件的转变可能与当地的原始人群灭绝、向周围地区的迁移以及向资源保留核心区域的退缩相呼应。此外，作者还从理论模型与考古数据的结合、减少数据集偏差、改进考古测年等方面对未来可能的更精细尺度的人类扩散研究提出了目标。

De Lucia, K. (2021). "Household Lake Exploitation and Aquatic Lifeways in Postclassic Xaltocan, Mexico." *Journal of Anthropological Archaeology* 62. doi:10.1016/j.jaa.2021.101273

《墨西哥后古典期的家户湖泊开发和水生资源生活方式》

在没有驯化动物作为肉食资源的墨西哥史前盆地，湖泊资源对该地区的饮食、经济和文化至关重要。帕森斯（J. R. Parsons）曾认为水生资源是中美洲高地人口众多和城市化发展的关键，因为这些资源提供了蛋白质、营养、热量和广泛的原材料。然而，湖泊开发证据很难在考古学上被记录下来。本文探讨了墨西哥北部盆地萨尔托坎岛（Xaltocan）遗址湖泊资源开发的考古证据。研究表明，我们可以研究湖泊开发，方法是整合如微观遗存、化学残留物、植物群和动物群在内的多种证据，并寻找与这些资源的提取和处理相关的工具包和相关的空间分布记录。这项研究发现，早在后古典时代早期（公元 900～1250 年），萨尔托坎的家庭就在加工鱼类、狩猎水禽、从事席子生产和制作渔网等活动。此外，它还表明，依靠水生资源的生活方式提供了一种灵活性，并为不同家庭提供了各种不同的可利用资源。然而，随着时间的推移，人们的湖泊开发活动发生了变化，因为它们受到外部进程的影响和制约，包括区域政治、经济和环境力量。虽然这只是一个案例研究，但它可以为思考过去的水资源开发提供一个模型，未来的研究也可以考虑湖岸地点之间的差异。考古学使我们能够考虑长期历史，并了解随着政治、经济和环境条件的变化，人们如何战略性地改变他们的日常策略。

Patania, I., & Jaffe, Y. (2021). "Collaboration, Not Competition: A Geoarchaeological Approach to the Social Context of the Earliest Pottery." *Journal of Anthropological Archaeology* 62. doi:10.1016/j.jaa.2021.101297

《合作而非竞争：研究最早陶器社会背景的一种地质考古学方法》

陶器的发明彻底改变了人类烹饪和储备的技术，被认为是一个重要的历史转折点。但现有的考古证据表明陶器与农业起源、定居、新石器等要素的出现或早或晚，且在世界不同地区的时间线不同步。东亚更新世早期陶器的发现与研究近年来已取得了长足的进步，但当前一些研究将东亚最早的陶器与打破狩猎采集社会平等机制的竞争性宴飨和不平等起源相联系，本文则以玉蟾岩早期陶器遗址为例，对这一假设进行了质疑。通过整合关于玉蟾岩遗址的土壤微形态、遗址形成过程和动植物考古证据，以及民族考古学中使用陶器族群的广泛跨文化资料，作者重建了遗址的高温技术和针对骨骼的烹饪行为，认为玉蟾岩早期陶器主要的功能为制作骨汤或提取骨油，并结合洞穴的用火管理、烹饪和遗址其他资源处理的人类活动重建的劳动投入评估，认为不大可能是威望人物的竞争性宴飨行为。相反，这些活动构成一种合作的社会情境，可能促进了群体的凝聚。

Salmi, A.-K., van den Berg, M., Niinimäki, S., & Pelletier, M. (2021). "Earliest Archaeological Evidence for Domesticated Reindeer Economy Among the Sámi of Northeastern Fennoscandia AD 1300 onwards." *Journal of Anthropological Archaeology* 62. doi:10.1016/j.jaa.2021.101303

《芬挪斯堪迪亚东北部萨米人驯鹿经济最早的考古学证据》

北芬挪斯堪迪亚萨米人（the Sámi of Northern Fennoscandia）驯鹿的驯化是该地区考古学的一个紧迫问题，尽管开展了大量的研究，但驯鹿驯养和早期驯鹿管理的许多细节仍不清楚。本文对芬挪斯堪迪亚东北部（公元 1300～1800 年）三个萨米人居住点的动物群的放射性碳测年、古病理创伤分析、骨端变化（entheseal changes）和骨测量分析结果表明，从公元 1300 年起，为人工作的驯鹿就出现在考古遗存组合中，这是萨米人使用驯鹿的最早直接证据，说明小规模驯鹿放牧比之前提出的更早被纳入萨米人的生存策略。此外，研究结果表明，训练和与驯鹿合作是建立萨米人和驯鹿之间驯化关系的途径，作为役畜或货运动物工作需要经过几个季节的训练，并在人类和动物伙伴之间形成深厚的个体间关系。驯鹿是萨米人混合生存模式的组成部分，还包括狩猎野生驯鹿和其他物种、捕鱼和小规模放牧，这种生存适应是芬挪斯堪迪亚其他地区早期萨米驯鹿驯化的可能模式。

Gürbüz, R. B., & Lycett, S. J. (2021). "Did the Use of Bone Flakes Precede the Use of Knapped Stone Flakes in Hominin Meat Processing and Could This Be Detectable Archaeologically?" *Journal of Anthropological Archaeology* 62. doi:10.1016/j.jaa.2021.101305

《在人类肉食加工中骨片的使用是否先于打制的石片？这在考古学上是否可以检验？》

石器工具的起源对古人类的体质演化和环境适应至关重要，但作为切割刃使用的打制石器如何被古人类发明尚不清楚。学者们普遍认为打制石器的起源与非灵长目敲击坚果使其开裂的行为相关，因偶然产生的具有锋利边缘的石片被用作工具，进而使古人类学会将敲击行为转移到专门制造锋利石片的打制石器技术。本文提出了一个更为简洁的替代性假说，作者认为最早的片状切割工具应该来自于敲骨吸髓过程中产生的破裂骨片，骨片可以被直接用作切割工具，很可能早于石器切割工具的使用。通过大量的实验数据和观察，作者通过比较石片和骨片的切割实验，建立了骨器切割痕迹形态与测量数据，这将有利于将来在考古记录中进一步判别是否骨片切割工具早于石器。未来的工作还可以研究骨片使用的其他场景以及产生的切痕与诸如踩踏和压碎等的痕迹的比较，以最终了解为什么石片的使用最终变得更普遍。

Fulkerson, T. J., & Tushingham, S. (2021). "Geophyte Field Processing, Storage, and Women's Decision-making in Hunter-gatherer Societies: An Archaeological Case Study from Western North America." *Journal of Anthropological Archaeology* 62. doi:10.1016/j.jaa.2021.101299

《狩猎采集社会中地下芽植物的野外加工、储藏和女性决策：来自北美西部的考古学案例研究》

地下芽植物（geophytes，即我们通常所说的根茎类）是许多狩猎采集社会的主食性食物，但关于地下芽植物利用在考古记录中的表现及其在古代狩猎采集社会中的意义尚缺乏充分探讨。本文以北美西部高原全新世晚期的狩猎采集者为观察对象，通过整合民族志、民族史和考古学的资料，作者首先建立了关于两种地下芽植物（Camas 和 Balsamroot）利用的知识框架和经验数据。然后，围绕"狩猎采集者何时何地对地下芽植物进行处理"这一核心问题，作者开发了一个基于运输时间、处理时间和效用价值的地下芽植物资源野外处理的行为生态模型，以预测在何种条件下会发生"野外处理"或"带回中心地加工"的策略选择，这为相关考古遗址的分布和遗物内涵的识别提供了重要启示。然后，作者转向了地下芽植物处理的社会动态，认为女性是地下芽植物经济的主要参与者和推动者，她们可以通过批量加工和让家庭成员参与和地下芽植物有关的活动来缓冲密集型野外加工策略的成本，这些后勤策略有助于提高地下芽植物的利用率，抵消运输成本和地下芽植物处理给儿童带来的机会成本。最后，还对步行、骑马和使用独木舟运输方式的社会中的地下芽植物处理和储藏特征进行了考古预测。

Liu, L. (2021). "Communal Drinking Rituals and Social Formations in the Yellow River Valley of Neolithic China." *Journal of Anthropological Archaeology* 63. doi.org/10.1016/j.jaa.2021.101310

《中国新石器时代黄河流域的集体饮酒仪式和社会形态》

中国酒精饮料的生产历史可以追溯到新石器时代早期，在当时的仪式和政治背景下，与饮酒相关的宴饮活动是非常重要的，进而也奠定了整个中国历史的模式。在这篇综述性的文章中，作者首先总结了多学科方法如何辨别酿酒行为的存在与技术区别，包括了对陶器的残留物进行化学、植物微体和微生物学的分析。作者将研究焦点放在中国北方黄河流域的仰韶文化上，讨论了啤酒酿造方法的发展，用以酿酒的陶容器的变化，酿酒器皿表面装饰的象征意义，与宴饮活动有关的聚落布局和公共建筑，作为奢侈品的酒精饮料与社会上层权力之间的关系，以及与饮酒仪式相关的仰韶文化的扩张等问题。作者指出在黄河流域的新石器时代早期（距今 9000～7000 年，校正后），在温暖湿润的气候背景下，用酶或曲进行酿酒的行为已经出现，从距今 7000 年开始，因夏季季风的减弱，降水有减少的趋势，对仰韶文化分布区域的西部影响更大。在此背景下，强化集体饮酒的仪式活动可以建立和扩大社会网络，维持社区内和社区间的关系，以帮助社会上层在气候波动时期获得和维持权力。作者也指出，仰韶文化晚期竞争性的宴饮活动对酿酒的扩大生产也有促进作用。

Hayden, B. (2021). "Keeping Count: On Interpreting Record Keeping in Prehistory." *Journal of Anthropological Archaeology* 63. doi.org/10.1016/j.jaa.2021.101304

《计数：论史前时期记录的解释》

在过去的半个世纪里，考古学家们一直在争论计数符号的出现似乎可以追溯到距今3.5万年前或更久。亚历山大·马歇克（Alexander Marshack）的开创性工作将史前人工制品上的计数符号解释为月相中的天数，但他的观点时常遭遇挑战。一些重要的问题，如更高的数字计数何时出现，何类事物被记录下来，计数发展背后的动力是什么，一直没有得到解决。作者提出文章的目的是建立一个解释史前计数符号的初步框架，包括将计数符号与装饰或其他类型的标记区分开来；从已知的民族志符号中总结一系列用途；辨别人工制品上计数符号的特征；并对一些史前的计数符号示例提供初步解释。作者提供了8个区分符号和装饰的标准，并提出了几个解释符号的原则。民族志材料表明，超过10～30这一计数范围，往往是跨平等社会的标志，它们通常具有相对复杂的数字系统，可扩展到数百或数千的计数范围。结合民族志观察和理论思考，作者认为在与以下功能有关的物质遗存中有许多独特的记录保存模式：①公共展示；②宴会；③私人债务或记录；④天文记录。

Pollard, D. (2021). "All Equal in the Presence of Death? A Quantitative Analysis of the Early Iron Age Cemeteries of Knossos, Crete." *Journal of Anthropological Archaeology* 63. doi.org/10.1016/j.jaa.2021.101320

《死亡面前人人平等？克里特岛克诺索斯早期铁器时代墓地的定量分析》

希腊克里特岛克诺索斯遗址年代范围在公元前1070～前630年，代表了从青铜时代结束到古希腊城邦出现的关键时期。Fortetsa和克诺索斯北区墓地共发现了130座墓葬，是该遗址早期铁器时代最为丰富的考古材料，尽管这两个墓地的发掘报告已经发表，也有关于出土遗物和单个墓葬的研究，但还没有开展全面的比较和量化分析。通过将墓葬建造方式、墓葬数量、遗物数量、墓室面积等要素详细归纳入每一个以百年为尺度的时代内，对两处墓地的变化进行了详细的历时性对比分析。研究结果显示墓葬中明显可以分离出两种重要的模式，第一种墓葬出现于公元前10世纪，墓葬规模更大，随葬品数量更多且种类丰富；另一种墓葬出现于公元前9世纪晚期，一直持续到公元前7世纪，火葬的形式开始增长，但这时并没有出现墓葬随葬品数量的增长。作者认为这样的变换并不能用人群的替代来解释，而是与当时的社会背景有关。这篇文章展示了定量分析对社会的细微差别、特定背景的理论解释所能作出贡献的潜力，作者主张将其更广泛地应用于克里特岛早期铁器时代的考古材料研究。

Weiberg, E., Bonnier, A., Finn'e, M. (2021). "Land Use, Climate Change and 'Boom-bust' Sequences in Agricultural Landscapes: Interdisciplinary Perspectives from the Peloponnese (Greece)." *Journal of Anthropological Archaeology* 63. doi.org/10.1016/j.jaa.2021.101319

《农业景观中的土地利用，气候变化与"繁荣–萧条"序列：来自希腊伯罗奔尼撒

半岛的多学科视角》

古代社会的繁荣与萧条往往与农业集约化生产的周期性以及人口和食物供给的平衡有关。在这篇文章中，作者利用三个考古调查项目的数据并根据古代气候复原的记录，研究了希腊伯罗奔尼撒半岛东北部从青铜时代中期到罗马时期（公元前 1800～公元 330 年）这一长时段内土地利用范围和强度的变化以及与气候变化的关系。从土地利用范围来看，青铜时代早期（公元前 2650～前 2200 年），青铜时代晚期（公元前 1420～前 1200 年）和古典到早期希腊化时期（公元前 500～前 150 年）是土地利用范围扩张的三个高峰，也对应着当时湿润的气候，在干旱的气候条件下土地利用则会收缩。从土地利用类型来看，远离平原和河谷的地区由于土壤较薄储水能力弱，整体肥力较低，在湿润的气候条件下，坡度在 10°～15° 的地区被大量利用，而当气候干旱时，土地利用则收缩至拥有更厚的土壤和更好的蓄水能力的低洼地区。气候条件虽然放大了这个"衰落－繁荣"的周期，但各个社会能够根据气候变化平衡各自的农业策略，在社会政治控制功能的支持下，气候条件可能会促进繁荣时期的对外扩张，但也有可能依赖于现有策略，对资源过度开发而导致危机。

Weiberg, E., Bonnier, A., Finn'e, M. (2021). "Connecting Households: Ceremonial and Domestic Settlement Patterns at the Preclassic Site of Noh K'uh in Chiaps, Mexio." *Journal of Anthropological Archaeology* 63. doi.org/10.1016/j.jaa.2021.101331

《连接家庭：墨西哥恰帕斯州前古典时期 Noh K'uh 遗址的仪式和聚落形态》

最近的调查、挖掘和雷达数据为探讨墨西哥恰帕斯州前古典时代晚期遗址 Noh K'uh 的聚落形态提供了支撑。研究结果显示聚落规划的目的是促进不同群体之间的联系。每个房屋面积都较大，规划整齐，并且房屋周围都有较大的空间用于公共聚集活动。山顶被改造以创造大规模的聚集空间，附属的土方工程进一步增加了大型土丘群之间的通道。关于 Noh K'uh 遗址的研究结果表明交流和社交聚会是社会各个阶层日常生活的核心组成部分，在政治权力日益集中的时期，也出现了多个显赫家庭与露天纪念中心。

Halperin, T. C., Flynn-Arajdal, Y., Wolf, A. M. K., Freiwald, C. (2021). "Terminal Classic Residential Histories, Migration, and Foreigners at the Maya Site of Ucanal, Pet'en, Guatemala." *Journal of Anthropological Archaeology* 64. doi.org/10.1016/j.jaa.2021.101337

《危地马拉佩恩乌卡纳尔遗址古典时代末期的居住历史、移民和外国人》

早期的研究认为低地玛雅在古典时代晚期政治崩溃和新的物质文化的出现与来自墨西哥湾沿岸的普敦 / 尚塔尔人的入侵有关，危地马拉佩恩的乌卡纳尔地区被认为是目标之一。最近在乌卡纳尔遗址的考古研究结果表明，从古典时代晚期到末期，并没有明显的聚落发展被打断迹象，人口保持了稳定和缓慢地增长。根据遗址的动物骨骼建立了锶同位素的基值（0.70757-0.70837），对 17 个人类牙齿进行了锶和氧同位素的研究，辨认出了大量的非本地个体，多数是在古典时代末期的小型神社中发现的。这些发现表明乌卡纳尔是一个混合的移民城市，有多个来自不同地方的个体，挑战了传统的单一移民人口替代模式。虽然外国统治的可能性仍然存在，但这项研究表明入侵假说无法完全捕捉到这一时期的人口的复杂组成和动态变化。

Schurr, R. M., Mcleester, M., Countryman, J. (2021). "A New Approach to Population: Using Multiple Measures to Estimate the Population of a Protohistoric Village in the Western Great Lakes Region, USA." *Journal of Anthropological Archaeology* 64. doi.org/10.1016/ j.jaa.2021.101338

《关于人口研究的新方法：使用多种方法估计美国西部五大湖地区原始村落的人口》

在美国西部的五大湖地区，由于发掘工作并没有对原始村落作全面揭露，房屋保存情况不佳以及遗址被破坏等原因，复原当时的人口规模是非常困难的。在这篇文章中，作者以美国伊利诺伊州中格兰特溪遗址（11WI2739）为例，利用考古调查、卫星影像和无人机图像分析得出的数据，考虑到遗址内遗存的分布，并结合了房屋面积、玉米储备量、种植面积和玉米消费量等数据，通过多种方法的综合对村落的人口规模进行了复原。结果表明该村落人口应当在100~180人。作者提出多种方法综合运用比任何单一方法能得到更令人信服的估计值。在传统的估算人口规模的方法如以建筑面积为参数和历史比较之外，文章提供了研究人口规模的新方法，可用于没有传统使用方法的遗址，以及规模较大且分散，无法被完全发掘的遗址。

Maldegem, V. E., Vandendriessche, H., Verhegge, J., Sergant, Joris., Meylemans, E., Perdaen, Y., Lauryssen, F., Smolders, E., Crombé, P. (2021). "Population Collapse or Human Resilience in Response to the 9.3 and 8.2 ka Cooling Events: A Multi-proxy Analysis of Mesolithic Occupation in the Scheldt Basin (Belgium)." *Journal of Anthropological Archaeology* 64. doi.org/10.1016/j.jaa.2021.101348

《对距今9300年和8200年寒冷气候事件的应对的人口崩溃或人类恢复力：对比利时斯凯尔特盆地中石器时期的多维度分析》

文章探讨了气候对人口规模的影响，以比利时西斯凯尔特盆地和法国北部的中石器时代人口（距今11350~6600年，已校正）应对距今9300年和8200年的突发气候寒冷事件为例。在过去的几十年中，对该区域的中石器时代已经进行了广泛的研究，形成了一个规模庞大的放射性碳素测年（$n=418$）、遗址（$n=157$）以及发掘地点（$n=145$）数据库。通过对测年数据、遗址数量、遗物数量、密度及变化频率的多维度研究，文章揭示了人口历时性和地理上的重要动态变化，这些变化与人口的流动性和土地利用策略相关。研究结果表明，中石器时代早期出现了人口规模的高峰，此时人口的流动性也较高，随后中石器时代中期，并不像认为的距今9300年的突发气候寒冷事件造成了遗址数量的下降，这一时期人口依然在增长，由于海平面上升引起北海盆地的快速淹没，人口从低地开始迁往高地，此时人口的流动性也较强。中石器时代晚期的情况仍然不太清楚，但人口流动性可能会下降。目前几乎没有证据支持人口的历时性变化与距今9300年和8200年的降温事件之间存在因果关系。大多数观察到的变化似乎更多的是对全新世早期和中期的长期气候和环境变化的反应，暗示着相当高的弹性。

Canuto, A. M., Auld-Thomas, L. (2021). "Taking the High Ground: A Model for Lowland Maya Settlement Patterns." *Journal of Anthropological Archaeology* 64. doi.org/10.1016/ j.jaa.2021.101349

《占据制高点：低地玛雅的聚落形态的模式》

低地玛雅的聚落研究目标是建立热带雨林文明的生态模式，但这样的目标一直受到热带雨林自然条件的制约，因此玛雅考古的许多研究聚焦在小规模聚落和描述性的分析上，大范围定量的聚落形态研究还不充分。遥感技术的进步为克服这些困难提供了帮助。这篇文章使用来自危地马拉西北部 Corona-Achiotal 地区的激光雷达衍生的定居点和地形数据来开发一个定居点适宜性模型，该模型揭示了考古遗迹相对于地貌的分布模式。这一模型的研究结果显示，地形位置是低地玛雅人在建造定居点时主要的考虑因素，他们更偏好在高地阔叶林地区建造定居点。作者也提出如将此模型应用于更大的已发布定居点数据集的研究中，不仅广泛适用于玛雅低地的聚落形态模式，而且还能够识别定居点分布中的历史突发事件，即如果一个地区出现了异常拥挤，可能与城市导致的人口高度集中有关。

Duru, G., Ozbasaran, M., Yelozer, S., Uzdurum, M., Kuijt, I. (2021). "Space Making and Home Making in the World's First Villages: Reconsidering the Circular to Rectangular Architectural Transition in the Central Anatolian Neolithic." *Journal of Anthropological Archaeology* 64. doi.org/10.1016/j.jaa.2021.101357

《世界上第一批村庄的空间制造和家庭制造：对安纳托利亚中部新石器时代从圆形建筑向方形建筑转变的再思考》

阿西克里霍裕克（Asıkı Hoyük）是一处位于安纳托利亚中部的遗址，经过过去 15 年的发掘，已经暴露出 16 米深、可以划分为 5 个文化层的堆积，遗址的使用年代在公元前 8350～前 7350 年。作者对遗址房屋由圆形向方形转变的现象进行了历时性的研究，认为这种转变不仅仅是建筑形状的转变，还反映了家庭和空间制造的转变，私有空间的发展，家庭内部和外部空间组织的变化等。在公元前 8350～前 8050 年，人们建造直径在 4～5.5 米的半地穴式圆形房屋，房屋之间相距较远，日常活动在房屋外空地上进行。从公元前 8050 年开始，人们开始建造圆形和半方形的房屋，房屋之间开始变得紧凑。公元前 7750～前 7350 年，地面起建的方形房屋已经取代了圆形房屋，房屋内部的功能区分更加明显，一些储藏的窖穴开始由房屋外部转入房屋内部，代表着私有空间得到进一步发展，并且在这一阶段人们开始建造一些非居住的公共建筑，主要用于聚落内人群的聚集。

《考古学方法与理论》（*Journal of Archaeological Method and Theory*）2021 年文摘

张 萌

（复旦大学文物与博物馆学系）

Högberg, A.*, & Lombard, M. (2021). "Introduction to 'Theoretical Pathways': Thinking About Human Endeavour During the Middle Stone Age and Middle Palaeolithic." *Journal of Archaeological Method and Theory* 28 (1): 1-10.

《"理论路径"简介：对中期石器时代和旧石器时代中期人类发展的思考》

本文是专辑《"理论路径"：对中期石器时代和旧石器时代中期人类发展的思考》的导读。安德斯·赫格贝里（Anders Högberg）和马莱兹·隆巴德（Marlize Lombard）作为特邀编辑，指出本专辑汇合了多学科研究，从遥远时间的视角理解人类的历史，收录的论文涵盖了众多研究路径，包括技术生态位的限制和物质参与理论，以及古神经学、基于能动体的自我驯化理论和共同演化模型建构。作者重点指出，人类历史的复杂性是由各种因素和过程长期塑造的产物，不能用单一的或特定的方面来解释中期石器时代的非洲智人和旧石器时代中期欧亚大陆的人类演化。本文还对专辑内收录的六篇论文进行了概述。

Dusseldorp, G. L.*, & Lombard, M. (2021). "Constraining the Likely Technological Niches of Late Middle Pleistocene Hominins with *Homo naledi* as Case Study." *Journal of Archaeological Method and Theory* 28 (1): 11-52.

《中更新世晚期人类技术生态位的限制，以纳莱迪人为例》

赫里特·杜塞尔多普（Gerrit L. Dusseldorp）和马莱兹·隆巴德（Marlize Lombard）在本文讨论的是不同人种之间的共存现象。他们认为在研究灭绝古人类的技术－行为时存在着目的论偏见，尤其在石器分类系统中低估了技术多样性并高估了行为的复杂性。两位作者将生态原理（即竞争性排斥）和体质人类学、考古记录结合到一起去模拟灭绝人口可能的技术生态位。他们以中更新世晚期在非洲南部纳莱迪人和智人的共存为例检验这个框架，认为工具使用很可能不是纳莱迪人生态位的重要组成部分，技术只是偶尔帮他们提供了能量，这和智人的生活方式形成了鲜明对比。作者认为这个阐释方案可以用到其他研究中，如较晚近使用更为精致的剥片策略的人群以及预制石核技术的发展，以及东非早期石器时代不同工具制作者的共存现象和欧亚大陆尼安德特人和智人的

---

* 为通讯作者，下同。

共存现象。

Spikins, P.*, French, J. C., John-Wood, S., & Dytham, C. (2021). "Theoretical and Methodological Approaches to Ecological Changes, Social Behaviour and Human Intergroup Tolerance 300,000 to 30,000 BP." *Journal of Archaeological Method and Theory* 28 (1): 53-75.

《生态变化、社会行为和人类群体间耐受性的理论与方法论研究：距今 30 万至 3 万年前》

本文旨在揭示距今 30 万～3 万年间人类社会行为特征变迁背后的生态变迁和社会行为转变的联系。新的人工制品类型出现并频繁传播以及原材料和成品的搬运距离增大意味着趋于流动性的规模的扩大和不同社群互动频率的增强。四位作者在本文探索了一条可能的理论路径和方法论来理解生态背景的选择压力如何影响群体间社会行为。他们使用的是基于能动体的建模（agent-based modelling），关注不同生态环境下群体间耐受的相对优缺点。本文评估了不同环境中群体间生存和资源开发互动中不同"容忍度"水平的相对成本和收益。这些结果使作者能够推断生态变化与群体行为动态之间的潜在关系。他们得出的结论是：日益恶劣的环境可能导致人类荷尔蒙和情感反应的变化，从而导致群体间容忍度的增加，即与"自我驯化"相关的社会行为的转变。作者认为，相对于研究认知或其他因素（如认知适应性或人口规模）的变化等方面的困难，群体间容忍度的变化对被视为"现代人类行为"的出现而言，是一种更为简约的解释。

Bruner, E. (2021). "Evolving Human Brains: Paleoneurology and the Fate of Middle Pleistocene." *Journal of Archaeological Method and Theory* 28 (1): 76-94.

《演化中的人脑：古神经学与中更新世的命运》

埃米利亚诺·布劳纳（Emiliano Brauner）在本文中同意由土地利用和人口迁移引起的社会变化可能提升了智人通过自我驯化所达到的合作水平的观点，但也将我们的注意力吸引到了人脑和认知差别上。他通过回顾之前的人类古神经学的研究成果，尤其是晚更新世人脑形态学上的相似性和差异，认为一些传统上与认知差异相关的变异（如额叶）实际上是由物种之间的皮层或颅骨结构差异的限制造成的，这也许对认知的影响并不大。相反，他强调尼安德特人和智人顶叶区域的凸起，以及与功能认知差异密切相关区域随后发生的神经变化——智人和尼安德特人在 30 万年后都表现出总体脑量的变化以及特定区域的差异。由此，作者认为这一切可能涉及与身体认知、视觉空间整合、工具使用、语言和社会结构相关的功能，并且可能在两个物种之间存在差异。布劳纳进一步阐述了大脑变化的共同进化过程，涉及遗传和环境影响，这样就把生物和文化因素综合到了一起，并得出脑－体修复能力可能是迫使人类成为工具使用者道路的关键因素。

Malafouris, L. (2021). "Mark Making and Human Becoming." *Journal of Archaeological Method and Theory* 28 (1): 95-119.

《标记制作与成为人类》

兰布罗斯·马拉弗里斯（Lambros Malafouris）在本篇论文中，询问了一系列问题：

标记的功能是什么？它们意味着什么？标记在人类的形成和人类智力的进化中究竟起了什么样的作用？作者认为这些问题虽然无法从任何单一学科或本体论的角度进行有效的探讨，但都是考古学能作出很大贡献的问题。作者注意到，考古学虽然倾向于将标记作为符号表达的潜在指标，但往往会让我们忽视认知生活中其他更为基本的维度，以及这些标记作为物质符号所发挥的作用。借助于行为认知科学和物质参与理论，马拉弗里斯论证了早期标记，例如南非著名的布隆波斯洞穴（Blombos Cave）的赭石作品，这些动态作品可以让古人参与其中，发现图像所蕴含的意义，这样也为我们研究物质文化的意义开辟了崭新的道路。他认为标记可能代表着"物质和记忆之间的一个显著交叉点"。他还解释了"成为人类"这一过程是如何与内在和外在标记的身心体验紧密联系在一起的。

Wadley, L. (2021). "What Stimulated Rapid, Cumulative Innovation After 100,000 Years Ago?" *Journal of Archaeological Method and Theory* 28 (1): 120-141.

《什么刺激了 10 万年以来快速的积累性创新？》

琳恩·沃德利（Lyn Wadley）在本文中对最近十万年内人类快速的创新积累背后的机制展开了论证。她认为想象力和创新可能通过脑力、运动技能和社会需求的交叉互动激发出来的，随着时间的推移，创造力的增强可能会影响到认知与社会互动，形成反馈机制，进而影响人口状况。她认为技术、认知和社会之间的相互作用可能激发了创新的积累，这在最近 10 万年表现得尤其明显。例如，原料不是被动的，因为与物体的强烈互动会反射性地刺激人类的想象力和创造力。既然在智人出现之前就有了这类考古证据，所以想象力并不是智人的专利，不过，大约在 10 万年前，智人将想象力的表达推向了新高度。作者认为，在早期现代人埋葬地和居址中发现的穿孔和赭石覆盖的海贝，以及之后更多的物质文化物品传达了想象力。贝壳串珠能形成各种图案，雕刻过的鸵鸟蛋壳和赭石、加工过的骨头以及大量使用过的赭石块也被广泛发现。沃德利认为创新、想象力和复杂认知在日用品的制作过程中得到了传达。

Lombard, M., & Högberg, A.* (2021). "Four-Field Co-evolutionary Model for Human Cognition: Variation in the Middle Stone Age/Middle Palaeolithic." *Journal of Archaeological Method and Theory* 28 (1): 142-177.

《人类认知的四领域共同演化模型：中期石器时代 / 旧石器时代中期的变异》

本篇文章是此专辑最后一篇，隆巴德和赫格贝里在此处点明了这一组文章探讨的主要对象是生活在中期石器时代和旧石器时代中期的两个最具代表性的人口群体——尼安德特人和智人的差异和相似之处。基于基因－文化共同进化的方法，两位作者提出了一个四场域模型来探讨人类的认知进化、体质、技术、社会和生态之间的关系。考虑到欧亚大陆尼安德特人和智人之间的混合可能会使他们在认知方面或本文讨论的任何其他领域难以区分，他们把讨论重点放在了 5 万年之前。使用这个模型，能够突出这两个群体在符号行为和社会学习方面体现出的认知相似性，并识别出技术和社会认知方面的差异。大脑选择性基因变异体和大脑形态的差异强烈表明，某些可能影响认知的进化轨迹存在差异。所以，两位作者认为，与其坚持尼安德特人与智人在认知上"相同"，不如将未来的研究重点放在尼安德特人特有的认知上，而这些认知在当时的特定环境中可能已经得到了很好的发展。

Pálsson, G. (2021). "Cutting the Network, Knotting the Line: A Linaeological Approach to Network Analysis." *Journal of Archaeological Method and Theory* 28 (1): 178-196.

《切割网络、打结线路：网络分析的线路学研究方法》

吉斯利·帕尔松（Gísli Pálsson）在本文中提出了"网络线路学"来更新目前盛行的网络分析方法。作者首先指出了目前所盛行的定量网络方法的一些弱点，并倡导在节点和边之间引入一个更为对称的能动性。作者在本文中讨论了如何利用民族志资料来实现这一点，以处理考古调查数据。帕尔松使用组合理论（assemblage theory）作为框架，探索为考古网络建模提供的潜力。作者注意到，虽然组合理论有助于实现这一目的，但由于该理论缺乏计算形式，很难和网络科学融洽共处，为了解决这一难题，使用计算本体 CIDOC-CRM 来更为明确地表达考古网络中节点之间联系的特征。在本文的最后，作者还提出了一种网络建模方法，把线路整合为能动性的关键来源。作为对英戈尔德呼吁重视线路的认可，作者将这种方法称为网络线路学（network linaeology）。

Losey, R. J.*, Nomokonova, T., Arzyutov, D. V., Gusev, A. V., Plekhanov, A. V., Fedorova, N. V., & Anderson, D. G. (2021). "Domestication as Enskilment: Harnessing Reindeer in Arctic Siberia." *Journal of Archaeological Method and Theory* 28 (1): 197-231.

《作为束缚的驯化：北极西伯利亚地区的驯鹿驾驭》

罗伯特·洛西（Robert Losey）等人从文化的视角研究了驯鹿驯化的问题。作者指出驯化需要人类和动物之间的驯服，而这种语用学习过程依赖特定形式的物质文化。特别是在工作动物的驯化中，这种物质文化的使用可能会早于通过选择性育种产生的表型和遗传变化。西伯利亚极地的伊玛尔地区出现了可以研究驯鹿驯化问题越来越多的考古证据。作者调查了三个早期遗址——Ust'-Polui、Tiutei-Sale Ⅰ和 Iarte Ⅵ，一些头套类物品最早可以追溯到 2000 年前。当代涅涅茨驯鹿牧民仔细观察了这些文物的复制品，并与俄罗斯北极地区的驯鹿套具进行了比较。根据与涅涅茨人的反复沟通，作者认为诸如头套、挽具和雪橇等物品不仅仅是运输中利用或控制驯鹿的技术手段，还是一些驯鹿被驯化成家畜的成网结构（meshwork）的一部分。驯鹿和其他动物的驯化涉及持之以恒的努力、景观和制品，所有这些都形成了驯养关系产生的环境。

Masclans Latorre, A.*, Bickle, P., & Hamon, C. (2021). "Sexual Inequalities in the Early Neolithic? Exploring Relationships Between Sexes/Genders at the Cemetery of Vedrovice Using Use-Wear Analysis, Diet and Mobility." *Journal of Archaeological Method and Theory* 28 (1): 232-273.

《新石器时代早期的性别不平等？从使用磨损分析、饮食和流动性角度探索维罗维兹墓地性/性别之间的关系》

阿尔巴·马斯克兰斯·拉托雷（Alba Masclans Latorre）等人的这篇文章旨在探讨欧洲农业开始之时的两性关系。他们研究了捷克共和国摩拉维亚的维罗维兹

（Vedrovice）遗址，这个位于北喀尔巴阡盆地的遗址是迄今为止记录的第一个线纹陶（Linearbandkeramik，简称 LBK）墓地。为了探讨农业之初妇女、儿童和男人之间的关系，本文对作为随葬的磨制石器和石片石器开展了使用痕迹研究，从而产生了关于这些工具所开展活动的新数据。本文结合与饮食和流动性相关的同位素数据，展示出了性别、年龄、健康状况和空间分布之间的关系。结果表明，在死亡中两性的衡量有所不同。在两性之间和不同出身的妇女之间，农耕和 / 或狩猎产品分布是不平衡的，男性墓葬中的工具和饰物更多，从随葬的石器可以看出男性和女性生产领域存在明显的性别差异。本文还针对是否存在性别不平等展开了讨论。

Walton, D. P. (2021). "Bloodletting in Ancient Central Mexico: Using Lithic Analyses to Detect Changes in Ritual Practices and Local Ontologies." *Journal of Archaeological Method and Theory* 28 (1): 274-306.

《古代墨西哥中部的放血仪式：使用石器分析检测仪式习俗和当地本体论的变化》

戴维·沃尔顿（David P. Walton）用石器分析研究古代墨西哥中部的放血行为，来探究仪式和该地区本体论发生的变化。众所周知，放血是古代中美洲社会最常见的仪式之一，但依然存在着很多差异。民族史资料、碑文和考古记录表明放血器是由不同的材料制成的，放血采用不同的技术，放血发生在不同的场合里，以及放血可以基于地区本体论产生各种结果。理解这些差异对于探究和阐释可能与放血仪式的人工制品至关重要。石器分析人员可以根据一系列使用痕迹特征，并结合技术特征和考古背景来检测可能用于放血仪式的黑曜石制品。作者指出，高倍法尤其重要，因为它可以帮助考古学家识别出与家庭空间相关的仪式活动。这一领域的研究越来越关注考古学方法，对黑曜石制品的研究帮助形成了考古学理论，去评估当地本体论随时间发生的变化。本研究比较了泰特尔村（Tetel，公元前 750～前 500 年）、拉古纳小镇（La Laguna，公元前 100～公元 150 年），以及大城市特奥蒂瓦坎的特拉金加区（Tlajinga District，公元250～550 年）的仪式放血案例。结合同时代和之后的案例，作者认为在特奥蒂瓦坎国家崩溃和寺庙机构与仪式专职人员崛起后，放血器和放血仪式程序发生了显著变化。

García-Granero, J. J.*, Hatzaki, E., Tsafou, E., Ayala, G., Serpetsidaki, I., & Bogaard, A. (2021). "From Storage to Disposal: A Holistic Microbotanical Approach to Domestic Plant Preparation and Consumption Activities in Late Minoan Gypsades, Crete." *Journal of Archaeological Method and Theory* 28 (1): 307-331.

《从储存到丢弃：克里特岛晚米诺斯时期吉普赛德斯家庭植物准备和消费活动的整体性微生物学方法》

胡安·何塞·加西亚－格拉内罗（Juan José García-Granero）等人从微体植物遗存分析的角度研究陶器上的沉积物，以研究食物的制备与消费，他们所研究的材料是下吉普赛德斯（Lower Gypsades）的克诺西"街区"（Knossian "neighbourhood"）发现的晚米诺斯时期（Late Minoan）储藏、烹饪和服务容器中的淀粉粒和植硅石，重建了从储藏到丢弃的整个植食准备到消费的过程。他们的研究结果表明，烹饪器皿中的淀粉粒和植硅石更加丰富多样，这可能反映了烹饪引起的扰动导致微生物残留物的沉积增加。研究结果进一步深入了解下吉普赛德斯米诺斯人的储藏和烹饪实践，表明谷物是在皮托伊（pithoi）和棕榈叶篮中脱壳储存的，后来与副食品一起烹饪。至于服务容器（serving vessels）中几乎没有微生物残留物的现象，作者认为可能是由于沉积因素引起的，或者这些容器盛放的是液体或动物性食物，而不是植物性食物。

Jørgensen, E. K. (2021). "Scalar Effects in Ground Slate Technology and the Adaptive Consequences for Circumpolar Maritime Hunter-Gatherers." *Journal of Archaeological Method and Theory* 28 (2): 333-385.

《磨制石板技术中的标量效应及其对环极海洋狩猎采集者的适应性后果》

艾伦德·可尔肯·约尔根森（Erlend Kirkeng Jørgensen）在本文中研究了环北极沿海生态区狩猎采集者所用的磨制石板技术，尝试建立因果框架来解释这项技术为何具备明显的适应性优势。本文对海洋石板复合体首次进行了古人口学和古环境学的研究，将全新世欧亚大陆记录最完备、背景信息最好的（挪威极地地区）石板工业置于一项高分辨率的个案研究中，探讨以下问题：石板技术为何在海洋适应中取得成功，石板技术在人口规模的适应性成功上贡献几何，人们为何最终还是放弃了石板技术？研究表明，人口规模、海洋资源强化利用和石板技术的使用呈现出同步变化。作者认为，正是这样的对应关系的机制造成了石板工业的适应性成功，促进了人口增长和海洋资源强化利用，标准化的优越性使它成为一项理想选择。这个因果模型表明，在特定的人口和生态条件下，石板技术的标量属性可以通过提高回报率和降低海洋资源狩猎 / 加工的处理成本，来抵消开始依赖高昂和密度的成本。由于这项技术满足所有工具"效率"的标准，作者得出结论，石板工业作为一项"赋能技术"（"enabling technology"）在环极地海洋环境中具有了因果效力。

O'Sullivan, R. (2021). "Replication in Rock Art Past and Present: A Case Study of Bronze and Iron Age Rock Art in the Altai, Eastern Eurasia." *Journal of Archaeological Method and Theory* 28 (2): 387-412.

《过去与现在的岩画复制：对欧亚大陆东部阿尔泰地区青铜和铁器时代岩画的个案研究》

丽贝卡·奥沙利文（Rebecca O'Sullivan）在本文论述道，世界上许多地区的岩画很可能并不是为了保持永恒不变而创作的，并着重介绍了岩画创作过程在过去和现在被"复制"的三种方式——对形式、对地点和对行动的复制。作者进行的案例研究是青铜时代和铁器时代阿尔泰地区的岩画，还介绍了代表传统连续性的例子。奥沙利文认为，这些复制形式对形成岩画记录有影响，它们可以用来探索当代、区域性的世界观。在欧亚大陆东部，岩画中的复制行为涉及地方营造策略和区域宇宙学传统，认为人类之外的精灵占据了所在的景观。本文旨在提供一个建设性框架，在对史前岩画的阐释中，把改造和变化视为考古记录的固有方面，而不是仅仅将之视为故意破坏。

Palka, J. W. (2021). "Not Just Counters: Clay Tokens and Ritual Materiality in the Ancient Near East." *Journal of Archaeological Method and Theory* 28 (2): 414-445.

《并非只是数筹：古代近东的泥筹与仪式的物质性》

乔尔·帕尔卡（Joel W. Palka）在本文中质疑长期以来的一个观点，即古代近东遗址发现的泥筹或小型几何制品作为了经济交易的筹码，认为在另一种场景中，这种黏土制品并不总是用于世俗目的的权益之物，而是用作礼仪物品。虽然有些泥筹发挥了计数功能，但有些则用于宗教场合，如作为仪式祭品。帕尔卡调查了与泥筹仪式相关的考古和比较文化证据，以重新审视之前的经济筹码范式。作者注意到，在古代近东，泥筹被广泛发现在寺庙、墓葬、朝圣圣地和仪式储藏室中，这表明它们是在仪式中使用的，而非仅仅用于经济计数；在跨文化意义上，崇拜者将小型黏土制品用于仪式中，如朝圣者的信物。在许多文化中，黏土在神龛中吸收精神力量，成为祭祀、祝福或庇护的重要材料，崇拜者还将泥筹放在神龛中或带回家，供家人和病人触摸或使用。作者在本文还提到，类似的物质背景表明，近东的古代人使用一些黏土象征物，从神灵那里获得繁盛、健康和宗教关爱。

Smith, D. (2021). "Pondering Privies: Construction, Use, Reuse, and Other Speculations about Cesspits in the Archaeological Record." *Journal of Archaeological Method and Theory* 28 (2): 446-469.

《思考秘密：考古记录中关于污坑的建造、使用、再利用和其他推测》

戴维·史密斯（David Smith）抛出了个问题"是否应该仔细发掘污坑并做好记录？"作者指出，在英国，人们通常把污坑认为是"平常的"遗迹，在发掘过程中经常忽视，或敷衍了事作些记录。本文探索了污坑的传记——建造、使用、再利用和废弃过程，并做了考古调查和阐释。作者进而提问"污坑是什么样子的，我们如何才能将之识别出来？"借助当代的非政府组织提供的资料以及对污坑和厕所的高质量研究成果，考古学者可以为这些遗迹书写共同传记。作者指出，通过对英美两国污坑发掘和记录方法的比较，也可以对考古遗址中这类遗迹开展合作研究提供借鉴，并反思，"也许，我们自己对这些遗迹的考古阐释的假设和方法可能会阻碍我们理解它们作为地位和社会行为的重要记录的重要性？"本文探索了英国两个不同年代对污坑的阐释，概述了对非常相似的数据所采纳的完全不同的研究方法。

Weihrauch, C.*, & Söder, U. (2021). "On the Challenges of Soil Phosphorus Prospections in Heterogeneous Environments: A Case Study on the Iron Age Altenburg Hillfort (Niedenstein, Hesse, Germany)." *Journal of Archaeological Method and Theory* 28 (2): 470-511.

《异质环境中土壤磷研究面临的挑战——以铁器时代阿尔滕堡山口遗址为例》

由于考古相关土壤磷含量的多种潜在变化，人们认为异质环境可能不适合地质考古土壤磷（P）勘探。克里斯托夫·魏劳赫（Christoph Weihrauch）和乌尔丽克·泽德（Ulrike Söder）为了阐明这一假设是否正确，对德国黑森州尼登斯坦附近铁器时代阿尔滕堡山口（Altenburg hillfort）遗址的异质环境进行了案例研究。他们引入了最小影响面积（least influenced area，简称为 LIA）方法，根据自己的土壤磷数据，归纳出当地土壤的原生土壤磷含量，并开发了两个参数来量化和比较土壤非均质地区的土壤磷富集：平均富集比（mean enrichment ratio，简称 MER）和最大富集比（maximum enrichment

ratio，简称 XER）。最后，他们修订并讨论了沃尔特·洛尔西（Walter Lorch）在 1940
年采用的方法，以解释与史前土地利用有关的土壤磷富集的空间模式。两位作者的研究
表明，土壤磷勘探可以在异质环境中进行，但仍然需要系统的实地工作策略和土壤科学
支持。他们还指出，替代绝对土壤磷含量，必须从数据中得出替代参数，以充分评估非
均匀区域的土壤磷富集。在他们数据的基础上使用这些替代参数后，铁器时代阿尔滕堡
山口比以前假设的要大得多，显示出只有阿尔滕堡高原和直接相邻的斜坡似乎有建筑物
密布，而邻近地区可能被用于不同的目的，包括农业、畜牧业和其他经济活动。

Premo, L. S. (2021). "Population Size Limits the Coefficient of Variation in Continuous
Traits Affected by Proportional Copying Error (and Why This Matters for Studying Cultural
Transmission)." *Journal of Archaeological Method and Theory* 28 (2): 512-534.

《人口规模限制了受比例复制误差影响的连续性状的变异系数（以及为什么这对研
究文化传播很重要）》

普雷莫（L. S. Premo）在篇名即点明了文章主旨。作者指出，累积复制误差模型
（accumulated copying error model，简称 ACE）将人类视觉感知误差的比例性质的发现
与文化传播理论结合到一起。先前的研究已经使用 ACE 来了解群体水平对连续性状变
异系数（CV）的预期，例如陶容器的厚度。不过，这些研究把与预期 CV 值的经验偏
差仅仅解释为有偏见的文化传播或功能限制的证据，而没有考虑人口规模在比例感知误
差的情况下如何影响人口水平的文化差异。在本文中，普雷莫使用基于能动体的模拟
实验来研究在不同的文化传播机制下，群体规模如何影响持续文化特征的 CV。结果表
明，连续文化性状的 CV 是其文化当量（N）和有效种群规模（N_e）以及文化选择的相
对强度的函数。结果还表明，N 和文化传播的不同组合产生相同的 CV 值。根据这些结
果，作者确定并讨论了一种途径，据此可以提高从考古数据推断过去文化传播的能力。

Barham, L.*, & Everett, D. (2021). "Semiotics and the Origin of Language in the Lower
Palaeolithic." *Journal of Archaeological Method and Theory* 28 (2): 535-579.

《符号学与旧石器时代早期的语言起源》

劳伦斯·巴勒姆（Lawrence Barham）和丹尼尔·埃弗里特（Daniel Everett）认为，
语言的起源可以见于 100 万年前（如果不是更早的话）直立人的考古记录。这一主张虽
有争议，但它基于广泛的理论和证据基础——将语言定义为基于符号而非语法的交流。
两位作者用皮尔斯的符号理论（符号学）以其符号（图标、索引和符号）的发展来支持
他们的分析，并将之用于识别在符号层面上运行的人工制品形式。他们对前工业社会中
技术的多重社会角色进行了概括，并认为非人灵长目动物使用工具的背景为人类符号的
使用奠定了深刻的进化基础。他们的结论是，基于符号的语言实质上表现在渗透于直立
人及其后代技术的任意社会习俗中，表现为拓展的规划，如工具的存储和东南亚岛屿的
早期栖居。

Buchanan, B.*, & Hamilton, M. J.* (2021). "Scaling Laws of Paleoindian Projectile Point
Design." *Journal of Archaeological Method and Theory* 28 (2): 580-602.

《古印第安投掷尖状器设计的缩放法则》

布里格斯·布坎南（Briggs Buchanan）和马库斯·汉密尔顿（Marcus J. Hamilton）在本文中考察了北美古印第安人投掷尖状器设计背后的工程原理。作为狩猎武器的有效组成部分，投掷尖状器必须技能有效穿透猎物又能抵御失败的风险。这样看来，在考古记录中观察到的投掷尖状器样式多样性背后的设计空间必然会受到工程原理的严格限制。两位作者从 16 种古印第安投掷尖状器类型中选择了 2360 件完整尖状器，使用工程原理、异速缩放理论（allometric scaling theory）和统计模型的组合来审视设计的多样性。首先从长宽厚来定义设计空间，再从工程的基本原理发展出关于尖状器最优异速设计的三个假说，以量化稳健性和穿透力之间的设计权衡，之后用数据检验假说的预测，表明在几乎所有情况下，经验观察结果都与理论预测相符。他们的分析表明，古印第安投掷尖状器的设计能够抵抗断裂，同时最大限度地提高穿透能力。他们还认识到，在这些设计标准中，有的设计旨在强调渗透性，有的则强调稳健性。这些结果表明，两面尖状器传统在北美出现后，在整个古印第安时期，设计、工程和性能标准都保持的很好。

Salmon, F.*, Ferrier, C., Lacanette, D., Mindeguia, J.-C., Leblanc, J.-C., Fritz, C., & Sirieix, C.* (2021). "Numerical Reconstruction of Paleolithic Fires in the Chauvet-Pont d'Arc Cave (Ardèche, France)." *Journal of Archaeological Method and Theory* 28 (2): 604-616.

《法国阿尔代什省肖维拱桥洞穴旧石器时代用火的数学重建》

法比安·萨尔蒙（Fabien Salmon）等人用数学方法重建了法国阿尔代什省肖维拱桥洞穴（Chauvet-Pont d'Arc Cave）遗址旧石器时代的用火。此洞穴遗址以非凡的岩画闻名世界，还包含了独特的热蚀变，如岩石剥落和岩壁颜色变化，显示出了在其他带有装饰的洞穴中未观察到的密集用火。考古学家对这种不寻常的用火迷惑不解。本文作者使用了数值工具来研究大角鹿廊道（Megaceros Gallery）中的热蚀变。在洞穴艺术研究中，这种首次应用的方法使作者能够评估木材的数量和造成热蚀变的火塘的位置。他们认为该廊道至少有十次用火，燃烧了 170 多千克木柴。模拟和现场观察都表明，这些树枝被排列成一个圆锥形，并有目的地放置在离洞壁一定距离的地方。因此，该方法能够进一步分析这些用火的功能。

Hussain, S. T.*, & Will, M. (2021). "Materiality, Agency and Evolution of Lithic Technology: An Integrated Perspective for Palaeolithic Archaeology." *Journal of Archaeological Method and Theory* 28 (2): 617-670.

《物质性、能动性与石器技术的进化：旧石器考古的整合视角》

舒蒙·侯赛因（Shumon T. Hussain）和曼纽尔·威尔（Manuel Will）试图在旧石器时代考古领域运用物质性、能动性和进化相结合的阐释体系，并用考古学和人文学科中的物质性话语重新阐明关于人类进化的争论。他们认为，旧石器材料为我们提供了独特的时空观测尺度，可以考察器物和技术在人类生活世界的出现、固化和转变，以及物质文化长期变化的轨迹。两位作者绘制了人与物关系的三条主轴——生态、技术和进化，并用一系列案例研究表明，对物质能动性的批判性重新评估不仅可以产生崭新的见解和问题，而且还可以帮助我们反思已经了解的人类遥远的过去。在本文中，两位作者强调人类行为和意向性的去中心化，并证明了对于旧石器考古的不同流派和研究兴趣（文化历史、过程、后过程和进化）而言，物质性本身是一条富有成效的交流和相互启发的纽带。这个视角呼吁人们关注人类境况，并将其视为长时段人与物共同适应的产物，在这一过程中，人类、器物和技术不断相互影响和共同创造。

Dorland, S. G. H.*, & Ionico, D. (2021). "Learning from Each Other: A Communities of Practice Approach to Decorative Traditions of Northern Iroquoian Communities in the Late Woodland." *Journal of Archaeological Method and Theory* 28 (2): 671-703.

《互相学习：伍德兰期晚段易洛魁北部社群装饰传统的社区实践研究方法》

史蒂文·多兰（Steven G. H. Dorland）和丹尼尔·伊奥尼科（Daniel Ionico）采用实践社群（communities of practice）的研究方法，调查了下五大湖地区在与殖民者接触之前时代的社会学习和陶器生产。他们指出，目前的学术界依然预设儿童学习主要是以亲子互动的方式进行的。基于目前对土著社会化策略的深入研究，两位作者应用多尺度装饰分析来调查安大略省南部和纽约州北部制陶社群公元 900～1650 年的学习传统。借助一系列统计分析，多兰和伊奥尼科证明了儿童陶工在母题装饰上存在显著的连续性，这在熟练的陶工中表现得并不明显，因为后者更容易受到社会、人口和经济变化的影响。他们在研究这个至少延续 750 年的多代传统后认为，儿童主要通过同伴对等学习来制陶。他们也指出，同伴对等学习虽然见于民族志中，但考古研究中经常忽略这一点，值得开展进一步研究。

Cristiani, E.*, & Zupancich, A. (2021). "Sandstone Ground Stone Technology: A Multi-level Use Wear and Residue Approach to Investigate the Function of Pounding and Grinding Tools." *Journal of Archaeological Method and Theory* 28 (2): 704-735.

《砂岩磨制石器技术：通过多层次使用痕迹和残留物方法调查捣碎和研磨石器的功能》

克里斯蒂亚尼（E. Cristiani）和祖潘西奇（A. Zupancich）运用多层分析方法，将低倍法和高倍法观察到的磨损和残留物与借助地理信息系统（GIS）调查到的残留物空间分布结合在一起，来研究磨制石器技术的捣碎或研磨功能。他们旨在通过把使用痕迹和残留物分析结合在一起，以区分砂岩磨制技术特定的姿势和加工材料，并了解残留物分析在重建古代磨制技术功能上的潜力，具体来说，是了解巴尔干中部多瑙河峡谷地区中石器时代遗址出土的磨制石器所起的作用。两位作者识别出了磨制技术在施于动物和植物材料时留下来的表面改造的特征，并借助反射光和透射光以及生化染色观察描述了残留物的形态特征。最后，他们绘制了实验工具使用表面留下的残留物的分布，这样就把残留物的空间分布模式与特定材料和姿势联系了起来。

Sanger, M. C. (2021). "Joining the Circle: Native American Philosophy Applied to the Study of Late Archaic Shell Rings of the Southeast United States." *Journal of Archaeological Method and Theory* 28 (3): 737-765.

《加入圈圈：将美洲本地居民哲学用到美国东南部古代期晚段贝壳环的研究中》

马修·桑格（Matthew C. Sanger）指出，考古学正处于变革时期，正在努力摆脱殖民根源。面对这个"本体论转向"，考古学家也在他们的阐释中应用不同的世界观，然而这些脱胎于西方哲学流派中的世界观不断地重新引入殖民主义思想。作者在本文中运用美洲本地居民的哲学，确定了几个关键主题，并将之运用到美国东南海岸古代期晚段的贝壳环（shell ring）中。这样，这些遗址可以阐释为本地居民与非人类力量建立沟通、并最终将新形成的海岸线社会化的地方。作者认为，使用美洲本地居民的哲学可以作为平衡运用西方哲学的手段，进一步发展出去殖民化的考古学。

Halperin, C. T. (2021). "Ancient Recycling: Considerations of the Wasteful, Meaningful, and Practical from the Maya Site of Ucanal, Peten, Guatemala." *Journal of Archaeological Method and Theory* 28 (3): 766-792.

《古代的回收利用：对危地马拉皮滕乌坎纳尔玛雅遗址的浪费、有意义和实用性的思考》

克里斯蒂娜·霍尔珀林（Christina T. Halperin）对危地马拉佩滕乌卡纳尔（Ucanal）玛雅遗址出土的石器、陶器和建筑材料进行了系统研究，挑战了回收利用实践（recycling practice）长期以来存在的二分法——一类是精英手工生产，另一类是面对稀缺性时的实用逻辑，强调理性和效率。该研究突出生产的意义和价值。作者开展了历时和情境分析，认为在危机期间，普通材料（如磨制石器和陶器）的回收利用并未增加，普通家庭的回收利用并不常见。在古典时代末期（公元830～950/1000年），发现大量回收利用精英阶层和纪念碑建筑材料的证据，而当时劳动力或建筑材料并不匮乏。作者考察了相关证据，认为这个行为与积极使用早期的政治权力符号有关。

Knutson, S. A. (2021). "Itinerant Assemblages and Material Networks: The Application of Assemblage Theory to Networks in Archaeology." *Journal of Archaeological Method and Theory* 28 (3): 793-822.

《组合与材料网络：组合理论在考古学网络中的应用》

萨拉·安·克努森（Sara Ann Knutson）探讨了组合理论（Assemblage Theory）对当代考古学中网络思想研究方法的潜在贡献。作者认为，组合理论为解释关系性以及社交网络如何在多个尺度上随时间聚合、变化和分解提供了有力的解释模型。她主张扩大组合的传统定义，不再区分分散网络中流动的物体组合和位于独立遗址内的物体组合，认为"组合"最好定义为一组涌现出来的相互联系的现象，材料、人类行动者、力量和其他物质就不必局限于任何一个划定的地理空间内，就可以构成一个组合。为了评估组合理论的应用，作者研究了距今800～1550年海象牙制品在北大西洋和欧洲大陆的移动。对这些流动材料所涉及的拓展网络的重建，揭示了经济行为和政治变迁所导致物质移动模式。本文认为这种方法为解决网络实体和组分之间的相互能动作用和关系性提供了有益的理论基础，在识别和解释中世纪欧洲和非洲之间产生经济变迁的物质网络时更加复杂和具体。

Giovas, C. M. (2021). "A Simple Method for Quantifying Compositional Correspondence

Between Zooarchaeological Assemblages Using Paired Similarity Indices." *Journal of Archaeological Method and Theory* 28 (3): 823-844.

《一种利用成对相似指数量化动物考古组合组成对应关系的简单方法》

克里斯蒂娜·乔瓦斯（Christina M. Giovas）提出了基于发生率和丰度配对指数来测量组合相似性的方法，作为另一种相似性度量，来评估两个动物考古组合种属及其丰度之间的对应关系。这些测量结果可用于根据组合的差异性、定性相似性、定量相似性或实质相似性对其进行分类。这种配对指数研究方法用到了校正后的福布斯和莫里斯塔 – 霍恩指数（corrected Forbes and Morista-Horn indices），并将之运用到加勒比海卡里亚库岛的萨巴赞（Sabazan）遗址、安圭拉岛的沙地（Sandy Ground）遗址和马提尼克岛的克雷弗克（Crève Cocur）遗址的两项动物考古案例中，即资源可持续利用的比较研究和与欧洲接触前后的比较研究。作者认为此方法既提供了一种可以沿着确定的、有意义的尺度，量化组合间相似性的手段，也提供了一种基于所提出的分类方案来季节组合相似性的维度交互方式的直接方法，还构成了一种简而易行的技术。作者最后还讨论了这种方法的优点和局限性，并阐明了它在考古学中广泛的应用前景。

Manninen, M. A.*, Asheichyk, V., Jonuks, T., Kriiska, A., Osipowicz, G., Sorokin, A. N., ...Persson, P. (2021). "Using Radiocarbon Dates and Tool Design Principles to Assess the Role of Composite Slotted Bone Tool Technology at the Intersection of Adaptation and Culture-History." *Journal of Archaeological Method and Theory* 28 (3): 845-870.

《使用放射性碳数据和工具设计原则评估复合开槽骨制工具技术在适应和文化历史交叉点中的作用》

米卡埃尔·曼尼宁（Mikael A. Manninen）等人用放射性碳断代和工具设计原理来研究带槽骨器。这类器物是复合工具技术的典型案例，一个部件的变化不需要改变其他部件的设计。作者指出，从石器技术的角度来看，带槽骨器技术与镶嵌物的系列生产以及可靠性和可维护性有关的组织方面有关。在这个框架内，带槽骨器技术与环境背景下的风险规避有关。本文涉及北欧和东欧平原对沥青胶直接测定的 17 个放射性碳断代数据，表明在该地区从晚更新世到中全新世，嵌入的带槽骨器使用反映出相关石器技术在应对持续变暖趋势方面的显著差异和特殊性。他们的研究表明，历史的特殊性和路径依赖（而非趋同进化）可以很好地解释本案例中带槽工具技术的多样性，总体看来，带槽骨器形成了一种组织上灵活、适应性强的技术解决方案，从而满足了各种文化和技术需求。

Raffield, B. (2021). "Broken Worlds: Towards an Archaeology of the Shatter Zone." *Journal of Archaeological Method and Theory* 28 (3): 871-910.

《破碎的世界：对破碎地带的考古学研究》

本·拉斐尔德（Ben Raffield）用"破碎地带"（Shatter Zone）这个概念开展了一项考古学研究，来讨论人类过去的长期变化和转型，旨在突破"崩溃"和"恢复力"强调单一"触发"因素推动历史变革的二分过程术语体系。"破碎地带"这个术语源于自然地理和地缘政治领域，最近在人类学研究中应用颇多，集中于对局地、区域和区域间各级时空重大历史变迁展开的方式进行多尺度、跨学科分析。作者解析了"破碎地带"的概念，并将之用于研究长期适应变迁的现有考古框架内，以及研究 16～18 世纪北美伍德兰东部（Eastern Woodlands，亦可译为东部林地）殖民互动和冲突。这项研究表明，这种研究方法可以对人们面对不稳定性与变迁时的应对策略产生崭新的见解，同时也有助于在更广泛的全球范围内对这些进程进行比较研究。

Lewis, J. (2021). "Probabilistic Modelling for Incorporating Uncertainty in Least Cost Path Results: A Postdictive Roman Road Case Study." *Journal of Archaeological Method and Theory* 28 (3): 911-924.

《将不确定性纳入最低成本路径结果的概率建模：一个后罗马道路案例研究》

乔瑟夫·路易斯（Joseph Lewis）使用最低成本路径（Least Cost Path，简称 LCP）分析，对罗马道路进行了研究，阐述影响道路位置的诸因素。由于数字高程模型（digital elevation model，简称 DEM）误差影响了 LCP 结果的可靠性，本研究建议借助蒙特卡洛模拟，在 R 中开展最低成本路径分析。通过使用概率 LCP 以图形方式表达垂直误差的影响，在阐释 LCP 时考虑结果的不确定性。在罗马道路的案例研究中，作者发现引入垂直误差会导致在景观中识别出多条"最低成本"路径。此外，罗马道路与概率 LCP 之间的偏差表明，能源支出最小化以外的其他因素也会影响罗马道路的位置。这项研究发现，使用蒙特卡洛模拟得出的概率 LCP 是一种可行方法，在利用包含误差的输入数据模拟移动时，它应该成为默认的方法。

Spengler, R. N. (2021). "Niche Construction Theory in Archaeology: A Critical Review." *Journal of Archaeological Method and Theory* 28 (3): 925-955.

《考古学中的生态位建构理论：思辨性回顾》

罗伯特·斯宾格勒三世（Robert N. Spengler Ⅲ）的这篇文章旨在综述生态位建构理论（Niche Construction Theory）及学界对该理论的批评，让考古学界对此有清楚的认识，以对它的价值做出独立的评估。25 年前在生物科学领域提出以来，生态位理论在社会科学，特别是在考古学中被迅速接纳，得到了广泛应用。本文关注的是该概念的新颖之处，以及生态位建构理论与其他研究方法在将人类对生态系统的影响与文化－进化反馈的概念化上的差异。作者认为，生态位建构理论所涵盖的各种概念并不新，但这个术语对有些学者而言是有用的。作者还呼吁研究者应该注意到运用这个理论时众说纷纭的状况，需要深入考虑它在启发性和认识论上的意义。

Haynes, G.*, Krasinski, K., & Wojtal, P. (2021). "A Study of Fractured Proboscidean Bones in Recent and Fossil Assemblages." *Journal of Archaeological Method and Theory* 28 (3): 956-1025.

《对最近和化石组合中长鼻类动物骨折的研究》

加里·海恩斯（Gary Haynes）等人希望找到可靠的方法来区分化石组合中长鼻类四肢骨骼断裂的人为和非人为原因。本文对非洲象（*Loxodonta africana*）和猛犸象（*Mammuthus* spp.）的实验性骨折进行了比较，确定这些长鼻象类群的四肢骨折动力学是相同的。这项研究表明，新鲜长骨撞击性骨折的唯一判别特征，如带缺口的断裂边缘、光滑的断裂表面和曲折的断裂轮廓，在非新鲜骨骼和受非人为过程影响的骨骼上也可以产生。本文提供的信息可以用于分析或重新分析石化的长鼻类骨骼组合，并可能支持或改变当前对古人类行为的阐释，如西班牙的 Torralba 和 Ambrona，以及坦桑尼亚的 FLK N6 遗址。

Vadala, J.*, & Duffy, L. (2021). "Using Actor-Network Theory to Characterize the Production of Ancient Maya Caching Events at Cerro Maya (Cerros, Belize)." *Journal of Archaeological Method and Theory* 28 (4): 1027-1057.

《使用行动者网络理论描述伯利兹赛罗斯塞罗玛雅贮藏事件的产生》

受行动者网络理论的启发，杰弗里·瓦达拉（Jeffrey Vadala）和丽萨·达菲（Lisa Duffy）使用可操作性的考古行动者网络研究方法，来识别和调查与伯利兹塞罗玛雅（Cerro Maya）遗址的仪式性贮藏沉积物（一批还愿物品）相关的人－物关系。两位作者所采纳的研究方法能够以归纳的形式开展历时性比较研究，阐述人类和非人类关系构成的复杂阵列。与之前主要关注象征意义不同，本文把贮藏（caches）视为古代玛雅贮藏事件产生过程中出现的小规模行动者网络的痕迹。更具体地说，瓦达拉和达菲所采用的方法论可以根据材料、时间性、物体、地点和人群的意图与行动之间的关系，来表征贮藏和贮藏事件。在该研究方法的归纳和历时性焦点的帮助下，我们在思考贮藏事件对后续事件的影响和该遗址的社会发展所产生的社会效果，考察行动者网络随时间发生的阵列变化。两位作者认为使用这个研究方法，即使是简单的一堆人工制品也可以看作高度复杂的相互关联的社会关系网络的代用指标，去考察网络在塑造历史互动和社会秩序方面所发挥的重要作用。

Barrientos, G.*, & García Sanjuán, L. (2021). "Measuring the Complexity of Past Social Systems: A Task Analysis Approach to the Study of Late Prehistoric Monumentality in Iberia." *Journal of Archaeological Method and Theory* 28 (4): 1058-1105.

《衡量过去社会系统的复杂性：伊比利亚史前晚期纪念性建筑研究的任务分析研究方法》

古斯塔沃·巴里恩托斯（Gustavo Barrientos）和莱奥纳多·加西亚·圣胡安（Leonardo García Sanjuán）探讨了理论生物学家丹尼尔·麦克谢（Daniel McShea）在 20 世纪 90 年代提出的一套关于结构和功能复杂性思想在衡量过去社会系统方面的潜力。两位作者描述了一种适用于测量社会系统复杂性的方法，该方法主要建立在分层任务分析基础之上，并用一个具体的案例支撑自己的研究：史前伊比利亚晚期（公元前 3800～前 1800 年）建造的巨石纪念碑。根据分析新石器晚期、铜器时代和青铜时代早期各个时期内建造的三座文献记载最好、结构最复杂、功能最复杂的纪念碑，他们发现，从新石器时代晚期到青铜器时期早期，与纪念碑建造相关的工作组织的复杂性有降低的趋势。随后根据欧洲史前时代较晚阶段史前社会复杂性的现有模型讨论了这些结果的重要价值，认为应该把复杂性融入整个社会每个不同社会系统的一种属性（而非专属属性），将更平衡地看待社会发展的进程。

Cheung, C.*, & Szpak, P. (2021). "Interpreting Past Human Diets Using Stable Isotope Mixing Models." *Journal of Archaeological Method and Theory* 28 (4): 1106-1142.

《使用稳定同位素混合模型阐释过去人类食谱》

张淳淳（Christina Cheung）和保罗·什帕科（Paul Szpak）认为很多考古学家可能没有意识到稳定同位素混合模型（stable isotope mixing models，简称 SIMMs）的复杂性和缺陷。本研究旨在概述 SIMMs 的基本原理，评估几种最常用的 SIMM 软件包的性能，并为 SIMM 在考古环境中的应用提供一些特定领域的指南。他们提供了一系列模拟和公布的考古数据，以展示和评估不同类型的 SIMM。两位作者还比较了线性混合模型、简单概率模型（即 IsoSource）和条件概率模型（即 FRUITS 和 MixSIAR）的输出。他们的结果表明，考虑到每种混合模型都有其优缺点，考古学家应根据多种因素选择最佳模型，包括对编码语言的熟悉程度、消费者群体的样本特征（即样本大小和常态性）以及所针对的研究问题。

Roddick, A. P.*, & Cuynet, F. (2021). "Genealogies and Juxtapositions: Traces of Potting Communities and Firing Facilities in Lake Titicaca Basin." *Journal of Archaeological Method and Theory* 28 (4): 1143-1171.

《谱系与并置：的的喀喀湖盆地的制陶社群和烧制设施》

安德鲁·罗迪克（Andrew P. Roddick）和弗朗索瓦·屈内（François Cuynet）发展出了一种实践谱系的研究方法（genealogy of practice approach），用来对安第斯陶器烧制进行历史分析和比较研究。本文提到，玻利维亚的的喀喀湖盆地附近有两座火山灰丘，一座是当代的，而另一组则是晚中间期（Late Intermediate Period，公元 1100～1450 年）形成的。两位作者有意回避了倾向于考察更长制陶实践谱系的民族考古视角，认为应该关注那些在主导叙事中经常被忽视的短暂证据，突出实践的涌现性质，并关注跨越代际的主题的形成。他们还绘制了从形成时期（公元前 1500～公元 450 年）到现在，包含烧制设施和主题形成的实践谱系，随后，两位作者回到对灰烬堆的研究，将实践和考古证据并置，以考虑它们在历史上的出现。运用这两种研究方法（谱系和并置），罗迪克和屈内描绘出了的的喀喀湖盆地生产地区的特殊性，并提出了与陶器烧制背景相关的社会关系方面的新问题。

Masini, N.*, & Lasaponara, R. (2021). "On the Reuse of Multiscale LiDAR Data to Investigate the Resilience in the Late Medieval Time: The Case Study of Basilicata in South of Italy." *Journal of Archaeological Method and Theory* 28 (4): 1172-1199.

《利用多尺度激光雷达数据研究中世纪晚期的复原力：意大利南部巴西利卡塔的案例研究》

由于西欧人口减少和经济恶化，中世纪传统上被认为是一个危机时期。而尼古拉·马西尼（Nicola Masini）和罗莎·拉萨波纳拉（Rosa Lasaponara）认为，在对历史进行反思时不仅要看衰退，还要注意到 14 世纪和 15 世纪欧洲的复原力和复苏。两位作者关注的问题是：应该如何解释态度的差异（即复苏与衰退），以及一些聚落为何比其他的弹性更强（或更弱）？他们重点考察了位于意大利南部巴西利卡塔大区两个相邻的中世纪村庄。之所以选择这两个村庄，是因为它们的历史变迁轨迹有别：伊尔西（Irsi）在 14 世纪被废弃，迁入了蒙特佩洛索（Montepeloso，至今仍"存在"，并改名为伊尔西纳［Irsina］）。为了更好地理解伊尔西，两位作者重新使用并集成了多尺度激光雷达数据库，来补文献之不足。在激光雷达数据的帮助下，他们重建了伊尔西布局，以及随着时间流逝周围景观的转变，并且基于伊尔西和蒙特佩洛索跨遗址分析，提出了关于沙漠化形成的假说。他们的分析结果如下：①该村庄建筑呈现出历时变迁；②确定了一个重要指标，即聚落附近可耕种土地面积与人口之间的比率，以评估丘陵地带的恢复力。这种方法也成功地应用于另一个类似的案例研究中。这项研究表明，激光雷达数据可以有效地改进中世纪考古调查，并改进从遗址内到遗址间规模分析以及从局部到景观角度的知识。

Curran, J. B.*, & Raymond, D. E. (2021). "War Clubs in Southern California: An Interdisciplinary Study of Blunt Force Weapons and Their Impact." *Journal of Archaeological Method and Theory* 28 (4): 1200-1223.

《加利福尼亚南部的战棒：对钝力武器及其影响的跨学科研究》

约瑟夫·科伦（Joseph B. Curran）和戴维·雷蒙德（David E. Raymond）指出，先前关于暴力的研究主要基于人类遗骸的生物考古或建筑遗迹，而对冲突中用作武器的人工制品关注较少。大多数武器，特别是战棒（war club）完全是由可降解的有机材料制作的，导致考古记录中的可见度很低，给它的形制研究和评估它在冲突中所起的作用带来了挑战。本研究采用跨学科的方法，将历史记录中记载的棍棒的使用与钝力创伤证据，以更好地了解加利福尼亚南部发现的不同类型战棒的使用情况。两位作者做了复制实验，并在生物力学实验中进行了检验，以测量杀伤力并记录可能的相关创伤模式，其中包括接触前和原初历史时期的个案。考虑到北美印第安人在战争中使用了大量战棒，所以这一检测战术和武器类型的框架有助于开展跨文化研究，以更好地了解武器在人类冲突和暴力中的实践和影响。

Bebber, M. R. (2021). "The Role of Functional Efficiency in the Decline of North America's Copper Culture (8000-3000 BP): An Experimental, Ecological, and Evolutionary Approach." *Journal of Archaeological Method and Theory* 28 (4): 1224-1260.

《功能效率在北美铜文化（距今 8000～3000 年）衰退中所起的作用：一种实验、生态和进化方法》

米歇尔·贝贝尔（Michelle R. Bebber）在本文阐述了北美上五大湖（Upper Great Lakes）地区古代期中段和晚段（Middle and Late Archaic）狩猎采集者（距今 8000～3000 年）铜制工具的消亡问题。在从古代期向伍德兰过渡时期，随着人口增长和社会复杂性的增加，这些工具的重要性和频率不断下降，然而这与文化进化论的视角相悖，因为人们普遍认为"高级"工具（即金属）会取代劣质工具（即石头）。铜技术曾在古代期是一种广泛传播的现象。为了解决这个难题，作者开展了一项广泛的实验考古研究，对铜器与石头或骨头制成的类似工具进行了比较，以评估相对功能效率是否导致了实用铜器的衰落。这项由器物复制、受控实验和文化进化理论构成的研究结果与人口动态和生态变化相结合，以描绘过去人类行为的社会、生态和技术领域之间复杂的相互关系的广阔图景，使得铜器作为贵重物品或礼物的需求超过了使用技术的需求，使得提取和生产的时间和精力急剧减少，而提供明显效率效益的铜工具——简陋的锥子，一直延续到现代。这些研究方法的综合表明，通过把实验考古学中得出的功能解释和进化框架相结合，可以为北美五大湖地区金属使用的轨迹提供更多的信息。

Cuesta-Torralvo, E., Pacheco, D., Martínez, L. M., Romero, A., Umbelino, C., Avià, Y., & Pérez-Pérez, A.* (2021). "Three-Dimensional Proxies to Dental Wear Characterization in a Known Age-at-Death Skeletal Collection." *Journal of Archaeological Method and Theory* 28 (4): 1261-1275.

《已知死亡年龄骨骼采集中牙齿磨损特征的三维指标》

牙齿磨耗通常被用来推测死亡年龄，但牙本质暴露区域的离散评分指标在很大程度上取决于研究对象的饮食生活史和文化习惯。此外，牙齿磨耗极大限制了对牙齿形态多样性的研究，因为在人骨考古库房中鲜见磨损的牙齿。伊丽莎白·奎斯塔－托拉尔沃（Elisabeth Cuesta-Torralvo）等人应用三维齿冠连续测量（几何形态测量和凹凸形状描述）来探索科英布拉国际交易所（Coimbra International Exchange）遗址中发现的第一和第二上颌（UM1 和 UM2）和下颌（LM1 和 LM2）恒臼齿的磨损与根据颅骨判定的死亡年龄之间的关系。他们的结果表明，形态测量变量与死亡年龄之间存在显著的回归关系，但决定系数在 1.4%～23.9%。根据牙冠形状确定死亡年龄的准确率从31.8%～45.3% 不等，考虑到现代人类在牙尖模式和臼齿相对大小方面表现出很大的差异，臼齿整体形状变异在很大一部分可以归因于独立于牙齿磨耗的解剖学特征。

Thompson, A. E.*, & Prufer, K. M. (2021). "Household Inequality, Community Formation, and Land Tenure in Classic Period Lowland Maya Society." *Journal of Archaeological Method and Theory* 28 (4): 1276-1313.

《古典时期低地玛雅社会的家户不平等、社群形成和土地保有权》

埃米·汤普森（Amy E. Thompson）和基思·普鲁弗（Keith M. Prufer）在本文中讨论了玛雅古典时期家户不平等问题。他们指出，随着人们寻求占据良田，获取社会资本和宝贵资源会影响到家户决策的制定。先前的占据、继承和土地占有规范会限制人们的机会，导致家户之间的不平等。两位作者在伯利兹的两个古典期（公元 250～900年）玛雅中心 Ix Kuku'il 和 Uxbenká 考察了聚落发展和结构不平等的过程。从人类行为生态学（human behavioral ecology，简称 HBE）的角度，两位作者评估了两个人口密度模型，即理想自由分布（ideal free distribution，即 IFD）和理想专制分布（ideal despotic distribution，简称 IDD）对家户决策的预测。为此，他们将家户的最初奠基年代与 9 个可测量的适合性变量相联系，并将之作为了社会和环境资源的代用指标。他们得出的结论是，在乌克斯本卡和伊克斯库库伊尔，社会资源，如调动劳动力的能力、合作和进入交通要道的能力可能会影响人们选择在哪里生活。相比之下，包括良田和常年水源的环境资源广泛分布于整个景观中，每个人均可获得。这项研究强调社会关系对家户决策的重要意义，而这在考古记录中往往很难发现。两位作者认为，制度化不平等的发展和表现贯穿古今所有社会的过程之中。

Rogers, A. J.*, & Weisler, M. I. (2021). "He iá make ka ópihi: Optimal Foraging Theory, Food Choice, and the Fish of Death." *Journal of Archaeological Method and Theory* 28 (4): 1314-1347.

《夏威夷帽贝乃死亡之鱼：最佳觅食理论、食物选择和死亡之鱼》

阿什莉·罗杰斯（Ashleigh J. Rogers）和马歇尔·威斯勒（Marshall I. Weisler）探讨了民族志学者玛丽·卡维纳·普奎（Mary Kawena Pukui）的谚语"夏威夷帽贝乃死亡之鱼"（He i'a make ka 'opihi，因为帽贝采集相当危险）背后的觅食意义。两位作者首先引入了最佳觅食理论（Optimal Foraging Theory，简称 OFT）中的猎物选择和斑块选择模型，可以识别出资源衰退的环节，以及那些偏离预测出的最优行为的考古记录。这种不正常的偏差可能是社会、文化或环境因素作用的结果。他们调查了夏威夷群岛莫洛卡北岸迎风方向的 14 个地点夏威夷帽贝（*Cellana* spp.）的史前采集情况，均具有重要的文化意义。本研究将三种特有帽贝物种（*C. exarata*、*C. sandwicensis* 和 *C. talcosa*）的史前收获与 OFT 预测的收获、自然帽贝丰度和当代传统采集进行了比较。本文的结果表明，史前帽贝的丰度并不反映基于效率的预测或帽贝种群的自然丰度。夏威夷的古代帽贝采集与现在的采集类似，可能受到社会和文化的影响。

《考古学研究杂志》（*Journal of Archaeological Research*）2021 年文摘

张 萌

（复旦大学文物与博物馆学系）

Rice, P. M. (2021). "In Search of Middle Preclassic Lowland Maya Ideologies." *Journal of Archaeological Research* 29 (1): 1-46.

《探索前古典期中段低地玛雅的意识形态》

普鲁登丝·赖斯（Prudence M. Rice）指出，对前古典期中段 / 形成期低地玛雅信仰体系或意识形态知之甚少，但随着对该时段遗址的研究不断增多，以及对出现的复杂性的认识逐渐深入，这个主题很值得研究。她列举出研究信仰体系的多个视角：（意识形态概念的）物质化；秩序、合法性与财富；以及基于集体 / 合作行动理论和昂贵信号（选择）理论的合作。作者认为，早期低地信仰体系部分根植于古代狩猎采集者、"部落"生活方式，一些关于宇宙学和超自然力量的宇宙观和超自然力量的概念可能是泛中美洲和泛新大陆的（例如四分法、物体的泛灵论）。最著名的早期中美洲信仰体系是墨西哥湾沿岸奥尔梅克人及其相关民族（尤其是瓦哈卡人）的，时间为公元前 1700 年左右，即形成期早中段。赖斯从四个物质领域对前古典期中段低地玛雅的意识形态（主要从权力关系方面）进行了分析和比较——遗址布局、景观与建筑，雕塑，便携性物质文化，以及肖像；进而指出了玛雅和奥尔梅克之间的显著差异，奥尔梅克体现了领导人的权力：巨大的雕像和外来物品（昂贵信号）。早期的玛雅意识形态以及秩序（包括合作）与合法性（包括合作政治策略）的概念根植于关于万物（包括人类）的创造、宇宙更新（特别是太阳运动）和时间的信仰和神话中。

Chinchilla Mazariegos, O. (2021). "The Southern Cities: Urban Archaeology in Pacific Guatemala and Eastern Soconusco, Mexico." *Journal of Archaeological Research* 29 (1): 47-91.

《南部城市：危地马拉太平洋沿岸地区和墨西哥索科努斯科东部的城市考古》

奥斯瓦尔多·钦奇利亚·马萨列戈斯（Oswaldo Chinchilla Mazariegos）指出，最近的研究揭示出中美洲东南部太平洋沿岸地带的城市传统悠久而早熟。他利用现有数据（包括探地雷达［LiDAR］和山丘阴影数字高程模型）讨论了城市形态和功能的差异，并在较小范围内讨论了形成期和古典期城市生活与意义的异同，也对后古典期晚段的城市进行了简明的介绍。作者指出，太平洋沿岸地带的城市比之前想象得更大、更早，对它们进行调查可以更为深入地了解中美洲及其他地区古代城市社会的差异。

Sutter, R. C. (2021). "The Pre-Columbian Peopling and Population Dispersals of South America." *Journal of Archaeological Research* 29 (1): 93-151.

《前哥伦布时代南美洲的人群移居与人口扩散》

理查德·萨特（Richard C. Sutter）总结了目前对南美洲最初人群移居和之后人口动态开展的考古学、地理学、人口学、分子及生物考古研究。测年数据清楚的遗址表明，在公元前 13000～前 12000 年（已校正）之前，来自东北亚的广谱觅食者通过巴拿马半岛移居南美。到公元前 11500～前 11000 年（已校正）已发展出许多区域性的专门化的两面器技术，有证据表明这与季节性资源获取和对极端环境的拓殖相关。到公元前 8000 年（已校正）时，流动性受到限制，景观得到改造，也出现了驯化物种的培育。移居者的早期迁移路线导致了占代南美人中广泛存在的东西向人口结构。遗传学、人口统计学和骨骼形态学数据表明，由于转向农业带来的生育率增加，随后人口驱动的向南美洲的扩散在很大程度上取代了约公元前 5000 年之前安第斯中部的人群。然而，除了安第斯山脉之外，几乎没有任何证据表明这些后续的扩张对亚马孙和南锥地区的觅食者和园圃人群产生了影响，这些人主要是古印第安人和全新世早期人口的后代。

Green, A. S. (2021). "Killing the Priest-King: Addressing Egalitarianism in the Indus Civilization." *Journal of Archaeological Research* 29 (2): 153-202.

《杀死祭司-王：对印度河流域文明中平均主义的探讨》

印度文明的城市很广阔，大规模的建筑林立，使用了复杂的青铜时代技术。亚当·格林（Adam S. Green）指出，尽管社会复杂性的特征很是明显，但印度河流域缺乏有关精致的陵墓、标志个体的纪念碑、大型寺庙与宫殿的证据。最早的发掘者认为，印度文明比其他早期复杂社会更为平等，经过近一个世纪的调查，仍未发现从事管理的精英统治阶层的明确证据。摩亨佐－达罗遗址最初的发掘者所指出的政治和经济不平等的明显缺失的观点基本是正确的。作者认为，这并不是因为印度文明不是复杂社会，而是因为过去关于财富分配、权力等级、专门化和城市化的普遍假设是不正确的，进而指出，印度文明揭示出统治阶级并非社会复杂化的先决条件。

Webb, J. M., & Knapp, A. B. (2021). "Rethinking Middle Bronze Age Communities on Cyprus: 'Egalitarian' and Isolated or Complex and Interconnected?" *Journal of Archaeological Research* 29 (2): 203-253.

《反思塞浦路斯岛上青铜时代中期的社群："平等"且隔绝的抑或复杂且联通的？》

根据当前的观点，在青铜时代中期（或塞浦路斯时期中段［Middle Cypriot period］），塞浦路斯是一个与广阔的东地中海世界隔绝的岛屿，主要由"平等的"农牧社群组成。在这方面，它的经济与其他邻近地区（如黎凡特或爱琴海的克里特岛）的政体形成了对比。珍妮弗·韦布（Jennifer M. Webb）和伯纳德·纳普（A. Bernard Knapp）认为新的发掘材料和对之前数据的新解读势必改变关于青铜时代中期塞浦路斯政治经济的看法。他们详细讨论了该岛的聚落和墓葬材料，与内部生产、外部交换和联通有关的材料，以及最早讨论的、但仍众说纷纭的关于防御工事的材料。他们认为，青铜时代中期的社群可能比以前想象得更加复杂、流动性更强、相互联系更为紧密，这一时期结束之际的变化以及向青铜时代晚期塞浦路斯国际化的过渡，代表了一系列内部发展和外部互动的高潮。

Gaffney, D. (2021). "Pleistocene Water Crossings and Adaptive Flexibility within the Homo Genus." *Journal of Archaeological Research* 29 (2): 255-326.

《更新世的水域穿越和人属的适应灵活性》

学者长期以来把更新世的水域穿越视为智人的创新，但中更新世和早更新世的古人类也可能做到了这一点。迪伦·加夫尼（Dylan Gaffney）指出，目前尚不清楚古人类不同群体在水域穿越方面有何不同，智人在这些适应行为中的灵活性有多么独特，以及水域穿越的速度和规模在不同地区表现如何。他应用来自认知生态学的适应灵活性假说来模拟全球数据，以处理这些问题。在相似生态中，不同地区的古人类群体似乎都出现了跨越水域的行为，最初代表了非策略性质的区域扩展。作者认为，与新环境建立联系的意愿越来越强，使得一些智人群体最终将跨越水域推向了新的极端，远离陆地，来来往往以保持社会纽带，并建立能独立生活的创始人群，以及快速改变生计和石器预备策略，以应对多变的生态环境的挑战。

Marston, J. M. (2021). "Archaeological Approaches to Agricultural Economies." *Journal of Archaeological Research* 29 (3): 327-385.

《农业经济的考古学研究方法》

约翰·马斯顿（John M. Marston）指出，尽管最近根据新的遗传和考古证据对农业起源的观点进行了修订，但农业经济的后续发展方面的综述却相对滞后。在这篇回顾性的综述中，作者总结了考古学理论和方法的进展，有助于加深对农业经济的认识。这些进展涉及持续关注的诸多主题，包括农业创新、新驯化物种的引入、风险与复原力、农业规模化，以及农业实践的经济和环境后果。作者指出，尽管当代关于农业的各种论述之间存在着互补性和紧张性，但复原力和纠缠的框架为区域性综述和全球农业经济的比较研究提供了一条康庄大道。

Zamboni, L. (2021). "The Urbanization of Northern Italy: Contextualizing Early Settlement Nucleation in the Po Valley." *Journal of Archaeological Research* 29 (3): 387-430.

《意大利北部的城市化：波河流域的早期聚落凝聚成核的背景》

洛伦佐·赞博尼（Lorenzo Zamboni）认为，最近的发掘和理论进展揭示了阿尔卑斯山以南地区早期且可能独立的集结和集中过程，以前的研究低估了这一现象。他在本文中提出了一个广泛的概述，并试图通过批判性评估关键的考古证据，重新阐述该地区作为地中海和欧洲中部之间贸易和文化交流的十字路口的作用。作者对城市化现象采用了另类观点，把对城市化和社会形成的常识性和基于文本的定义区分开，同时挑战了过时的"检查清单"研究方法，并认为这一理论框架应促进范式转变，这会让意大利北部复杂遗址凝聚过程出现得更早，范围也会扩大，避免单向发展模式，而是着眼于不稳定性、短暂性和季节性的可能情况。他所采用的比较视角有望及时揭开城市化与社会等级化简单的对等关系。除了局限性地选择强调精英之外，本文还考虑了其他社会实体和行动，包括平民、下级团体与合作。

Wright, J. (2021). "Prehistoric Mongolian Archaeology in the Early 21st Century: Developments in the Steppe and Beyond." *Journal of Archaeological Research* 29 (3): 431-479.

《21 世纪初蒙古史前考古：草原及其邻近地区的发展》

自 2000 年以来，蒙古的考古研究大幅增加。年代框架越来越精确，区域研究日新月异，这些考古学的进展正在改变学界对东北亚这一关键地区的认识。乔舒亚·赖特（Joshua Wright）的这篇综述总结了最近的工作，并提供了目前所了解的史前和中世纪文化序列。他关注的是一些长期存在的关键课题：早期人类栖居、食物生产经济的采用、青铜时代的社会转型，以及中心遗址和大型政体的出现。作者认为，一方面，蒙古独特的数据和案例为考古学界提供了崭新研究，而另一方面，在研究史和关键问题上，蒙古和草原的史前史与世界其他地区并无二致。这篇综述提供了涵盖旧石器时代晚期、后旧石器时代或新石器时代，以及青铜时代至匈奴时期的一般性概述；与每个时期相关的具体数据也成为比较分析和后续研究的起点。

Furholt, M. (2021). "Mobility and Social Change: Understanding the European Neolithic Period after the Archaeogenetic Revolution." *Journal of Archaeological Research* 29 (4): 481-535.

《社会流动与社会变迁：考古遗传学革命后对欧洲新石器时代的理解》

本文讨论并综合了考古遗传学革命对我们理解欧洲新石器时代（公元前 6500～前 2000 年）流动性与社会变迁的影响。马丁·弗霍尔特（Martin Furholt）指出，尽管考古和人类学知识与古 DNA 数据的有效结合存在重大障碍，在欧洲基因库中仍然识别出了更大规模的变化，并被视为两个主要时期内大规模迁移的证据：新石器时代早期向欧洲的扩张（公元前 6500～前 4000 年）和公元前第三千年的"草原迁移"。比起大规模的迁移事件，作者认为这两个主要的基因转变最好理解为人口循环系统内的小规模流动和人口移动、社群的社会分裂与融合，以及跨地方的互动，它们共同构成了大规模的信号。同时，弗霍尔特认为，流动性的上升是由欧亚大陆发生的两个最重要的社会变革引起的，也就是新石器革命期间农耕、畜牧业和定居村落生活的出现，以及西南亚在城市化与早期国家形成过程中中央集权政治组织体系的出现。

Holland-Lulewicz, J. (2021). "From Categories to Connections in the Archaeology of Eastern North America." *Journal of Archaeological Research* 29 (4): 537-579.

《北美东部考古学研究中从分类向关联的转变》

在北美东部，长期盛行的是分类研究方法，依赖于从上而下实施本质主义模型或"类型"。最近考古学界兴起了关联的研究方法，强调个体、社群和机构之间的能动力量，更一般地说，超越了之前的分类方法，考古学家可以采纳从下而上的视角，更为关注机构、社会、政治和经济现象背后的关系。在本文中，雅各布·霍兰-卢列维奇（Jacob Holland-Lulewicz）对北美东部最近的考古工作进行了综述，在这些工作中，考古学家卓有成效地超越了对分类视角的依赖。作者明确关注这些关联视角的潜力，以期在考古叙述中校正对社会和时间的认识。

Gregoricka, L. A. (2021). "Moving Forward: A Bioarchaeology of Mobility and Migration." *Journal of Archaeological Research* 29 (4): 581-635.

《勇往向前：对社会流动和迁移的生物考古研究》

人们对生物考古及其解答与过去社会和生物身份相关的复杂问题的能力越来越感兴趣，这导致了使用人类骨骼遗骸评估社会流动和迁移的方法的发展。通过观察身体改造、分析生物距离以及应用生物地球化学和古 DNA 技术，提高了识别短期和长期迁移的能力，使得我们能够超越过去简单的二分法分类，将过去的个体区分为本地或非本地。莱斯莉·格雷戈里卡（Lesley A. Gregoricka）认为，这些研究方法阐明了迁移过程的复杂性，同时也揭示了异构途径，个体与社会群体融入、煽动、体验和适应移动。这些数据同样证明了生物考古的潜力，可以揭示更广泛的社会组织模式、社会与族属身份、虚构的亲属关系、婚后居住模式、社会性别角色与关系、详细的生命历程、对气候压力的反应，以及疾病传播途径。作者指出，随着生物考古学对流动性迁移研究做出越来越多的贡献，人类遗骸数据应该通过考古记录进一步完善其情境信息，并与人类学、考古学和生物考古学的理论框架相联系，作为整体的一部分，参与到解释人类移动、互动，以及过去社群的身份建构的问题中，认识多样性与动态。

《考古科学：报道》（*Journal of Archaeological Science: Reports*）2022 年文摘

（武汉大学历史学院，武汉大学长江文明考古研究院）

Flores-Blanco, L., Altamirano, A. J., Villacorta, M., Capriles, J. M., Estrada, F., Herrera, K., Llosa, M., Chavez, E., & Alarcon, C. (2022). "Reconstructing the Sequence of an Inca Period (1470-1532 CE) Camelid Sacrifice at El Pacífico, Peru." *Journal of Archaeological Science: Reports* 41:103247. https://doi.org/10.1016/j.jasrep.2021.103247

《秘鲁 El Pacífico 印加时期羊驼献祭过程的重建》

动物献祭是人类社会仪式行为的一种重要的物质表现。虽然南美洲安第斯山地区的民族史和民族学广泛记载了出于仪式需要而焚烧羊驼的现象，但很少发现动物献祭的考古学证据。路易斯·弗洛里斯－布兰科（Luis Flores-Blanco）等分析了秘鲁中部海岸 El Pacífico 遗址的羊驼献祭。加速器质谱 ^{14}C 测年结果表明，祭祀活动发生时，遗址上的建筑已经废弃，印加人已经到达该地区。研究者根据切割痕迹和蝇蛹，认为一只一岁多的羊驼被挖掉心脏献祭，之后很快被埋葬。切割痕迹和骨骼特征表明，另一只羊驼被宰杀、食用，然后埋葬。作者认为羊驼献祭者从选择动物开始，到最后埋葬羊驼，遵循了一套固定的行为模式，人们在圣地举行这种代价昂贵的仪式，是一种为促进族群凝聚力的社会和政治策略。

Evans, M., Faulkner, P., & Asmussen, B. (2022). "Investigating Intentionality of Burning through Macroscopic Taphonomy in Complex Legacy Funerary Assemblages: Opportunities and Challenges." *Journal of Archaeological Science: Reports* 41:103243. https://doi.org/10.1016/j.jasrep.2021.103243

《宏观埋葬学视角下复杂丧葬遗物组合中的焚烧意图研究》

米兰达·埃文斯（Miranda Evans）等聚焦杰里科（Jericho）青铜时代早期墓葬的人类遗骸，利用宏观埋葬学方法，解释复杂葬俗中的人为意图（包括焚烧骨头）以及理解遗物组合，后者常因为缺少同时期的参考案例而无法深入。这一研究为解读遗物组合中的复杂葬俗提供了宝贵信息，包括骨骼焚烧前的状态、骨骼受热变形的强度以及堆积现象。该研究强调，宏观埋藏学分析完全无损，对研究复杂遗物组合中的焚烧现象有重要意义。

Knaf, A. C. S., Falci, C. G., Habiba, Toftgaard, C. J., Koornneef, J. M., van Gijn, A.,

Brandes, U., Hofman, C. L., & Davies, G. R. (2022). "A Holistic Provenance and Microwear Study of Pre-colonial Jade Objects from the Virgin Islands: Unravelling Mobility Networks in the Wider Caribbean." *Journal of Archaeological Science: Reports* 41:103223. https://doi.org/10.1016/j.jasrep.2021.103223

《维尔京群岛前殖民时代玉器产地和微痕研究：解密加勒比地区的流通网络》

艾丽斯·克瑙夫（Alice C. S. Knaf）等分析了丹麦国家博物馆馆藏前殖民时代的加勒比玉器的产地和微痕。他们全面、深入地检验了圣克罗伊岛的玉饰品，进行了类型 - 功能以及微痕分析，并将其与前殖民时代的其他石制品进行比较。还利用便携式激光剥蚀系统，分析了玉质的凿（celts）和身体饰物，所得到的微量元素和 Sr-Nd 同位素比值数据经过多分类回归分析，得出了产地信息。研究结果表明，陶器时代（公元前 400～公元 1492 年）的环加勒比地区，玉器的原料、预成品或者成品在很大空间尺度上以一种超出预想的复杂形式流通，玉器原料的产地包括危地马拉、古巴东部以及多美尼加共和国北部。此外，圣克罗伊岛出土的饰品使用了一些具有特殊岩性的石料，说明该岛与波多黎各的土著族群有过更强的联系。

Kirkinen, T., Honk, J., Salazar, D., Kvist, L., Saastamoinen, M., & Hemmann, K. (2022). "Determination of Different Predictors Affecting DNA Concentration Isolated from Historical Hairs of the Finnhorse." *Journal of Archaeological Science: Reports* 41:103262. https://doi.org/10.1016/j.jasrep.2021.103262

《芬兰马毛发遗物 DNA 浓度的影响因素分析》

博物馆与私人收藏中有大量用动物皮、毛发和骨头制成的日用品。它们不仅记录了过去的工艺、生活和人群，也是研究古代动物种群的独特资料。图雅·基尔基宁（Tuija Kirkinen）等研究了马的鬃毛与尾巴毛，以距今 50～150 年的人工制品、原料以及考古出土物为分析对象，评估了马毛中的 DNA 存在形式以及 DNA 的保存情况，以及马毛自身属性和样品保存条件对 DNA 提取和 PCR 扩增的影响。该研究提出，虽然古代毛干（毛发的可见部分）的保存环境和用途各有不同，但其数量和质量都足够用于 PCR 扩增分析，因此收藏藏品时需要考虑到这些毛发对研究古代动物种群的价值。

Daugbjerg, T. S., Lichtenberger, A., Lindroos, A., Raj, R., & Olsen, J. (2022). "Revisiting Radiocarbon Dating of Lime Mortar and Lime Plaster from Jerash in Jordan: Sample Preparation by Stepwise Injection of Diluted Phosphoric Acid." *Journal of Archaeological Science: Reports* 41:103244. https://doi.org/10.1016/j.jasrep.2021.103244

《约旦杰拉什石灰泥和石灰浆的放射性碳测年再研究：逐级注入稀释后磷酸的制样法》

杰拉什（Jerash）是约旦北部最著名的前现代时期的城市之一，由于地下富含碳酸盐，已有的针对石灰浆的放射性测年方法难以适用。托马斯·施罗德·道格比约（Thomas Schröder Daugbjerg）等改进了样品前处理以及制样方法，采用湿筛、沉降、低温声波和逐级引入稀释酸，克服碳酸盐岩带来的问题。他们用碱度筛选和阴极发光显微镜，对样品进行表征，并从公元 749 年倭马亚人的一间房屋中提取到 10 个石灰泥样品进行放射性碳测年。20 次尝试中，有 12 次得出的日期与房屋遗存的伊斯兰时期早期的特点相符合。另外，少数样品的测年结果表明房屋建造中使用了更早期的材料。他们还引入了中世纪芬兰和瑞典的 5 个石灰砂样本，这些样本的测年结果与它们的已知年代高度吻合。

Fernández, P. T., & Aragón, E. (2022). "Modelling Cabotage. Coastal Navigation in the Western Mediterranean Sea During the Early Iron Age." *Journal of Archaeological Science: Reports* 41:103270. https://doi.org/10.1016/j.jasrep.2021.103270

《铁器时代早期地中海西部的沿岸航行》

沿海岸航行是铁器时代早期地中海地区的主流航行方式，相当于"海上转场"。这种流动性展现出区域之间的联系，并形成了文化的互动空间。佩德罗·查比罗·费尔南德斯（Pedro Trapero Fernandez）等引入一个基于 GIS 导航模型和社会网络分析模型（SNA）的研究方法，以公元前 6 世纪朱尔斯 - 凡尔纳 9 号沉船的复制品为研究对象，并结合航行参数如浪高、风力和方向、海岸能见度，分析了该船只在地中海西部的航海状况。他们提出，地理信息系统（GIS）可以从数学上计算出导航难度，而 SNA 帮助确立沿海航行中不同社群之间的联系，将 GIS 和 SNA 结合使用，有助于更细致地观察微观区域（无论将地中海作为一个整体考察，还是关注组成地中海的不同海洋文化之间的互动）。

Me-Bar, Y., Cvikel, D., & Miller, A. (2022). "On the Proportions of Bronze Age, One-hole, Stone, Weight Anchors from the Eastern Mediterranean." *Journal of Archaeological Science: Reports* 41:103217. https://doi.org/10.1016/j.jasrep.2021.103217

《地中海东部青铜时代单孔石船锚的几何比例》

地中海东部的卡斯、安塔利亚、乌加里特、比布罗斯、基提恩、卡梅尔海岸、凯撒利亚、阿什克伦、亚历山大等地发现大量的单孔石船锚，它们大小不一，重量几千克到几百千克不等，且都只有一个孔。此外，这些石船锚的尺寸比例落在一定范围，例如长度与厚度的比例约为 4.2∶1。约阿夫·梅 - 巴尔（Yoav Me-Bar）等分析了石船锚对拉伸、剪切和弯曲三种主要破坏类型的敏感性，结果表明大部分船锚因弯曲而断裂，可能发生在船舶运行过程中或是在陆地上二次使用期间。研究还发现，三孔复合船锚的长度与厚度比值的平均值为 5.5∶1，说明相比单孔石锚，在相同表面积下，三孔复合锚相对更薄、更轻，握力更大，从而降低了船只和船员的操作风险。

Germinario, C., Bonis, A. E., Barattolo, F., Cicala, L., Franciosi, L., Izzo, F., Langella, A., Mercurio, M., Morra, V., Russo, B., Cicchiello, I., & Grifa, C. (2022). "Ceramic Building Materials from the Ancient Temesa (Calabria Region, Italy): Raw Materials Procurement, Mix-design and Firing Processes from the Hellenistic to Roman Period." *Journal of Archaeological Science: Reports* 41:103253. https://doi.org/10.1016/j.jasrep.2021.103253

《古代特梅萨意大利卡拉布里亚地区的陶瓷建筑材料：从希腊时期到罗马时期的原料获取、混合式设计与烧制》

陶瓷建筑材料（CBM）的生产与当地黏土原料以及生产者技术能力有关，因此是认识古代人群的物质文化身份、城市设计的重要资料。基娅拉·格米纳罗（Chiara Germinario）等调查了意大利南部特梅萨（Temesa）遗址出土的希腊时期到罗马时期的陶瓷建筑材料的生产，分析了考古样品和相关地质样品的矿物学、岩相学和微体古生物学。研究表明，绝大多数陶瓷建筑材料是中新世上层黏土混合附近冲积堆积中的沙粒制作而成，考古样品和黏土中有孔虫的化学成分以及微体古生物学特征确认制作者使用了本地原料。羼和料的矿物学以及描述信息同样表明制作者使用了萨武托（Savuto）河的河沙。陶瓷工艺分析说明当时的生产水平比较高，烧制温度很高。此外，一些样品带有混合的设计风格，矿物特征与坎帕尼亚（Campania）地区的地质样品一致，说明使用了其他地点生产的陶瓷建筑材料。

Taivalkoski, A., Holt, E., & MacKinnon, M. (2022). "Bird Eggs in the Diet of Ancient Pompeii: An SEM Analysis of Archaeological Avian Eggshell." *Journal of Archaeological Science: Reports* 41:103258. https://doi.org/10.1016/j.jasrep.2021.103258

《庞贝古城饮食中的鸟蛋：考古出土鸟类蛋壳的扫描电镜分析》

鸟类蛋壳通常被看成是食用鸟蛋的证据。如果鸟的蛋壳被鉴定、分类，就可以作为独立证据，揭示古代人的生活习惯。2005~2012 年，庞贝古城考古研究项目发掘了一个非精英人士的居住社区，A. 泰瓦克斯基（A. Taivalkoski）等推测，家养鸡所生的蛋是这些非精英人士饮食中的重要组成部分。该研究结果表明，蛋壳主要来自鸡（Gallus gallus domesticus）蛋，但也有相当一部分比例来自鹧鸪（Perdix perdix）蛋。

Lebenzon, R., & Munro, N. D. (2022). "Body Size Variation in a Modern Collection of Mountain Gazelle (Gazella Gazella) Skeletons." *Journal of Archaeological Science: Reports* 41:103285. https://doi.org/10.1016/j.jasrep.2021.103285

《现代山地瞪羚骨骼的体型变化》

骨骼的二维测量是动物考古学的重要手段，不仅揭示动物的性别和年龄，还提供了环境条件以及人和动物的互动关系。动物体型变化的原因很复杂，因此考古测量数据的解释时常遇到困难。洛葛仙妮·里本总（Roxanne Lebenzon）等以一组已知性别、年龄和地理位置的现代山地瞪羚骨骼标本为研究对象，结合性别、年龄和环境因素（气温和降水），分析各因素对骨骼（肩胛骨、肱骨、第二肱骨、胫骨和距骨）尺寸的影响。研究表明，性别是决定瞪羚体型的主要因素，年龄带来的影响不大；尽管考古学家经常用肱骨宽度来确定公鹿和母鹿的性别，但这一变量在瞪羚标本中没有显示出统计学差异；七月的高温会影响胫骨和肱骨的深度，可能是夏季蒸发量增加，导致瞪羚生长的关键时期食物减少；其他气候变量与体型之间缺乏明显的关系。

Morris, M. A., Krysl, P., Rivera-Collazo, I. C., & Hildebrand, J. A. (2022). "The Resonant Acoustic Signatures of Lithic Debitage." *Journal of Archaeological Science: Reports* 41:103266. https://doi.org/10.1016/j.jasrep.2021.103266

《石片堆积的共振声响应特征》

水下考古遗址的声学调查表明，石片堆积在许多地理环境中会产生明显的声学响应。玛格丽特·莫里斯（Margaret A. Morris）等对石英、黑曜石、变质火山岩和花岗岩屑的共振声学特征进行建模和测量，发现被冲击的岩层在 30kHz 以下产生多个共振峰，且随着材料粗糙度的增加而降低。该研究采用有限元和边界元相结合的方法，模拟岩石碎片在空气和水中的自然振动。岩石密度以及杨氏模量和泊松比修正证实，测量结果和模拟共振之间保持一致性。使用耦合有限元和边界积分方法，对水下单个岩石碎片的声波散射进行建模，结果表明，岩石碎片层中最强的共振信号出现在 8～16kHz。岩石共振信号是高度定向的，在最佳角度激发时，目标强度降低到 −20dB。对于平坦的岩石碎片，正常目标强度下平均比最强信号低 10 分贝，通常出现在 55°±18°。该研究认为，探测海底岩性的最佳方法是发射和接收与海底成一定角度的啁啾脉冲，而不是直接使用向下脉冲的标准单静态海底剖面。

Ruffell, A., & King, L. (2022). "Water Penetrating Radar (WPR) in Archaeology: A Crannog Case Study." *Journal of Archaeological Science: Reports* 41:103300. https://doi.org/10.1016/j.jasrep.2021.103300

《探水雷达在考古中的应用：一个湖边住所的案例研究》

探水雷达在淡水水域考古中的应用较为有限，但在合适的水域以及深度可以提供很好的 2D 数据。爱尔兰北部的卡斯尔韦兰（Castlewellan）湖就是一个代表性案例。这一地区的水下居住遗迹只出现在一张历史地图上，但目前已不见于任何历史地图或近代地图。阿拉斯泰尔·拉菲尔（Alastair Ruffell）等采取桌面研究并结合声呐以及探水雷达，鉴别出水下的居住遗迹，确定了测深位置、上表面和总体地形，但指出内部以及两侧的结构有一定变化，这为进一步的非侵入性探索提供了多种可能。该研究还探讨了此类环境中探水雷达的局限性以及存在问题。

Gómez-Mejía, J., Aponte, D., Pezo-Lanfranco, L., & Eggers, S. (2022). "Intentional Cranial Modification As a Marker of Identity in Paracas Cavernas, South-Central Coast of Peru." *Journal of Archaeological Science: Reports* 41:103264. https://doi.org/10.1016/j.jasrep.2021.103264

《秘鲁中南部海岸帕拉卡斯洞穴中作为身份标志的人工颅骨变形》

人工颅骨变形是一种遍布世界各地的文化习俗。该研究探讨了帕拉卡斯洞穴时期（公元前 550～前 200 年）人工颅骨变形的类型与性别、社会地位或亲属关系之间的联系。朱莉安娜·戈梅兹－梅希亚（Juliana Gomez-Mejía）等采用非计量参数法，对 159 个个体（137 个成年人和 22 个未成年人）的头颅形状进行描述和分类。分析结果表明，98% 的个体存在人工颅骨变形；整体而言，枕骨垂直型最为常见（占 60%），但女性中顶骨矢状凹双叶型更为常见（占 34%）；所有的人工颅骨变形类型均见于各种身份和地位的族群；人工颅骨变形在墓葬分区中没有呈现明显规律。为阐明这些发现，研究者讨论了四分法原则，这是安第斯地区宇宙观中关于性别认知的概念，它可能有助于对帕拉卡斯洞穴时期的头部形状进行分类。

Groucutt, H. S. (2022). "The Morphological Variability of Maltese 'Cart Ruts' and Its Implications." *Journal of Archaeological Science: Reports* 41:103287. https://doi.org/10.1016/j.jasrep.2021.103287

《马耳他"车辙"的形态变化及其内涵》

地中海中部的马耳他群岛上发现了数以百计的"车辙",基岩上留下成对的平行沟槽。学术界对这些车辙的年代、功能、形成过程以及埋藏过程对车辙形态的改变,一直有很多争论。一般认为,这些车辙是由交通工具的碾压造成的,或是为了方便交通工具的移动而开凿。研究这些车辙的形态变化有助于深入了解车辙。休·格鲁卡特(Huw S. Groucutt)等的研究表明,就宽度、深度等基本变量而言,车辙是相当标准化的,说明它们的年代和功能是一致的。

Horta, P., Bicho, N., & Cascalheira, J. (2022). "Lithic Bipolar Methods as an Adaptive Strategy Through Space and Time." *Journal of Archaeological Science: Reports* 41:203263. https://doi.org/10.1016/j.jasrep.2021.103263

《作为跨时空适应性策略的石器两极法》

在人类进化的各个阶段,世界各地的人都使用了两极法制作石器,因此,两极法的研究主要集中在理解石器的技术与功能。佩德罗·霍塔(Pedro Horta)等探讨了旧石器时代石器打制方法的可变性。他们通过分析 167 个遗址已发表的数据,推测两极法的使用可能对人类的扩张、适应和生存策略产生过重大影响。此外,两极法的反复使用不仅是衡量其作为适应性策略成功的指标,也是衡量人类如何通过时间评估不同类型效率的指标。

Aizawa, M., Mizota, C., Hosono, T., Shinjo, R., Furukawa, Y., & Nobori, Y. (2022). "Lead Isotopic Characteristics of Gun Bullets Prevailed During the 19th Century in Japan: Constraints on the Provenance of Lead Source from the United Kingdom and Japan." *Journal of Archaeological Science: Reports* 41:103268. https://doi.org/10.1016/j.jasrep.2021.103268

《日本 19 世纪枪弹的铅同位素特征:英国和日本的铅源追踪》

19 世纪,随着战争在世界范围内爆发,各国对铅弹的需求增加,但子弹中铅的来源并不明了。逢泽正嵩(Aizawa Masataka)等分析了 19 世纪初至中期日本境内子弹的铅同位素(^{204}Pb、^{206}Pb、^{207}Pb 和 ^{208}Pb)组成,尤其关注了戊辰战争和萨摩叛乱两次内战。戊辰战争的早期,使用了球形枪弹,应是日本国内的铅或从英国进口的铅制成,这说明 19 世纪中期英国是铅的主要出口市场。然而,戊辰战争后期,枪弹变为橡树形,子弹中本土铅的比例增加,说明军队不仅从国外进口子弹,而且还自己制造子弹。萨摩叛乱时期使用的子弹有两个主要的铅来源,即日本铅和从英国进口的铅,铅同位素比值说明了两支军队装备的不同,即政府军全部使用较先进的步枪和从英国进口的枪弹,而叛军则使用较落后的武器和自己制造的子弹。

Tao Li, Pengfei Li, Haichao Song, Zichen Xie, Wenquan Fan, & Qin-Qin Lü. (2022). "Pottery Production at the Miaodigou Site in Central China: Archaeological and

Archaeometric Evidence." *Journal of Archaeological Science: Reports* 41:103301. https://doi.org/10.1016/j.jasrep.2021.103301

《中原地区庙底沟遗址的陶器生产：来自考古学和科技考古学的证据》

中原地区的庙底沟文化对中国新石器时代晚期的大部分地区产生了深远的影响，形成了所谓的"早期中国"。庙底沟出土了极具风格的精美彩陶，则是东亚考古学者广泛关注的对象。庙底沟文化的代表是河南省三门峡市的庙底沟遗址一期文化（公元前 3800～前 3300 年），尽管学术界长期以来认为该遗址具有很高程度的陶器专业化生产，但并未对这种可能性展开充分的讨论和论证。李涛等以庙底沟遗址一期出土的日用陶器（绝大多数为素面，兼有少量的彩绘陶）为研究对象，通过考古学以及科技考古学的证据，首次论证了庙底沟文化中心区域的陶器生产。该研究认为，庙底沟遗址一期文化的日用陶器在化学成分上保持高度统一，且不因陶质、陶色、器形、功能、时段和空间单位而改变。研究结果证明了庙底沟遗址的陶器生产具有很高的强度，并且在技术上有延续性，该遗址在庙底沟文化时期的大部分时间扮演着区域性生产中心的角色，已经出现了陶器的集中生产。

Tepper, Y., Porat, N., Langgut, D., Barazani, O., Bajpai, P. K., Dag, A., Ehrlich, Y., Boaretto, E., & Bar-Oz, G. (2022). "Relict Olive Trees at Runoff Agriculture Remains in Wadi Zetan, Negev Desert, Israel." *Journal of Archaeological Science: Reports* 41:103302. https://doi.org/10.1016/j.jasrep.2021.103302

《以色列内盖夫沙漠瓦迪泽坦的集雨灌溉农业的橄榄树遗存》

以色列南部内盖夫沙漠中的橄榄树是古代农业景观的重要遗存，瓦迪泽坦的一处悬崖下保存着两棵橄榄树，其中一棵树的放射性碳测年结果为不晚于公元 16 世纪中期至 17 世纪初（距今约 500 年）。这些橄榄树及临近大坝的考古发掘得到了黄土堆积的光释光测年样本，其年代为伊斯兰早期时期（公元 8～9 世纪）。对光释光测年样本进行古生物学分析，结果表明伊斯兰时期早期该遗址附近种植葡萄树和橄榄树，伊斯兰时期晚期栽培类花粉较少见，表明农业活动可能已经停止。橄榄树叶经过 DNA 分析，证明这两棵树与常见的古栽培品种接近。由于当地条件和人造灌溉系统加强了排水，这些树在干旱地区至少存活了几百年之久。

de Groot, B., & Anna Bloxam. (2022). "Radiocarbon Approaches for Mapping Technological Change: The Spread of the Potter's Wheel in the Iberian Peninsula, 1000-0 BCE." *Journal of Archaeological Science: Reports* 41:103288. https://doi.org/10.1016/j.jasrep.2021.103288

《用于描绘技术变革的放射性碳测年方法：公元前 1000 年至公元元年陶轮在伊比利亚半岛的传播》

比阿特丽斯·格鲁特（Beatrijs de Groot）等探讨了一种基于 [14]C 测年数据累积概率的定量方法，以揭示技术创新的复杂性和不对称性。研究者聚焦公元前第一千纪陶轮在伊比利亚半岛的传播，调查了陶轮的使用和流行的地区性差异，并讨论了不同陶器成型方法之间的长期动态关系。该研究分析了伊比利亚半岛 158 个遗址的 245 个陶器使用阶段的 576 个放射性碳测年数据，借助轮制陶器、手制陶器和进口陶器的存在与否，建立了伊比利亚半岛上陶器技术的时空分布。研究首次系统概述了铁器时代伊比利亚半岛陶器生产的技术变革轨迹，并揭示了技术变革与更广泛的社会经济转型的对应关系，以及如何成为区域间贸易、剩余产品的生产以及城市生活的一部分。该研究表明，通过放射性碳测年数据揭示复杂技术的应用变化，为理解长时段的社会经济变化的驱动因素提供了新见解。

Aragón, E., Montero-Ruiz, I., Polzer, M. E., & van Duivenvoorde, W. (2022). "Shipping Metal: Characterisation and Provenance Study of the Copper Ingots from the Rochelongue Underwater Site (Seventh-Sixth century BC), West Languedoc, France." *Journal of Archaeological Science: Reports* 41:103286. https://doi.org/10.1016/j.jasrep.2021.103286

《金属运输：法国罗谢隆格水下遗址出土铜锭的分析和产地研究》

西朗格多克海岸阿格德角附近的罗谢隆格（Rochelongue）水下遗址出土的铜锭，为研究铁器时代早期法国南部和地中海地区之间的沿海移民和文化交流提供了线索。安立奎·阿拉贡（Enrique Aragón）等报道了该遗址出土部分铜锭以及伊比利亚半岛铜锭的元素和铅同位素分析结果，首次证明其成分与伊比利亚和阿尔卑斯山的金属矿物来源一致，也可能与部分地中海矿源一致。罗谢隆格遗址的证据表明，朗格多克的土著社会可能在大西洋、大陆和地中海之间的金属流动中发挥了作用。

Sabatini, S., Frei, K. M., Mazzorin, J. D. G., Cardarelli, A., Pellacani, G., & Frei, R. (2022). "Investigating Sheep Mobility at Montale, Italy, Through Strontium Isotope Analyses." *Journal of Archaeological Science: Reports* 41:203298. https://doi.org/10.1016/j.jasrep.2021.103298

《利用锶同位素分析追踪意大利蒙塔莱绵羊的流动性》

大量的考古学研究提供了意大利北部波河平原（Po plain）蒙塔莱泰拉马拉（Terramare）遗址关于羊毛和毛织物生产的新认识。纺织工具和动物考古证据表明，蒙塔莱在青铜时代中晚期存在集约型的牧羊活动，可能是一个专门的羊毛生产中心。塞雷娜·萨巴蒂尼（Serena Sabatini）等利用锶同位素分析，分析了 36 个动物个体（主要是绵羊或山羊）的牙釉质，追踪得到了 75 个锶同位素数据。结果表明这些动物来自蒙塔莱 11 个已经确定的考古时期，以及邻近巴焦瓦拉（Baggiovara）的 4 个青铜时代早期遗址。研究人员用蒙塔莱周边地区的环境样本建立了一个多指标基线（multi-proxy baseline），以解释绵羊/山羊牙齿的锶同位素结果。该研究支持蒙塔莱及其周边是重要的牧区这一认识。

Slepchenko, S. M., Lobanova, T. V., Vizgalov, G. P., Alyamkin, G. V., & Ivanov, S. N. (2022). "New Contribution of Archaeoparasitology in the Far North of Eastern Siberia: First Data about the Parasitological Spectrum of Stadukhinsky Fort in the 17th-18th Centuries." *Journal of Archaeological Science: Reports* 14:103304. https://doi.org/10.1016/j.jasrep.2021.103304

《考古寄生虫学对东西伯利亚极北地区的新贡献：17～18 世纪斯塔杜金斯基要塞的首个寄生虫谱系》

西伯利亚东北部领土的考古寄生虫研究罕见。谢尔盖·米哈伊洛维奇·斯勒普琴科（Sergey Mikhailovich Slepchenko）等报道了斯塔杜金斯基堡垒（Stadukhinsky Fort）的居住地层以及 17～18 世纪的人类和动物样本中肠道寄生虫的发生率，发现了裂头绦虫、绦虫和后睾科吸虫三种肠道寄生虫卵，鱼类寄生虫卵表明定居者、土著人群和狗食用了未熟或生的鱼。食用未煮熟或生的鱼是西伯利亚东北部人群、欧亚大陆北极和亚北极地区的代表性饮食习惯。古代寄生虫学谱系中的绦虫卵将北方本地居民和俄罗斯定居者联系在一起，但他们的感染源可能不同，堡垒居住者的粪便中发现了后睾科的虫卵，其感染源头是奥比－伊尔蒂什河流域或阿穆尔河流域。该研究从历史和考古的角度，证明了斯塔杜金斯基堡居住人群感染的寄生虫病的多样性，这有助于了解欧亚大陆极北地区的人口适应问题。

Caso, G., Tanasi, D., Glascock, M. D., & Tykot, R. H. (2022). "A Landmark for Local Communities. Compositional Analysis of the Early Iron Age Sanctuary at Polizzello Mountain (Sicily, Italy)." *Journal of Archaeological Science: Reports* 41:103311. https://doi.org/10.1016/j.jasrep.2021.103311

《地方社群的标记：意大利西西里波利泽洛山区铁器时代早期陶器的成分分析》

波利泽罗山（Polizzello Mountain）位于意大利西西里岛中部，当地土著曾将此山的山顶作为避难所。这处遗址为了解岛上青铜时代晚期—铁器时代早期的过渡阶段提供了代表性的研究材料，特别是大量高度标准化、用于仪式的陶器的残片。遗址上有多处居住设施和频繁饮食活动的证据，表明山顶曾是西西里岛中部土著社群的一个重要的集会地点。詹皮耶罗·卡索（Gianpiero Caso）等利用中子活化技术，分析了山顶铁器时代早期地层出土的 68 个代表性陶片，结果显示这些陶片根据化学成分可分为三个不同的陶器组，很可能反映了山顶人群所代表的不同地理环境。

Francisco-Javier García-Vadillo, Canals-Salomó, A., Xosé-Pedro Rodríguez-Álvarez, & Carbonell-Roura, E. (2022). "The Large Flake Acheulean with Spheroids from Santa Ana Cave (Cáccres, Spain)." *Journal of Archaeological Science: Reports* 41:103265. https://doi.org/10.1016/j.jasrep.2021.103265

《西班牙圣安娜洞穴出土的阿舍利文化大型球面石片》

伊比利亚半岛的阿舍利文化被认为代表了一种同质性很高的技术复合体，源头是北非的阿舍利文化大型石片。弗朗西斯科－泽维尔·加西亚－瓦迪略（Francisco-Javier García-Vadillo）等分析了圣安娜（Santa Ana）洞穴的石器工业，揭示了遗址的范围和功能，并探寻了相似技术。圣安娜洞穴石器与阿舍利文化的大型石片放在一起进行分析，揭示了该洞穴石器组合的特点：①球面与大型切割工具（LCTs）有联系；②利用剥片法制作手斧；③石英打制。圣安娜洞穴的石器加工在伊比利亚半岛是独一无二的，该区域石器有着广泛的技术变化，但却被手斧和切割刀的同质性所掩盖。圣安娜洞穴石器组合的技术特征只在非洲以外的少数几个地区被注意到，例如地中海东部、中国和印度的少数遗址。该研究表明了阿舍利文化技术复合体的稳定性，以及非洲族群向伊比利亚半岛的扩张。

Gemici, H. C., Dirican, M., & Çiğdem Atakuman. (2022). "New Insights into the Mesolithic Use of Melos Obsidian in Anatolia: A pXRF Analysis from the Bozburun Peninsula (Southwest Turkey)." *Journal of Archaeological Science: Reports* 41:103296. https://doi.org/10.1016/j.jasrep.2021.103296

《安纳托利亚中石器时代米洛斯黑曜石的新认识：基于土耳其西南博兹布伦半岛的pXRF 分析》

博兹布伦半岛（Bozburun Peninsula）位于爱琴海和地中海最东端的交汇处，考古调查在此地发现了旧石器时代中期到新石器时代 / 铜石并用时代的人类活动证据，很多打制石器是由黑曜石制作而成，但岛上并无黑曜石。哈桑·坎恩·格米西（Hasan Can Gemici）等利用便携式 X 射线荧光光谱仪（pXRF），分析了博兹布伦半岛出土的所有黑曜石人工制品，结果显示它们来自四个不同的产地，其中两个在米洛斯岛（基克拉泽斯群岛），一个在多德卡尼斯群岛，还有一个在卡帕多西亚省。这一研究表明，博兹布伦半岛的地理位置联系了爱琴海群岛与安纳托利亚大陆，史前时期的人群以及物资通过这里相互连通。

Al-Bashaireh, K. (2022). "Quarry Origin Determination of Marble Statues from Umm Qeis Antiquities Museum, Gadara, Jordan by Multi-analytical Techniques." *Journal of Archaeological Science: Reports* 41:103305. https://doi.org/10.1016/j.jasrep.2021.103305

《多种分析技术揭示约旦乌姆盖斯古物博物馆大理石雕像的石料来源》

哈立德·巴什尔（Khaled Al-Bashaireh）等考察了约旦乌姆盖斯古物博物馆的七尊雕像的石料来源。这些出土于盖达拉（Gadara）的雕像可追溯至公元 1～3 世纪的罗马时期，是当时城市中最重要的神的形象。同位素、矿物学、岩相学和化学成分分析表明，大理石雕像的主要来源是帕罗斯岛（Island of Paros），具体来说，Lakkoi 采石场生产了迈那得斯像 – 西勒诺斯雕像、赫尔墨斯埃尔巴赫的守护神像以及堤喀（Tyche）雕像，Marathi 采石场生产的大理石用于制作最重要的神像，即宙斯登基像。彭特利库斯山（雅典）和瓦锡角（萨索斯岛）分别生产了萨蒂尔雕像以及运动员雕像，以弗所的阿尔忒弥斯雕像则是用阿佛洛狄西亚大理石雕刻而成。该研究结果反映了盖达拉人高超的艺术水平以及公元 1～3 世纪的城市发展。

Becerra-Valdivia, L., Eyquem, A., Sagredo, F. S., & César Méndez. (2022). "A Chronology for the Earliest Human Burials at Cuchipuy, Central Chile." *Journal of Archaeological Science: Reports* 41:103310. https://doi.org/10.1016/j.jasrep.2021.103310

《智利中部古奇普伊遗址中最早的人类墓葬的年代》

古奇普伊（Cuchipuy）是智利中部奥希金斯地区（O'Higgins Region）的一处遗址，此处的人类活动跨越全新世的大部分时间，并保存了 50 多个人类墓葬。20 世纪 80 年代的放射性 ^{14}C 测年结果存在较大差异，引发了学界对该遗址第 4 层中人类墓葬最早年代的质疑。洛雷娜·贝塞拉 – 巴尔迪维亚（Lorena Becerra-Valdivia）等利用新的放射性 ^{14}C 测年结果以及贝叶斯模型，重新分析了第 4 层的年代。研究认为，第 4 层的开始年代约距今 7320～7160 年，为全新世早中期，这晚于之前的测年结果。此外，轻元素同位素结果表明，这一时期人类的饮食较多样化，依靠陆地和淡水资源生活，但到了之后的时期，人类饮食出现变化，以消耗陆地资源为主。

Jacomet, S., & Vandorpe, P. (2022). "The Search for a Needle in a Haystack-New Studies on Plant Use During the Mesolithic in Southwest Central Europe." *Journal of Archaeological Science: Reports* 41: 103308. https://doi.org/10.1016/j.jasrep.2021.103308

《大海捞针：中欧西南部中石器时代的植物利用》

在植物考古领域，中石器时代是否存在农业一直是一个有争议的话题，目前尚缺少可靠的植物大遗存证据以及加速器质谱测年结果来支持这一假设。斯蒂芬妮·贾科姆（Stefanie Jacomet）等聚焦法国东北部和瑞士西南部的两处中石器时代岩厦遗址，在中石器时代地层中发现了谷物遗存，但是，对单颗谷粒的直接测年表明这些谷物是掺入到早期地层的。该研究将两处遗址的新数据纳入中欧的中石器时代遗址框架，并特别讨论了此类遗址中常见的方法学与埋藏学的问题。

Kessler, N. V., Guebard, M. C., Hodgins, G. W. L., & Hoed, L. (2022). "New Tree-ring-radiocarbon Dates Reveal Drought-migration Linkage for Central Arizona Cliff Dwelling." *Journal of Archaeological Science: Reports* 41:103289. https://doi.org/10.1016/j.jasrep.2021.103289

《新树木年轮和测年数据揭示亚利桑那州中部崖居的干旱 – 迁徙关系》

美国西南部的一些地区缺少可靠的树木年轮测年结果，从而无法研究这些地区的古代气候和人群迁徙。蒙特祖玛城堡崖居（Montezuma Castle cliff dwelling）位于亚利桑那州中部，被认为是公元 1100～1300 年由移民建立的，但要将相关讨论精确到几年至十几年是不可能的。新的 ^{14}C 测年数据（包括 9 个摆动匹配的树木年轮段）表明，12～13 世纪的两次大旱期间人们在此居住。6 个最高分辨率的摆动匹配结果分别是公元 1020～1050 年、1083～1155 年、1094～1163 年以及 1280～1302 年（95.4% 后验密度）。将这些测年数据与其他直接确定建造年代的样本一起建模，结果显示这个大型建筑物建造于公元 1125～1173 年，后期在 1280～1305 年翻修。研究还认为，佛得角山谷（Verde Valley）中的一些文化转变在 1150 年就出现了（传统观点认为是 1250 年北方人群到来后所引发），人们建造崖居是为了适应气候变化带来的不安全感。

Badreshany, K., Sowada, K., Ownby, M., Jean, M., De Vreeze, M., McClymont, A., & Philip, G. (2022). "The Characterisation of Ceramic Production from the Central Levant and Egyptian Trade in the Pyramid Age." *Journal of Archaeological Science: Reports* 41:103309. https://doi.org/10.1016/j.jasrep.2021.103309

《黎凡特中部的陶器生产与金字塔时代的埃及贸易》

金字塔时代第四王朝（公元前 2613～前 2494 年）时期，人们从吉萨进口一种陶罐到埃及，岩相学分析表明这种陶罐最初生产于贝鲁特和黎波里之间的黎巴嫩海岸，包括比布鲁斯地区。这些罐子以及罐内的物品是应埃及国家的需要，通过海路进口到埃及。卡马尔·巴德里善恩（Kamal Badreshany）等使用电感耦合等离子体原子发射光谱仪（ICP-AES）和电感耦合等离子体质谱（ICP-MS），分析了一批此类陶器的样本，并与比布鲁斯地区的陶器数据进行比较，分析结果验证了之前的岩相学假设，表明这些容器可能由比布鲁斯的专业制陶作坊生产，并专门出口到埃及。这一发现揭示了青铜时代早期埃及国家和比布鲁斯政权之间的联系，当时的陶器生产已经高度专业化，而且专门服务于大型贸易实体。在竞争激烈的本地政治环境中，这种贸易关系给当地精英带来巨大的威望和地位。

Erkman, A. C., Sevgi Tuğçe Gökkurt, & Selcen İlbey. (2022). "Evaluation of Linear Enamel Hypoplasia (LEH) in Western Anatolian Skeletons from the Late Eastern Roman Period (Attepe Settlements and Dereköy Necropolis)." *Journal of Archaeological Science: Reports* 41:103297. https://doi.org/10.1016/j.jasrep.2021.103297

《东罗马晚期安纳托利亚西部人群的线性牙釉质发育不全研究》

线性牙釉质发育不全（LEH）从生物考古学视角揭示了古代社群所经受的压力。艾哈迈德·参姆·厄克曼（Ahmet Cem Erkman）等首次探讨了导致东罗马时代晚期（公元10～11世纪）两个安纳托利亚农村社群人口线性牙釉质发育不全的原因，这些社群的社会复杂性很高，而且人口密度大。研究人员调查了两个古代人群的52名成人的638颗恒牙，并成功估测了两个社群的健康状况以及发展过程。研究认为线性牙釉质发育不全主要影响犬齿，婴儿和儿童一直处在压力之下，不过从严重程度和分段计数看，压力并未给这些人群造成严重损害。

Knell, E. J. (2022). "Allometry of Unifacial Flake Tools from Mojave Desert Terminal Pleistocene/Early Holocene Sites: Implications for Landscape Knowledge, Tool Design, and Land Use." *Journal of Archaeological Science: Reports* 41:103314. https://doi.org/10.1016/j.jasrep.2021.103314

《莫哈韦沙漠更新世末期/全新世早期遗址出土单面石片工具的体型变异研究及其反映的景观知识、工具设计和土地利用》

爱德华·克内尔（Edward J. Knell）等评估了加利福尼亚州莫哈韦沙漠中北部更新世末期至全新世早期单面石片工具的体型变异，以揭示其背后的景观知识、工具设计和土地利用。研究人员分析了438件单面石片工具，发现莫哈韦沙漠古印第安人和北美其他地区的后克洛维斯古印第安人一样，对地貌景观有着很好的了解，并出于一些短期目的设计了石片工具。这一设计策略在三个区域都有发现，但程度不同。具体来说，相比中国湖和莫哈韦湖，欧文堡的石片工具的使用期更短。与细粒火山岩制成的工具相比，燧石制作的石片工具的使用期更短，而黑曜石制作的石片工具寿命更长。打制石器原料（尤其燧石）在本区域普遍存在，说明古印第安人熟悉景观地貌，包括在哪里找到用于打制的石头，从而采用了短期的设计策略。单面石片工具的设计策略因原材料类型而异，这表明完全或主要用黑曜石投射尖状器和双面工具建立大盆地古印第安人的土地利用模式，可能导致片面的解释。

Washburn, E., Ibarra, B., Titelbaum, A. R., Fehren-Schmitz, L., Nesbitt, J., & Oelze, V. M. (2022). "A Multi-isotope Approach to Reconstructing Human Residential Mobility and Diet During the Late Intermediate Period (1000-1450 CE) in Highland Ancash, Peru." *Journal of Archaeological Science: Reports* 41:103291. https://doi.org/10.1016/j.jasrep.2021.103291

《利用多种同位素重建秘鲁安卡什高地中间期晚期人群的流动性和饮食》

中间期晚期（公元 1000～1450 年），秘鲁高地的文化发生了转变，人群中的暴力因素增加，人们在高海拔的防御地点定居，同时，高海拔的定居点也代表着农牧混合经济。与文化和经济的转变相一致的，是墓葬习俗的转变，即死者被埋葬在地上墓穴（chullpas）和洞穴中。伊登·沃什伯恩（Eden Washburn）等对孔丘科斯（Conchucos）地区三个中间期晚期遗址的人类骨骼进行了多种同位素的分析，三个遗址的人群以玉米和骆驼为主食，少量食用 C_3 植物和豚鼠。牙齿釉质的 $^{87}Sr/^{86}Sr$ 值在 0.709～0.7125，且遗址之间差异显著，但牙齿 $^{87}Sr/^{86}Sr$ 值与孔丘科斯地区地质环境的 $^{87}Sr/^{86}Sr$ 值相同，说明这些死者就是生活在这一地区的人。此外，埋葬在地上墓穴和洞穴中的人可能属于扩展亲属。研究者认为，中间期后期生活在孔丘科斯地区的人群建立并维护着本地的交换网络，而且在不同海拔高度开发利用生产资源。

Aniceti, V., & Albarella, U. (2022). "Who's Eating Pork? Investigating Pig Breeding and Consumption in Byzantine, Islamic and Norman/Aragonese Sicily (7th-14th c. AD)." *Journal of Archaeological Science: Reports* 41:103299. https://doi.org/10.1016/j.jasrep.2021.103299

《谁在食用猪肉？拜占庭、伊斯兰和诺曼 / 阿拉贡西西里岛的家猪饲养与消费》

维罗妮卡·阿尼塞托（Veronica Aniceti）等调查了西西里岛拜占庭至诺曼 / 阿拉贡时期的家猪食用文化，考察的动物遗存可追溯到公元 7～14 世纪。动物考古学分析表明，主要的家养动物在这一时段发生了重大的变化，尤其体现在家猪的出现频率上。伊斯兰时期（公元 9～11 世纪），城市中很少出现家猪，当时的社会可能接受了伊斯兰的戒律即禁食猪肉。相反，农村中家猪的出现频率和所占比例很高，而且延续到罗马和拜占庭时期，说明农村反对新传入的宗教传统。诺曼 / 阿拉贡晚期，一些城市中家猪的数量增加，猪肉禁令或已经取消，并且发展出新的食品生产和消费习惯。但是，一些城市、城堡以及带防御设施的村庄中仍未见家猪，说明即使伊斯兰统治结束，伊斯兰化的社群依然存在。

Pagliantini, L., Fernández, M. M., Bernard, S., Camporeale, S., Mascione, C., Garrigós, J. B., & Sinner, A. G. (2022). "Archaeometric Characterization of Black Gloss Ware from Populonia (Tuscany): Imported Pottery and Local Production of the Petites Estampilles Group." *Journal of Archaeological Science: Reports* 41:103306. https://doi.org/10.1016/j.jasrep.2021.103306

《意大利波普洛尼亚磨光黑陶的科技考古：外来陶器与本地陶器》

劳拉·派葛里安媞妮（Laura Pagliantini）等使用波长色散 X 射线荧光和 X 射线衍

射技术，分析了意大利波普洛尼亚雅典卫城出土的 21 个磨光黑陶的元素组成和矿物相组成。研究揭示了罗马共和时代北伊特鲁利亚主要城市中心的陶器流通，同时也指出本地陶器生产的可能性。研究人员发现公元前 4～前 3 世纪，波普洛尼亚存在四类磨光黑陶，分别对应考古学上的 Campanian A、Volterra、Etrusco Latial 1 以及 Petites Estampilles 陶器。Petites Estampilles 陶器曾被认为是罗马本地作坊生产，但现在看来，应该来自生产技术和风格相似的南伊特鲁利亚和拉丁姆的作坊。该研究将可能的陶器生产范围扩展到北伊特鲁利亚，而这一地区在当时刚刚被并入罗马共和帝国。

Bérard, E., Dillmann, P., Disser, A., Vega, E., Verna, C., & Toureille,V. (2022). "The Medieval Bombards of Meaux: Manufacturing Processes and Supply of the Metal." *Journal of Archaeological Science: Reports* 41:103307. https://doi.org/10.1016/j.jasrep.2021.103307

《莫城的中世纪大炮：金属的制造工序和供应调查》

射石炮是中世纪冶金技术的见证，但年代明确且保存完好的射石炮罕见。法国巴黎军事博物馆收藏了六个火药室，它们发现于同一地点（法国莫城）且属于同一时期（公元 15 世纪）。埃米莉·伯纳德（Emilie Bérard）等借助金相学分析、扫描电镜－能谱仪和激光剥蚀电感耦合等离子体质谱，分析了夹渣并探讨了金属属性、冶炼金属的工序（块炼法和精炼法），以及金属来源的多样性。研究结果表明，其中的五门射石炮可能是同一地区甚至是同一车间锻造，通过块炼法冶炼金属。

Onfray, M. (2022). "Identification and Characterisation of Late Neolithic（3600-2150 BCE）Living Floors in a Temperate Environment: Case Studies from the Southern Paris Basin." *Journal of Archaeological Science: Reports* 41:103316. https://doi.org/10.1016/j.jasrep.2021.103316

《温带环境中新石器时代晚期（公元前 3600～前 2150 年）活动面的鉴别与特征：以巴黎盆地南部为例》

巴黎盆地南部新石器时代晚期的活动面到目前仍不清楚，除少数几个房屋的形制较清晰外，聚落中的建筑以及活动区域很难鉴别和重建。但是，很多遗址虽然文化层很薄，散落的人工制品却可能代表着活动面。玛丽莉丝·翁福蕾（Marylise Onfray）等对三个遗址（Gas、Sours 和 Pussigny）进行了土壤微观形态研究，以揭示遗址的形成过程，重点讨论了究竟是扰动层还是活动面这一问题。研究人员识别了回填、平整等构造结构以及建筑物内、外踩踏面的功能结构。土壤沉积的微观地层结构可以表征不同类型的活动面，包括圆形建筑内的活动面、建筑外部和庭院的活动面。该研究表明人工制品的分布可以体现出活动面，并且活动面在不同地貌和土壤环境中或都能有所保留，这些信息还为房屋建造材料提供了新的信息。

Teodorescu, L., Cantin, N., Amara, A. B., Chapoulie, R., & Roux, V. (2022). "Mineralogical Transformations Due to Salt Whitening Agent in Modern Hebron Ceramics." *Journal of Archaeological Science: Reports* 2022, 41:103303. https://doi.org/10.1016/j.jasrep.2021.103303

《现代希伯仑（Hebron）陶瓷中盐类增白介质引发的矿物转变》

劳拉·西奥多斯库（L. Teodorescu）等调查了氯化钠盐对富钙陶瓷的颜色和化学组成的影响。一些制陶群体在陶瓷中加入盐分，目的是增加陶瓷胎体的白度。研究人员收集了希伯仑（Hebron）现代制陶用的黏土以及陶瓷成品的残片。此外，使用两种黏土制成砖块，一种氧化钙含量低于 10%，一种氧化钙含量 20%～25%，研究人员在黏土中加入不同比例的氯化钠（最高为 5%），然后在不同温度下烧制，制成模拟样品（砖块）。研究人员比较了黏土、陶瓷碎片以及实验砖块的矿物相、化学成分、外观颜色。扫描电镜揭示了矿物相转变的过程，以及随烧成温度和盐分含量的增加而变化的胎体孔隙。研究结果证实，盐分是烧制时硅酸钙转化反应中的催化剂，并且确认了盐分对陶瓷成品的影响作用。

Marino, M. D., Stoner, W. D., Fargher, L. F., & Glascock, M. D. (2022). "Comparing Three Sample Preparation Techniques for Portable X-ray Fluorescence: A Case Study of Coarse Orange Ceramic Jars, Veracruz, Mexico." *Journal of Archaeological Science: Reports* 41:103315. https://doi.org/10.1016/j.jasrep.2021.103315

《便携式 X 射线荧光分析的三种制样方法比较：以墨西哥韦拉克鲁斯州粗砂橙色陶罐为例》

利用便携式能量色散型 X 射线荧光仪（奥林巴斯 Vanta M 系列）分析陶瓷的化学成分，目前在考古学研究中逐渐普遍。此类设备较为常见，能够在无损的前提下第一时间获取到化学组成信息，而且便携性很高，适合在考古现场或田野调查中使用。马里·D. 马里诺（Marc D. Marino）等分析、比较了便携式能量色散型 X 射线荧光仪分析多种标准物（包括自制标准物）的数据质量，认为该设备可以准确和精确地分析很多种元素，有些元素甚至是其他分析设备如中子活化不能检测或检测限很高。研究提出，样品在分析时的状态（例如陶片、均质性很高的粉末、压片制样）会影响分析结果，同一制样方法的分析结果内部一致性较好，但无法交叉比较。研究以墨西哥韦拉克鲁斯州（Veracruz）古典时期 Tuxtla 山区的粗砂橙罐样品为例，将陶片研磨成均匀的粉末，发现得到与中子活化分析最为接近的结果，相比之下，直接分析陶片和压片制样虽然能重复中子活化的主要成分组，但无法将成分组进一步细分。

Martín-Seijo, M., & Panagiotakopulu, E. (2022). "Ephemeral Materiality Arising from The Darkness: Medieval Wooden Crafts from Hoyo de los Herreros Cave (Cantabria, Spain)." *Journal of Archaeological Science: Reports* 41:103317. https://doi.org/10.1016/j.jasrep.2021.103317

《黑暗时期昙花一现的物质遗存：西班牙 Hoyo de los Herreros 洞穴出土的中世纪木制品》

位于伊比利亚北部的西班牙 Hoyo de los Herreros 洞穴出土了中世纪的木制品，是理解中世纪特殊生活环境中物质文化的珍贵资料。玛利亚·马丁（María Martín-Seijo）等关注了这种黑暗和地下环境中与木制品有关的活动和内容。研究人员对出土的所有木制品进行了测年、木材鉴别、形态–功能分析，并研究了其中一个木制品上发现的昆虫遗骸。研究认为，洞穴里发现的三个碗和一根尖头的树枝表明洞穴有两个使用时期，一个是公元 9～11 世纪，另一个是公元 11～12 世纪。研究人员提出，如果结合中世纪的木材加工工艺，有望明确这些木制品的制作过程。

Tribolo, C., Mercier, N., Martin, L., Taffin, N., Miller,C. E., Will, M., & Conard, N. (2022). "Luminescence Dating Estimates for The Coastal MSA Sequence of Hoedjiespunt 1 (South Africa)." *Journal of Archaeological Science: Reports* 41:103320. https://doi.org/10.1016/j.jasrep.2021.103320

《南非 Hoedjiespunt 1 地点的中石器文化序列的光释光测年》

早期智人对沿海地带的适应性在他们的生物进化以及走出非洲的过程中扮演着重要角色，有证据显示，中石器时代非洲北部和南部的人类就已经将海产品作为食物，但受限于测年结果，目前还无法很好地理解这一行为的演进过程，到目前为止只有少数遗址的年代可以追溯到距今 10 万年，几乎没有年代可信的中更新世晚期的遗址。Hoedjiespunt 1（HDP1）是南非中石器时代的一处贝丘遗址，年代初步判断为晚更新世早期。该遗址发现了 1.5 米厚的文化堆积，分三层，每层都包含丰富的石器、贝类、陆生动物、鸵鸟蛋壳和研磨的赭石颗粒。该遗址的文化现象和动物遗存表明，早期智人已经系统地收集少数海洋资源，并且在沿海地区稳定生活。夏塔尔·特里博罗（Chantal Tribolo）等从富集碳酸盐的沉积物中提取石英颗粒，进行光释光测年，首次建立了HDP1 遗址及地层的绝对年代序列。研究结果显示，距今 13 万～10 万年间，早期智人曾多次在 HDP1 定居，这说明不晚于晚更新世早期，早期智人已在沿海生态系统中表现出行为适应性。

Díaz-Rodríguez, M., & Fábregas Valcarce, R. (2022). "Evaluating the Effectiveness of Three Spatial Cluster Analysis Methods on Palaeolithic Site Location Distributions in Galicia, NW Iberian Peninsula." *Journal of Archaeological Science: Reports* 41:103323. https://doi.org/10.1016/j.jasrep.2021.103323

《伊比利亚半岛西北部加里西亚旧石器时代遗址的三种空间集群方法的比较》

米克尔·迪亚兹-洛德里格斯（Mikel Díaz-Rodríguez）等比较了考古聚落分布的三种集群分析法，即 k-均值算法（k-means）、密度算法（DBSCAN）和逾渗分析（percolation analysis），以展示这三种方法在区域尺度上的应用潜力。研究人员分析了伊比利亚西北部加利西亚（Galician）地区的旧石器时代遗址的分布，发现逾渗算法的结果最好，密度算法次之，而只有将 6～8 千米设定为聚类阈值时，得到的聚类模式与传统的研究区域相一致。

Daffara, S., García-Rojas, M., Berruti, G. L. F., Caracausi, S., Gianell, M. A., Ferrario, M. M., Vanzi, R., & Mordegli, L. I. (2022). "New Evidence About the Palaeolithic Peopling of The Southern Margin of The Western Alps. The Colline Novaresi Area." *Journal of Archaeological Science: Reports* 41:103327. https://doi.org/10.1016/j.jasrep.2021.103327

《西阿尔卑斯山南缘的旧石器时代人类居住迹象的新证据：来自科林·诺瓦雷西地区的新证据》

科林·诺瓦雷西（Colline novaresi）位于意大利皮埃蒙特（Piedmont）东北部，这一地区的山丘由第四纪冰川事件的冰碛沉积物和冲积-冰川岩层组成，并受河流阶地过程的影响。萨拉·达法拉（Sara Daffara）等基于非系统性的地面采集工作，对科林·诺瓦雷西采集到的石器进行了技术-类型研究，旨在研究这一地区的狩猎-采集者群体的技术行为、资源开发利用策略以及对石料资源的选择。由于缺乏地层信息，大多数石器只能根据技术-类型标准确定年代，打制或磨制石器的年代判断可能更加可靠，例如勒瓦娄哇石核打制技术和产品，以及具有明确技术属性的细石叶。这项研究表明，皮埃蒙特在旧石器时代中晚期就已经有人类居住，此外还发现了 Epigravettian 阶段的遗存，中石器时代的石器数量则非常少。

Ermish, B. J., & Boomgarden, S. A. (2022). "Identifying Water Availability with Maize Phytoliths in Range Creek Canyon, Utah." *Journal of Archaeological Science: Reports* 41:103267. https://doi.org/10.1016/j.jasrep.2021.103267

《犹他州 Range Creek 峡谷的玉米植硅体及其反映的灌溉》

水资源的系统管理和灌溉系统对干旱和半干旱地区的作物生长至关重要，但相关的灌溉遗存很难发现，这促使一些学者利用玉米植硅体寻找古代水源，其科学依据是小麦、大麦、高粱等重要经济作物中，长细胞植硅体与短细胞植硅体的比值是衡量相对水分的有效指标。布伦丹·俄米希（Brendan J. Ermish）等通过分析玉米（*Zea Mays*）植硅体来识别古代的水供给，研究表明，公元800～1100年，弗里蒙特人在科罗拉多高原北部、犹他州的 Range Creek 峡谷定居，并且带有实验性质地给玉米灌溉了不同量的水分。研究人员利用统计模型，分析玉米叶片、外壳、雄穗中的长、短细胞植硅体，发现长细胞与短细胞植硅体的比例因水分供应量增长而增加。研究者提出，玉米植硅体是推断古代灌溉的有效工具，通过分析玉米植硅体可以推断用水量，如果结合气候和降水记录，将更好地帮助和理解灌溉系统。

Cereda, S., & Draganits, E. (2022). "Lived Monuments: A Microarchaeological Study of Monumental Architecture in The Tell-site of Arslantepe (Malatya, Turkey)." *Journal of Archaeological Science: Reports* 41:103318. https://doi.org/10.1016/j.jasrep.2021.103318

《活的纪念碑：土耳其阿斯兰特佩遗址的纪念性建筑的微观考古分析》

苏珊娜·塞雷达（Susanna Cereda）等以纪念性和物质性为出发点，对土耳其阿斯兰特佩（Arslantepe）史前和历史时期早期的纪念性建筑进行了微观地层学研究。研究人员采用微观形态方法，并结合局部区域的化学测试，分析了两座公元前4千年、一座公元前1千年的纪念性建筑的地面和地面上的固定设施。结果表明，当时的人重复利用了建筑材料，对特定的区域做了抹灰处理，并且采用了不同的维护和维修手段。这些发现揭示了纪念性建筑所经历的过程以及被赋予的意义。研究认为纪念性建筑最开始是对意识和不平等的具体反映，后来则是不同形式的物质和习惯在人造环境中形成的一个多层次的综合体。

Glencross, B., Warrick, G., Smith, T., & Prowse, T. L. (2022). "Estimating Ancient

Huron-Wendat Diet in Southern Ontario Using Stable Isotopes from Dogs." *Journal of Archaeological Science: Reports* 41:103324. https://doi.org/10.1016/j.jasrep.2021.103324

《从狗的稳定同位素推测安大略省南部古代休伦－温达人的饮食》

邦尼·格伦克罗斯（Bonnie Glencross）等利用同位素标记分析法（骨胶原中的 $^{13}C/^{12}C$ 和 $^{15}N/^{14}N$ 以及羟基磷灰石中的 $^{13}C/^{12}C$），分析安大略省南部公元 1300～1650 年 5 个休伦－温达（Huron-Wendat）的犬骨，并将结果与邻近的动物群、休伦－温达村人骨的稳定同位素值比较。结果表明，玉米是古代休伦－温达人和狗的主要食物。不同时期中，狗和人的碳同位素组成（$\delta^{13}C$ 值）有很好的对应关系，表明狗可以作为人类的替代来反映玉米的食用。狗的氮同位素组成始终低于人（平均低 2‰ 或更低），而且整体上变异性更大，因此每一个考古背景中的材料必须单独分析它们的 $\delta^{15}N$ 值。该研究与民族学和口述史中休伦－温达人－狗生态现象一致，证实了人狗在陪伴、庇护和食物方面的互惠关系。

Ilmi, M. M., Maryanti, E., Nurdini, N., Setiawan, P., Kadja, G. T. M., & Ismunandar. (2022). "A Multianalytical Investigation of The Physicochemical Properties of White Rock Art Pigments at The Nali and Tene Koro Sites, Lembata, East Nusa Tenggara, Indonesia." *Journal of Archaeological Science: Reports* 41:103326. https://doi.org/10.1016/j.jasrep.2021.103326

《印度尼西亚乐努沙登加拉省伦巴塔县 Nali 和 Tene Koro 遗址白色岩画颜料的理化分析》

印度尼西亚的 Nali 和 Tene Koro 两处遗址保留了南岛语族人群绘制在巨石表面的岩画，Nali 岩画是灰白色的人形图像，而 Tene Koro 岩画是一只配备有上斜船尾、单桅杆和转向桨的白色船只，这两个遗址的白色岩画发现于 2018 年，但一直未进行科学分析。Moh Mualliful Ilmi 等采用 X 射线荧光、光学显微镜、二次电子显微镜－能量色散 X 射线光谱、拉曼光谱和傅里叶转换红外光谱、X 射线光电子光谱和热重－差热分析等方法，明确了 Nali 岩画白色颜料的主要成分是石膏，但也有少量的黏土矿物，后者是石膏在地质形成过程中的产物；Tene Koro 岩画白色颜料的主要成分是方解石，并含有少量的含硫矿物（石膏，属于碳酸钙的风化产物）。该研究是对印度尼西亚境内岩画颜料的首次理化分析。

Stiner, M. C., Dimitrijević, V., Mihailović, D., & Kuhn, S. L. (2022). "Velika Pećina: Zooarchaeology, Taphonomy and Technology of A LGM Upper Paleolithic Site in The Central Balkans (Serbia)." *Journal of Archaeological Science: Reports* 41:103328. https://doi.org/10.1016/j.jasrep.2021.103328

《巴尔干半岛中部旧石器时代晚期 Velika Pećina 遗址的动物、埋藏学和技术》

玛丽·斯蒂纳（Mary C. Stiner）等介绍了塞尔维亚 Velika Pećina 洞穴遗址的考古发现，距今 2.4 万～2.05 万年间人类曾多次居住在这个洞穴中。宏观和微观的动物组合表明，末次盛冰期及其前后，该遗址被频繁地作为栖息地，并且在相对小的区域中保留了生物种类的多样性。人类在洞穴居住期间，捕获了大量的大型哺乳动物、鸟类和小型食肉动物，在没有人类居住的时候，洞穴中生活过哺乳动物、鸟类和食肉动物。从石器和骨器的组合看出，虽然人类在洞穴中留下的居住遗物比较少，但他们进行过一些生产活动。旧石器时代晚期，人类很可能短期或季节性地把 Velika Pećina 作为居址点，虽然当时的人口数量很少，但即使在气候极端变化的时候，也仍然有人类在这里活动。

Mant-Melville, A., Blegen, N., & Faith, J. T. (2022). "Technological Diversity in The Late Pleistocene of The Nyanza Rift, Kenya: Archaeological Excavations at Kapsarok 1 and Anderea's Farm 1." *Journal of Archaeological Science: Reports* 41:103257. https://doi.org/10.1016/j.jasrep.2021.103257

《肯尼亚尼安萨峡谷更新世晚期的技术多样性：以 Kapsarok 1 和 Anderea's Farm 1 的考古发掘为例》

从考古证据可知，非洲晚更新世的人类行为具有多样性并且发生转变，尤其以中石器时代到晚石器时代的技术转变为代表，要理解这种转变，需要关注多个地区内有着精确地层学和年代学关联的考古遗址。艾莉森·曼塔－梅尔维尔（Alison Mant-Melville）等报道了肯尼亚尼安萨（Nyanza）峡谷晚更新世 Anderea's Farm 1（GrJe-8）和 Kapsarok 1（GrJe-9）两处遗址的考古发掘情况，前者距今 4.5 万～3.6 万年，后者距今约 5 万年。两处遗址都曾使用本地火山岩制作石器，但石器制作技术有所不同。Anderea's Farm 1 的石器工业主要是采用简单不预制的盘状剥坯的方法，生产不规则的短石片，工具则主要是重型工具类型。相反，Kapsarok 1 石器工业的主要特征是采用复杂预制的石核技术，以生产长型、汇聚状的石片毛坯。研究人员认为，这两个遗址反映了维多利亚盆地晚更新世石器技术的多样性，可以被认为是人类适应性行为的体现。

Coria-Noguera, J. C., Badreshany, K. P., & Mínguez, C. S. (2022). "Archaeometric Characterization of Pottery from The Iron Age Hillfort of Pintia (Valladolid, Spain)." *Journal of Archaeological Science: Reports* 41:103313. https://doi.org/10.1016/j.jasrep.2021.103313

《西班牙缤蒂亚（Pintia）丘堡铁器时代陶器的科技考古》

何塞·卡洛斯·克里亚－诺格拉（José Carlos Coria-Noguera）等借助薄片岩相学、X 射线衍射分析和 X 射线荧光光谱，分析了西班牙铁器时代缤蒂亚（Pintia）丘堡出土的前罗马时代和罗马时代的陶器。研究结果表明，该工作内容优于传统的类型学分析，对"第二次铁器时代"的社群弹性提出了新认识，虽然这些社群的制陶传统（例如偏好的原料种类和来源）发生了一些变化，但整体上还是延续到罗马时期。

Pérez-Ramallo, P., Lorenzo-Lizalde, J. I., Staniewska A., Lopez, B., Alexander, M., Marzo, S., Lucas, M., Ilgner, J., Chivall, D., Grandal-dAnglade, A., & Roberts, P. (2022). "Stable Isotope Analysis and Differences in Diet and Social Status in Northern Medieval Christian Spain (9th-13th Centuries CE)." *Journal of Archaeological Science: Reports* 41:103325. https://doi.org/10.1016/j.jasrep.2021.103325

《稳定同位素分析与西班牙北部中世纪基督教的饮食和社会地位的差异》

中世纪时期，伊比利亚半岛是欧洲宗教、经济和政治变革的前沿阵地，公元 9～13 世纪，随着基督教国家的出现和发展，伊比利亚北部的人口和经济明显增长。帕奇·佩雷斯－拉玛诺（Patxi Pérez-Ramallo）等利用放射性碳测年和稳定碳氮同位素技术，分析了西班牙北部和东北部的 40 个人类遗骸和 32 个动物遗骸，年代在公元 9～13 世纪，并将结果与同一地区的现有数据进行比较。研究结果表明，当时的精英、农民、普通市民三个阶层在消费动物蛋白和海洋 / 淡水资源方面存在明显差异，精英群体的 $\delta^{15}N$ 值最高，其次是受益于贸易和多种经济的城市人口。

Yahalom-Mack, N., Finn, D. M., Erel, Y.,Tirosh, O., Galili, E., & Yasur-Landau, A. (2022). "Incised Late Bronze Age Lead Ingots from The Southern Anchorage of Caesarea." *Journal of Archaeological Science: Reports* 41:103321. https://doi.org/10.1016/j.jasrep.2021.103321

《凯撒利亚南部青铜时代晚期的带铭铅锭研究》

以色列凯撒利亚南部的沉船货物中出土了四块铅锭。纳阿玛·亚哈洛姆－迈克（Naama Yahalom-Mack）等首次分析了这些铅锭并研究了其中三块铅锭上的刻画符号。铅锭上有四个赛普洛米诺安人（Cypro Minoan）的标志，与赛普勒斯晚期遗物上的图案一致。铅同位素分析表明这些铅来自于撒丁岛，与卡梅尔沿岸其他出土铅锭以及塞浦路斯和地中海东部其他地区铅制品的同位素分析结论是相同的，凯撒利亚和后面提到的这些地点出土的铅锭表明，塞浦路斯人在青铜时代晚期地中海金属贸易中具有重要作用，而且他们参与贸易的时间为公元前 13～前 12 世纪初。研究人员认为塞浦路斯人在地中海东部的区域性和超区域性交换中参与度很高，并且建立了一个广泛的贸易网络。

Golec, M., Mírová, Z. G., Fojtík, P., Kučera, L., & Šmíd, M. (2022). "Banquet of Elites: Hallstatt Period Hoard with Vessels and Iron Cauldron Hanger of Kralice na Hané in Moravia (CZ)." *Journal of Archaeological Science: Reports* 41:103319. https://doi.org/10.1016/j.jasrep.2021.103319

《精英人士的宴飨：捷克摩拉维亚克拉里茨·纳哈内的哈尔施塔特时期的器皿与铁挂钩》

捷克克拉里茨·纳哈内（Kralice na Hané）发现的哈尔施塔特时期的储藏室中，保留了公元前 625～前 500 年的仪式用品，其中包括 8 件青铜器、用来悬挂锅的铁挂钩以及在火灶中使用的铁质支杆的杆头，后两者不见于哈尔施塔特时期，也是阿尔卑斯山北部发现的最古老的此类物品。出土青铜器的长柄勺不见于其他地方，带有浮雕的铜碗同样少见。马丁·戈莱奇（Martin Golec）等对这些储藏物的类型学分析表明其所有者可能是精英阶层，化学分析证明青铜器中有动物脂肪的残留物。他们还分析了这套器皿的起源、演进以及历史背景，认为此类奢华器具是精英阶层在宴飨以及埋葬仪式时所使用的。

Erostarbe-Tome, A., Tejero, J-M., & Arrizabalaga, A. (2022). "Technical and Conceptual Behaviours of Bone and Antler Exploitation of Last Hunter-gatherers in Northern Iberia. The Osseous Industry from The Magdalenian Layers of Ekain Cave (Basque Country, Spain)." *Journal of Archaeological Science: Reports* 41:103329. https://doi.org/10.1016/

j.jasrep.2021.103329

《伊比利亚半岛北部最后一批狩猎采集者的骨角器制作技术和行为概念：西班牙巴斯克地区埃凯恩洞穴的马格德林文化层的骨器制作》

埃凯恩洞穴（Ekain Cave）遗址的遗存贯穿了整个旧石器时代晚期。阿西尔·埃罗斯塔比－托姆（Asier Erostarbe-Tome）等介绍了马格德林时期下层、中层和上层的骨角器的技术分析，发现其与西班牙北部和比利牛斯山脉（Pyrenees）其他马格德林时期遗址文化的骨角器的技术特征相似，例如将骨料加工成骨锥、针和抛光器，将鹿角制成狩猎或捕鱼的武器（弹丸和鱼叉）。马格德林时期，冰期和间冰期相互交替，影响了当地先民获取动物资源以及原料（特别是鹿角）的能力。这一研究首次确认伊比利亚半岛北部通过压裂法制造废石片，并推测了埃凯恩洞穴出现这种技术的原因。

Leipe, C., Aquaro, A., & Tarasov P. E. (2022). "Scanning Electron Microscopy for Differentiating Charred Endocarps of Rhus/Toxicodendron Species and Tracking the Use of the Lacquer Tree and Asian Poison Ivy in Japanese Prehistory." *Journal of Archaeological Science: Reports* 41:103335. https://doi.org/10.1016/j.jasrep.2021.103335

《利用扫描电子显微镜区分漆树 / 毒漆树的碳化内果皮：追溯史前日本的漆树和毒藤的使用情况》

使用天然漆保存和装饰物品是一项了不起的发明。日本的天然漆主要是从漆树［*Toxicodendron vernicifluum (Stokes) F. A. Barkley*］提取的汁液，其历史可以追溯到新石器时代的绳文时期。然而，目前还不清楚的是，漆器是在日本独立发展起来的，还是从中国引进的；其次，漆树的原产地以及制作过程也存在争议。克里斯蒂安·利佩（Christian Leipe）等提出了一种依据种间特异性区分 6 种漆树碳化内果皮的方法，借助扫描电子显微镜，观察碳化内果皮纵切面，特别是组织排列及密度，从而达到鉴别的目的。该方法被应用于日本北部北海道地区礼文岛的滨中二号遗址，浮选的大量碳化内果皮年代为公元 490～880 年，属于亚洲毒藤（*Toxicodendron orientale Greene*, 1905）。研究人员认为，这种植物丹宁含量高，或用于海洋狩猎和原材料加工。

Weisler, M. I., Collins, S. L., & Quan Hua. (2022). "Offerings from the Land and Sea: A Rare Prehistoric Ritual Pit from West Moloka'i, Hawaiian Islands." *Journal of Archaeological Science: Reports* 41:103242. https://doi.org/10.1016/j.jasrep.2021.103242

《夏威夷摩洛卡岛罕见西部史前祭祀坑中的陆地与海洋祭品》

马歇尔·韦斯勒（Marshall I. Weislerl）等结合考古证据与民族史资料，认为夏威夷群岛摩洛卡岛西部一个直径 40 厘米圆坑具有仪式功能。该坑有夏威夷汤鲤（*Kuhlia sandvicensis*）、绿海龟（*Chelonia mydas*）和已灭绝的夏威夷鹅（*Branta sandvicensis*）的大量残骸。民族史资料指出，这些动物除食物价值外，还有重要的仪式价值。这是目前在寺庙或神庙以外地区发现的唯一一处祭祀坑，坑底没有任何焚烧设施。加速质谱测年结果表明该坑年代不晚于公元 14 世纪，可能形成于殖民者到达后的 2 个世纪。

Sikk, K., Caruso, G., Rosentau, A., & Kriiska, A. (2022). "Comparing Contemporaneous

Hunter-gatherer and Early Agrarian Settlement Systems with Spatial Point Process Models: Case Study of The Estonian Stone Age." *Journal of Archaeological Science: Reports* 41:103330. https://doi.org/10.1016/j.jasrep.2021.103330

《利用空间点过程模型比较狩猎 – 采集与早期农业聚落系统：来自爱沙尼亚石器时代的案例研究》

卡尔·锡可（Kaarel Sikk）等应用归纳模型，比较爱沙尼亚石器时代的渔猎 – 采集群体（纳尔陶器文化和篦纹陶器文化）和早期农业人群（绳纹陶器文化）的聚落系统的空间结构。他们将聚落体系的形成想象成一个点过程，并开发了一个一级点过程模型，以代表地貌、土壤和近水的环境适宜性，进而使用 MaxEnt 和 SDMTune 机器学习框架来建立模型、选择变量进行评估，最后将该模型应用到两个人群中，并比较变量的影响和产生的空间模式。分析结果表明，此模型对渔猎 – 采集人群的聚落预测较好，这可能归因于农业活动类型更高的多样性、不同的社会经济组织或景观的空间结构。空间比较表明两个人群的宜居环境存在显著差异，渔猎 – 采集人群完全靠近海岸线居住，而早期农业群体则居住在远离水域的地区。不同的空间布局为农业群体提供了潜在的空间条件，可以允许更多的外来移民。此外，两个人群的宜居环境在空间上有一定程度的重叠，或许会形成竞争关系。

Materazzi, F., & Pacifici, M. (2022). "Archaeological Crop Marks Detection Through Drone Multispectral Remote Sensing and Vegetation Indices: A New Approach Tested on The Italian Pre-Roman City of Veii." *Journal of Archaeological Science: Reports* 41:103235. https://doi.org/10.1016/j.jasrep.2021.103235

《利用无人机多光谱遥感和植被指数鉴别古代作物标志：在意大利前罗马维爱城的新尝试》

近年来，使用无人机进行考古研究的案例迅速增加，但这些研究很少关注考古标志物（marks）的识别问题，多光谱成像技术的相关应用更加少见。菲利普·马特拉齐（Filippo Materazzi）等将无人机多光谱遥感与农艺学方法相结合，极大地提高了确定作物标志的准确性、经济性和科学性。创新的多光谱相机可以记录电磁波谱中四个不同波段的植被反射率，尤其是植被分析中最重要的近红外光谱。他们分析被埋藏遗存产生的植被压力类型和变化，采用植被指数对航空图像进行处理，从而辨别作物标志。他们在伊特鲁里亚城市维伊的部分地区进行了实验性应用，结果表明，即便飞行时间略晚于理想时间，仍有可能探测和解释相当数量的考古标志。

Terry, R. E., Brown, B. M., Stanton, T. W., Ardren, T., Anaya, T. C., Lowry, J., León, J. F. O., Ruíz, F. P., Camacho, N. M., Magnoni, A., Munro-Stasiuk, M., & Balzotti, C. S. (2022). "Soil Biomarkers of Cacao Tree Cultivation in The Sacred Cacao Groves of The Northern Maya Lowlands." *Journal of Archaeological Science: Reports* 41:103331. https://doi.org/10.1016/j.jasrep.2021.103331

《低地玛雅北部神圣可可树林中反映可可种植的土壤生物标志物》

祭祀陶器中发现的可可的生物标志物，证实了可可在古代中美洲的重要性。至迟于后古典时期，可可豆被认为是尤卡坦中部地区的一种重要的货币形式。殖民时期，尤卡坦半岛的玛雅人在阴暗潮湿的喀斯特天坑气候中，种植着神圣的可可树。理查德·特里（Richard E. Terry）等提出了一种方法，可以从土壤中提取和定量分析可可甲基黄嘌呤生物标志物（可可碱、茶碱和咖啡因）。他们分析了墨西哥尤卡坦州和金塔纳罗奥州的 11 份土壤，其中 9 份土壤中提取出甲基黄嘌呤生物标志物，这些生物标记物为研究可可树的分布及其对玛雅人的仪式重要性提供了证据。

Staniuk, R., Kreiter, A., Kulcsár, G., & Jaeger, M. (2022). "Uniform in diversity: Typological and Technological Analysis of Bronze Age Fine Ware from Kakucs-Turján." *Journal of Archaeological Science: Reports* 41:103332. https://doi.org/10.1016/j.jasrep.2021.103332

《多样中的统一：卡库茨－图尔基安青铜时代细陶的类型学与技术分析》

喀尔巴阡盆地青铜时代早中期（公元前 2600/2500～前 1500/1450 年）的细陶呈现出多样性，被认为对应了当时的一些特殊且规模宏大的社群。前人对粗陶的技术分析表明，不同的制陶群体具有统一的技术特征，这暗示着已有认识可能来自于前人对物质文化的先验分类。罗伯特·斯塔纽克（Robert Staniuk）等为了验证细陶具有相似的特征，从匈牙利的卡库茨－图尔基安的定居点中，抽取了 33 件细陶，分析其形制和潜在的生产过程。分析过程中比较了本地和非本地的代表性陶器，以明确陶器的先验分类是否得到离散变量（discrete parameters）的支持。结果表明，喀尔巴阡盆地的青铜时代早中期的细陶与粗陶的情况类似，也具有统一的生产过程，说明这一区域内存在多向、持续的技术交流与互动。

Clavel, B., Lepetz, S., Chauvey, L., Schiavinato, S., Tonasso-Calvière, L., Xuexue Liu, Fages, A., Khan, N.,c , Seguin-Orlando, A., Der Sarkissian, C., Clavel, P., Estrada, O., Alioğlu, D., Gaunitz, C., Aury, J-M., Barme, M., Bodu, P., Olive, M., Bignon-Lau, O., Caste, J-C., Boudadi-Maligne, M., Boulbes, N., Bourgois, A., Decanter, F., Foucras, S., Frère, S., Gardeisen, A., Jouanin, G., Méla, C., Morand, N., Espinet, A. N., Perdereau, A., Putelat, O., Rivière, J., Robin, O., Salin, M., Valenzuela-Lamas, S., Vallet, C., Yvinec, J-H., Wincker, P., & Orlando, L. (2022). "Sex in The City: Uncovering Sex-specific Management of Equine Resources from Prehistoric Times to The Modern Period in France." *Journal of Archaeological Science: Reports* 41:103341. https://doi.org/10.1016/j.jasrep.2021.103341

《城市中的性别：法国史前至现代的马科动物的基于性别的管理》

从残留的动物遗存中鉴别出马科动物（马、驴及杂交种）的性别颇有难度，从而限制了研究人员对不同时间、地理和社会背景下马科动物的性别比例变化进行研究。近来，基因组浅层测序作为一种较经济的手段，能够为保存条件不理想的马科动物进行性别鉴定。贝努瓦特·克拉韦尔（Benoît Clavel）等应用这一方法，分析了法国境内不同地点和情境出土的 897 具马科骨骸的性别，发现马格德林时期的猎马对象并不集中于雄性，旧石器时代晚期的栖息地和自然陷阱平衡了性别比。相比之下，铁器时代的祭祀仪式更倾向于雄马，这种情况延续到罗马时期。史前、中世纪和现代城市中的马主要为雄性，而乡村则少见甚至不见这种强烈的、针对雄马的性别偏好。他们结合此前的动物考古研究以及文献证据，提出城市经济依赖成年尤其是老年雄马，而乡村中的雌马和未成年马是维持生产的需求。

Ladegaard-Pedersen, P., Frei, R., Frank, A. B., Saracino, M., Zorzin, R., Martinelli, N., Kaul, F., Kristiansen, K., & Frei, K. M. (2022). "Constraining a Bioavailable Strontium Isotope Baseline for The Lake Garda Region, Northern Italy: A Multi-proxy Approach." *Journal of Archaeological Science: Reports* 41:103339. https://doi.org/10.1016/j.jasrep.2021.103339

《利用多指标约束意大利加尔达湖区的生物锶同位素基线》

佩尼尔·拉德加尔-佩德森（Pernille Ladegaard-Pedersen）等研究了加尔达湖区的水、土壤浸出物和植物的锶同位素基线，发现了两条独立的基线，分别对应岩石类型及其侵蚀产物的地理分布。具体来说，一条基线适用于加尔达湖地区和波河以北的波河平原中部，中生代碳酸盐是主要的近地表锶源，对应的数值被约束为 $^{87}Sr/^{86}Sr=0.7088 \pm 0.0014$（$2\sigma$；$n=44$）；而另一条适用于阿尔卑斯山地区，费西纳山谷周围的岩浆（不包括玄武岩）和变质基岩为主要锶源，基线值为 $^{87}Sr/^{86}Sr=0.7146 \pm 0.0058$（$2\sigma$；$n=22$）。

Burlot, J., Schollmeyer, K., Renson, V., Coltrain, J. B., Werlein, A., & Ferguson, J. R. (2022). "Defining Isotopic Signatures of Potential Procurement Sources: A Case Study in The Mesa Verde Region of The US Southwest." *Journal of Archaeological Science: Reports* 41:103334. https://doi.org/10.1016/j.jasrep.2021.103334

《动物潜在来源的同位素特征：美国西南部梅萨维德地区的案例研究》

雅克·伯洛特（Jacques Burlot）等分析了 55 个考古出土的啮齿动物以及 94 种植物的 $^{87}Sr/^{86}Sr$ 和 $\delta^{18}O$，均来自美国西南部梅萨维德（Mesa Verde）和麦克埃尔莫穹丘（McElmo Dome）地区。分析结果显示了具有生物有效性的锶在梅萨维德地区的分布趋势，即具有较低 $^{87}Sr/^{86}Sr$ 值的地区是由火成岩组成的，较高 $^{87}Sr/^{86}Sr$ 值的地区则大多数对应圣胡安山脉，该地区可能存在过大型狩猎活动。研究中涉及的麦克埃尔莫穹丘地区的遗址有着独特且波动范围狭窄的 Sr 值，说明遗址 10 千米觅食范围外捕获的猎物有可能被锶同位素值识别出来。尽管研究区域无法根据植物氧同位素数值做进一步细分，但 $\delta^{18}O$ 与海拔有显著的相关性，有助于理解大型狩猎策略。

Gasparin, A., Lugli, F., Silvestrini, S., Pietrobelli, A., Marchetta, I., Benazzi, S., & Belcastro, M. G. (2022). "Biological Sex VS. Archaeological Gender: Enamel Peptide Analysis of The Horsemen of The Early Middle Age Necropolises of Campochiaro (Molise, Italy)." *Journal of Archaeological Science: Reports* 41:103337. https://doi.org/10.1016/j.jasrep.2021.103337

《动生物性别与考古性别：坎波基亚罗中世纪骑士墓人骨的釉质肽分析》

安东尼·加斯帕里尼（Anthony Gasparini）等分析了意大利坎波基亚罗两个公元 7

世纪"骑士"墓地的人骨。由于常规骨骼形态学判定性别出现了一些不确定性，他们分析了 15 个个体的牙釉质肽蛋白，因为这一变量与性别有关，研究结果指出，带有男性化随葬品的个体都是男性，而那些缺少性别指示意味的随葬品的个体也首次被确认了生物学上的性别。生物学上的性别、考古学上的性别、社会中的性别划分在这一特定人群中存在很强的联系。

Snitker, G., Moser, J. D., Southerlin, B., & Stewart, C. (2022). "Detecting Historic Tar Kilns and Tar Production Sites Using High-resolution, Aerial LiDAR-Derived Digital Elevation Models: Introducing the Tar Kiln Feature Detection Workflow (TKFD) Using Open-access R and FIJI Software." *Journal of Archaeological Science: Reports* 41:103340. https://doi.org/10.1016/j.jasrep.2021.103340

《利用空中激光雷达数字高程模型探测历史上的焦油窑和焦油生产场地：用开源 R 语言和 FIJI 软件介绍探测焦油窟的工作流程》

格兰特·斯尼特克（Grant Snitker）等提出了一个探测焦油窑的工作流程（TKFD），该流程基于开源 R 语言和 FIJI 软件，完全开放、脚本化且可重复，借助从空中激光雷达（LiDAR）数据集中得到的高分辨率数字高程模型，可以识别历史上存在过的焦油窑。他们在弗朗西斯·马里昂国家森林开发和验证了 TKFD，在 42 万英亩（约合 1700 平方千米）的区域中探测并测量了 2700 多个焦油窑，其平衡识别精度高达 90.6%，这是目前北美最为全面的焦油生产地点数据集。

Jakel, A., López, L., & Páez, M. C. (2022). "Agropastoral Landscapes at The Andean Region of Northern Calchaquí Valley (Salta, Argentina): An Archaeological and Anthropological Analysis." *Journal of Archaeological Science: Reports* 41:103342. https://doi.org/10.1016/j.jasrep.2021.103342

《阿根廷卡尔查基山谷北部的农牧业景观：来自考古学与人类学的分析》

考古学与人类学通常认为阿根廷西北部安第斯山谷是一个主体上适合发展农业的环境，而浦那（Puna）地区的传统生活方式则以畜牧业与季节性流动为特点。然而，新证据表明畜牧及流动性战略与山谷农业密切相关。安德烈斯·雅克尔（Andrés Jakel）等在民族考古学研究的基础上，尝试从多个视角阐释阿根廷卡尔查基山谷（Calchaquí Valley）北部人群的习俗，包括动物管理及其对生活方式的影响，以及对考古景观的塑造。他们根据民族志资料、GIS 空间分析以及考古学证据，分析了该地区自前西班牙时代以来的农牧业生活方式。

Zhurbin, I., Borisov, A., & Zlobina, A. (2022). "Reconstruction of The Occupation Layer of Archaeological Sites Based on Statistical Analysis of Soil Materials." *Journal of Archaeological Science: Reports* 41:103347. https://doi.org/10.1016/j.jasrep.2021.103347

《利用土壤材料的统计分析重建考古遗址的文化层》

俄罗斯中部、西斯－乌拉（Cis-Urals）、外乌拉尔（Trans-Urals）的大多数中世纪聚落的文化层被长期的耕作破坏，难以确定聚落内部的细节和特征，也很难重建单个建筑、防御工事和沟渠的建造和破坏过程。伊戈尔·朱尔宾（Igor Zhurbin）等综合使用地球物理方法、针对性发掘以及针对文化层的地球化学和生物学调查，调查了俄罗斯西斯－乌拉地区西部芬兰－乌戈尔人（Finno-Ugric）公元 9～13 世纪的库什曼 3 号（Kushman-3）聚落。他们对土壤中的有机碳含量、磷含量、嗜热微生物的丰度、尿素酶和磷酸酶活性进行了全面评估，并使用主成分分析以及 K-means 算法寻找聚落内不同区域的一般性规律。这一研究揭示出聚落内、外文化层具有显著差异，并重建了防御线的破坏过程。

Yan Liu, Tongyuan Xi, Jian Ma, Ruiliang Liu, Kuerban, R., Feng Yan, Yingxia Ma, Junchang Yang. (2022). "Demystifying Ancient Filigree Art: Microanalytical Study of Gold Earrings from Dongheigou Cemetery (4th-2nd Century BCE) in North-west China." *Journal of Archaeological Science: Reports* 41:103344. https://doi.org/10.1016/j.jasrep.2021.103344

《解密古代累丝工艺：中国西北东黑沟墓地（公元前 4～前 2 世纪）出土金耳饰的微观分析》

累丝（filigree）是一种通过焊接或弯曲金、银丝，将其组合成艺术品的金属工艺。刘艳等以新疆维吾尔自治区巴里坤县东黑沟墓地 11 号墓（公元前 4～前 2 世纪）中出土的一对金耳饰为研究对象，分析了它们的微观结构和加工过程。他们运用三维数字显微镜、扫描电子显微镜与能量色散 X 射线光谱等分析技术，证明了耳饰是通过先锤击金线，然后焊接部件的方式制成，各部件成分均以金为主，但含有不同含量的铜。研究者将这些分析结果放在欧亚大陆的背景下讨论，指出各地区在制作和连接金属丝制品方面有不同的技术选择。

Leone, K. L., Lepper, B. T., Eren, M. I., & Pansing, L. L. (2022). "Late Holocene Radiocarbon Dates for The Welling Site (33CS441): A Multi-Component Site in Coshocton County, Ohio." *Journal of Archaeological Science: Reports* 41:103345. https://doi.org/10.1016/j.jasrep.2021.103345

《威灵遗址的全新世晚期放射性碳年代（33CS441）：俄亥俄州科肖克顿县的一个复杂遗址》

威灵（Welling）遗址是美国俄亥俄州沃尔洪丁河（Walhonding）河沿岸的一处文化面貌复杂的遗址。1960 年，肯特州立大学（KSU）在此发掘，并发现了古印第安人克洛维斯（Clovis）早期的居住证据，与全新世居住遗存在地层上截然有别。发掘者当时从克洛维斯文化早期地层中采集到一些碳化木屑，但由于样本量过小没有进行放射性碳测年。最近，这批材料从肯特州立大学转移到俄亥俄历史关联（Ohio History Connection）的收藏品，为重新评估这批样品提供了机会。所有的分析样本都来自落叶树种，卡伦·莱昂内（Karen L. Leone）等选择了两个样本进行加速质谱放射性碳测年，结果表明，这些木材是在伍德兰晚期（Late Woodland）和后接触时期（Post-Contact）的大火中烧掉的。

Buravlev, I. Y., Gelman, E. I., Lapo, E. G., Pimenov, V. A., & Martynenko, A. V.

(2022). "Three-colored Sancai Glazed Ceramics Excavated from Bohai Sites in Primorye (Russia)." *Journal of Archaeological Science: Reports* 41:103346. https://doi.org/10.1016/j.jasrep.2021.103346

《俄罗斯滨海边疆区渤海国遗址出土的三彩釉陶》

伊戈尔·布拉夫列夫（I. Yu. Buravlev）等介绍了俄罗斯滨海边疆区渤海国遗址 Kraskino、Gorbatka、Chernyatino-2 出土的多色和单色铅釉陶的分析结果。这些釉陶被定义为三彩陶器。他们使用无损 X 射线荧光光谱仪、光学显微镜、扫描电子显微镜 − 能量色散 X 射线光谱，分析 30 个陶片并获得元素组成数据。分析结果表明，这些陶器来自不同的作坊，且使用了不同的制陶工艺。这些陶器没有陶衣层，釉层直接涂在陶器表面。釉料中铅含量变化很大，在 36%～79%（wt%）。陶器表面的饱满度、光泽度以及釉面缺陷表明，当时不太可能采用最高的烧制温度。这一研究有助于理解渤海国时期和唐代的三彩陶器。

Connan, J., Genç, E., Kavak, O., Engel, M. H., & Zumberge, A. (2022). "Geochemistry and Origin of Bituminous Samples of Kuriki Höyük (SE Turkey) from 4000 BCE to 200 CE: Comparison with Kavuşan Höyük, Hakemi Use and Salat Tepe." *Journal of Archaeological Science: Reports* 41:103348. https://doi.org/10.1016/j.jasrep.2021.103348

《土耳其东南部库里基土丘公元前 4000 年到公元 200 年出土沥青样本的地球化学与来源和 Kavusan Höyük, Hakemi Use 以及 Salat Tepe 的比较》

雅克·康南（Jacques Connan）等利用地球化学技术，分析了土耳其东南部库里基土丘（Kuriki Höyük）的活动面和陶器收集到的 12 个有机混合物，鉴别其中的沥青成分并尝试溯源。他们将混合物样品与 Gercüş、Badzivan、Zengen、Kerbent、Kayatepe、Eruh 地区的油渗物以及 Kumçati、Anittepe、Silip 的沥青质样品进行了比较，并从混合物和油渗物中获取了色谱馏分的稳定碳同位素值以及甾烷和萜烷的特征碎片。结果表明，所有的样品中都含有沥青，并且 Kerbent 是该地区最可能的沥青来源，从公元前 4000～公元 200 年一直被使用。相比之下，附近其他考古遗址（如 Kavuşan Höyük、Salat Tepe、Hakemi Use）中的沥青可能来自 Eruh。

Gliozzo, E., Chirico, E., Celuzza, M., Gál, Á., Ionescu, C. (2022). "The Early Roman Pottery Kilns in The Ager Rusellanus (Southern Tuscany, Italy) and Their Products." *Journal of Archaeological Science: Reports*, 2022, 41:103350. https://doi.org/10.1016/j.jasrep.2021.103350

《意大利托斯卡纳南部鲁塞拉努斯罗马时代早期的陶窑及其产品》

伊莉莎贝塔·廖佐（Elisabetta Gliozzo）等调查了意大利鲁塞拉努斯罗马时代早期的鲁塞拉（Rusellae）遗址发现的三座陶窑，利用化学成分分析（电感耦合等离子体质谱和电感耦合等离子体原子发射光谱）、矿物相分析（X 射线衍射）以及薄片岩相学，分析了 21 个样品。结果表明，当时的陶工用含有碳酸盐和非碳酸盐的黏土材料制作普通陶器，尤其是建筑材料（如砖和瓦）；该地生产陶器的技术比较多样，坯体有细、有粗，烧制温度达 800～1100℃甚至以上；这几座陶窑与生产 SEX CLEMENT/PROBI 和

PROBI 这两类砖的生产者有关；根据陶器生产原料以及产品的多样性表明，该生产地接纳了很多不同的陶工，很多不同的陶制品在这里进行烧制。

Pigière, F., McCormick, F., Olet, L., Moore, D., O'Carroll, F., & Smyth, J. (2022). "More Than Meat? Examining Cattle Slaughter, Feasting and Deposition in Later 4th Millennium BC Atlantic Europe: A Case Study from Kilshane, Ireland." *Journal of Archaeological Science: Reports* 41:103312. https://doi.org/10.1016/j.jasrep.2021.103312

《不止是肉？公元前第四千纪后期欧洲大西洋的宰牛、宴飨和堆弃：来自爱尔兰基尔沙内的例子》

牛在新石器时代社会的经济、社会、象征和宗教中起着重要作用。这种崇高的地位似乎与宴飨、交际密切相关。在这些活动中，大量的牛被宰杀，尸体被有意堆放。法比安·皮格尔（Fabienne Pigière）等介绍了爱尔兰东部都柏林基尔沙内（Kilshane）遗址出土了公元前第四千纪后期的大量牛遗骸，利用陶器和木炭断定遗存的年代下限，骨骼学分析明确了宴飨活动的常见特征，但同时也发现了非肉类堆积等不常见现象。他们提出在鉴别史前宴飨活动时，需要将基尔沙内遗存与欧洲西北部和新石器时代的背景相结合。

《日本考古学学会集刊》(*Journal of the Japanese Archaeological Association*) 2021 年文摘

王 晗

（日本东北大学考古学研究室）

土屋隆史 . (2021). "倭における盛矢具の生産体制とその変化 ." *Journal of the Japanese Archaeological Association* 52: 1-16.

《倭时代的箭筒箭囊生产体制与变化》

土屋隆史主要对古坟时代的箭筒与箭囊的生产体制与变化进行讨论。在 6 世纪的日本列岛，并存着从朝鲜半岛南部传入的胡籙与平胡籙（箭筒）和从 3 世纪开始出现的倭系靭（箭囊）。二者分别是由渡来系工人和倭系工人负责生产，从出现的时间来看，双方互有影响但不存在排他性。从 5 世纪后叶到 6 世纪中叶，采用封边绣的箭桶带有三叶形和山形的胡籙金属部件，采用伏组绣的箭筒则带有三叶形的胡籙金属部件和平胡籙金属部件。前者为工人集团 A 制作，后者为工人集团 B 制作。到了 6 世纪后叶，上述金属制品的界限则变得模糊不清。造成这种情况的原因可能是渡来系工人集团 A 解散，渡来系工人团体 B 和倭系工人团体融合产生了折衷系工人集团。当时，伴随着大伽耶的衰退与灭亡，大伽耶系工人集团流入，可能因此导致金属制品的生产体系重新编组。渡来系工人集团与倭系工人集团在一定的期间保持一定的独立性，以新的集团的流入为契机，融合成了同一个集团。这同时也反映了渡来系工人集团在日本列岛的定居过程。

園原悠斗 . (2021). "近畿地域における弥生時代打製石鏃の研究 ." *Journal of the Japanese Archaeological Association* 52: 17-36.

《近畿地区弥生时代打制石镞的研究》

这篇文章主要是从形态等多视角的复合观点出发，讨论和分析了近畿地区打制石器的变化过程及其地域性与集团性。同时，结合弥生时代的社会背景讨论了打制石镞的变化原因和用途。根据分析，刃部和基部的形态变化与长、宽、重量有关，借助这一关系的变化，明确了石镞在时间上的变化。这一过程可以分为 4 期，其具体划分和特点为：①第 1 期：前期中阶段—中期中叶古阶段，明确出现凸基底；②第 2 期：中期中叶古阶段，出现明确的有茎式；③第 3 期，中期中叶新阶段—中期后叶，这一期石镞的全长比 2 期更多样化，同时传播也更广泛；④第 4 期：中期后叶—后期，全长和重量的规格出现大的变化。其中第 1～3 期的变化是渐进的，而中期后叶—后期的第 4 期的变化较为快速。在前期—中期后叶，地域性和集团性的日常利用导致了一种持续的需要，为了适应这样的环境，石镞出现了渐进的变化。而第 4 期突然出现的大型石镞则可能是由于集团间出现了争斗导致。

新尺雅弘 . (2021). "近江大津宮周辺における瓦生産の実態 ." *Journal of the Japanese Archaeological Association* 52: 37-57.

《关于近江大津宫周边瓦当生产的实态》

为了解明与瓦当生产政策相关的律令变革，新尺雅弘以多所废寺为分析对象，从以遗物为基础的实证视角出发来讨论大津宫期瓦当生产的实态。通过分析他认为：虽然从川原寺到高丽寺的瓦范移动只发生于极短的几年间，但是通过高丽寺的金堂塔回廊以及南边筑地的使用，可以判明大津宫从兴建开始就向近江地区迁移，因此崇福寺和大津废寺的瓦当生产是从天武朝以后开始的；众所周知，穴太废寺的再建所根据的是大津京的都市计划，但是将作为担当再建主力的轩丸瓦的范伤模式与丰木原瓦窑对比可知，其模仿对象的年代是天武朝以后。因此，再建的契机与近江迁都并不存在因果关系。而关于与此相对的穴太废寺的创建年代，通过与南滋贺出土的同系瓦当（丰木原瓦窑）对比，可以明确其瓦当的生产早于近江迁都。过去曾认为大津宫期的崇福寺、大津废寺、穴太废寺再建寺院的瓦当生产并不能追溯到天武朝，现阶段唯一能断言的是，大宫津期的瓦当生产是丰木原瓦窑的前期作业。以瓦当生产的消长为基础，通过分析需要再次讨论过去的"大津京"说。

國木田大，佐々木由香，小笠原善範，設楽博己 .（2021）. "八戸市八幡遺跡出土炭化穀物の年代をめぐって ." *Journal of the Japanese Archaeological Association* 52: 59-74.

《关于八户市八幡遗址出土碳化谷物的年代》

通过研究在青森县八户市八幡遗址第 12 号半地穴房址的居住面检出的稻和麦类、粟和黍和稗等杂谷等碳化种子，可知在弥生时代前期后半的日本东北地区北部，人们会复合地使用谷物。通过压痕的翻模，研究者们在这一时期的东北北部地区的陶器中检出了稻类的压痕，但并没有发现麦类和杂谷类。因此，国木田大等人对八幡遗址第 12 号半地穴房址出土的碳化谷物进行了形态学和 ^{14}C 测年研究。根据分析，稻类的校正年代为公元前 4～前 3 世纪的弥生时代前期到中期前半；麦类为公元 8～13 世纪，粟、黍和稗的年代为公元 7～12 世纪，其中本是古代—中世的麦类和杂谷等碳化物极有可能是混进了弥生时代的半地穴房址的覆土。与同一时间集中栽培杂谷的中部高地和关东地区相比，通过翻模法可以确定东北地区的北部专门从事水稻种植。虽然二者存在区别的原因不明，但已经说明在日本列岛谷物栽培开始期的样态并不是单一的。

土肥研晶，富永勝也，福井淳一，吉田裕一，酒井秀治 . (2021). "北海道木古内町幸連 5 遺跡の発掘調査概要 ." *Journal of the Japanese Archaeological Association* 52: 75-85.

《北海道木古内町幸连 5 遗址发掘简报》

北海道埋藏文化财中心因基建项目于 2016～2019 年对幸连 5 遗址进行发掘。共发掘面积 2687 平方米，确认半地穴房址 20 座，灰坑 20 个，烧土遗迹 20 处，2 条并列的熟土遗迹 1 座，斜面熟土遗迹 1 座。4 年间共出土遗物约 175 万件。根据陶片和遗迹形成过程可将遗址分为：Ⅰ期，绳文时代前期后半（圆筒陶器下层式）；Ⅱ期，中期前半（圆筒陶器上层式，见晴町式）；Ⅲ期，中期后半（榎林式，大安在 B 式，最花式，ノダップⅡ式）；Ⅳ期，中期末叶（炼瓦台式）；Ⅴ期，后期前叶（天祐寺式，元 1 式）。此外还有大量的石片、石镞（其中两件使用长野县出产的黑曜石）、石锥、刮削器等石器。同时也出土了有孔土制板等陶土制品、青龙刀形石器等石制品和动植物遗存体。研究者认为，幸连 5 遗址与津轻海峡文化圈的据点集落遗址是共通的，每一期都能找到灰坑群和半地穴房址排列相似的遗址。

岩瀬彬 . (2021). "北方系削片細石刃石器群の石器使用と遺跡間変異 – 群馬県八ヶ入遺跡の石器使用痕分析 –". *Journal of the Japanese Archaeological Association* 53: 1-23.

《北方系削片细石叶石器群的石器使用和遗址间变化：群马县八入遗址的石器使用痕分析》

与札滑型细石核共同出土的北方系削片细石叶石器群具有石器多样性和高定形性的特征。为了研究这些石器在长距离移动中的使用方式，岩瀬彬对群马县八入遗址出土的细石叶、雕刻器、雕刻削片、雕搔器、端刮器和边刮器进行使用痕分析。通过观察与分析发现，八入遗址的石器被用于加工皮子的比例较高。同时，与周边遗址的比较结果显示，随着距硅质页岩与硬质页岩产地越远，遗址规模就越小，主要负担骨角器加工的雕刻器和雕搔器的使用功能也向加工皮子转变。因此推测，八入遗址可能在从容易获得石材的日本海一侧向太平洋一侧移动的过程中，形成了与加工皮子有强烈关系的居住地。在以长距离往返移动为基础的生活中，存在着预先准备复杂狩猎具等行为的石器组织方式和相关的土地利用方式，由此可以推测出在一定的时空分布内，狩猎采集者很可能积极地去利用高风险食物资源。

米田穰, 中泽道彦, 田中和彦, 高桥阳一 . (2021). "長野県七五三掛遺跡出土人骨の同位体分析で示された、縄文時代晩期後葉の雑穀栽培を伴う低水準食料生産 ." *Journal of the Japanese Archaeological Association* 53: 24-39.

《长野县七五三掛遗址出土人骨的同位体分析所揭示的绳纹时代晚期后叶伴随低水准食料生产的杂谷栽培》

米田穰等人通过提取骨胶原、测定放射性 ^{14}C 年代以及碳氧稳定同位素比等方法分析了七五三掛遗址出土的 13 件绳文晚期后半冰 I 期和 2 件古坟时期的人骨。通过与周边具有卓越生产 C3 植物生态系的动植物的遗址相比较，该绳文后半期人骨的稳定性氧同位素比与之类似，但是稳定性碳同位素比具有明显的高比例倾向，这可能是受到摄取特殊光合作用的 C4 植物（来自大陆的粟和黍）的影响。中部高地地区检测出很多具有 C4 植物的粟和黍的陶器压痕，因此认为通过人骨观察到的高比例的稳定性碳同位素比是受到杂谷摄取的影响。与山东省小荆山和北仟遗址的人骨相比较，七五三掛遗址人骨对于杂粮的依赖程度只有 20%，说明该遗址还处于原始的农耕阶段。另一方面，2 具古坟时代的人骨显示出碳稳定同位素比与 C3 植物生态大体相同，但氧稳定同位素比则有明显的高比例倾向，这可能是受到水稻利用的影响。根据水稻的栽培研究结果，从弥生时代到古坟时代食物供给系统可能发生了极大的变化。

阿部芳郎，栗岛义明，米田穣. (2021)．"縄文土器の作り分けと使い分け－土器付着炭化物の安定同位体分析からみた後晚期土器の器種組成の意味－"．*Journal of the Japanese Archaeological Association* 53: 41-61.

《绳文陶器的制作与使用：从陶器附着碳化物的稳定同位素分析看后晚期陶器的组成意义》

该文主要是通过研究陶器附着物的碳与氧同位素等能够判别动物和植物的物质来解析陶器的烹饪物，并且讨论了绳文后期显现的器形多样性的背景。阿部芳郎等人以关东地区绳文中期后半到晚期 17 种类型的陶器为主要分析对象。他们将这一时期的陶器器形组成分为 3 种模式，A 模式器形的尺寸与使用方法延续自长期存在的绳文时代早期的风格，并没有特别的改变。进入后期中叶以后以 B 模式为主，在形态纹样尺寸上皆有大幅的改变，并且明确了精制深钵和粗制深钵的烹饪物分别为动物与植物。这种将陶器按照功能分开使用的方式从陶器的容积上也可以得到证明。通过分析他们认为，后期中叶出现的器物多样化与加工多样食物技术的集约化和复杂化有关，同时出现的碗与钵则显示烹饪物的多样化与个人分配的制度化。C 模式主要存在于晚期后叶，主要表现为精制深钵减少，出现了新的器物组成。

《世界史前史》(*Journal of World Prehistory*) 2021 年文摘

韩春宇　　张　萌

（复旦大学文物与博物馆学系）

Higham, C. F. W.* & Cawte, H. (2021). "Bronze Metallurgy in Southeast Asia with Particular Reference to Northeast Thailand." *Journal of World Prehistory* 34 (1): 1-46.

《东南亚的青铜冶金学，尤其是泰国东北部的情况》

海厄姆（C. F. W. Higham）和考特（H. Cawte）在文中探讨了东南亚地区的青铜冶金技术，尤其是泰国东北部的情况。作者追溯了这一地区青铜的使用情况，以班诺洼（Ban Non Wat）遗址为中心，并确立了八个阶段，分别分析了青铜在不同阶段产生的社会影响。第一阶段处于史前时期，出现了公元前 11 世纪的进口铜斧、矿场和冶炼场。随后，在青铜时代的第二和第三阶段，出现了一种社会转型，表现为部分墓葬中出现显著增加的财富。然而，从第三阶段开始，墓葬中青铜器随葬品数量急剧减少，这一现象一直持续到公元前 700～前 420 年的第五阶段，这可能与青铜器的熔化和重铸有关。进入铁器时代，海运交流网络的开放、中国王朝的建立和气候的变化推动东南亚地区显现出明显的区域性。墓葬中青铜器的数量有所增加，但消费场所的铸造活动却减少了。伴随着早期国家的形成，王室通过大量捐赠铜像来宣传他们与神灵的亲缘关系。

Mcfadden, C., Walter, R., Buckley, H. & Oxenham, M. F.* (2021). "Temporal trends in the Colonisation of the Pacific: Palaeodemographic Insights." *Journal of World Prehistory* 34 (1): 47-73.

《移居太平洋的时间趋势：古人口学的启示》

克莱尔·麦克法登（Clare Mcfadden）等人在文中旨在探讨移居太平洋岛屿东部地区后的人口变化趋势。本研究利用人类遗骸来估算该地区自然人口增长速度，并采用 23 个样本来测试移居该地区后的人口增长趋势。得出的数据评估了人口动态的两种假说：适应 / 弹性假说和时间假说。结果表明，移居后的人口增长趋势，最初是人口的高增长，随后增长放缓，甚至下降，最后又转回较高的增长率。这些结果倾向于适应 / 弹性假说。然而，这只是一个简化的模型，需要预计到一些不利条件和有利条件造成的小高峰和小低谷。其次，这一结果缺少时间上的人口增长趋势，这可能代表了气候变化对各个群岛和岛屿甚至人口影响力的高度异质性，因此，时间假说也具有一定的正确性。

---

* 为通讯作者，下同。

这两种假说趋势都支持高尔森（J. Golson）的论断，即在与欧洲接触时，岛屿人口处于不同的人口波动阶段。

Albizuri, S. *et al. (2021). "Dogs that Ate Plants: Changes in the Canine Diet During the Late Bronze Age and the First Iron Age in the Northeast Iberian Peninsula." *Journal of World Prehistory* 34 (1): 75-119.

《吃植物的狗：伊比利亚半岛东北部青铜时代晚期和第一铁器时代的犬类饮食变化》

西尔维娅·阿尔维苏里（Silvia Albizuri）等人利用同位素组成分析了从青铜时代晚期到铁器时代初期，位于伊比利亚半岛东北部 Can Roqueta 遗址中犬类的饮食变化，并进一步探讨这种变化与人类社会活动之间的关系。结果表明这些天然食肉动物的饮食显示出高度的植物性组成，这明显受到了来自人类的影响。在青铜时代中期，狗可能已被作为工作动物饲养，并适应了人类的饮食。从青铜时代晚期开始，犬类群体的变异性增加，饮食方式也显现出差异。随着社会经济活动的变化，尤其是谷物生产和贸易的增加，狗在铁器时代初期的社会中发挥着不同的功能，并扮演着越来越多样化和专业化的角色。研究发现犬类饮食的更大差异可能反映了人类和狗所消费的食物来源的多样性，也可能对应狗的不同用途，还可能是对经济活动扩展、贸易和社会分化增强的体现。

Hudson, M. J.* et al. (2021). "Bronze Age Globalisation and Eurasian Impacts on Later Jōmon Social Change." *Journal of World Prehistory* 34 (2): 121-158.

《青铜时代的全球化和欧亚大陆对绳文时代后期社会变化的影响》

本文根据考古学和语言学证据，分析了公元前 3500～前 900 年欧亚大陆与日本群岛之间的互动。尽管史前日本一直被认为是欧亚大陆最为孤立的地区之一，但通过对这一时期日本农牧业状况、典型器物、仪式行为的探讨，作者认为与欧亚地区青铜时代文化的互动是这一时期日本社会发生重要转变的原因之一。朝鲜语和阿伊努语之间接触的证据也验证了上述推断。绳文时代的例子表明，青铜化作为一种强大的全球化的跨文化现象，可能导致共同价值观的产生，并打破了该地区人类以往的生存模式。青铜化的观点提出了一种看待绳文时代的新视角，有助于将日本进一步纳入更广泛的欧亚大陆历史发展中，并提供了一个思考青铜时代日本与欧亚大陆其他地区关系的广泛框架。

Brite, E. B. (2021). "The Origins of the Apple in Central Asia." *Journal of World Prehistory* 34 (2): 159-193.

《苹果在中亚的起源》

布赖特（E. B. Brite）认为植物遗传学和相互关联的民主化使得农业起源研究开始关注更广泛的人、地方和植物。作者在文中将植物驯化作为一个进化过程来理解，采用一种长期的、无意识的甚至是共同进化的驯化模型，以驯化的苹果为例，讨论经验主义和后人类主义这两种认识论在新的驯化研究中是如何相互借鉴的。文章列举了来自生物地理学、分子遗传学、考古学和历史学的苹果起源证据，回顾了来自遗传学家和考古学家关于苹果驯化的思想史和最新认识。作者强调作物进化和驯化之间的区别，并认为中亚的新疆野苹果［*Malus sieversii* (Ledeb.) M. Roem.］是驯化苹果的祖先，而其他欧亚的野生物种对基因组有很大的贡献。此外，丝绸之路是驯化苹果进化中的桥梁，苹果在这里最早转变为驯化品种。

Radivojević, M.* & Roberts, B. W. (2021). "Early Balkan Metallurgy: Origins, Evolution and Society, 6200-3700 BC." *Journal of World Prehistory* 34 (2): 195-278.

《早期巴尔干半岛的冶金学：公元前 6200～前 3700 年间的起源、演变和社会》

米利亚娜·迪沃耶维奇（Miljana Radivojević）和本杰明·罗伯茨（Benjamin W. Roberts）在本文中引用了大量现有的考古和冶金数据，分析并重新评估了目前对巴尔干地区公元前 6200～前 3700 年期间冶金业起源、发展和社会背景的相关解释。作者尤其关注了以下方面的持续争论：①不同金属和金属生产技术的独立发明和创新；②对早期冶金生产核心和周边地区及其崩溃的分析与解释；③金属、冶金业和社会之间的关系。最后作者提出，巴尔干地区多种金属冶金技术的早期发展并没有导致城市和国家的出现，这一时期巴尔干地区的冶金业发展反映了一种社区组织及其合作模式的变化，而不是作为一个等级日益森严的社会中精英阶层产生的基础。考古学中冶金业研究需要从社会不平等的框架中脱离出来，冶金和社会进步的观点不应该被单一地联系起来。

Beyin, A. (2021). "The Western Periphery of the Red Sea as a Hominin Habitat and Dispersal Corridor: Marginal or Central?" *Journal of World Prehistory* 34 (3): 279-316.

《作为古人类栖息地和扩散走廊的红海西部周边地带：边缘抑或中心？》

阿马努埃尔·贝因（Amanuel Beyin）回顾了红海西部周边地带（The Western Periphery of the Red Sea，简称 WPRS）旧石器时代的考古发现与环境要素，讨论了这一区域于 180 万～5 万年前期间在早期人类生存和迁徙中的作用。本研究表明，WPRS 地区间歇性存在与阿舍利和石器时代中晚期相类似的技术组合，大多数考古遗址都与沿海地区和红海山丘东部冲积平原周围的陆地开发有关。WPRS 靠近阿法尔和埃塞俄比亚裂谷盆地的丰富化石矿藏，使其成为因气候变化或人口压力而需要从内陆栖息地扩散的狩猎采集者的合理目的地。红海偶尔侵入达纳基尔洼地，形成一个内陆海洋盆地，其沿海边缘可能推动了人类在内陆和红海沿岸之间的移动。WPRS 西边的高山和东边的海滨，将居住的人群限制在南北延伸的沿海平原上，成功适应沿海平原的更新世人类将通过西奈半岛或直接穿越红海向黎凡特和阿拉伯大陆分散。但是，由于该地区旧石器时代考古学研究的有限性，仍需在 WPRS 进行长期的、跨学科的、问题导向的深入研究。

Parkinson, E. W.*, Mclaughlin, T. R.*, Esposito, C., Stoddart, S. & Malone, C. (2021). "Radiocarbon Dated Trends and Central Mediterranean Prehistory." *Journal of World Prehistory* 34 (3): 317-379.

《放射性碳素记录的趋势和地中海中部史前史》

约恩·帕金森（Eóin W. Parkinson）等人尝试利用放射性碳元素数据库，建立地中海中部从中石器时代到铁器时代早期的时间表，并探索这一区域的人类活动和人口变化。通过确立重要的时间点，划分了不同人口变化模式的阶段，并考虑了环境因素在其中的影响。作者也对不同地区人口增长速度进行了模拟，以便在人口变化的背景下确定、比较和讨论某些时空节点的变化形式，并将地中海中部与更广泛的史前欧洲和美洲北部区域进行了比较。研究发现，地中海中部存在一种显著的趋势，即高水平的人类活动和定居密度都没有被无限期地维持下去，当对资源的累积需求与环境满足这些需求的能力相冲突时，高水平的人类活动最终将社会引向衰落。最后作者总结道，通过对考古材料的元分析可以确定大规模的变化趋势，这些趋势为解读社会运作提供了新的视角。

Palmisano, A.*, Bevan, A., Kabelindde, A., Roberts, N. & Shennan, S. (2021). "Long-Term Demographic Trends in Prehistoric Italy: Climate Impacts and Regionalised Socio-Ecological Trajectories." *Journal of World Prehistory* 34 (3): 381-432.

《史前意大利的长期人口变化趋势：气候影响和区域化社会生态轨迹》

这篇文章与前篇同样采用放射性碳素法，试图推断一定空间内史前人口变化趋势和影响因素。两篇文章同步发表，双方都对彼此的研究作出了简要回应。阿莱西奥·帕尔米萨诺（Alessio Palmisano）等人在文中利用放射性碳素法，重建了整个意大利半岛从中石器时代晚期到铁器时代早期的人口变化趋势，依次从意大利北部、中部和南部、西西里岛、撒丁岛这五个区域进行探讨。为评估人口波动与气候变化的关系，还将人口变化趋势与当地古气候进行了比较。结果显示，总体看来在新石器时代早期，随着农业的传入，人口快速增长。在青铜和铁器时代增长速率进一步提升。然后，在意大利的不同地区存在着不同的区域人口变化轨迹，这表明了当时人类应对气候变化的不同反应。在全新世早中期人口变化和气候的关系更加密切，而在全新世后期，二者关系削弱。作者最后总结道，在整个全新世，人口变化因地区而异，这取决于特定地区的长期社会生态动态。

Meyer, N.* & Knapp, A. B. (2021). "Resilient Social Actors in the Transition from the Late Bronze to the Early Iron Age on Cyprus." *Journal of World Prehistory* 34 (4): 433-487.

《塞浦路斯从青铜时代晚期到铁器时代早期过渡期间的弹性社会行为者》

内森·迈耶（Nathan Meyer）和伯纳德·纳普（A. Bernard Knapp）在文中试图重建从青铜时代晚期到铁器时代早期塞浦路斯的政治经济面貌，并提供了一个基于复杂适应性系统理论的社会理解的解释框架。这个研究框架侧重于有弹性的社会行为者，他们利用了特定地点的承受力（物质和社会），借鉴了塞浦路斯传统以及岛外新思想，以各种方法来应对自然环境、不稳定的政治经济和有限的岛外贸易。通过这种研究框架，作者得出结论，尽管塞浦路斯可能经受住了公元前 12 世纪整个爱琴海和地中海东部地区长期"崩溃"的一些灾难性影响，但最终它也屈服于铁器时代早期不断变化、更具竞争力、规模更小的政治经济现实。虽然塞浦路斯的长期现实情况——其地理、铜资源和农牧业传统持续塑造着塞浦路斯文化，但铁器时代并不只是其青铜时代社会政治形式的延续。相反，在塞浦路斯最早的铁器时代期间，社会行为者协商出一套新的政治经济形式来应对这一时期东地中海不断变化的各种情况。

Rawson, J.*, Huan, L. & Taylor, W. T. T. (2021). "Seeking Horses: Allies, Clients and Exchanges in the Zhou Period (1045-221 BC)." *Journal of World Prehistory* 34 (4): 489-530.

《寻找马匹：周代（公元前 1045～前 221 年）的盟友、客户和交流活动》

杰西卡·罗森（Jessica Rawson）等人从物质文化的角度，通过检视商周墓葬中出土的公元前二千年末至一千年初的马镳，认为周人的马匹资源和相关技术主要来自北方。而在马匹和技术南下过程中，是一些生活在中原周边的人群起到了重要作用，这些外来者在传统农业社会中获得了礼遇和地位。这样一来，周朝统治者成为了这些人群的客户和盟友，并获得了战士和马匹。由于气候、地貌、土壤矿物成分以及土地使用情况的诸多原因，中原大部分地区并不适合繁育马匹，这使得中原政权无法完成马匹的自给自足。因此，中原人在漫长的世纪中持续地从西北引入马匹资源。经由这种文化联系，北方的其他物质文化和技术，诸如金器、铁器、青铜器锻造等逐渐从草原进入了中原地区，而来自中原的丝绸、漆器和金属制品也流入了敌对草原以外的养马人手中，这些交流对整个中国社会和经济变化带来了重要影响。

Di Lernia, S. (2021). "Earliest Herders of the Central Sahara (Tadrart Acacus Mountains, Libya): A Punctuated Model for the Emergence of Pastoralism in Africa." *Journal of World Prehistory* 34 (4): 531-594.

《撒哈拉中部最早的牧民（利比亚塔德拉尔特·阿卡库斯山）：非洲牧业兴起的间断性模式》

萨维诺·迪·勒尼亚（Savino di Lernia）在文中重新评估了非洲撒哈拉中部地区牧业的兴起，挑战了过去的"疾病威胁"假说和牧业发展的单线式渐进式模式。考古材料显示在撒哈拉中部的核心地区出现了早期的牧民群体，该地区在很早的阶段就存在放牧活动。作者认为非洲牧业的兴起是一个间断的、多向的，以不同速率进行的文化适应过程，在这之中，北非环境性质，不同区域疾病威胁的不同影响，重要河流和山脉的拉力，以及具有复杂资源开发系统的觅食群体的存在等因素都各自发挥着作用。根据这些不同因素的不同影响，非洲牧业的到来、开始和演变也遵循着不同的机制，发展速度也有所差异。这种牧业发展停滞和加速的结合形成了一个点断状的概念模型，其中的各种因素不仅决定了牧业开始时的成败，也决定了其演变和发展深度。

Jaffe, Y., Hein, A., Womack, A., Brunson, K., d'Alpoim Guedes, J., Guo, R., ... Flad, R.* (2021). "Complex Pathways towards Emergent Pastoral Settlements: New Research on the Bronze Age Xindian Culture of Northwest China." *Journal of World Prehistory* 34 (4): 595-647.

《走向新兴牧民定居的复杂路径：中国西北部青铜时代辛店文化的新研究》

哈克（Yitzchak Jaffe）等人在具体观察两个辛店考古文化聚落遗址材料后，认为辛店文化并非完全转化为游牧社会的简单的过渡期文化，而是包含了一个长期复杂的文化传统和生计模式的转变。研究发现，辛店社会的农业在保留了早期传统作物栽培和动物饲养的基础上，有选择性地将新的动植物纳入他们的食谱。来自动物考古的证据显示，牧养绵羊和山羊是当时一项重要的生存和经济活动，而鱼类和野生动物则不常被利用。

绵羊和山羊是祭祀活动的重要组成部分，结合密集的火烧痕迹和大量的陶器，反映出较强的定居性。植物考古的证据表明了对谷物的依赖，当地居民采取了一种作物多样化策略，根据所在地的当代条件来选择农作物。作者认为，辛店文化中这些具有地方特色的策略是为了适应这一地区在原始丝绸之路剧烈的区域互动中不断变化的自然环境和社会条件而形成的。

《世界考古研究动态》征稿启事

为增进国内考古界与世界考古学界的信息交流，推动中国世界考古相关学科的建设，西北大学文化遗产学院、中国 - 中亚人类环境"一带一路"联合实验室合作编辑出版《世界考古研究动态》。本出版物英文名为 Current Trends in World Archaeology（CTWA）。暂定每年一辑，于每年秋季出版。

本出版物刊载世界考古，包括文化遗产、科技考古、文字考古、艺术史等相关研究的论文和综述，另辟书评、专题讨论、经典论文翻译、文摘、通讯等专栏。今后也计划出版主题专辑。

本出版物刊发论文实行双向匿名审稿，以提高稿件的质量；可以有书评和对书评的回应（可用笔名，这样既能保持学术的公开与公正，亦可兼顾"以和为贵"的习俗；绝对保密），提倡学术争论，培养学术讨论公开、平和的氛围。

本出版物稿件无绝对字数限制，长短以所讨论问题需要为度。

本出版物面向国内外中文读者。

稿件如涉版权（文字或图版等），请作者事先解决，本出版物不负版权之责。稿件一经发表，文章图版等版权归西北大学所有。

《世界考古研究动态》撰稿格式

（1）来稿应学风严谨、行文规范、资料准确、表述科学。文、图、表、图版务求一致，引文务必核查原著。

（2）稿件以中文简体字书写，特别需要处可用繁体。正文及图、表中一般不中外文混用，外文译为中文时可用括号保留原文。

（3）请用标准标点符号。引号用""。书刊名、文章名及篇名用书名号《》。书名与篇名连用时，以中圆点分隔，如《左传·隐公元年》。

（4）正文章节标题级别按照一、（一）、1、（1）等顺序表示；中文历史纪年及古籍卷数用中文数字，其他则用阿拉伯数字。

（5）注释采用当页脚注，整篇文章连续编排，注码置于标点符号后。为避免电子文件编辑中可能出现的差错，请勿使用"同上""同前书""同注 x 引文、引书""如前图""见下表""ibid.""idem"等。

（6）引用中文著作，应依次注明　作者：《篇名》，《书名》，出版社，出版时间，卷数，页码。如：夏鼐：《田野考古方法》，《夏鼐文集》，社会科学文献出版社，2000 年，第 178 页。

西文书、章节注释采用 Chicago Manual of Style (CMS) 的注释格式系统（Notes-Bibliography system），篇名用双引号，书名用斜体，顺序为：作者姓名，书名（出版地：出版社，出版年份），页码 . 如：

Zadie Smith, *Swing Time* (New York: Penguin Press, 2016), 315-316.

Brian Grazer and Charles Fishman, *A Curious Mind: The Secret to a Bigger Life* (New York: Simon & Schuster, 2015), 12.

Henry David Thoreau, "Walking," in *The Making of the American Essay*, ed. John D'Agata (Minneapolis: Graywolf Press, 2016), 177-178.

Jhumpa Lahiri, *In Other Words*, trans. Ann Goldstein (New York: Alfred A. Knopf, 2016), 146.

Herman Melville, *Moby-Dick; or, The Whale* (New York: Harper & Brothers, 1851), 627, http://mel.hofstra.edu/moby-dick-the-whale-proofs.html.

Philip B. Kurland and Ralph Lerner, eds., *The Founders' Constitution* (Chicago: University of Chicago Press, 1987), chap. 10, doc. 19, http://press-pubs.uchicago.edu/founders/.

Brooke Borel, *The Chicago Guide to Fact-Checking* (Chicago: University of Chicago Press, 2016), 92, ProQuest Ebrary.

Jane Austen, *Pride and Prejudice* (New York: Penguin Classics, 2007), chap. 3, Kindle.

（7）引用期刊，应依次注明作者：《篇名》,《刊名》刊年刊期，页码。如：

福建省文物管理委员会：《福建考古工作概况》，《考古》1959 年第 4 期，第 178-183 页。

西文期刊注释用 Chicago Manual of Style（CMS）基本格式。如：

Susan Satterfield, "Livy and the *Pax Deum*," *Classical Philology* 111, no. 2 (April 2016): 1.

Shao-Hsun Keng, Chun-Hung Lin, and Peter F. Orazem, "Expanding College Access in Taiwan, 1978-2014: Effects on Graduate Quality and Income Inequality," *Journal of Human Capital* 11, no. 1 (Spring 2017): 9-10, https://doi.org/10.1086/690235.

（注意用英文标点，用 Times New Roman 字体，文章名和刊物名均首字母大写；有 doi/URL 地址的，请引用 doi/URL 地址。）

（8）硕士、博士论文的格式如下：

Cynthia Lillian Rutz, "*King Lear* and Its Folktale Analogues" (Ph.D. diss., University of Chicago, 2013), 99-100.

不定期出版物应有出版年代和出版社。

（9）引用古代文献要有篇名，如《周礼·天官·小宰》。引用逸书应引述保存逸文的原书，如《竹书纪年》为逸书，引用时应用《史记·殷本纪·索隐》引《竹书纪年》记载。引用古籍应尽量以校点本为准。

（10）新闻类的注释资料来源格式如下：

《别让"病歪歪"的应县木塔在议而不决中倒掉》，《新华每日电讯》2020 年 10 月 19 日。http://www.xinhuanet.com/local/2020-10/19/c_1126627347.htm.

网页版资料来源格式如下：

Conservation Principles, Policies and Guidance, English Heritage, 2008. https://historicengland.org.uk/advice/constructive-conservation/conservation-principles.

Rebecca Mead, "The Prophet of Dystopia," *New Yorker*, April 17, 2017, 43.

Farhad Manjoo, "Snap Makes a Bet on the Cultural Supremacy of the Camera," *New York Times*, March 8, 2017, https://www.nytimes.com/2017/03/08/technology/snap-makes-a-bet-on-the-cultural-supremacy-of-the-camera.html.

Rob Pegoraro, "Apple's iPhone Is Sleek, Smart and Simple," *Washington Post*, July 5, 2007, LexisNexis Academic.

Tanya Pai, "The Squishy, Sugary History of Peeps," *Vox*, April 11, 2017, http://www.vox.com/culture/2017/4/11/15209084/peeps-easter.

（11）同一注释基本信息第二次出现，一般不省略。